The Kabbalistic Bible

Numbers

Technology for the Soul™

Edited by
RAV YEHUDA BERG

KABBALAH PUBLISHING
www.kabbalah.com™

Published by
The Kabbalah Centre International Inc.
1.800.KABBALAH www.kabbalah.com

155 E. 48th St., New York, NY 10017
1062 S. Robertson Blvd., Los Angeles, CA 90035

Director Rav Berg

First Printing 2004

ISBN: 1-57189-295-8

Printed in USA

With eternal love and appreciation
to the **Rav and Karen**
and all their family.

**David, Miriam,
Tamar, Michal and Yehuda
Leon**

Table of Contents

Introduction

In Hebrew, *bamidbar* means "in the desert," which is the setting for this part of the biblical story. But the word "desert" refers to more than just the physical environment. In order to understand the book of Bamidbar, we need to understand the spiritual meaning of the desert, both for the people of Israel and for our own lives. We need to see the obstacles that the desert presents, as well as the opportunity that it offers bringing the Light into our lives.

From a Kabbalistic perspective, the desert is first and foremost an empty place. It's a spiritual vacuum. It's dead, sterile, devoid of the Creator's Light just as the surface of the moon is devoid of life. Here, with Moses as their leader, the people of Israel make their way toward the Promised Land of Canaan -- but not without many misgivings, much frustration, and considerable chaos along the way.

But how could it be otherwise? The Israelites are breaking free from generations of Egyptian bondage. Kabbalistically, they are emerging from domination by Desire to Receive for the Self Alone -- but emerging into what? They suddenly find themselves in a spiritually lifeless environment in which the familiar negativity of Egyptian slavery has yet to be replaced by connection with the Light. Slavery, after all, includes a paradoxical form of freedom. When we are slaves, someone else is accountable for every aspect of our lives. If we are miserable and unfulfilled, we have the slave master to blame. But when we break free from slavery, we suddenly realize the need to take responsibility for ourselves. Whether our lives are dominated by chaos or fulfillment is suddenly up to us.

As long as they were slaves in Egypt, the Israelites could see themselves as victims. This kind of slavery may have its drawbacks, but it can be addictive -- and like most addictions, it offers an escape from responsibility for life's problems. This victim mentality was the real Egyptian bondage. The exodus of the Israelites led to genuine freedom and control over their own fate. But this proved to be a surprisingly uncomfortable prospect. Suddenly it was much easier for the Israelites to see themselves as slaves and victims, and to blame everything on the Egyptians. That way, the events of their lives were simply "beyond their control."

The truth is, no event is beyond our control, but our reactive nature turns us away from this reality. All of a sudden, we are challenged to look in the mirror and take responsibility for whatever chaos and hardship befalls us. This was the foundation of the internal obstacles that the Israelites faced in the desert. This was the basis of their resistance to change -- a resistance that reaches a high point in the 14th chapter of Bamidbar, when the Israelites literally beg for a return to slavery: "It would be better for us to go back to Egypt! ... Let us return to Egypt!" (14:3-4)

Reading these words in the 21st century, we may be shocked by the people's lack of will and gratitude for the great opportunity that had been presented to them. How could they be so weak of spirit that they wanted to go back to bondage? The truth is, however, that we ourselves express many of the same sentiments every day. Whenever we feel it's "too hard" to be a truly sharing person, we are looking for a way to return to our own personal Egypt. Whenever the desire to receive for ourselves alone seems so tempting and seductive, we are wishing to put ourselves back in the service of Pharaoh.

These concepts, and the book of Bamidbar as a whole, are hugely important to our present moment in human history, to the world we live in right now, and to the immensely vital role of the Kabbalah Centre in that world. Make no mistake: we are at the start of a new era in history.

This, at long last, is the Age of Aquarius. The ultimate happiness that the Creator intends for us will finally be realized, while chaos and negativity will end once and for all. As it enters this new era, however, humanity will inevitably confront the same doubt, fear, and inner resistance that the people of Israel encountered during their years in the desert.

This is where the Kabbalah Centre will make the difference. The Kabbalah Centre exists in order to bring the Creator's Light to the "desert" in which the world now finds itself. This is our vision, our mission, and our absolute reason for being.

How will it be possible for every human being to connect with the Light? It can only be possible through the Zohar and the many tools and teachings of Kabbalah -- which the Kabbalah Centre makes available. Only Kabbalah provides this wisdom and only the Kabbalah Centre has the practical understanding of how to bring it to you and to the entire world. Most importantly, the Centre has the legacy and the spiritual authority of the Rav.

As a huge step forward in this work, the volume you are now holding is a true Kabbalistic treasure. It represents a major achievement in the Kabbalah Centre's work of bringing the Creator's Light to all humankind.

May this book of Bamidbar fill your own life with Light, and may the story in these pages guide you to the Promised Land that is your true destiny.

Lesson of Bamidbar

Regarding the Sinai Desert

Why does the Torah say that the Tabernacle was in the desert? The Hebrew word *bamidbar* has the same numerical value as Avraham (Abraham), so here the Torah is giving us a tool to connect to the Light. We learn that to make that connection, we should be like Abraham.

Abraham is the Chariot for the *Sefirah* of *Chesed*, which expresses kindness, sharing, and mercy. We must be beings of sharing to connect to the Light. But what does this really mean? Many people think that just a little sharing is quite enough, but this is far from the truth. Real sharing needs to hurt, as if you have given part of your soul. But that's only the beginning. We must really care about the person to whom we're giving, and we shouldn't feel that we're owed anything for what we've done.

There is a story about a man whose body had to be exhumed because the government wanted to build a path for horses. When the body was removed from the grave, it was perfectly intact, but instead of a shroud, he wore the clothes of a non-Jewish priest. His friends did not understand. He was a righteous person, so the worms did not touch his body. But what about the priest's clothes?

One of his friends remembered the story of Rabbi Aharon of Carlin. The rabbi had come to this city and smelled the scent of the Garden of Eden. Approaching a certain house, he realized that this was where the scent was coming from. He went into the house and noticed that the scent was coming from a room where he saw the clothes of a priest. When he asked the owner of the house about the clothes, the owner said:

"I collect charity in the city. Anybody who needs money can come to me, and I collect money for them. One night, a man came to me and asked if I could collect for him, so I went, but no one would give. A few minutes after I returned, another person came and begged that I go for him, so I went back out—and failed again. Still later, someone else came. I told him that I had already tried twice that night and nobody would give me money. But he begged me, so I went and again asked people whom I had already approached. Finally, I convinced them, and in the end, I had exactly the amount that this man had asked for. I gave it to him and wanted to go to sleep.

"Just then, there was a knock at the door. A Jewish man was standing there, begging me to help him. And I wanted to help, but I had already asked everyone I knew. Finally, I had an idea. I remembered a very rich man who hated to give charity, but maybe the Light would make him do so just this once. So I told the Jew to wait and, God willing, I would get what he needed.

"I went to look for the rich man and found him in a tavern, drunk. When I told him what was happening, he reminded me that he never gave charity. Even his family got no more than was absolutely needed.

"But then he added, 'Since I'm in a good mood right now, if you do something for me, I will give you the money. All I want you to do is wear priest's clothes and walk around the city!' Then the rich man laughed loudly. He thought that nobody would do such a thing because they would be cursed by the people.

"But I thought to myself, 'If I don't do this, there will be a poor Jew left with nothing.' So I told the rich man that I would do as he asked. I took the priest's clothes and put them on. Sure enough, I was cursed, spat upon, and almost beaten to death. But I got the money for the poor Jew."

This is the story that the owner of the house told Rabbi Aharon of Carlin. And Rabbi Aharon told him, "If you will be buried in those clothes of a priest, your soul will go straight to heaven."

This story teaches the meaning of sharing beyond our comfort zone. We don't have to get to the level of the man in the story—we don't have to be physically beaten—but we should at least want to get to that level. Intense desire to give is what really connects us to the Light.

We know that a desert is an abandoned place. Anyone can go there and do whatever he or she desires. It's the same with the Light: Everybody can connect as long as there's the desire to share.

Throughout the generations, Kabbalists have gone into the desert for spiritual reasons. It was like going into exile for a while—going to a place where there was nothing, so they could feel that they had nothing. When we were in Morocco, the Rav told me that another reason Kabbalists went into the desert was because this is where the Satan dwells, and therefore, this is the place where we should build our personal tabernacle. Our spiritual work is to bring Light to places where there is none.

Synopsis of Bamidbar

Bamidbar means "in the desert." The Zohar says the Torah was revealed there because the desert is a place where the Satan dwells. Kabbalists used to meditate there to beat the Satan on his own territory. It's important to confront the Satan where he is strongest. It is only by doing so that we can experience real transformation. It's about beating the Satan when he is strong and we are weak.

First Reading - Abraham - Chesed

1 1 וַיְדַבֵּר יְהֹוָה אדני אהדונהי אֶל־מֹשֶׁה מהש בְּמִדְבַּר סִינַי נמם
בְּאֹהֶל מוֹעֵד בְּאֶחָד אהבה, דאגה לַחֹדֶשׁ י״ב הוויות הַשֵּׁנִי בַּשָּׁנָה
הַשֵּׁנִית לְצֵאתָם מֵאֶרֶץ מִצְרַיִם מצר לֵאמֹר: 2 שְׂאוּ אֶת־
רֹאשׁ כָּל ילי ־עֲדַת בְּנֵי־יִשְׂרָאֵל לְמִשְׁפְּחֹתָם לְבֵית ב״פ ראה
אֲבֹתָם בְּמִסְפַּר שֵׁמוֹת כָּל ילי ־זָכָר לְגֻלְגְּלֹתָם: 3 מִבֶּן
עֶשְׂרִים שָׁנָה וָמַעְלָה כָּל ילי ־יֹצֵא צָבָא בְּיִשְׂרָאֵל תִּפְקְדוּ
אֹתָם לְצִבְאֹתָם אַתָּה וְאַהֲרֹן: 4 וְאִתְּכֶם יִהְיוּ אִישׁ אִישׁ
לַמַּטֶּה אִישׁ רֹאשׁ לְבֵית ב״פ ראה ־אֲבֹתָיו הוּא: 5 וְאֵלֶּה
שְׁמוֹת הָאֲנָשִׁים אֲשֶׁר יַעַמְדוּ אִתְּכֶם לִרְאוּבֵן אֱלִיצוּר
בֶּן־שְׁדֵיאוּר: 6 לְשִׁמְעוֹן שְׁלֻמִיאֵל בֶּן־צוּרִישַׁדָּי: 7 לִיהוּדָה
נַחְשׁוֹן בֶּן־עַמִּינָדָב: 8 לְיִשָּׂשכָר נְתַנְאֵל בֶּן־צוּעָר: 9 לִזְבוּלֻן
אֱלִיאָב בֶּן־חֵלֹן: 10 לִבְנֵי יוֹסֵף ציון לְאֶפְרַיִם אֱלִישָׁמָע בֶּן־
עַמִּיהוּד לִמְנַשֶּׁה גַּמְלִיאֵל בֶּן־פְּדָהצוּר: 11 לְבִנְיָמִן אֲבִידָן
בֶּן־גִּדְעֹנִי: 12 לְדָן אֲחִיעֶזֶר בֶּן־עַמִּישַׁדָּי: 13 לְאָשֵׁר פַּגְעִיאֵל

שְׂאוּ - Moses is commanded by God to count the people. But doesn't God know how many people there are? The meaning is this: When each person was counted, each was given the Light he or she needed. In the desert, where the Satan lives and is in control, we need that kind of protection. We get it once a year at Purim when we give half a shekel: In doing so, we receive the same energy our ancestors received in the desert.

בֶּן־עָכְרָן: 14 לְגָד אֶלְיָסָף בֶּן־דְּעוּאֵל: 15 לְנַפְתָּלִי אֲחִירַע
בֶּן־עֵינָן: 16 אֵלֶּה קְרוּאֵי (כתיב: קְרִיאֵי) הָעֵדָה סי״ט נְשִׂיאֵי מַטּוֹת
אֲבוֹתָם רָאשֵׁי אַלְפֵי יִשְׂרָאֵל הֵם: 17 וַיִּקַּח ו״עם מֹשֶׁה מה״ש
וְאַהֲרֹן אֵת הָאֲנָשִׁים הָאֵלֶּה אֲשֶׁר נִקְּבוּ בְּשֵׁמוֹת: 18 וְאֵת
כָּל יל״י ־הָעֵדָה סי״ט הִקְהִילוּ בְּאֶחָד אהבה, דאגה לַחֹדֶשׁ י״ב הוויות
הַשֵּׁנִי וַיִּתְיַלְדוּ עַל־מִשְׁפְּחֹתָם לְבֵית ב״פ ראה אֲבֹתָם בְּמִסְפַּר
שֵׁמוֹת מִבֶּן עֶשְׂרִים שָׁנָה וָמַעְלָה לְגֻלְגְּלֹתָם: 19 כַּאֲשֶׁר
צִוָּה יְהוָֹהאדנ״יאהדונה״י אֶת־מֹשֶׁה מה״ש וַיִּפְקְדֵם בְּמִדְבַּר סִינָי נמם:

Second Reading - Isaac - Gvurah

20 וַיִּהְיוּ בְנֵי־רְאוּבֵן בְּכֹר יִשְׂרָאֵל תּוֹלְדֹתָם לְמִשְׁפְּחֹתָם
לְבֵית ב״פ ראה אֲבֹתָם בְּמִסְפַּר שֵׁמוֹת לְגֻלְגְּלֹתָם כָּל יל״י ־זָכָר
מִבֶּן עֶשְׂרִים שָׁנָה וָמַעְלָה כֹּל יל״י יֹצֵא צָבָא: 21 פְּקֻדֵיהֶם
לְמַטֵּה רְאוּבֵן שִׁשָּׁה וְאַרְבָּעִים אֶלֶף וַחֲמֵשׁ מֵאוֹת:
22 לִבְנֵי שִׁמְעוֹן תּוֹלְדֹתָם לְמִשְׁפְּחֹתָם לְבֵית ב״פ ראה אֲבֹתָם

פְּקֻדֵיהֶם - Each zodiac sign has certain characteristics, but it is important to overcome the inherent nature of the signs so that we are not completely controlled by the planets.

רְאוּבֵן - Cancerians are very sensitive and emotional, and can be too dependent on other people, especially parents or spouses. They are very giving and nurturing but may be prone to depression.

פְּקֻדָיו בְּמִסְפַּר שֵׁמוֹת לְגֻלְגְּלֹתָם כָּל ילי זָכָר מִבֶּן עֶשְׂרִים
שָׁנָה וָמַעְלָה כֹּל ילי יֹצֵא צָבָא׃ 23 פְּקֻדֵיהֶם לְמַטֵּה שִׁמְעוֹן
תִּשְׁעָה וַחֲמִשִּׁים אֶלֶף וּשְׁלֹשׁ מֵאוֹת׃ 24 לִבְנֵי גָד תּוֹלְדֹתָם
לְמִשְׁפְּחֹתָם לְבֵית ב״פ ראה אֲבֹתָם בְּמִסְפַּר שֵׁמוֹת מִבֶּן
עֶשְׂרִים שָׁנָה וָמַעְלָה כֹּל ילי יֹצֵא צָבָא׃ 25 פְּקֻדֵיהֶם
לְמַטֵּה גָד חֲמִשָּׁה וְאַרְבָּעִים אֶלֶף וְשֵׁשׁ מֵאוֹת וַחֲמִשִּׁים׃
26 לִבְנֵי יְהוּדָה תּוֹלְדֹתָם לְמִשְׁפְּחֹתָם לְבֵית ב״פ ראה אֲבֹתָם
בְּמִסְפַּר שֵׁמֹת מִבֶּן עֶשְׂרִים שָׁנָה וָמַעְלָה כֹּל ילי יֹצֵא צָבָא׃
27 פְּקֻדֵיהֶם לְמַטֵּה יְהוּדָה אַרְבָּעָה וְשִׁבְעִים אֶלֶף וְשֵׁשׁ
מֵאוֹת׃ 28 לִבְנֵי יִשָּׂשכָר תּוֹלְדֹתָם לְמִשְׁפְּחֹתָם לְבֵית ב״פ

שִׁמְעוֹן - Leos are very strong, and love to dominate. They have lots of ego and pride, and want recognition by those around them.

גָד - Virgos are often healers and doctors. They come to serve the world, but they can be overly focused on what's wrong with others rather than looking at themselves.

יְהוּדָה - Aries always seek to get out of slavery and to remove limits. They can be impatient and impulsive.

יִשָּׂשכָר - Taurus is connected to the physical world and needs security and stability. People born under the sign of Taurus can be stubborn and inflexible, focused too heavily on materialism.

ראה אֲבֹתָם בְּמִסְפַּר שֵׁמֹת מִבֶּן עֶשְׂרִים שָׁנָה וָמַעְלָה כֹּל ילי

יֹצֵא צָבָא׃ 29 פְּקֻדֵיהֶם לְמַטֵּה יִשָּׂשכָר אַרְבָּעָה וַחֲמִשִּׁים

אֶלֶף וְאַרְבַּע מֵאוֹת׃ 30 לִבְנֵי זְבוּלֻן תּוֹלְדֹתָם לְמִשְׁפְּחֹתָם

לְבֵית ב״פ ראה אֲבֹתָם בְּמִסְפַּר שֵׁמֹת מִבֶּן עֶשְׂרִים שָׁנָה

וָמַעְלָה כֹּל ילי יֹצֵא צָבָא׃ 31 פְּקֻדֵיהֶם לְמַטֵּה זְבוּלֻן שִׁבְעָה

וַחֲמִשִּׁים אֶלֶף וְאַרְבַּע מֵאוֹת׃ 32 לִבְנֵי יוֹסֵף צ״ין לִבְנֵי אֶפְרַיִם

תּוֹלְדֹתָם לְמִשְׁפְּחֹתָם לְבֵית ב״פ ראה אֲבֹתָם בְּמִסְפַּר שֵׁמֹת

מִבֶּן עֶשְׂרִים שָׁנָה וָמַעְלָה כֹּל ילי יֹצֵא צָבָא׃ 33 פְּקֻדֵיהֶם

לְמַטֵּה אֶפְרָיִם אַרְבָּעִים אֶלֶף וַחֲמֵשׁ מֵאוֹת׃ 34 לִבְנֵי מְנַשֶּׁה

תּוֹלְדֹתָם לְמִשְׁפְּחֹתָם לְבֵית ב״פ ראה אֲבֹתָם בְּמִסְפַּר שֵׁמוֹת

מִבֶּן עֶשְׂרִים שָׁנָה וָמַעְלָה כֹּל ילי יֹצֵא צָבָא׃ 35 פְּקֻדֵיהֶם

לְמַטֵּה מְנַשֶּׁה שְׁנַיִם וּשְׁלֹשִׁים אֶלֶף וּמָאתָיִם׃ 36 לִבְנֵי בִנְיָמִן

תּוֹלְדֹתָם לְמִשְׁפְּחֹתָם לְבֵית ב״פ ראה אֲבֹתָם בְּמִסְפַּר שֵׁמֹת

זְבוּלֻן - Geminis are intellectual, involved with communication, studying, and learning. Their curiosity, duality, doubt, and lack of certainty can make them "jacks of all trades and masters of none."

אֶפְרַיִם - Librans are very kind but can seek too much to please, sometimes giving too much to the wrong people.

מְנַשֶּׁה - Scorpios are the deepest and strongest water sign; they are very sensitive and emotional, and they need to be in control. They can also be very negative, jealous, and determined to "get even."

מִבֶּן עֶשְׂרִים שָׁנָה וָמַעְלָה כֹּל ילי יֹצֵא צָבָא׃ 37 פְּקֻדֵיהֶם
לְמַטֵּה בִנְיָמִן חֲמִשָּׁה וּשְׁלֹשִׁים אֶלֶף וְאַרְבַּע מֵאוֹת׃
38 לִבְנֵי דָן תּוֹלְדֹתָם לְמִשְׁפְּחֹתָם לְבֵית ב״פ ראה אֲבֹתָם
בְּמִסְפַּר שֵׁמֹת מִבֶּן עֶשְׂרִים שָׁנָה וָמַעְלָה כֹּל ילי יֹצֵא צָבָא׃
39 פְּקֻדֵיהֶם לְמַטֵּה דָן שְׁנַיִם וְשִׁשִּׁים אֶלֶף וּשְׁבַע מֵאוֹת׃
40 לִבְנֵי אָשֵׁר תּוֹלְדֹתָם לְמִשְׁפְּחֹתָם לְבֵית ב״פ ראה אֲבֹתָם
בְּמִסְפַּר שֵׁמֹת מִבֶּן עֶשְׂרִים שָׁנָה וָמַעְלָה כֹּל ילי יֹצֵא צָבָא׃
41 פְּקֻדֵיהֶם לְמַטֵּה אָשֵׁר אֶחָד אהבה, דאגה וְאַרְבָּעִים אֶלֶף
וַחֲמֵשׁ מֵאוֹת׃ 42 בְּנֵי נַפְתָּלִי תּוֹלְדֹתָם לְמִשְׁפְּחֹתָם לְבֵית ב״פ
ראה אֲבֹתָם בְּמִסְפַּר שֵׁמֹת מִבֶּן עֶשְׂרִים שָׁנָה וָמַעְלָה כֹּל ילי
יֹצֵא צָבָא׃ 43 פְּקֻדֵיהֶם לְמַטֵּה נַפְתָּלִי שְׁלֹשָׁה וַחֲמִשִּׁים

בִּנְיָמִן - Sagittarians are philosophers, spiritual leaders, and teachers, but they take it for granted that others will solve their problems.

דָּן - Capricorns are very tied to the physical world and have a need for security, money, and possessions.

אָשֵׁר - Aquarians can bring in the Messiah with their new ideas and innovations. They love to break limitations and to avoid being controlled or told what to do, and this can cause chaos.

נַפְתָּלִי - Pisceans can be very weak, doing what others expect of them. They are often too weak to resist what's bad for them and can easily become addicted to smoking, drugs, alcohol, and sex. They can be the most spiritual people, but can also be lethargic and waste their gifts.

אֶלֶף וְאַרְבַּע מֵאוֹת׃ 44 אֵלֶּה הַפְּקֻדִים אֲשֶׁר פָּקַד מֹשֶׁה מהש
וְאַהֲרֹן וּנְשִׂיאֵי יִשְׂרָאֵל שְׁנֵים עָשָׂר אִישׁ אִישׁ־אֶחָד אהבה, דאגה
לְבֵית ב״פ ראה ־אֲבֹתָיו הָיוּ׃ 45 וַיִּהְיוּ כָּל ילי ־פְּקוּדֵי בְנֵי־יִשְׂרָאֵל
לְבֵית ב״פ ראה אֲבֹתָם מִבֶּן עֶשְׂרִים שָׁנָה וָמַעְלָה כָּל ילי ־יֹצֵא
צָבָא בְּיִשְׂרָאֵל׃ 46 וַיִּהְיוּ אל כָּל ילי ־הַפְּקֻדִים שֵׁשׁ־מֵאוֹת אֶלֶף
וּשְׁלֹשֶׁת אֲלָפִים וַחֲמֵשׁ מֵאוֹת וַחֲמִשִּׁים׃ 47 וְהַלְוִיִּם לְמַטֵּה
אֲבֹתָם לֹא הָתְפָּקְדוּ בְּתוֹכָם׃ 48 וַיְדַבֵּר יְהֹוָאדהנויאהדונהי אֶל־
מֹשֶׁה מהש לֵּאמֹר׃ 49 אַךְ אהיה אֶת־מַטֵּה לֵוִי לֹא תִפְקֹד
וְאֶת־רֹאשָׁם לֹא תִשָּׂא בְּתוֹךְ בְּנֵי יִשְׂרָאֵל׃ 50 וְאַתָּה הַפְקֵד
אֶת־הַלְוִיִּם עַל־מִשְׁכַּן הָעֵדֻת וְעַל כָּל עמם, ילי ־כֵּלָיו וְעַל
כָּל עמם, ילי ־אֲשֶׁר־לוֹ הֵמָּה יִשְׂאוּ אֶת־הַמִּשְׁכָּן וְאֶת־כָּל ילי ־
כֵּלָיו וְהֵם יְשָׁרְתֻהוּ וְסָבִיב לַמִּשְׁכָּן יַחֲנוּ׃ 51 וּבִנְסֹעַ הַמִּשְׁכָּן
יוֹרִידוּ אֹתוֹ הַלְוִיִּם וּבַחֲנֹת הַמִּשְׁכָּן יָקִימוּ אֹתוֹ הַלְוִיִּם וְהַזָּר
הַקָּרֵב יוּמָת׃ 52 וְחָנוּ בְּנֵי יִשְׂרָאֵל אִישׁ עַל־מַחֲנֵהוּ וְאִישׁ
עַל־דִּגְלוֹ לְצִבְאֹתָם׃ 53 וְהַלְוִיִּם יַחֲנוּ סָבִיב לְמִשְׁכַּן הָעֵדֻת
וְלֹא־יִהְיֶה ייי קֶצֶף עַל־עֲדַת בְּנֵי יִשְׂרָאֵל וְשָׁמְרוּ הַלְוִיִּם אֶת־

לֵוִי - The Levites were not counted along with everyone else because they had their own connection to God. The rest of the Israelites, however, needed to be counted to reestablish their connection with the Light.

מִשְׁמֶרֶת מִשְׁכַּן הָעֵדוּת׃ 54 וַיַּעֲשׂוּ בְּנֵי יִשְׂרָאֵל כְּכֹל ילי אֲשֶׁר
צִוָּה יְהוָֹאדניאהדונהי אֶת־מֹשֶׁה מהש כֵּן עָשׂוּ׃

Third Reading - Jacob - Tiferet

2 1 וַיְדַבֵּר יְהוָֹאדניאהדונהי אֶל־מֹשֶׁה מהש וְאֶל־אַהֲרֹן לֵאמֹר׃
2 אִישׁ עַל־דִּגְלוֹ בְאֹתֹת לְבֵית ב״פ ראה אֲבֹתָם יַחֲנוּ בְּנֵי
יִשְׂרָאֵל מִנֶּגֶד זן, מזבח סָבִיב לְאֹהֶל־מוֹעֵד יַחֲנוּ׃ 3 וְהַחֹנִים
קֵדְמָה מִזְרָחָה דֶּגֶל לאו מַחֲנֵה יְהוּדָה לְצִבְאֹתָם וְנָשִׂיא
לִבְנֵי יְהוּדָה נַחְשׁוֹן בֶּן־עַמִּינָדָב׃ 4 וּצְבָאוֹ וּפְקֻדֵיהֶם
אַרְבָּעָה וְשִׁבְעִים אֶלֶף וְשֵׁשׁ מֵאוֹת׃ 5 וְהַחֹנִים עָלָיו מַטֵּה
יִשָּׂשכָר וְנָשִׂיא לִבְנֵי יִשָּׂשכָר נְתַנְאֵל בֶּן־צוּעָר׃ 6 וּצְבָאוֹ
וּפְקֻדָיו אַרְבָּעָה וַחֲמִשִּׁים אֶלֶף וְאַרְבַּע מֵאוֹת׃ 7 מַטֵּה
זְבוּלֻן וְנָשִׂיא לִבְנֵי זְבוּלֻן אֱלִיאָב בֶּן־חֵלֹן׃ 8 וּצְבָאוֹ וּפְקֻדָיו

דִּגְלוֹ - There were four camps in the desert. Understanding how they were structured gives us the ability to rise above the control of each of the four categories of zodiac signs: fire, air, water, and earth. Each camp had a flag that served to overcome negativity. Today, we can overcome our own negativity because of what our ancestors did in the desert. This is a lesson that everything we do affects those who come after us.

קֵדְמָה - The first tribe, to the east, was the tribe of Judah. The sun comes from the east, which is also where the Light comes from. The east is where all our positive traits originate, all the things that make us connect to the Light.

שִׁבְעָה וַחֲמִשִּׁים אֶלֶף וְאַרְבַּע מֵאוֹת׃ 9 כָּל ילי ־הַפְּקֻדִים
לְמַחֲנֵה יְהוּדָה מְאַת אֶלֶף וּשְׁמֹנִים אֶלֶף וְשֵׁשֶׁת־אֲלָפִים
וְאַרְבַּע־מֵאוֹת לְצִבְאֹתָם רִאשֹׁנָה יִסָּעוּ׃ 10 דֶּגֶל לאו מַחֲנֵה
רְאוּבֵן תֵּימָנָה לְצִבְאֹתָם וְנָשִׂיא לִבְנֵי רְאוּבֵן אֱלִיצוּר
בֶּן־שְׁדֵיאוּר׃ 11 וּצְבָאוֹ וּפְקֻדָיו שִׁשָּׁה וְאַרְבָּעִים אֶלֶף
וַחֲמֵשׁ מֵאוֹת׃ 12 וְהַחוֹנִם עָלָיו מַטֵּה שִׁמְעוֹן וְנָשִׂיא לִבְנֵי
שִׁמְעוֹן שְׁלֻמִיאֵל בֶּן־צוּרִישַׁדָּי׃ 13 וּצְבָאוֹ וּפְקֻדֵיהֶם תִּשְׁעָה
וַחֲמִשִּׁים אֶלֶף וּשְׁלֹשׁ מֵאוֹת׃ 14 וּמַטֵּה גָּד וְנָשִׂיא לִבְנֵי גָד
אֶלְיָסָף בֶּן־רְעוּאֵל׃ 15 וּצְבָאוֹ וּפְקֻדֵיהֶם חֲמִשָּׁה וְאַרְבָּעִים
אֶלֶף וְשֵׁשׁ מֵאוֹת וַחֲמִשִּׁים׃ 16 כָּל ילי ־הַפְּקֻדִים לְמַחֲנֵה
רְאוּבֵן מְאַת אֶלֶף וְאֶחָד אהבה, דאגה וַחֲמִשִּׁים אֶלֶף וְאַרְבַּע־
מֵאוֹת וַחֲמִשִּׁים לְצִבְאֹתָם וּשְׁנִיִּם יִסָּעוּ׃ 17 וְנָסַע אֹהֶל־
מוֹעֵד מַחֲנֵה הַלְוִיִּם בְּתוֹךְ הַמַּחֲנֹת כַּאֲשֶׁר יַחֲנוּ כֵּן יִסָּעוּ
אִישׁ עַל־יָדוֹ לְדִגְלֵיהֶם׃ 18 דֶּגֶל לאו מַחֲנֵה אֶפְרַיִם לְצִבְאֹתָם
יָמָּה וְנָשִׂיא לִבְנֵי אֶפְרַיִם אֱלִישָׁמָע בֶּן־עַמִּיהוּד׃ 19 וּצְבָאוֹ

תֵּימָנָה - The south is a place of quiet. This is where everything is manifested after we've done our connections. It's where we are within ourselves and can find clarity.

יָמָּה - The west is where the sun sets. This is the place where we "have not," where we lack. Sometimes, we can receive more Light from dark places. But if we try to cover our darkness, we can't grow and change.

וּפְקֻדֵיהֶם אַרְבָּעִים אֶלֶף וַחֲמֵשׁ מֵאוֹת׃ 20 וְעָלָיו מַטֵּה
מְנַשֶּׁה וְנָשִׂיא לִבְנֵי מְנַשֶּׁה גַּמְלִיאֵל בֶּן־פְּדָהצוּר׃ 21 וּצְבָאוֹ
וּפְקֻדֵיהֶם שְׁנַיִם וּשְׁלֹשִׁים אֶלֶף וּמָאתָיִם׃ 22 וּמַטֵּה
בִּנְיָמִן וְנָשִׂיא לִבְנֵי בִנְיָמִן אֲבִידָן בֶּן־גִּדְעֹנִי׃ 23 וּצְבָאוֹ
וּפְקֻדֵיהֶם חֲמִשָּׁה וּשְׁלֹשִׁים אֶלֶף וְאַרְבַּע מֵאוֹת׃ 24 כָּל ילי
־הַפְּקֻדִים לְמַחֲנֵה אֶפְרַיִם מְאַת אֶלֶף וּשְׁמֹנַת־אֲלָפִים
וּמֵאָה לְצִבְאֹתָם וּשְׁלִשִׁים יִסָּעוּ׃ 25 דֶּגֶל לאו מַחֲנֵה דָן
צָפֹנָה עסמ"ב לְצִבְאֹתָם וְנָשִׂיא לִבְנֵי דָן אֲחִיעֶזֶר בֶּן־עַמִּישַׁדָּי׃
26 וּצְבָאוֹ וּפְקֻדֵיהֶם שְׁנַיִם וְשִׁשִּׁים אֶלֶף וּשְׁבַע מֵאוֹת׃
27 וְהַחֹנִים עָלָיו מַטֵּה אָשֵׁר וְנָשִׂיא לִבְנֵי אָשֵׁר פַּגְעִיאֵל בֶּן־
עָכְרָן׃ 28 וּצְבָאוֹ וּפְקֻדֵיהֶם אֶחָד אהבה, דאגה וְאַרְבָּעִים אֶלֶף
וַחֲמֵשׁ מֵאוֹת׃ 29 וּמַטֵּה נַפְתָּלִי וְנָשִׂיא לִבְנֵי נַפְתָּלִי אֲחִירַע
בֶּן־עֵינָן׃ 30 וּצְבָאוֹ וּפְקֻדֵיהֶם שְׁלֹשָׁה וַחֲמִשִּׁים אֶלֶף וְאַרְבַּע
מֵאוֹת׃ 31 כָּל ילי ־הַפְּקֻדִים לְמַחֲנֵה דָן מְאַת אֶלֶף וְשִׁבְעָה
וַחֲמִשִּׁים אֶלֶף וְשֵׁשׁ מֵאוֹת לָאַחֲרֹנָה יִסְעוּ לְדִגְלֵיהֶם׃
32 אֵלֶּה פְּקוּדֵי בְנֵי־יִשְׂרָאֵל לְבֵית ב"פ ראה אֲבֹתָם כָּל ילי

צָפֹנָה - The north is the direction from which the Satan is allowed to penetrate our lives. We need to close that opening as much as possible. By reading this section, we gain protection from his entry.

־פְּקוּדֵי הַמַּחֲנֹת לְצִבְאֹתָם **שֵׁשׁ־מֵאוֹת אֶלֶף** וּשְׁלֹשֶׁת
אֲלָפִים וַחֲמֵשׁ מֵאוֹת וַחֲמִשִּׁים׃ 33 וְהַלְוִיִּם לֹא הָתְפָּקְדוּ
בְּתוֹךְ בְּנֵי יִשְׂרָאֵל כַּאֲשֶׁר צִוָּה יְהֹוָאדני אהדונהי אֶת־מֹשֶׁה מהש׃
34 וַיַּעֲשׂוּ בְּנֵי יִשְׂרָאֵל כְּכֹל ילי אֲשֶׁר־צִוָּה יְהֹוָאדני אהדונהי אֶת־
מֹשֶׁה מהש כֵּן־חָנוּ לְדִגְלֵיהֶם וְכֵן נָסָעוּ אִישׁ לְמִשְׁפְּחֹתָיו עַל־
בֵּית ב״פ ראה אֲבֹתָיו׃

Fourth Reading - Moses - Netzach

3 1 וְאֵלֶּה תּוֹלְדֹת **אַהֲרֹן וּמֹשֶׁה** מהש בְּיוֹם נגד, מזבח, זן דִּבֶּר ראה
יְהֹוָאדני אהדונהי אֶת־מֹשֶׁה מהש בְּהַר סִינָי נמם׃ 2 וְאֵלֶּה שְׁמוֹת
בְּנֵי־אַהֲרֹן הַבְּכֹר | נָדָב וַאֲבִיהוּא אֶלְעָזָר וְאִיתָמָר׃ 3 אֵלֶּה

שֵׁשׁ־מֵאוֹת אֶלֶף - Moses counts 600,000 people, the same number that was counted earlier. There is still the same number of souls that have to get corrected in our days. There are more than 600,000 people in our world today because souls have split, but all the souls today are the same souls that were in the desert. The world keeps going until we correct. When we read about people in the Torah—and all their negative actions—we are not really reading about *other generations*; we're reading about *us*. Rather than judging what *those* people did, we should learn from them to benefit *our* own lives.

אַהֲרֹן וּמֹשֶׁה - Moses and Aaron felt as if all the people were their children. They felt a parent's responsibility and a parent's compassion and love. This is the ultimate level of loving thy neighbor—feeling responsible for other people. We should feel responsibility for friends, acquaintances, and even strangers.

שְׁמוֹת בְּנֵי אַהֲרֹן הַכֹּהֲנִים הַמְּשֻׁחִים אֲשֶׁר־מִלֵּא יָדָם
לְכַהֵן מלה: 4 וַיָּמָת נָדָב וַאֲבִיהוּא לִפְנֵי חכמה, בינה יְהֹוָאדהנויאהדונהי
בְּהַקְרִבָם אֵשׁ זָרָה לִפְנֵי חכמה, בינה יְהֹוָאדהנויאהדונהי בְּמִדְבַּר
סִינַי נמם וּבָנִים לֹא־הָיוּ לָהֶם וַיְכַהֵן אֶלְעָזָר וְאִיתָמָר
עַל־פְּנֵי חכמה, בינה אַהֲרֹן אֲבִיהֶם: 5 וַיְדַבֵּר יְהֹוָאדהנויאהדונהי
אֶל־מֹשֶׁה מהש לֵּאמֹר: 6 הַקְרֵב אֶת־מַטֵּה לֵוִי וְהַעֲמַדְתָּ
אֹתוֹ לִפְנֵי חכמה, בינה אַהֲרֹן הַכֹּהֵן מלה וְשֵׁרְתוּ אֹתוֹ: 7 וְשָׁמְרוּ
אֶת־מִשְׁמַרְתּוֹ וְאֶת־מִשְׁמֶרֶת כָּל ילי ־הָעֵדָה סיט לִפְנֵי חכמה,
בינה אֹהֶל מוֹעֵד לַעֲבֹד אֶת־עֲבֹדַת הַמִּשְׁכָּן: 8 וְשָׁמְרוּ
אֶת־כָּל ילי ־כְּלֵי אֹהֶל מוֹעֵד וְאֶת־מִשְׁמֶרֶת בְּנֵי יִשְׂרָאֵל
לַעֲבֹד אֶת־עֲבֹדַת הַמִּשְׁכָּן: 9 וְנָתַתָּה אֶת־הַלְוִיִּם
לְאַהֲרֹן וּלְבָנָיו נְתוּנִם נְתוּנִם הֵמָּה לוֹ מֵאֵת בְּנֵי יִשְׂרָאֵל:
10 וְאֶת־אַהֲרֹן וְאֶת־בָּנָיו תִּפְקֹד וְשָׁמְרוּ אֶת־כְּהֻנָּתָם וְהַזָּר

לֵוִי - The Levites were chosen to be our bridge between the Lower and Upper Worlds. They became assistants to the *kohanim* (priests), did most of the work, and supported the *kohanim*. Aaron descended from the tribe of Levi, so actually all the *kohanim* came from this tribe. They were elevated and were chosen because they had a tremendous amount of judgment and Light, but they focused that energy to connect to God. What's important for us is to connect to the Light of the Creator, not only through all of our good traits but through the ones we have to correct. Everything we're supposed to manifest in our lives is connected to transforming our negative traits.

הַקָּרֵב יוּמָת׃ 11 וַיְדַבֵּר יְהֹוָהאדניאהדונהי אֶל־מֹשֶׁה מהש לֵּאמֹר׃
12 וַאֲנִי אני הִנֵּה לָקַחְתִּי אֶת־הַלְוִיִּם מִתּוֹךְ בְּנֵי יִשְׂרָאֵל תַּחַת
כָּל ילי ־בְּכוֹר פֶּטֶר רפ״ח רֶחֶם אברהם, רמ״ח מִבְּנֵי יִשְׂרָאֵל וְהָיוּ
לִי הַלְוִיִּם׃ 13 כִּי לִי כָּל ילי ־בְּכוֹר בְּיוֹם נגד, מזבח, זן הַכֹּתִי
כָל ילי ־בְּכוֹר בְּאֶרֶץ מִצְרַיִם מצר הִקְדַּשְׁתִּי לִי כָל ילי ־בְּכוֹר
בְּיִשְׂרָאֵל מֵאָדָם מ״ה, יוד הא ואו הא עַד־בְּהֵמָה לכב לִי יִהְיוּ אֲנִי אני
יְהֹוָהאדניאהדונהי׃

Fifth Reading - Aaron - Hod

14 וַיְדַבֵּר יְהֹוָהאדניאהדונהי אֶל־מֹשֶׁה מהש בְּמִדְבַּר סִינַי נמם לֵּאמֹר׃
15 פְּקֹד אֶת־בְּנֵי לֵוִי לְבֵית ב״פ ראה אֲבֹתָם לְמִשְׁפְּחֹתָם כָּל ילי
־זָכָר מִבֶּן־חֹדֶשׁ י״ב הויות וָמַעְלָה תִּפְקְדֵם׃ 16 וַיִּפְקֹד אֹתָם
מֹשֶׁה מהש עַל־פִּי יְהֹוָהאדניאהדונהי כַּאֲשֶׁר צֻוָּה׃ 17 וַיִּהְיוּ־אֵלֶּה

בְּכוֹר - Before the time of the Golden Calf, the firstborn sons were supposed to be priests. The *kohanim* and the Levites were all firstborn sons. But after the Golden Calf, everyone was touched by the Angel of Death and Negativity, so only the Levites who didn't participate in the sin remained Levites. We, too, create "golden calves" in our lives, and we often don't recognize how what we do takes away our ability to be a Levite—our ability to become great. We all have potential to reveal enormous Light, but our negative actions eliminate that potential.

פְּקֹד - Now, the Levites are counted. Even though they were elevated, they still needed energy. No matter how high we are, we still need a connection.

בְּנֵי־לֵוִי בִּשְׁמֹתָם גֵּרְשׁוֹן וּקְהָת וּמְרָרִי׃ 18 וְאֵלֶּה שְׁמוֹת
בְּנֵי־גֵרְשׁוֹן לְמִשְׁפְּחֹתָם לִבְנִי וְשִׁמְעִי׃ 19 וּבְנֵי קְהָת
לְמִשְׁפְּחֹתָם עַמְרָם וְיִצְהָר חֶבְרוֹן וְעֻזִּיאֵל׃ 20 וּבְנֵי מְרָרִי
לְמִשְׁפְּחֹתָם מַחְלִי וּמוּשִׁי אֵלֶּה הֵם מִשְׁפְּחֹת הַלֵּוִי לְבֵית ב״פ
ראה אֲבֹתָם׃ 21 לְגֵרְשׁוֹן מִשְׁפַּחַת הַלִּבְנִי וּמִשְׁפַּחַת הַשִּׁמְעִי
אֵלֶּה הֵם מִשְׁפְּחֹת הַגֵּרְשֻׁנִּי׃ 22 פְּקֻדֵיהֶם בְּמִסְפַּר כָּל ילי
־זָכָר מִבֶּן־חֹדֶשׁ י״ב הוויות וָמָעְלָה פְּקֻדֵיהֶם שִׁבְעַת אֲלָפִים
וַחֲמֵשׁ מֵאוֹת׃ 23 מִשְׁפְּחֹת הַגֵּרְשֻׁנִּי אַחֲרֵי הַמִּשְׁכָּן יַחֲנוּ
יָמָּה׃ 24 וּנְשִׂיא בֵית ב״פ ראה ־אָב לַגֵּרְשֻׁנִּי אֶלְיָסָף בֶּן־לָאֵל ייא״
מילוי דס״ג׃ 25 וּמִשְׁמֶרֶת בְּנֵי־גֵרְשׁוֹן בְּאֹהֶל מוֹעֵד הַמִּשְׁכָּן
וְהָאֹהֶל מִכְסֵהוּ וּמָסַךְ פֶּתַח אֹהֶל מוֹעֵד׃ 26 וְקַלְעֵי הֶחָצֵר
וְאֶת־מָסַךְ פֶּתַח הֶחָצֵר אֲשֶׁר עַל־הַמִּשְׁכָּן וְעַל־הַמִּזְבֵּחַ זן, נגד
סָבִיב וְאֵת מֵיתָרָיו לְכֹל יה אדני, ילי עֲבֹדָתוֹ׃ 27 וְלִקְהָת מִשְׁפַּחַת
הַעַמְרָמִי וּמִשְׁפַּחַת הַיִּצְהָרִי וּמִשְׁפַּחַת הַחֶבְרֹנִי וּמִשְׁפַּחַת
הָעָזִּיאֵלִי אֵלֶּה הֵם מִשְׁפְּחֹת הַקְּהָתִי׃ 28 בְּמִסְפַּר כָּל ילי
־זָכָר מִבֶּן־חֹדֶשׁ י״ב הוויות וָמָעְלָה שְׁמֹנַת אֲלָפִים וְשֵׁשׁ מֵאוֹת
שֹׁמְרֵי מִשְׁמֶרֶת הַקֹּדֶשׁ׃ 29 מִשְׁפְּחֹת בְּנֵי־קְהָת יַחֲנוּ עַל יֶרֶךְ
הַמִּשְׁכָּן תֵּימָנָה׃ 30 וּנְשִׂיא בֵית ב״פ ראה ־אָב לְמִשְׁפְּחֹת הַקְּהָתִי
אֱלִיצָפָן בֶּן־עֻזִּיאֵל׃ 31 וּמִשְׁמַרְתָּם הָאָרֹן וְהַשֻּׁלְחָן וְהַמְּנֹרָה

וְהַמִּזְבְּחֹת וּכְלֵי הַקֹּדֶשׁ אֲשֶׁר יְשָׁרְתוּ בָּהֶם וְהַמָּסָךְ וְכֹל ילי
עֲבֹדָתוֹ׃ 32 וּנְשִׂיא נְשִׂיאֵי הַלֵּוִי אֶלְעָזָר בֶּן־אַהֲרֹן הַכֹּהֵן מלה
פְּקֻדַּת שֹׁמְרֵי מִשְׁמֶרֶת הַקֹּדֶשׁ׃ 33 לִמְרָרִי מִשְׁפַּחַת הַמַּחְלִי
וּמִשְׁפַּחַת הַמּוּשִׁי אֵלֶּה הֵם מִשְׁפְּחֹת מְרָרִי׃ 34 וּפְקֻדֵיהֶם
בְּמִסְפַּר כָּל ילי ־זָכָר מִבֶּן־חֹדֶשׁ י״ב הוויות וָמַעְלָה שֵׁשֶׁת
אֲלָפִים וּמָאתָיִם׃ 35 וּנְשִׂיא בֵית ב״פ ראה ־אָב לְמִשְׁפְּחֹת מְרָרִי
צוּרִיאֵל בֶּן־אֲבִיחָיִל עַל יֶרֶךְ הַמִּשְׁכָּן יַחֲנוּ צָפֹנָה עסמ״ב׃
36 וּפְקֻדַּת מִשְׁמֶרֶת בְּנֵי מְרָרִי קַרְשֵׁי הַמִּשְׁכָּן וּבְרִיחָיו
וְעַמֻּדָיו וַאֲדָנָיו וְכָל ילי ־כֵּלָיו וְכֹל ילי עֲבֹדָתוֹ׃ 37 וְעַמֻּדֵי
הֶחָצֵר סָבִיב וְאַדְנֵיהֶם וִיתֵדֹתָם וּמֵיתְרֵיהֶם׃ 38 וְהַחֹנִים
לִפְנֵי חכמה, בינה הַמִּשְׁכָּן קֵדְמָה לִפְנֵי חכמה, בינה אֹהֶל־מוֹעֵד |
מִזְרָחָה מֹשֶׁה מהש | וְאַהֲרֹן וּבָנָיו שֹׁמְרִים מִשְׁמֶרֶת הַמִּקְדָּשׁ
לְמִשְׁמֶרֶת בְּנֵי יִשְׂרָאֵל וְהַזָּר הַקָּרֵב יוּמָת׃ 39 כָּל ילי ־פְּקוּדֵי
הַלְוִיִּם אֲשֶׁר פָּקַד מֹשֶׁה מהש וְאַהֲרֹן עַל־פִּי יְהֹוָהאדניאהדונהי
לְמִשְׁפְּחֹתָם כָּל ילי ־זָכָר מִבֶּן־חֹדֶשׁ י״ב הוויות וָמַעְלָה שְׁנַיִם

וְאַהֲרֹן - The dots above the word *VeAharon* connect us to the power of Aaron the *Kohen*. We know that a *kohen* — a high priest -- was a unique form of human being who had the power to overcome the Angel of Death. By connecting to Aaron in this reading, we activate the energy of complete healing within ourselves.

וְעֶשְׂרִים אָלֶף׃

Sixth Reading - Joseph - Yesod

40 וַיֹּאמֶר יְהֹוָהאדניאהדונהי אֶל־מֹשֶׁה מהש פְּקֹד כָּל ילי ־בְּכֹר זָכָר
לִבְנֵי יִשְׂרָאֵל מִבֶּן־חֹדֶשׁ יב הויות וָמָעְלָה וְשָׂא אֵת מִסְפַּר
שְׁמֹתָם׃ 41 וְלָקַחְתָּ אֶת־הַלְוִיִּם לִי אֲנִי אני יְהֹוָהאדניאהדונהי תַּחַת
כָּל ילי ־בְּכֹר בִּבְנֵי יִשְׂרָאֵל וְאֵת בֶּהֱמַת הַלְוִיִּם תַּחַת כָּל ילי
־בְּכוֹר בְּבֶהֱמַת בְּנֵי יִשְׂרָאֵל׃ 42 וַיִּפְקֹד מֹשֶׁה מהש כַּאֲשֶׁר
צִוָּה יְהֹוָהאדניאהדונהי אֹתוֹ אֶת־כָּל ילי ־בְּכוֹר בִּבְנֵי יִשְׂרָאֵל׃
43 וַיְהִי כָל ילי ־בְּכוֹר זָכָר בְּמִסְפַּר שֵׁמֹת מִבֶּן־חֹדֶשׁ יב הויות
וָמַעְלָה לִפְקֻדֵיהֶם שְׁנַיִם וְעֶשְׂרִים אֶלֶף שְׁלֹשָׁה וְשִׁבְעִים
וּמָאתָיִם׃ 44 וַיְדַבֵּר יְהֹוָהאדניאהדונהי אֶל־מֹשֶׁה מהש לֵּאמֹר׃ 45 קַח
אֶת־הַלְוִיִּם תַּחַת כָּל ילי ־בְּכוֹר בִּבְנֵי יִשְׂרָאֵל וְאֶת־בֶּהֱמַת
הַלְוִיִּם תַּחַת בְּהֶמְתָּם וְהָיוּ־לִי הַלְוִיִּם אֲנִי אני יְהֹוָהאדניאהדונהי׃
46 וְאֵת פְּדוּיֵי הַשְּׁלֹשָׁה וְהַשִּׁבְעִים וְהַמָּאתַיִם הָעֹדְפִים

פְּקֹד - The firstborn sons are counted here. There were 22,273 of them. Instead of allowing them to be sacrificed, the Levites performed sacrifices to protect them from the Angel of Death. But there were fewer Levites than there were firstborn sons. The ones that didn't have a Levite to do their sacrifice had to redeem themselves by giving five shekels—the same amount of money Joseph's brothers sold him for. Every time we redeem a firstborn son, it's as though we are correcting the sin of selling Joseph.

עַל־הַלְוִיִּם מִבְּכוֹר בְּנֵי יִשְׂרָאֵל׃ 47 וְלָקַחְתָּ חֲמֵשֶׁת חֲמֵשֶׁת
שְׁקָלִים לַגֻּלְגֹּלֶת בְּשֶׁקֶל הַקֹּדֶשׁ תִּקָּח עֶשְׂרִים גֵּרָה
הַשָּׁקֶל׃ 48 וְנָתַתָּה הַכֶּסֶף לְאַהֲרֹן וּלְבָנָיו פְּדוּיֵי הָעֹדְפִים
בָּהֶם׃ 49 וַיִּקַּח ווע״ם מֹשֶׁה מהש אֵת כֶּסֶף הַפִּדְיוֹם מֵאֵת הָעֹדְפִים
עַל פְּדוּיֵי הַלְוִיִּם׃ 50 מֵאֵת בְּכוֹר בְּנֵי יִשְׂרָאֵל לָקַח אֶת־
הַכֶּסֶף חֲמִשָּׁה וְשִׁשִּׁים וּשְׁלֹשׁ מֵאוֹת וָאֶלֶף בְּשֶׁקֶל הַקֹּדֶשׁ׃
51 וַיִּתֵּן מֹשֶׁה מהש אֶת־כֶּסֶף הַפְּדֻיִם לְאַהֲרֹן וּלְבָנָיו עַל־פִּי
יְהֹוָאדהנויאהדונהי כַּאֲשֶׁר צִוָּה יְהֹוָאדהנויאהדונהי אֶת־מֹשֶׁה מהש׃

Seventh Reading - David - Malchut

4 1 וַיְדַבֵּר יְהֹוָאדהנויאהדונהי אֶל־מֹשֶׁה מהש וְאֶל־אַהֲרֹן לֵאמֹר׃
2 נָשֹׂא אֶת־רֹאשׁ בְּנֵי קְהָת מִתּוֹךְ בְּנֵי לֵוִי לְמִשְׁפְּחֹתָם
לְבֵית ב״פ ראה אֲבֹתָם׃ 3 מִבֶּן שְׁלֹשִׁים שָׁנָה וָמַעְלָה וְעַד
בֶּן־חֲמִשִּׁים שָׁנָה כָּל ילי ־בָּא לַצָּבָא לַעֲשׂוֹת מְלָאכָה
בְּאֹהֶל מוֹעֵד׃ 4 זֹאת עֲבֹדַת בְּנֵי־קְהָת בְּאֹהֶל מוֹעֵד קֹדֶשׁ

קְהָת - Three families from the tribe of Levi were in charge of a different part of the Tabernacle. The family of Kehath, the most elevated Levites, took care of the Ark and all the physical tools of the Tabernacle. Joshua, who came after Moses to rule over the people, was not the most learned person or the smartest. He merited this position because he cared about where the Light of the Creator rested. The sons of Kehath got the job of healing and the job of touching the Ark when it needed to be moved because they cared the most. We have to feel an enormous amount of care for our spiritual work. It's not how much we know, but how much we care.

הַקֳּדָשִׁים׃ 5 וּבָא אַהֲרֹן וּבָנָיו בִּנְסֹעַ הַמַּחֲנֶה וְהוֹרִדוּ אֵת
פָּרֹכֶת הַמָּסָךְ וְכִסּוּ־בָהּ אֵת אֲרֹן הָעֵדֻת׃ 6 וְנָתְנוּ עָלָיו
כְּסוּי עוֹר תַּחַשׁ וּפָרְשׂוּ בֶגֶד־כְּלִיל תְּכֵלֶת מִלְמָעְלָה וְשָׂמוּ
בַּדָּיו׃ 7 וְעַל | שֻׁלְחַן הַפָּנִים יִפְרְשׂוּ בֶּגֶד תְּכֵלֶת וְנָתְנוּ עָלָיו
אֶת־הַקְּעָרֹת וְאֶת־הַכַּפֹּת וְאֶת־הַמְּנַקִּיֹּת וְאֵת קְשׂוֹת הַנָּסֶךְ
וְלֶחֶם ג"פ יהו"ה הַתָּמִיד נתה, קס"א + קנ"א + קמ"ג עָלָיו יִהְיֶה ייי׃ 8 וּפָרְשׂוּ
עֲלֵיהֶם בֶּגֶד תּוֹלַעַת שָׁנִי וְכִסּוּ אֹתוֹ בְּמִכְסֵה עוֹר תָּחַשׁ
וְשָׂמוּ אֶת־בַּדָּיו׃ 9 וְלָקְחוּ | בֶּגֶד תְּכֵלֶת וְכִסּוּ אֶת־מְנֹרַת
הַמָּאוֹר וְאֶת־נֵרֹתֶיהָ וְאֶת־מַלְקָחֶיהָ וְאֶת־מַחְתֹּתֶיהָ וְאֵת
כָּל ילי ־כְּלֵי שַׁמְנָהּ אֲשֶׁר יְשָׁרְתוּ־לָהּ בָּהֶם׃ 10 וְנָתְנוּ אֹתָהּ
וְאֶת־כָּל ילי ־כֵּלֶיהָ אֶל־מִכְסֵה עוֹר תָּחַשׁ וְנָתְנוּ עַל־הַמּוֹט׃
11 וְעַל | מִזְבַּח זן, נגד הַזָּהָב ווהו יִפְרְשׂוּ בֶּגֶד תְּכֵלֶת וְכִסּוּ אֹתוֹ
בְּמִכְסֵה עוֹר תָּחַשׁ וְשָׂמוּ אֶת־בַּדָּיו׃ 12 וְלָקְחוּ אֶת־כָּל ילי
־כְּלֵי הַשָּׁרֵת אֲשֶׁר יְשָׁרְתוּ־בָם מב בַּקֹּדֶשׁ וְנָתְנוּ אֶל־בֶּגֶד
תְּכֵלֶת וְכִסּוּ אוֹתָם בְּמִכְסֵה עוֹר תָּחַשׁ וְנָתְנוּ עַל־הַמּוֹט׃
13 וְדִשְּׁנוּ אֶת־הַמִּזְבֵּחַ זן, נגד וּפָרְשׂוּ עָלָיו בֶּגֶד אַרְגָּמָן׃ 14 וְנָתְנוּ
עָלָיו אֶת־כָּל ילי ־כֵּלָיו אֲשֶׁר יְשָׁרְתוּ עָלָיו בָּהֶם אֶת־
הַמַּחְתֹּת אֶת־הַמִּזְלָגֹת וְאֶת־הַיָּעִים וְאֶת־הַמִּזְרָקֹת כֹּל ילי
כְּלֵי הַמִּזְבֵּחַ זן, נגד וּפָרְשׂוּ עָלָיו כְּסוּי עוֹר תַּחַשׁ וְשָׂמוּ בַדָּיו׃

15 וְכִלָּה אַהֲרֹן־וּבָנָיו לְכַסֹּת אֶת־הַקֹּדֶשׁ וְאֶת־כָּל ילי ־כְּלֵי
הַקֹּדֶשׁ בִּנְסֹעַ הַמַּחֲנֶה וְאַחֲרֵי־כֵן יָבֹאוּ בְנֵי־קְהָת לָשֵׂאת
וְלֹא־יִגְּעוּ אֶל־הַקֹּדֶשׁ וָמֵתוּ אֵלֶּה מַשָּׂא בְנֵי־קְהָת בְּאֹהֶל
מוֹעֵד׃ 16 וּפְקֻדַּת אֶלְעָזָר | בֶּן־אַהֲרֹן הַכֹּהֵן מלה שֶׁמֶן הַמָּאוֹר
וּקְטֹרֶת הַסַּמִּים אלף הה יוד הה, אדני - אלהים וּמִנְחַת הַתָּמִיד נתה, קס״א
- קנ״א - קמ״ג וְשֶׁמֶן הַמִּשְׁחָה פְּקֻדַּת כָּל ילי ־הַמִּשְׁכָּן וְכָל ילי
־אֲשֶׁר־בּוֹ בְּקֹדֶשׁ וּבְכֵלָיו׃

Maftir

17 וַיְדַבֵּר יְהֹוָהאדניאהדונהי אֶל־מֹשֶׁה מהש וְאֶל־אַהֲרֹן לֵאמֹר׃
18 אַל־תַּכְרִיתוּ אֶת־שֵׁבֶט מִשְׁפְּחֹת הַקְּהָתִי מִתּוֹךְ הַלְוִיִּם׃
19 וְזֹאת | עֲשׂוּ לָהֶם וְחָיוּ וְלֹא יָמֻתוּ בְּגִשְׁתָּם אֶת־קֹדֶשׁ
הַקֳּדָשִׁים אַהֲרֹן וּבָנָיו יָבֹאוּ וְשָׂמוּ אוֹתָם אִישׁ אִישׁ עַל־
עֲבֹדָתוֹ וְאֶל־מַשָּׂאוֹ׃ 20 וְלֹא־יָבֹאוּ לִרְאוֹת כְּבַלַּע אֶת־
הַקֹּדֶשׁ וָמֵתוּ׃

כְּבַלַּע - There's a verse that says: "*Bila hamavet lanetzach.*" This means that death will be swallowed up. A level of death disappears when chaos gets swallowed up by the Light. Whenever we cleanse, the Light swallows up the darkness. Whenever we do a positive action, negativity is swallowed up.

Haftarah of Bamidbar

The *Shechinah* is discussed here and is called a loyal wife. Our relationships should be like the relationship between the *Shechinah* and the Creator. When two people are in a relationship, they need to realize that the actions they do, even separately, affect both of them together.

Hosea 2 — הושע פרק 2

1 וְהָיָה יהוה, יהה מִסְפַּר בְּנֵי־יִשְׂרָאֵל כְּחוֹל הַיָּם ילי אֲשֶׁר לֹא־
יִמַּד וְלֹא יִסָּפֵר וְהָיָה יהוה, יהה בִּמְקוֹם אֲשֶׁר־יֵאָמֵר לָהֶם
לֹא־עַמִּי אַתֶּם יֵאָמֵר לָהֶם בְּנֵי אֵל ייא״י מילוי דס״ג ־חָי: 2 וְנִקְבְּצוּ
בְּנֵי־יְהוּדָה וּבְנֵי־יִשְׂרָאֵל יַחְדָּו וְשָׂמוּ לָהֶם רֹאשׁ אֶחָד אהבה,
דאגה וְעָלוּ מִן־הָאָרֶץ אלף למד הה יוד מם כִּי גָדוֹל להח, מבה יוֹם נגד, מזבח,
זן יִזְרְעֶאל: 3 אִמְרוּ לַאֲחֵיכֶם עַמִּי וְלַאֲחוֹתֵיכֶם רֻחָמָה:
4 רִיבוּ בְאִמְּכֶם רִיבוּ כִּי־הִיא לֹא אִשְׁתִּי וְאָנֹכִי איע לֹא
אִישָׁהּ וְתָסֵר זְנוּנֶיהָ מִפָּנֶיהָ וְנַאֲפוּפֶיהָ מִבֵּין שָׁדֶיהָ: 5 פֶּן־
אַפְשִׁיטֶנָּה עֲרֻמָּה וְהִצַּגְתִּיהָ כְּיוֹם נגד, מזבח, זן הִוָּלְדָהּ וְשַׂמְתִּיהָ
כַמִּדְבָּר וְשַׁתִּהָ כְּאֶרֶץ צִיָּה וַהֲמִתִּיהָ בַּצָּמָא: 6 וְאֶת־בָּנֶיהָ
לֹא אֲרַחֵם כִּי־בְנֵי זְנוּנִים הֵמָּה: 7 כִּי זָנְתָה אִמָּם הֹבִישָׁה
הוֹרָתָם כִּי אָמְרָה אֵלְכָה אַחֲרֵי מְאַהֲבַי נֹתְנֵי לַחְמִי וּמֵימַי
צַמְרִי וּפִשְׁתִּי שַׁמְנִי וְשִׁקּוּיָי: 8 לָכֵן הִנְנִי־שָׂךְ אֶת־דַּרְכֵּךְ
בַּסִּירִים וְגָדַרְתִּי אֶת־גְּדֵרָהּ וּנְתִיבוֹתֶיהָ לֹא תִמְצָא:

9 וְרִדְּפָה אֶת־מְאַהֲבֶיהָ וְלֹא־תַשִּׂיג אֹתָם וּבִקְשָׁתַם וְלֹא
תִמְצָא וְאָמְרָה אֵלְכָה וְאָשׁוּבָה אֶל־אִישִׁי הָרִאשׁוֹן כִּי
טוֹב אום, יהוה - אהיה והו לִי אָז מֵעָתָּה׃ 10 וְהִיא לֹא יָדְעָה כִּי
אָנֹכִי איע נָתַתִּי לָהּ הַדָּגָן וְהַתִּירוֹשׁ וְהַיִּצְהָר וְכֶסֶף הִרְבֵּיתִי
לָהּ וְזָהָב והו עָשׂוּ לַבָּעַל׃ 11 לָכֵן אָשׁוּב וְלָקַחְתִּי דְגָנִי בְּעִתּוֹ
וְתִירוֹשִׁי בְּמוֹעֲדוֹ וְהִצַּלְתִּי צַמְרִי וּפִשְׁתִּי לְכַסּוֹת אֶת־
עֶרְוָתָהּ׃ 12 וְעַתָּה אֲגַלֶּה אֶת־נַבְלֻתָהּ לְעֵינֵי מְאַהֲבֶיהָ וְאִישׁ
לֹא־יַצִּילֶנָּה מִיָּדִי׃ 13 וְהִשְׁבַּתִּי כָּל ילי ־מְשׂוֹשָׂהּ חַגָּהּ חָדְשָׁהּ
וְשַׁבַּתָּהּ וְכֹל ילי מוֹעֲדָהּ׃ 14 וַהֲשִׁמֹּתִי גַּפְנָהּ וּתְאֵנָתָהּ אֲשֶׁר
אָמְרָה אֶתְנָה הֵמָּה לִי אֲשֶׁר נָתְנוּ־לִי מְאַהֲבָי וְשַׂמְתִּים
לְיַעַר ערי, סןזוףך, סנדלפון וַאֲכָלָתַם חַיַּת הַשָּׂדֶה׃ 15 וּפָקַדְתִּי עָלֶיהָ
אֶת־יְמֵי הַבְּעָלִים אֲשֶׁר תַּקְטִיר לָהֶם וַתַּעַד נִזְמָהּ וְחֶלְיָתָהּ
וַתֵּלֶךְ אַחֲרֵי מְאַהֲבֶיהָ וְאֹתִי שָׁכְחָה נְאֻם־יְהוָהאדנייאהדונהי׃
16 לָכֵן הִנֵּה אָנֹכִי איע מְפַתֶּיהָ וְהֹלַכְתִּיהָ הַמִּדְבָּר וְדִבַּרְתִּי
עַל־לִבָּהּ׃ 17 וְנָתַתִּי לָהּ אֶת־כְּרָמֶיהָ מִשָּׁם וְאֶת־עֵמֶק
עָכוֹר לְפֶתַח תִּקְוָה וְעָנְתָה שָּׁמָּה כִּימֵי נְעוּרֶיהָ וּכְיוֹם נגד,
מזבח, זן עֲלוֹתָהּ מֵאֶרֶץ־מִצְרָיִם מצר׃ 18 וְהָיָה יהוה, יהה בַּיּוֹם נגד, מזבח,
זן ־הַהוּא נְאֻם־יְהוָהאדנייאהדונהי תִּקְרְאִי אִישִׁי וְלֹא־תִקְרְאִי־
לִי עוֹד בַּעְלִי׃ 19 וַהֲסִרֹתִי אֶת־שְׁמוֹת הַבְּעָלִים מִפִּיהָ

וְלֹא־יִזָּכְרוּ עוֹד בִּשְׁמָם׃ 20 וְכָרַתִּי לָהֶם בְּרִית בַּיּוֹם נגד,
מזבח, זן הַהוּא עִם־חַיַּת הַשָּׂדֶה וְעִם־עוֹף הַשָּׁמַיִם כוזו, י״פ טל
וְרֶמֶשׂ הָאֲדָמָה וְקֶשֶׁת וְחֶרֶב רי״ו, גבורה וּמִלְחָמָה אֶשְׁבּוֹר מִן־
הָאָרֶץ אלף למד הה יוד מם וְהִשְׁכַּבְתִּים לָבֶטַח׃ 21 וְאֵרַשְׂתִּיךְ לִי
לְעוֹלָם וְאֵרַשְׂתִּיךְ לִי בְּצֶדֶק וּבְמִשְׁפָּט ה״פ אלהים וּבְחֶסֶד יוד הי
ויו הי, י יה יהו יהוה וּבְרַחֲמִים מצפצ׃ 22 וְאֵרַשְׂתִּיךְ לִי בֶּאֱמוּנָה וְיָדַעַתְּ
אֶת־יְהֹוָה אדני יאהדונהי׃

Lesson of Naso

Last week, we saw that the portion of Bamidbar most often falls the week before Shavuot and that usually the portion of Naso is read the week after the holiday. Why is the placement of Naso important? Why was it placed neither earlier nor later but exactly here?

We know there must be some significance to this because in the *Midrash*, it is written that there is no earlier or later in the Torah. From the time I began studying Kabbalah, I've learned that everything in the Torah has a deep but often hidden importance. For example, even the placement of the large and small letters always has a reason and reveals a special Light.

The Bible is not a history book. The portions are not about what happened in Egypt or what happened in the desert. Instead, the readings connect us with the unique power of the coming week. Because the portion of Naso is almost always read after Shavuot, it has a certain power that connects to the energy of Shavuot, which we can then draw to ourselves for the entire year.

There is a story about the wife of the holy *Maggid* of Mezritch, who always wanted her husband to meet the Baal Shem Tov. But the *Maggid* didn't want to because thought he he already knew everything from the Gemara to the Zohar. He knew all the holy books that had ever been written, and he didn't see why he should go out of his way to meet anyone. In the end, however, he agreed to travel to meet the Baal Shem Tov. He wasn't looking forward to walking through the snow, but he told himself that maybe he would actually learn something new.

After a month of walking in the freezing snow, he arrived in the town of Mezhbuzh and went to greet the holy Baal Shem Tov. But what the Baal Shem Tov told him was very disappointing. It wasn't a new teaching or a piece of secret knowledge. It was just a silly story about something that happened to the Baal Shem Tov on his way to a certain place.

That night, the *Maggid* wondered whether there was something he didn't understand. His wife and everyone else had said that the Baal Shem Tov was a great soul. Maybe the Baal Shem Tov had just been tired, and he would share some great wisdom tomorrow.

But the next day was no better. The Baal Shem Tov just talked about the need to feed the horses. So finally, the *Maggid* decided that his long journey had been for nothing, and he was going to return home. As he was saying good-bye, however, the Baal Shem Tov suddenly asked him to explain a certain portion that dealt with the holy angel Arizal. The *Maggid* was taken a bit by surprise, but he explained the portion.

As soon as the *Maggid* was finished, the holy Baal Shem Tov explained the same portion, but every time he pronounced the name of an angel, the angel himself appeared. When he spoke the name of Michael, Michael appeared, and when he said the name of the holy Arizal, the holy Arizal appeared. Then the *Maggid* saw what the Baal Shem Tov wanted to teach him. It is possible to know all the books and all the explanations, but that's not enough! We must have complete certainty that the Light is with us all the time, and then we will manifest all the things that the Light brings.

We may think we "know" a lot, but when we connect to the Light of the Creator, we connect to a computer that knows *everything*. The Creator's computer knows not only what has been programmed in the past, like computers in this world, but it knows the present and the future as well. The portion of Naso is the largest portion in the Torah so that it can connect us with the largest computer in the universe! The only way we can foresee the future is, first, by connecting to the Light of the Creator, which we can do by listening to the Torah reading on Shabbat, and then by having a continuous connection to the energy of those readings throughout the week and throughout the coming year.

More regarding the Torah

There is a story that will help us understand the connection that we should have with the Torah. In the days of Rabbi Zusha, there was a young man who lived in a small hotel owned by his wealthy uncle. One day, the young man began to doubt that he was fulfilling his spiritual purpose in life. He began to feel that he wasn't doing as much as he should. So he took himself away from this world and sat in the woods alone for 14 years, studying the Holy Torah with great diligence.

When he returned to the hotel after 14 years, he felt that he was at the highest level anyone could attain. He told this to his uncle, who listened politely and then suggested that the young man should travel to visit Rabbi Zusha. But the young man saw no reason to do this. "Why should I go anywhere to meet anybody," he thought, "when I already know everything?"

Still, his uncle kept after him. He kept telling the young man that from Rabbi Zusha, he could learn more about the ways of worshipping the Creator. So one day, the young man finally traveled all the way to Anipoli. Rabbi Zusha greeted him and immediately quoted him a verse of Torah to this effect: "Anyone who thinks of himself 'I am He' will not see the true word of God." Once the young man heard these holy words from Rabbi Zusha, he threw away his pride and ego, and over the many years that he studied with Rabbi Zusha, he finally did reach a high level. By thinking less about what "I am" and more about "what I am not"—by having less ego and more restriction—he achieved a constant connection to the Light.

Only by realizing how much we can know—and yet still not know—can we really become righteous persons. Without the help of the Light, we are nothing, regardless of any knowledge we think we have.

Synopsis of Naso

This is the largest portion of the Torah. It is always read before or after Shavuot, and it is part of the Shavuot connection. The Zohar portion of Naso talks about the great gathering—the time that Rabbi Shimon spent with his students after he left the cave. The awesome Light that originates from Shavuot comes to us through the portion of Naso. There is a great amount of Light in this portion: the largest amount of Light from having the largest Midrash in the Torah. It's the Light of immortality.

First Reading - Abraham - Chesed

21 וַיְדַבֵּר יְהֹוָאדני אהדונהי אֶל־מֹשֶׁה מהש לֵּאמֹר׃ 22 נָשֹׂא אֶת־רֹאשׁ
בְּנֵי גֵרְשׁוֹן גַּם־הֵם לְבֵית ב״פ ראה אֲבֹתָם לְמִשְׁפְּחֹתָם׃ 23 מִבֶּן
שְׁלֹשִׁים שָׁנָה וָמַעְלָה עַד בֶּן־חֲמִשִּׁים שָׁנָה תִּפְקֹד אוֹתָם
כָּל ילי ־הַבָּא לִצְבֹא צָבָא לַעֲבֹד עֲבֹדָה בְּאֹהֶל מוֹעֵד׃
24 זֹאת עֲבֹדַת מִשְׁפְּחֹת הַגֵּרְשֻׁנִּי לַעֲבֹד וּלְמַשָּׂא׃ 25 וְנָשְׂאוּ
אֶת־יְרִיעֹת הַמִּשְׁכָּן וְאֶת־אֹהֶל מוֹעֵד מִכְסֵהוּ וּמִכְסֵה
הַתַּחַשׁ אֲשֶׁר־עָלָיו מִלְמָעְלָה וְאֶת־מָסַךְ פֶּתַח אֹהֶל מוֹעֵד׃
26 וְאֵת קַלְעֵי הֶחָצֵר וְאֶת־מָסַךְ | פֶּתַח | שַׁעַר הֶחָצֵר אֲשֶׁר
עַל־הַמִּשְׁכָּן וְעַל־הַמִּזְבֵּחַ זן, נגד סָבִיב וְאֵת מֵיתְרֵיהֶם וְאֶת־
כָּל ילי ־כְּלֵי עֲבֹדָתָם וְאֵת כָּל ילי ־אֲשֶׁר יֵעָשֶׂה לָהֶם וְעָבָדוּ׃
27 עַל־פִּי אַהֲרֹן וּבָנָיו תִּהְיֶה כָּל ילי ־עֲבֹדַת בְּנֵי הַגֵּרְשֻׁנִּי
לְכָל יה אדני, ילי ־מַשָּׂאָם וּלְכֹל יה אדני, ילי עֲבֹדָתָם וּפְקַדְתֶּם
עֲלֵהֶם בְּמִשְׁמֶרֶת אֵת כָּל ילי ־מַשָּׂאָם׃ 28 זֹאת עֲבֹדַת

גֵּרְשׁוֹן - The responsibilities of the Levites are discussed here. There were three families of Levites who were responsible for the Tabernacle. The sons of Kehath, discussed in Bamidbar, took care of the Ark and the physical tools of the Tabernacle. The sons of Gershon were responsible for all of the coverings of the Tabernacle. They were entrusted with concealing or revealing the Light when needed and acted as a filter for the Light. Sometimes, we need less Light if we can't handle it all, and other times, we need more. But we need to get as much Light through the filter as possible.

מִשְׁפְּחֹת בְּנֵי הַגֵּרְשֻׁנִּי בְּאֹהֶל מוֹעֵד וּמִשְׁמַרְתָּם בְּיַד
אִיתָמָר בֶּן־אַהֲרֹן הַכֹּהֵן מלה: 29 בְּנֵי מְרָרִי לְמִשְׁפְּחֹתָם
לְבֵית ב״פ ראה ־אֲבֹתָם תִּפְקֹד אֹתָם: 30 מִבֶּן שְׁלֹשִׁים שָׁנָה
וָמַעְלָה וְעַד בֶּן־חֲמִשִּׁים שָׁנָה תִּפְקְדֵם כָּל ילי ־הַבָּא לַצָּבָא
לַעֲבֹד אֶת־עֲבֹדַת אֹהֶל מוֹעֵד: 31 וְזֹאת מִשְׁמֶרֶת מַשָּׂאָם
לְכָל יה אדני, ילי ־עֲבֹדָתָם בְּאֹהֶל מוֹעֵד קַרְשֵׁי הַמִּשְׁכָּן וּבְרִיחָיו
וְעַמּוּדָיו וַאֲדָנָיו: 32 וְעַמּוּדֵי הֶחָצֵר סָבִיב וְאַדְנֵיהֶם וִיתֵדֹתָם
וּמֵיתְרֵיהֶם לְכָל יה אדני, ילי ־כְּלֵיהֶם וּלְכֹל יה אדני, ילי עֲבֹדָתָם
וּבְשֵׁמֹת תִּפְקְדוּ אֶת־כְּלֵי מִשְׁמֶרֶת מַשָּׂאָם: 33 זֹאת עֲבֹדַת
מִשְׁפְּחֹת בְּנֵי מְרָרִי לְכָל יה אדני, ילי ־עֲבֹדָתָם בְּאֹהֶל מוֹעֵד
בְּיַד אִיתָמָר בֶּן־אַהֲרֹן הַכֹּהֵן מלה: 34 וַיִּפְקֹד מֹשֶׁה מהש וְאַהֲרֹן
וּנְשִׂיאֵי הָעֵדָה סיט אֶת־בְּנֵי הַקְּהָתִי לְמִשְׁפְּחֹתָם וּלְבֵית ב״פ
ראה אֲבֹתָם: 35 מִבֶּן שְׁלֹשִׁים שָׁנָה וָמַעְלָה וְעַד בֶּן־חֲמִשִּׁים
שָׁנָה כָּל ילי ־הַבָּא לַצָּבָא לַעֲבֹדָה בְּאֹהֶל מוֹעֵד: 36 וַיִּהְיוּ
פְקֻדֵיהֶם לְמִשְׁפְּחֹתָם אַלְפַּיִם שְׁבַע מֵאוֹת וַחֲמִשִּׁים:

מְרָרִי - The third family of Levites, the sons of Merari, was in charge of the posts and beams, the foundation the Tabernacle stood on. There are certain things that keep us going, even when we go through hardships. These are foundations, and the Merarites were in charge of this Light. We connect to it in this section.

37 אֵלֶּה פְקוּדֵי מִשְׁפְּחֹת הַקְּהָתִי כָּל ילי -הָעֹבֵד בְּאֹהֶל
מוֹעֵד אֲשֶׁר פָּקַד מֹשֶׁה מהש וְאַהֲרֹן עַל-פִּי יְהֹוָאדניאהדונהי
בְּיַד-מֹשֶׁה מהש:

Second Reading - Isaac - Gvurah

38 וּפְקוּדֵי בְּנֵי גֵּרְשׁוֹן לְמִשְׁפְּחוֹתָם וּלְבֵית ב״פ ראה אֲבֹתָם:
39 מִבֶּן שְׁלֹשִׁים שָׁנָה וָמַעְלָה וְעַד בֶּן-חֲמִשִּׁים שָׁנָה
כָּל ילי -הַבָּא לַצָּבָא לַעֲבֹדָה בְּאֹהֶל מוֹעֵד: 40 וַיִּהְיוּ אל
פְּקֻדֵיהֶם לְמִשְׁפְּחֹתָם לְבֵית ב״פ ראה אֲבֹתָם אַלְפַּיִם וְשֵׁשׁ
מֵאוֹת וּשְׁלֹשִׁים: 41 אֵלֶּה פְקוּדֵי מִשְׁפְּחֹת בְּנֵי גֵרְשׁוֹן כָּל ילי
-הָעֹבֵד בְּאֹהֶל מוֹעֵד אֲשֶׁר פָּקַד מֹשֶׁה מהש וְאַהֲרֹן עַל-פִּי
יְהֹוָאדניאהדונהי: 42 וּפְקוּדֵי מִשְׁפְּחֹת בְּנֵי מְרָרִי לְמִשְׁפְּחֹתָם
לְבֵית ב״פ ראה אֲבֹתָם: 43 מִבֶּן שְׁלֹשִׁים שָׁנָה וָמַעְלָה וְעַד
בֶּן-חֲמִשִּׁים שָׁנָה כָּל ילי -הַבָּא לַצָּבָא לַעֲבֹדָה בְּאֹהֶל
מוֹעֵד: 44 וַיִּהְיוּ פְקֻדֵיהֶם לְמִשְׁפְּחֹתָם שְׁלֹשֶׁת אֲלָפִים

וּפְקוּדֵי - Even though the Levites were counted once they were 30 days old, they performed work only between the ages of 30 and 50 years. This was their greatest and most valuable opening. We have openings at this period in our lives and have to make sure we don't waste them. If the average lifespan is 80 years, we tend to waste the first 20 as youngsters, and the last 20 are for retirement. We really have 40 years of true living. The Levites working from ages 30 to 50 opens our eyes to the fact that we have to take advantage of the short time we actually have.

וּמָאתָיִם׃ 45 אֵלֶּה פְקוּדֵי מִשְׁפְּחֹת בְּנֵי מְרָרִי אֲשֶׁר פָּקַד
מֹשֶׁה מהש וְאַהֲרֹן עַל־פִּי יְהֹוָהאדניאהדונהי בְּיַד־מֹשֶׁה מהש׃
46 כָּל ילי ־הַפְּקֻדִים אֲשֶׁר פָּקַד מֹשֶׁה מהש וְאַהֲרֹן וּנְשִׂיאֵי
יִשְׂרָאֵל אֶת־הַלְוִיִּם לְמִשְׁפְּחֹתָם וּלְבֵית ב״פ ראה אֲבֹתָם׃
47 מִבֶּן שְׁלֹשִׁים שָׁנָה וָמַעְלָה וְעַד בֶּן־חֲמִשִּׁים שָׁנָה כָּל ילי
־הַבָּא לַעֲבֹד עֲבֹדַת עֲבֹדָה וַעֲבֹדַת מַשָּׂא בְּאֹהֶל מוֹעֵד׃
48 וַיִּהְיוּ פְּקֻדֵיהֶם שְׁמֹנַת אֲלָפִים וַחֲמֵשׁ מֵאוֹת וּשְׁמֹנִים׃
49 עַל־פִּי יְהֹוָהאדניאהדונהי פָּקַד אוֹתָם בְּיַד־מֹשֶׁה מהש אִישׁ אִישׁ
עַל־עֲבֹדָתוֹ וְעַל־מַשָּׂאוֹ וּפְקֻדָיו אֲשֶׁר־צִוָּה יְהֹוָהאדניאהדונהי
אֶת־מֹשֶׁה מהש׃

Third Reading - Jacob - Tiferet

5 1 וַיְדַבֵּר יְהֹוָהאדניאהדונהי אֶל־מֹשֶׁה מהש לֵּאמֹר׃ 2 צַו פוי אֶת־
בְּנֵי יִשְׂרָאֵל וִישַׁלְּחוּ מִן־הַמַּחֲנֶה כָּל ילי ־צָרוּעַ וְכָל ילי ־זָב
וְכֹל ילי טָמֵא לָנָפֶשׁ׃ 3 מִזָּכָר עַד־נְקֵבָה תְּשַׁלֵּחוּ אֶל־מִחוּץ

וִישַׁלְּחוּ - To purify the camps, all the people who had physical diseases and impurities, which are an indication of spiritual impurity, were exiled. If we're around impure people, they affect us. Likewise, we affect others if we're impure. We need to stay away from negative people, and if we ourselves are negative, we need to change. The first step toward making that change is admitting the need for it—at least to ourselves. That admission can be difficult, and this section gives us the power to make it.

לַמַּחֲנֶה תְּשַׁלְּחוּם וְלֹא יְטַמְּאוּ אֶת־מַחֲנֵיהֶם אֲשֶׁר אֲנִי אני
שֹׁכֵן בְּתוֹכָם׃ 4 וַיַּעֲשׂוּ־כֵן בְּנֵי יִשְׂרָאֵל וַיְשַׁלְּחוּ אוֹתָם אֶל־
מִחוּץ לַמַּחֲנֶה כַּאֲשֶׁר דִּבֶּר ראה יְהֹוָה אדני יאהדונהי אֶל־מֹשֶׁה מהש
כֵּן עָשׂוּ בְּנֵי יִשְׂרָאֵל׃ 5 וַיְדַבֵּר יְהֹוָה אדני יאהדונהי אֶל־מֹשֶׁה מהש
לֵּאמֹר׃ 6 דַּבֵּר ראה אֶל־בְּנֵי יִשְׂרָאֵל אִישׁ אוֹ־אִשָּׁה כִּי יַעֲשׂוּ
מִכָּל ילי ־חַטֹּאת הָאָדָם מ״ה, יוד הא ואו הא לִמְעֹל עלם מַעַל עלם
בַּיהֹוָה אדני יאהדונהי וְאָשְׁמָה הַנֶּפֶשׁ הַהִוא׃ 7 וְהִתְוַדּוּ אֶת־
חַטָּאתָם אֲשֶׁר עָשׂוּ וְהֵשִׁיב אֶת־אֲשָׁמוֹ בְּרֹאשׁוֹ וַחֲמִישִׁתוֹ
יֹסֵף עָלָיו וְנָתַן אבג יתץ, ושר, אהבת חנם לַאֲשֶׁר אָשַׁם לוֹ׃ 8 וְאִם יוהך
־אֵין לָאִישׁ גֹּאֵל א״ת ב״ש - כתר לְהָשִׁיב הָאָשָׁם אֵלָיו הָאָשָׁם
הַמּוּשָׁב לַיהֹוָה אדני יאהדונהי לַכֹּהֵן מלה מִלְּבַד אֵיל הַכִּפֻּרִים
אֲשֶׁר יְכַפֶּר־בּוֹ עָלָיו׃ 9 וְכָל ילי ־תְּרוּמָה לְכָל יה אדני, ילי ־קָדְשֵׁי
בְנֵי־יִשְׂרָאֵל אֲשֶׁר־יַקְרִיבוּ לַכֹּהֵן מלה לוֹ יִהְיֶה ייי׃ 10 וְאִישׁ
אֶת־קֳדָשָׁיו לוֹ יִהְיוּ אִישׁ אֲשֶׁר־יִתֵּן לַכֹּהֵן מלה לוֹ יִהְיֶה ייי׃

Fourth Reading - Moses - Netzach

11 וַיְדַבֵּר יְהֹוָה אדני יאהדונהי אֶל־מֹשֶׁה מהש לֵּאמֹר׃ 12 דַּבֵּר ראה אֶל־
בְּנֵי יִשְׂרָאֵל וְאָמַרְתָּ אֲלֵהֶם אִישׁ אִישׁ כִּי־תִשְׂטֶה אִשְׁתּוֹ

תִשְׂטֶה - There was a woman, Sottah, who was accused of adultery. A very special process was used to discover if someone actually did commit

וּמָעֲלָה בוֹ מָעַל עלם׃ 13 וְשָׁכַב אִישׁ אֹתָהּ שִׁכְבַת־זֶרַע
וְנֶעְלַם מֵעֵינֵי אִישָׁהּ וְנִסְתְּרָה וְהִיא נִטְמָאָה וְעֵד אֵין בָּהּ
וְהִוא לֹא נִתְפָּשָׂה׃ 14 וְעָבַר עָלָיו רוּחַ־קִנְאָה יוסף, ציון וְקִנֵּא אֶת־
אִשְׁתּוֹ וְהִוא נִטְמָאָה אוֹ־עָבַר עָלָיו רוּחַ־קִנְאָה יוסף, ציון וְקִנֵּא
אֶת־אִשְׁתּוֹ וְהִיא לֹא נִטְמָאָה׃ 15 וְהֵבִיא הָאִישׁ אֶת־אִשְׁתּוֹ
אֶל־הַכֹּהֵן מלה וְהֵבִיא אֶת־קָרְבָּנָהּ עָלֶיהָ עֲשִׂירִת הָאֵיפָה
קֶמַח שְׂעֹרִים כתר לֹא־יִצֹק עָלָיו שֶׁמֶן וְלֹא־יִתֵּן עָלָיו לְבֹנָה
כִּי־מִנְחַת קְנָאֹת הוּא מִנְחַת זִכָּרוֹן מַזְכֶּרֶת עָוֹן׃ 16 וְהִקְרִיב
אֹתָהּ הַכֹּהֵן מלה וְהֶעֱמִדָהּ לִפְנֵי חכמה, בינה יְהֹוָהאדניאהדונהי׃ 17 וְלָקַח
הַכֹּהֵן מלה מַיִם קְדֹשִׁים בִּכְלִי־חָרֶשׂ וּמִן־הֶעָפָר אֲשֶׁר
יִהְיֶה ייי בְּקַרְקַע הַמִּשְׁכָּן יִקַּח ועם הַכֹּהֵן מלה וְנָתַן אבג יתץ, ושר, אהבת
חנם אֶל־הַמָּיִם׃ 18 וְהֶעֱמִיד הַכֹּהֵן מלה אֶת־הָאִשָּׁה לִפְנֵי חכמה,
בינה יְהֹוָהאדניאהדונהי וּפָרַע אֶת־רֹאשׁ הָאִשָּׁה וְנָתַן אבג יתץ, ושר, אהבת

adultery. The name of God was written on a piece of parchment and then scraped off into water, and the woman drank it. If she had cheated, she would die; if not, then she would live. This shows that the Light of the Creator is involved in keeping people together. This was not an appropriate thing to do with God's name, but if it was being done to create harmony, then it was permitted. We also learn that doubts between people are more destructive than knowing the truth. This process using God's name served to remove doubt, thus demonstrating that the Light of the Creator is involved in keeping people together. There are events and actions that come between people, but for relationships to last, we have to replace doubt and suspicion with honesty.

וְנָתַן עַל־כַּפֶּיהָ אֵת מִנְחַת הַזִּכָּרוֹן מִנְחַת קְנָאֹת הִוא וּבְיַד חעם
הַכֹּהֵן מלה יִהְיוּ מֵי ילי הַמָּרִים הַמְאָרְרִים׃ 19 וְהִשְׁבִּיעַ אֹתָהּ
הַכֹּהֵן מלה וְאָמַר אֶל־הָאִשָּׁה אִם יוהך ־לֹא שָׁכַב אִישׁ אֹתָךְ
וְאִם יוהך ־לֹא שָׂטִית טֻמְאָה תַּחַת אִישֵׁךְ הִנָּקִי אלף הי יוד הי
מִמֵּי ילי הַמָּרִים הַמְאָרְרִים הָאֵלֶּה׃ 20 וְאַתְּ כִּי שָׂטִית תַּחַת
אִישֵׁךְ וְכִי נִטְמֵאת וַיִּתֵּן אִישׁ בָּךְ אֶת־שְׁכָבְתּוֹ מִבַּלְעֲדֵי
אִישֵׁךְ׃ 21 וְהִשְׁבִּיעַ הַכֹּהֵן מלה אֶת־הָאִשָּׁה בִּשְׁבֻעַת הָאָלָה
וְאָמַר הַכֹּהֵן מלה לָאִשָּׁה יִתֵּן יְהֹוָאדני יאהדונהי אוֹתָךְ לְאָלָה
וְלִשְׁבֻעָה בְּתוֹךְ עַמֵּךְ בְּתֵת יְהֹוָאדני יאהדונהי אֶת־יְרֵכֵךְ נֹפֶלֶת
וְאֶת־בִּטְנֵךְ צָבָה׃ 22 וּבָאוּ הַמַּיִם הַמְאָרְרִים הָאֵלֶּה בְּמֵעַיִךְ
לַצְבּוֹת בֶּטֶן וְלַנְפִּל יָרֵךְ וְאָמְרָה הָאִשָּׁה אָמֵן יאהדונהי, סאל, פאי |
אָמֵן יאהדונהי, סאל, פאי׃ 23 וְכָתַב אֶת־הָאָלֹת הָאֵלֶּה הַכֹּהֵן מלה
בַּסֵּפֶר וּמָחָה אֶל־מֵי ילי הַמָּרִים׃ 24 וְהִשְׁקָה אֶת־הָאִשָּׁה
אֶת־מֵי ילי הַמָּרִים הַמְאָרְרִים וּבָאוּ בָהּ הַמַּיִם הַמְאָרְרִים
לְמָרִים׃ 25 וְלָקַח הַכֹּהֵן מלה מִיַּד הָאִשָּׁה אֵת מִנְחַת הַקְּנָאֹת
וְהֵנִיף אֶת־הַמִּנְחָה ב״פ ב״ן לִפְנֵי חכמה, בינה יְהֹוָאדני יאהדונהי וְהִקְרִיב
אֹתָהּ אֶל־הַמִּזְבֵּחַ זן, מזבח׃ 26 וְקָמַץ הַכֹּהֵן מלה מִן־הַמִּנְחָה ב״פ ב״ן
אֶת־אַזְכָּרָתָהּ וְהִקְטִיר הַמִּזְבֵּחָה וְאַחַר יַשְׁקֶה אֶת־הָאִשָּׁה
אֶת־הַמָּיִם׃ 27 וְהִשְׁקָהּ אֶת־הַמַּיִם וְהָיְתָה אִם יוהך ־נִטְמְאָה

וַתִּמְעֹל מַעַל עלם בְּאִישָׁהּ וּבָאוּ בָהּ הַמַּיִם הַמְאָרְרִים
לְמָרִים וְצָבְתָה בִטְנָהּ וְנָפְלָה יְרֵכָהּ וְהָיְתָה הָאִשָּׁה לְאָלָה
בְּקֶרֶב עַמָּהּ׃ 28 וְאִם יהך ־לֹא נִטְמְאָה הָאִשָּׁה וּטְהֹרָה הִוא
וְנִקְּתָה וְנִזְרְעָה זָרַע׃ 29 זֹאת תּוֹרַת הַקְּנָאֹת אֲשֶׁר תִּשְׂטֶה
אִשָּׁה תַּחַת אִישָׁהּ וְנִטְמָאָה׃ 30 אוֹ אִישׁ אֲשֶׁר תַּעֲבֹר עָלָיו
רוּחַ קִנְאָה יוסף, ציון וְקִנֵּא אֶת־אִשְׁתּוֹ וְהֶעֱמִיד אֶת־הָאִשָּׁה
לִפְנֵי וחכמה, בינה יְהֹוָה אדני יאהדונהי וְעָשָׂה לָהּ הַכֹּהֵן מלה אֶת כָּל ילי ־
הַתּוֹרָה הַזֹּאת׃ 31 וְנִקָּה אלף הי יוד הי הָאִישׁ מֵעָוֺן וְהָאִשָּׁה הַהִוא
תִּשָּׂא אֶת־עֲוֺנָהּ׃ 6 1 וַיְדַבֵּר יְהֹוָה אדני יאהדונהי אֶל־מֹשֶׁה מהש
לֵּאמֹר׃ 2 דַּבֵּר ראה אֶל־בְּנֵי יִשְׂרָאֵל וְאָמַרְתָּ אֲלֵהֶם אִישׁ
אוֹ־אִשָּׁה כִּי יַפְלִא לִנְדֹּר נֶדֶר נָזִיר לְהַזִּיר לַיהֹוָה אדני יאהדונהי׃
3 מִיַּיִן מיכ, י״פ האא וְשֵׁכָר י״פ ב״ן יַזִּיר חֹמֶץ יַיִן מיכ, י״פ האא וְחֹמֶץ שֵׁכָר י״פ
ב״ן לֹא יִשְׁתֶּה וְכָל ילי ־מִשְׁרַת עֲנָבִים לֹא יִשְׁתֶּה וַעֲנָבִים
לַחִים וִיבֵשִׁים לֹא יֹאכֵל׃ 4 כֹּל ילי יְמֵי נִזְרוֹ מִכֹּל ילי אֲשֶׁר
יֵעָשֶׂה מִגֶּפֶן הַיַּיִן מיכ, י״פ האא מֵחַרְצַנִּים וְעַד־זָג לֹא יֹאכֵל׃

נָזִיר - There was a group of people, the Nazirites, who wanted to be closer to God. To be on a higher level, they refrained from such actions as cutting their hair and drinking wine. There existed a formula to give people to bring them closer to the Creator. Today, we no longer use a formula, but we use restriction in all the areas that block us and prevent us from being close to the Light.

5 כָּל ילי ־יְמֵי נֶדֶר נִזְרוֹ תַּעַר לֹא־יַעֲבֹר עַל־רֹאשׁוֹ עַד־
מְלֹאת הַיָּמִם אֲשֶׁר־יַזִּיר לַיהוָה אדני יאהדונהי קָדֹשׁ יִהְיֶה ייי גַּדֵּל
פֶּרַע שְׂעַר רֹאשׁוֹ׃ 6 כָּל ילי ־יְמֵי הַזִּירוֹ לַיהוָה אדני יאהדונהי עַל־
נֶפֶשׁ מֵת לֹא יָבֹא׃ 7 לְאָבִיו וּלְאִמּוֹ לְאָחִיו וּלְאַחֹתוֹ לֹא־
יִטַּמָּא לָהֶם בְּמֹתָם כִּי נֵזֶר אֱלֹהָיו ילה עַל־רֹאשׁוֹ׃ 8 כֹּל ילי יְמֵי
נִזְרוֹ קָדֹשׁ הוּא לַיהוָה אדני יאהדונהי׃ 9 וְכִי־יָמוּת מֵת עָלָיו בְּפֶתַע
פִּתְאֹם וְטִמֵּא רֹאשׁ נִזְרוֹ וְגִלַּח רֹאשׁוֹ בְּיוֹם נגד, מזבח, זן טָהֳרָתוֹ
בַּיּוֹם נגד, מזבח, זן הַשְּׁבִיעִי יְגַלְּחֶנּוּ׃ 10 וּבַיּוֹם נגד, מזבח, זן הַשְּׁמִינִי יָבִא
שְׁתֵּי תֹרִים אוֹ שְׁנֵי בְּנֵי יוֹנָה אֶל־הַכֹּהֵן מלה אֶל־פֶּתַח אֹהֶל
מוֹעֵד׃ 11 וְעָשָׂה הַכֹּהֵן מלה אֶחָד אהבה, דאגה לְחַטָּאת וְאֶחָד אהבה,
דאגה לְעֹלָה וְכִפֶּר עָלָיו מֵאֲשֶׁר חָטָא עַל־הַנָּפֶשׁ וְקִדַּשׁ אֶת־
רֹאשׁוֹ בַּיּוֹם נגד, מזבח, זן הַהוּא׃ 12 וְהִזִּיר לַיהוָה אדני יאהדונהי אֶת־יְמֵי
נִזְרוֹ וְהֵבִיא כֶּבֶשׂ בֶּן־שְׁנָתוֹ לְאָשָׁם וְהַיָּמִים נלך הָרִאשֹׁנִים
יִפְּלוּ כִּי טָמֵא נִזְרוֹ׃ 13 וְזֹאת תּוֹרַת הַנָּזִיר בְּיוֹם נגד, מזבח, זן
מְלֹאת יְמֵי נִזְרוֹ יָבִיא אֹתוֹ אֶל־פֶּתַח אֹהֶל מוֹעֵד׃ 14 וְהִקְרִיב
אֶת־קָרְבָּנוֹ לַיהוָה אדני יאהדונהי כֶּבֶשׂ בֶּן־שְׁנָתוֹ תָמִים אֶחָד אהבה,
דאגה לְעֹלָה וְכַבְשָׂה אַחַת בַּת־שְׁנָתָהּ תְּמִימָה לְחַטָּאת
וְאַיִל־אֶחָד אהבה, דאגה תָּמִים לִשְׁלָמִים׃ 15 וְסַל מַצּוֹת סֹלֶת
חַלֹּת בְּלוּלֹת בַּשֶּׁמֶן וּרְקִיקֵי מַצּוֹת מְשֻׁחִים בַּשָּׁמֶן וּמִנְחָתָם

וְנִסְכֵּיהֶם: 16 וְהִקְרִיב הַכֹּהֵן מלה לִפְנֵי חכמה, בינה יְהוָֹהאדנייאהדונהי
וְעָשָׂה אֶת־חַטָּאתוֹ וְאֶת־עֹלָתוֹ: 17 וְאֶת־הָאַיִל יַעֲשֶׂה זֶבַח
שְׁלָמִים לַיהוָֹהאדנייאהדונהי עַל סַל הַמַּצּוֹת וְעָשָׂה הַכֹּהֵן מלה
אֶת־מִנְחָתוֹ וְאֶת־נִסְכּוֹ: 18 וְגִלַּח הַנָּזִיר פֶּתַח אֹהֶל מוֹעֵד
אֶת־רֹאשׁ נִזְרוֹ וְלָקַח אֶת־שְׂעַר רֹאשׁ נִזְרוֹ וְנָתַן אבג יתץ, ושר, אהבת
חנם עַל־הָאֵשׁ אֲשֶׁר־תַּחַת זֶבַח הַשְּׁלָמִים: 19 וְלָקַח הַכֹּהֵן מלה
אֶת־הַזְּרֹעַ בְּשֵׁלָה מִן־הָאַיִל וְחַלַּת מַצָּה אַחַת מִן־הַסַּל
וּרְקִיק מַצָּה אֶחָד אהבה, דאגה וְנָתַן אבג יתץ, ושר, אהבת חנם עַל־כַּפֵּי
הַנָּזִיר אַחַר הִתְגַּלְּחוֹ אֶת־נִזְרוֹ: 20 וְהֵנִיף אוֹתָם הַכֹּהֵן מלה |
תְּנוּפָה לִפְנֵי חכמה, בינה יְהוָֹהאדנייאהדונהי קֹדֶשׁ הוּא לַכֹּהֵן מלה עַל
חֲזֵה הַתְּנוּפָה וְעַל שׁוֹק הַתְּרוּמָה וְאַחַר יִשְׁתֶּה הַנָּזִיר יָיִן מיכ,
י"פ האא: 21 זֹאת תּוֹרַת הַנָּזִיר אֲשֶׁר יִדֹּר קָרְבָּנוֹ לַיהוָֹהאדנייאהדונהי
עַל־נִזְרוֹ מִלְּבַד אֲשֶׁר־תַּשִּׂיג יָדוֹ כְּפִי נִדְרוֹ אֲשֶׁר יִדֹּר כֵּן
יַעֲשֶׂה עַל תּוֹרַת נִזְרוֹ: 22 וַיְדַבֵּר יְהוָֹהאדנייאהדונהי אֶל־מֹשֶׁה מהש
לֵּאמֹר: 23 דַּבֵּר ראה אֶל־אַהֲרֹן וְאֶל־בָּנָיו לֵאמֹר כֹּה היי **תְבָרְכוּ**
אֶת־בְּנֵי יִשְׂרָאֵל אָמוֹר לָהֶם:

תְבָרְכוּ - The blessing of the *kohanim*

The *kohanim* used the 72 Names of God for healing. Healing is only possible if someone wants to be healed. Many people embrace their chaos. The process of dedicating the Tabernacle was the first step in healing. Each

24 יְבָרֶכְךָ יְהֹוָהאדניאהדונהי וְיִשְׁמְרֶךָ׃

25 יָאֵר כף ויו זין ויו יְהֹוָהאדניאהדונהי | פָּנָיו אֵלֶיךָ וִיחֻנֶּךָּ׃

26 יִשָּׂא יְהֹוָהאדניאהדונהי | פָּנָיו אֵלֶיךָ וְיָשֵׂם לְךָ שָׁלוֹם׃

27 וְשָׂמוּ אֶת־שְׁמִי עַל־בְּנֵי יִשְׂרָאֵל וַאֲנִי אני אֲבָרְכֵם׃

Fifth Reading - Aaron - Hod

7 1 וַיְהִי בְּיוֹם נגד, מזבח, זן כַּלּוֹת מֹשֶׁה מהש לְהָקִים אֶת־הַמִּשְׁכָּן
וַיִּמְשַׁח אֹתוֹ וַיְקַדֵּשׁ אֹתוֹ וְאֶת־כָּל־ ילי ־כֵּלָיו וְאֶת־הַמִּזְבֵּחַ זן,
נגד וְאֶת־כָּל ילי ־כֵּלָיו וַיִּמְשָׁחֵם וַיְקַדֵּשׁ אֹתָם׃ 2 וַיַּקְרִיבוּ נְשִׂיאֵי
יִשְׂרָאֵל רָאשֵׁי בֵּית ב״פ ראה אֲבֹתָם הֵם נְשִׂיאֵי הַמַּטֹּת הֵם
הָעֹמְדִים עַל־הַפְּקֻדִים׃ 3 וַיָּבִיאוּ אֶת־קָרְבָּנָם לִפְנֵי חכמה, בינה
יְהֹוָהאדניאהדונהי שֵׁשׁ־עֶגְלֹת צָב וּשְׁנֵי עָשָׂר בָּקָר עֲגָלָה עַל־שְׁנֵי
הַנְּשִׂאִים וְשׁוֹר ושר, אבג יתץ, אהבת חנם לְאֶחָד אהבה, דאגה וַיַּקְרִיבוּ אוֹתָם

tribe's leader gave an offering. Before they brought the sacrifice, Moses anointed it to elevate it beyond the 1 percent realm. The Zohar says that there is a Moses in every generation to help people raise their consciousness. Today, we can connect through the Zohar and the knowledge of Kabbalah to go above the 1 percent realm. Moses did it; He took matter and raised it to the 99 percent realm.

נְשִׂיאֵי - The 12 signs of the zodiac each have a different correction. Depending on our sign, we come to correct a different issue in this lifetime.

לִפְנֵי וחכמה, בינה הַמִּשְׁכָּן: 4 וַיֹּאמֶר יְהֹוָהאדני יאהדונהי אֶל־מֹשֶׁה מהש
לֵּאמֹר: 5 קַח מֵאִתָּם וְהָיוּ לַעֲבֹד אֶת־עֲבֹדַת אֹהֶל מוֹעֵד
וְנָתַתָּה אוֹתָם אֶל־הַלְוִיִּם אִישׁ כְּפִי עֲבֹדָתוֹ: 6 וַיִּקַּח ווע״ם
מֹשֶׁה מהש אֶת־הָעֲגָלֹת וְאֶת־הַבָּקָר וַיִּתֵּן אוֹתָם אֶל־הַלְוִיִּם:
7 אֵת | שְׁתֵּי הָעֲגָלוֹת וְאֵת אַרְבַּעַת הַבָּקָר נָתַן לִבְנֵי גֵרְשׁוֹן
כְּפִי עֲבֹדָתָם: 8 וְאֵת | אַרְבַּע הָעֲגָלֹת וְאֵת שְׁמֹנַת הַבָּקָר
נָתַן לִבְנֵי מְרָרִי כְּפִי עֲבֹדָתָם בְּיַד אִיתָמָר בֶּן־אַהֲרֹן
הַכֹּהֵן מלה: 9 וְלִבְנֵי קְהָת לֹא נָתָן כִּי־עֲבֹדַת הַקֹּדֶשׁ עֲלֵהֶם
בַּכָּתֵף יִשָּׂאוּ: 10 וַיַּקְרִיבוּ הַנְּשִׂאִים אֵת חֲנֻכַּת הַמִּזְבֵּחַ זן, נגד
בְּיוֹם נגד, מזבח, זן הִמָּשַׁח אֹתוֹ וַיַּקְרִיבוּ הַנְּשִׂיאִם אֶת־קָרְבָּנָם
לִפְנֵי וחכמה, בינה הַמִּזְבֵּחַ זן, נגד: 11 וַיֹּאמֶר יְהֹוָהאדני יאהדונהי אֶל־
מֹשֶׁה מהש נָשִׂיא אֶחָד אהבה, דאגה לַיּוֹם נגד, מזבח, זן נָשִׂיא אֶחָד אהבה,
דאגה לַיּוֹם נגד, מזבח, זן יַקְרִיבוּ אֶת־קָרְבָּנָם לַחֲנֻכַּת הַמִּזְבֵּחַ זן, נגד:
12 וַיְהִי הַמַּקְרִיב בַּיּוֹם נגד, מזבח, זן הָרִאשׁוֹן אֶת־קָרְבָּנוֹ נַחְשׁוֹן
בֶּן־עַמִּינָדָב לְמַטֵּה יְהוּדָה: 13 וְקָרְבָּנוֹ קַעֲרַת־כֶּסֶף אַחַת
שְׁלֹשִׁים וּמֵאָה מִשְׁקָלָהּ מִזְרָק אֶחָד אהבה, דאגה כֶּסֶף שִׁבְעִים
שֶׁקֶל בְּשֶׁקֶל הַקֹּדֶשׁ שְׁנֵיהֶם | מְלֵאִים סֹלֶת בְּלוּלָה בַשֶּׁמֶן

יְהוּדָה - An Aries needs to reduce ego and learn self-control, to be patient and not impulsive, to think and analyze before he or she acts.

לְמִנְחָה ב״פ ב״ן׃ 14 כַּף אַחַת עֲשָׂרָה זָהָב וחהו מְלֵאָה קְטֹרֶת׃
15 פַּר אֶחָד אהבה, דאגה בֶּן־בָּקָר אַיִל אֶחָד אהבה, דאגה כֶּבֶשׂ־
אֶחָד אהבה, דאגה בֶּן־שְׁנָתוֹ לְעֹלָה׃ 16 שְׂעִיר־עִזִּים אֶחָד אהבה,
דאגה לְחַטָּאת׃ 17 וּלְזֶבַח הַשְּׁלָמִים בָּקָר שְׁנַיִם אֵילִם וַחֲמִשָּׁה
עַתּוּדִים וַחֲמִשָּׁה כְּבָשִׂים בְּנֵי־שָׁנָה וַחֲמִשָּׁה זֶה קָרְבַּן נַחְשׁוֹן
בֶּן־עַמִּינָדָב׃ 18 בַּיּוֹם נגד, מזבח, זן הַשֵּׁנִי הִקְרִיב נְתַנְאֵל בֶּן־
צוּעָר נְשִׂיא יִשָּׂשכָר׃ 19 הִקְרִב אֶת־קָרְבָּנוֹ קַעֲרַת־כֶּסֶף
אַחַת שְׁלֹשִׁים וּמֵאָה מִשְׁקָלָהּ מִזְרָק אֶחָד אהבה, דאגה כֶּסֶף
שִׁבְעִים שֶׁקֶל בְּשֶׁקֶל הַקֹּדֶשׁ שְׁנֵיהֶם ׀ מְלֵאִים סֹלֶת
בְּלוּלָה בַשֶּׁמֶן לְמִנְחָה ב״פ ב״ן׃ 20 כַּף אַחַת עֲשָׂרָה זָהָב וחהו
מְלֵאָה קְטֹרֶת׃ 21 פַּר אֶחָד אהבה, דאגה בֶּן־בָּקָר אַיִל אֶחָד אהבה,
דאגה כֶּבֶשׂ־אֶחָד אהבה, דאגה בֶּן־שְׁנָתוֹ לְעֹלָה׃ 22 שְׂעִיר־עִזִּים
אֶחָד אהבה, דאגה לְחַטָּאת׃ 23 וּלְזֶבַח הַשְּׁלָמִים בָּקָר שְׁנַיִם
אֵילִם וַחֲמִשָּׁה עַתֻּדִים וַחֲמִשָּׁה כְּבָשִׂים בְּנֵי־שָׁנָה וַחֲמִשָּׁה
זֶה קָרְבַּן נְתַנְאֵל בֶּן־צוּעָר׃ 24 בַּיּוֹם נגד, מזבח, זן הַשְּׁלִישִׁי

יִשָּׂשכָר - A Taurus needs to let go of attachment to materialism and physicality, to be flexible rather than stubborn, to resist comfort and ease of life.

נָשִׂיא לִבְנֵי זְבוּלֻן אֱלִיאָב בֶּן־חֵלֹן׃ 25 קָרְבָּנוֹ קַעֲרַת־כֶּסֶף
אַחַת שְׁלֹשִׁים וּמֵאָה מִשְׁקָלָהּ מִזְרָק אֶחָד אהבה, דאגה כֶּסֶף
שִׁבְעִים שֶׁקֶל בְּשֶׁקֶל הַקֹּדֶשׁ שְׁנֵיהֶם | מְלֵאִים סֹלֶת
בְּלוּלָה בַשֶּׁמֶן לְמִנְחָה ב״פ ב״ן׃ 26 כַּף אַחַת עֲשָׂרָה זָהָב ווהו
מְלֵאָה קְטֹרֶת׃ 27 פַּר אֶחָד אהבה, דאגה בֶּן־בָּקָר אַיִל אֶחָד אהבה,
דאגה כֶּבֶשׂ־אֶחָד אהבה, דאגה בֶּן־שְׁנָתוֹ לְעֹלָה׃ 28 שְׂעִיר־עִזִּים
אֶחָד אהבה, דאגה לְחַטָּאת׃ 29 וּלְזֶבַח הַשְּׁלָמִים בָּקָר שְׁנַיִם
אֵילִם חֲמִשָּׁה עַתֻּדִים חֲמִשָּׁה כְּבָשִׂים בְּנֵי־שָׁנָה חֲמִשָּׁה
זֶה קָרְבַּן אֱלִיאָב בֶּן־חֵלֹן׃ 30 בַּיּוֹם נגד, מזבח, זן הָרְבִיעִי נָשִׂיא
לִבְנֵי רְאוּבֵן אֱלִיצוּר בֶּן־שְׁדֵיאוּר׃ 31 קָרְבָּנוֹ קַעֲרַת־כֶּסֶף
אַחַת שְׁלֹשִׁים וּמֵאָה מִשְׁקָלָהּ מִזְרָק אֶחָד אהבה, דאגה כֶּסֶף
שִׁבְעִים שֶׁקֶל בְּשֶׁקֶל הַקֹּדֶשׁ שְׁנֵיהֶם | מְלֵאִים סֹלֶת
בְּלוּלָה בַשֶּׁמֶן לְמִנְחָה ב״פ ב״ן׃ 32 כַּף אַחַת עֲשָׂרָה זָהָב ווהו
מְלֵאָה קְטֹרֶת׃ 33 פַּר אֶחָד אהבה, דאגה בֶּן־בָּקָר אַיִל אֶחָד אהבה,

זְבוּלֻן - A Gemini needs to remove doubt and uncertainty, to find one path and stick to it.

רְאוּבֵן - A Cancer needs to become less emotional, to take their own initiative rather than be needy and dependent on others because their dependency makes them vulnerable.

דאגה כֶּבֶשׂ־אֶחָד אהבה, דאגה בֶּן־שְׁנָתוֹ לְעֹלָה׃ 34 שְׂעִיר־עִזִּים
אֶחָד אהבה, דאגה לְחַטָּאת׃ 35 וּלְזֶבַח הַשְּׁלָמִים בָּקָר שְׁנַיִם
אֵילִם חֲמִשָּׁה עַתֻּדִים חֲמִשָּׁה כְּבָשִׂים בְּנֵי־שָׁנָה חֲמִשָּׁה
זֶה קָרְבַּן אֱלִיצוּר בֶּן־שְׁדֵיאוּר׃ 36 בַּיּוֹם נגד, מזבח, זן הַחֲמִישִׁי נָשִׂיא
לִבְנֵי שִׁמְעוֹן שְׁלֻמִיאֵל בֶּן־צוּרִישַׁדָּי׃ 37 קָרְבָּנוֹ קַעֲרַת־
כֶּסֶף אַחַת שְׁלֹשִׁים וּמֵאָה מִשְׁקָלָהּ מִזְרָק אֶחָד אהבה, דאגה
כֶּסֶף שִׁבְעִים שֶׁקֶל בְּשֶׁקֶל הַקֹּדֶשׁ שְׁנֵיהֶם ׀ מְלֵאִים סֹלֶת
בְּלוּלָה בַשֶּׁמֶן לְמִנְחָה ב״פ ב״ן׃ 38 כַּף אַחַת עֲשָׂרָה זָהָב ווהו
מְלֵאָה קְטֹרֶת׃ 39 פַּר אֶחָד אהבה, דאגה בֶּן־בָּקָר אַיִל אֶחָד אהבה,
דאגה כֶּבֶשׂ־אֶחָד אהבה, דאגה בֶּן־שְׁנָתוֹ לְעֹלָה׃ 40 שְׂעִיר־עִזִּים
אֶחָד אהבה, דאגה לְחַטָּאת׃ 41 וּלְזֶבַח הַשְּׁלָמִים בָּקָר שְׁנַיִם
אֵילִם חֲמִשָּׁה עַתֻּדִים חֲמִשָּׁה כְּבָשִׂים בְּנֵי־שָׁנָה חֲמִשָּׁה
זֶה קָרְבַּן שְׁלֻמִיאֵל בֶּן־צוּרִישַׁדָּי׃

Sixth Reading - Joseph - Yesod

42 בַּיּוֹם נגד, מזבח, זן הַשִּׁשִּׁי נָשִׂיא לִבְנֵי גָד אֶלְיָסָף בֶּן־דְּעוּאֵל׃
43 קָרְבָּנוֹ קַעֲרַת־כֶּסֶף אַחַת שְׁלֹשִׁים וּמֵאָה מִשְׁקָלָהּ מִזְרָק

שִׁמְעוֹן - Leos need to control ego and to humble themselves.

גָד - Virgos need to let go of their judgment and criticism and look inward at their own actions rather than at others.

אֶחָד אהבה, דאגה כֶּסֶף שִׁבְעִים שֶׁקֶל בְּשֶׁקֶל הַקֹּדֶשׁ שְׁנֵיהֶם |
מְלֵאִים סֹלֶת בְּלוּלָה בַשֶּׁמֶן לְמִנְחָה ב״פ ב״ן: 44 כַּף אַחַת
עֲשָׂרָה זָהָב וזהו מְלֵאָה קְטֹרֶת: 45 פַּר אֶחָד אהבה, דאגה בֶּן־בָּקָר
אַיִל אֶחָד אהבה, דאגה כֶּבֶשׂ־אֶחָד אהבה, דאגה בֶּן־שְׁנָתוֹ לְעֹלָה:
46 שְׂעִיר־עִזִּים אֶחָד אהבה, דאגה לְחַטָּאת: 47 וּלְזֶבַח הַשְּׁלָמִים
בָּקָר שְׁנַיִם אֵילִם חֲמִשָּׁה עַתֻּדִים חֲמִשָּׁה כְּבָשִׂים בְּנֵי־
שָׁנָה חֲמִשָּׁה זֶה קָרְבַּן אֶלְיָסָף בֶּן־דְּעוּאֵל: 48 בַּיּוֹם נגד, מזבח,
זן הַשְּׁבִיעִי נָשִׂיא לִבְנֵי אֶפְרָיִם אֱלִישָׁמָע בֶּן־עַמִּיהוּד:
49 קָרְבָּנוֹ קַעֲרַת־כֶּסֶף אַחַת שְׁלֹשִׁים וּמֵאָה מִשְׁקָלָהּ מִזְרָק
אֶחָד אהבה, דאגה כֶּסֶף שִׁבְעִים שֶׁקֶל בְּשֶׁקֶל הַקֹּדֶשׁ שְׁנֵיהֶם |
מְלֵאִים סֹלֶת בְּלוּלָה בַשֶּׁמֶן לְמִנְחָה ב״פ ב״ן: 50 כַּף אַחַת
עֲשָׂרָה זָהָב וזהו מְלֵאָה קְטֹרֶת: 51 פַּר אֶחָד אהבה, דאגה בֶּן־בָּקָר
אַיִל אֶחָד אהבה, דאגה כֶּבֶשׂ־אֶחָד אהבה, דאגה בֶּן־שְׁנָתוֹ לְעֹלָה:
52 שְׂעִיר־עִזִּים אֶחָד אהבה, דאגה לְחַטָּאת: 53 וּלְזֶבַח הַשְּׁלָמִים
בָּקָר שְׁנַיִם אֵילִם חֲמִשָּׁה עַתֻּדִים חֲמִשָּׁה כְּבָשִׂים בְּנֵי־
שָׁנָה חֲמִשָּׁה זֶה קָרְבַּן אֱלִישָׁמָע בֶּן־עַמִּיהוּד: 54 בַּיּוֹם נגד,

אֶפְרָיִם - Librans need to find balance in life, not to give or please too much but to find harmony in the universe.

מזבח, זן הַשְּׁמִינִי נָשִׂיא לִבְנֵי מְנַשֶּׁה גַּמְלִיאֵל בֶּן־פְּדָהצוּר׃
55 קָרְבָּנוֹ קַעֲרַת־כֶּסֶף אַחַת שְׁלֹשִׁים וּמֵאָה מִשְׁקָלָהּ מִזְרָק
אֶחָד אהבה, דאגה כֶּסֶף שִׁבְעִים שֶׁקֶל בְּשֶׁקֶל הַקֹּדֶשׁ שְׁנֵיהֶם |
מְלֵאִים סֹלֶת בְּלוּלָה בַשֶּׁמֶן לְמִנְחָה ב״פ ב״ן׃ 56 כַּף אַחַת
עֲשָׂרָה זָהָב וזהו מְלֵאָה קְטֹרֶת׃ 57 פַּר אֶחָד אהבה, דאגה בֶּן־בָּקָר
אַיִל אֶחָד אהבה, דאגה כֶּבֶשׂ־אֶחָד אהבה, דאגה בֶּן־שְׁנָתוֹ לְעֹלָה׃
58 שְׂעִיר־עִזִּים אֶחָד אהבה, דאגה לְחַטָּאת׃ 59 וּלְזֶבַח הַשְּׁלָמִים
בָּקָר שְׁנַיִם אֵילִם חֲמִשָּׁה עַתֻּדִים חֲמִשָּׁה כְּבָשִׂים בְּנֵי־
שָׁנָה חֲמִשָּׁה זֶה קָרְבַּן גַּמְלִיאֵל בֶּן־פְּדָהצוּר׃ 60 בַּיּוֹם נגד,
מזבח, זן הַתְּשִׁיעִי נָשִׂיא לִבְנֵי בִנְיָמִן אֲבִידָן בֶּן־גִּדְעֹנִי׃
61 קָרְבָּנוֹ קַעֲרַת־כֶּסֶף אַחַת שְׁלֹשִׁים וּמֵאָה מִשְׁקָלָהּ מִזְרָק
אֶחָד אהבה, דאגה כֶּסֶף שִׁבְעִים שֶׁקֶל בְּשֶׁקֶל הַקֹּדֶשׁ שְׁנֵיהֶם |
מְלֵאִים סֹלֶת בְּלוּלָה בַשֶּׁמֶן לְמִנְחָה ב״פ ב״ן׃ 62 כַּף אַחַת
עֲשָׂרָה זָהָב וזהו מְלֵאָה קְטֹרֶת׃ 63 פַּר אֶחָד אהבה, דאגה בֶּן־בָּקָר

מְנַשֶּׁה - Scorpios must learn self-control to resist their extreme emotions of jealousy, negativity, and holding grudges.

בִנְיָמִן - Sagittarians need to be a channel for the Light and must avoid having others do their work for them. They have to be more serious and watch out for addiction to drugs and gambling.

אַיִל אֶחָד אהבה, דאגה כֶּבֶשׂ־אֶחָד אהבה, דאגה בֶּן־שְׁנָתוֹ לְעֹלָה׃
64 שְׂעִיר־עִזִּים אֶחָד אהבה, דאגה לְחַטָּאת׃ 65 וּלְזֶבַח הַשְּׁלָמִים
בָּקָר שְׁנַיִם אֵילִם חֲמִשָּׁה עַתֻּדִים חֲמִשָּׁה כְּבָשִׂים בְּנֵי־
שָׁנָה חֲמִשָּׁה זֶה קָרְבַּן אֲבִידָן בֶּן־גִּדְעֹנִי׃ 66 בַּיּוֹם נגד, מזבח, זן
הָעֲשִׂירִי נָשִׂיא לִבְנֵי **דָן** אֲחִיעֶזֶר בֶּן־עַמִּישַׁדָּי׃ 67 קָרְבָּנוֹ
קַעֲרַת־כֶּסֶף אַחַת שְׁלֹשִׁים וּמֵאָה מִשְׁקָלָהּ מִזְרָק
אֶחָד אהבה, דאגה כֶּסֶף שִׁבְעִים שֶׁקֶל בְּשֶׁקֶל הַקֹּדֶשׁ שְׁנֵיהֶם ׀
מְלֵאִים סֹלֶת בְּלוּלָה בַשֶּׁמֶן לְמִנְחָה ב״פ ב״ן׃ 68 כַּף אַחַת
עֲשָׂרָה זָהָב והו מְלֵאָה קְטֹרֶת׃ 69 פַּר אֶחָד אהבה, דאגה בֶּן־בָּקָר
אַיִל אֶחָד אהבה, דאגה כֶּבֶשׂ־אֶחָד אהבה, דאגה בֶּן־שְׁנָתוֹ לְעֹלָה׃
70 שְׂעִיר־עִזִּים אֶחָד אהבה, דאגה לְחַטָּאת׃ 71 וּלְזֶבַח הַשְּׁלָמִים
בָּקָר שְׁנַיִם אֵילִם חֲמִשָּׁה עַתֻּדִים חֲמִשָּׁה כְּבָשִׂים בְּנֵי־
שָׁנָה חֲמִשָּׁה זֶה קָרְבַּן אֲחִיעֶזֶר בֶּן־עַמִּישַׁדָּי׃

Seventh Reading - David - Malchut

72 בַּיּוֹם נגד, מזבח, זן עַשְׁתֵּי עָשָׂר יוֹם נגד, מזבח, זן נָשִׂיא לִבְנֵי **אָשֵׁר**

דָן - Capricorns need to break free of the limitation of their five senses, to trust the Light and not rely on the physical world.

אָשֵׁר - Aquarians need to control their desire to break rules, so they can reveal Light through their new ideas and revelations.

פַּגְעִיאֵל בֶּן־עָכְרָן׃ 73 קָרְבָּנוֹ קַעֲרַת־כֶּסֶף אַחַת שְׁלֹשִׁים
וּמֵאָה מִשְׁקָלָהּ מִזְרָק אֶחָד אהבה, דאגה כֶּסֶף שִׁבְעִים שֶׁקֶל
בְּשֶׁקֶל הַקֹּדֶשׁ שְׁנֵיהֶם | מְלֵאִים סֹלֶת בְּלוּלָה בַשֶּׁמֶן
לְמִנְחָה ב״פ ב״ן׃ 74 כַּף אַחַת עֲשָׂרָה זָהָב והו מְלֵאָה קְטֹרֶת׃
75 פַּר אֶחָד אהבה, דאגה בֶּן־בָּקָר אַיִל אֶחָד אהבה, דאגה כֶּבֶשׂ־
אֶחָד אהבה, דאגה בֶּן־שְׁנָתוֹ לְעֹלָה׃ 76 שְׂעִיר־עִזִּים אֶחָד אהבה,
דאגה לְחַטָּאת׃ 77 וּלְזֶבַח הַשְּׁלָמִים בָּקָר שְׁנַיִם אֵילִם חֲמִשָּׁה
עַתֻּדִים חֲמִשָּׁה כְּבָשִׂים בְּנֵי־שָׁנָה חֲמִשָּׁה זֶה קָרְבַּן פַּגְעִיאֵל
בֶּן־עָכְרָן׃ 78 בְּיוֹם נגד, מזבח, זן שְׁנֵים עָשָׂר יוֹם נגד, מזבח, זן נָשִׂיא
לִבְנֵי נַפְתָּלִי אֲחִירַע בֶּן־עֵינָן׃ 79 קָרְבָּנוֹ קַעֲרַת־כֶּסֶף אַחַת
שְׁלֹשִׁים וּמֵאָה מִשְׁקָלָהּ מִזְרָק אֶחָד אהבה, דאגה כֶּסֶף שִׁבְעִים
שֶׁקֶל בְּשֶׁקֶל הַקֹּדֶשׁ שְׁנֵיהֶם | מְלֵאִים סֹלֶת בְּלוּלָה בַשֶּׁמֶן
לְמִנְחָה ב״פ ב״ן׃ 80 כַּף אַחַת עֲשָׂרָה זָהָב והו מְלֵאָה קְטֹרֶת׃
81 פַּר אֶחָד אהבה, דאגה בֶּן־בָּקָר אַיִל אֶחָד אהבה, דאגה כֶּבֶשׂ־
אֶחָד אהבה, דאגה בֶּן־שְׁנָתוֹ לְעֹלָה׃ 82 שְׂעִיר־עִזִּים אֶחָד אהבה,
דאגה לְחַטָּאת׃ 83 וּלְזֶבַח הַשְּׁלָמִים בָּקָר שְׁנַיִם אֵילִם חֲמִשָּׁה
עַתֻּדִים חֲמִשָּׁה כְּבָשִׂים בְּנֵי־שָׁנָה חֲמִשָּׁה זֶה קָרְבַּן אֲחִירַע

נַפְתָּלִי - Pisceans need to watch their tendency to be weak, to go with the flow, to get caught up in addictions.

בֶּן־עֵינָן׃ 84 זֹאת | חֲנֻכַּת הַמִּזְבֵּחַ זן, נגד בְּיוֹם נגד, מזבח, זן הִמָּשַׁח
אֹתוֹ מֵאֵת נְשִׂיאֵי יִשְׂרָאֵל קַעֲרֹת כֶּסֶף שְׁתֵּים עֶשְׂרֵה
מִזְרְקֵי־כֶסֶף שְׁנֵים עָשָׂר כַּפּוֹת זָהָב והו שְׁתֵּים עֶשְׂרֵה׃
85 שְׁלֹשִׁים וּמֵאָה הַקְּעָרָה הָאַחַת כֶּסֶף וְשִׁבְעִים הַמִּזְרָק
הָאֶחָד אהבה, דאגה כֹּל ילי כֶּסֶף הַכֵּלִים אַלְפַּיִם וְאַרְבַּע־מֵאוֹת
בְּשֶׁקֶל הַקֹּדֶשׁ׃ 86 כַּפּוֹת זָהָב והו שְׁתֵּים־עֶשְׂרֵה מְלֵאֹת
קְטֹרֶת עֲשָׂרָה עֲשָׂרָה הַכַּף בְּשֶׁקֶל הַקֹּדֶשׁ כָּל ילי ־זְהַב והו
הַכַּפּוֹת עֶשְׂרִים וּמֵאָה׃

Maftir

87 כָּל ילי ־הַבָּקָר לָעֹלָה שְׁנֵים עָשָׂר פָּרִים אֵילִם שְׁנֵים־
עָשָׂר כְּבָשִׂים בְּנֵי־שָׁנָה שְׁנֵים עָשָׂר וּמִנְחָתָם וּשְׂעִירֵי
עִזִּים שְׁנֵים עָשָׂר לְחַטָּאת׃ 88 וְכֹל ילי בְּקַר | זֶבַח הַשְּׁלָמִים
עֶשְׂרִים וְאַרְבָּעָה פָּרִים אֵילִם שִׁשִּׁים עַתֻּדִים שִׁשִּׁים
כְּבָשִׂים בְּנֵי־שָׁנָה שִׁשִּׁים זֹאת חֲנֻכַּת הַמִּזְבֵּחַ זן, נגד אַחֲרֵי

חֲנֻכַּת - Here we read: "This is the dedication of the altar, the Tabernacle…" This portion is also read on the last day of Hannukah. An awesome amount of Light is revealed at this time because reading this portion on Hannukah connects us to the energy of miracles and wonders. But it's more than that. There is a reality in which all common things are miracles, and we can connect to that reality here. What seems impossible is possible.

הִמָּשַׁח אֹתוֹ: 89 וּבְבֹא מֹשֶׁה מהש אֶל־אֹהֶל מוֹעֵד לְדַבֵּר ראה
אִתּוֹ וַיִּשְׁמַע אֶת־הַקּוֹל מִדַּבֵּר ראה אֵלָיו מֵעַל עלם הַכַּפֹּרֶת
אֲשֶׁר עַל־אֲרֹן הָעֵדֻת מִבֵּין שְׁנֵי הַכְּרֻבִים וַיְדַבֵּר אֵלָיו:

וַיִּשְׁמַע - Moses would go into the Tabernacle and hear the voice of God coming from the Ark. Today, we hear God as our inner voice. We often don't know which voice is the Light and which is the Satan, but through this reading, we can recognize the Light.

Haftarah of Naso

The story of Samson is told here. His mother couldn't have children until an angel came to her. We learn that having children is the ultimate action of sharing. This haftarah can help women to conceive.

Judges 13 | שופטים פרק 13

2 וַיְהִי אִישׁ אֶחָד אהבה, דאגה מִצָּרְעָה מִמִּשְׁפַּחַת הַדָּנִי וּשְׁמוֹ מהש
מָנוֹחַ וְאִשְׁתּוֹ עֲקָרָה וְלֹא יָלָדָה׃ 3 וַיֵּרָא מַלְאַךְ פאי, סאל, יאהדונהי־
יְהוָה יאהדונהי אֶל־הָאִשָּׁה וַיֹּאמֶר אֵלֶיהָ הִנֵּה־נָא אַתְּ־עֲקָרָה
וְלֹא יָלַדְתְּ וְהָרִית וְיָלַדְתְּ כהת בֵּן׃ 4 וְעַתָּה הִשָּׁמְרִי נָא וְאַל־
תִּשְׁתִּי יַיִן מיכ, י״פ האא וְשֵׁכָר י״פ ב״ן וְאַל־תֹּאכְלִי כָּל ילי ־טָמֵא׃
5 כִּי הִנָּךְ הָרָה וְיֹלַדְתְּ כהת בֵּן וּמוֹרָה לֹא־יַעֲלֶה עַל־רֹאשׁוֹ
כִּי־נְזִיר אֱלֹהִים מום, ילה יִהְיֶה ייי הַנַּעַר מִן־הַבֶּטֶן וְהוּא יָחֵל
לְהוֹשִׁיעַ אֶת־יִשְׂרָאֵל מִיַּד פְּלִשְׁתִּים׃ 6 וַתָּבֹא הָאִשָּׁה
וַתֹּאמֶר לְאִישָׁהּ לֵאמֹר אִישׁ הָאֱלֹהִים מום, ילה בָּא אֵלַי
וּמַרְאֵהוּ כְּמַרְאֵה מַלְאַךְ פאי, סאל, יאהדונהי הָאֱלֹהִים מום, ילה נוֹרָא
מְאֹד וְלֹא שְׁאִלְתִּיהוּ אֵי־מִזֶּה הוּא וְאֶת־שְׁמוֹ מהש לֹא־הִגִּיד
לִי׃ 7 וַיֹּאמֶר לִי הִנָּךְ הָרָה וְיֹלַדְתְּ כהת בֵּן וְעַתָּה אַל־תִּשְׁתִּי ׀
יַיִן מיכ, י״פ האא וְשֵׁכָר י״פ ב״ן וְאַל־תֹּאכְלִי כָּל ילי ־טֻמְאָה כִּי־נְזִיר
אֱלֹהִים מום, ילה יִהְיֶה ייי הַנַּעַר מִן־הַבֶּטֶן עַד־יוֹם נגד, מזבח, זן מוֹתוֹ׃
8 וַיֶּעְתַּר מָנוֹחַ אֶל־יְהוָה יאהדונהי וַיֹּאמַר בִּי אֲדוֹנָי אִישׁ

הָאֱלֹהִים מום, ילה אֲשֶׁר שָׁלַחְתָּ יָבוֹא־נָא עוֹד אֵלֵינוּ וְיוֹרֵנוּ
מַה יוד הא ואו הא ־נַּעֲשֶׂה לַנַּעַר הַיּוּלָּד׃ 9 וַיִּשְׁמַע הָאֱלֹהִים מום,
ילה בְּקוֹל מָנוֹחַ וַיָּבֹא מַלְאַךְ יאהדונהי,פאי, סאל אהיה הָאֱלֹהִים מום, ילה
עוֹד אֶל־הָאִשָּׁה וְהִיא יוֹשֶׁבֶת בַּשָּׂדֶה וּמָנוֹחַ אִישָׁהּ אֵין
עִמָּהּ׃ 10 וַתְּמַהֵר הָאִשָּׁה וַתָּרָץ וַתַּגֵּד לְאִישָׁהּ וַתֹּאמֶר אֵלָיו
הִנֵּה נִרְאָה אֵלַי הָאִישׁ אֲשֶׁר־בָּא בַיּוֹם נגד, מזבח, זן אֵלָי׃ 11 וַיָּקָם
וַיֵּלֶךְ מָנוֹחַ אַחֲרֵי אִשְׁתּוֹ וַיָּבֹא אֶל־הָאִישׁ וַיֹּאמֶר לוֹ הַאַתָּה
הָאִישׁ אֲשֶׁר־דִּבַּרְתָּ אֶל־הָאִשָּׁה וַיֹּאמֶר אָנִי אני׃ 12 וַיֹּאמֶר
מָנוֹחַ עַתָּה יָבֹא דְבָרֶיךָ מַה יוד הא ואו הא ־יִּהְיֶה ייי מִשְׁפַּט ה"פ אלהים
־הַנַּעַר וּמַעֲשֵׂהוּ׃ 13 וַיֹּאמֶר מַלְאַךְ פאי, סאל, יאהדונהי יְהֹוָהאדנייאהדונהי
אֶל־מָנוֹחַ מִכֹּל ילי אֲשֶׁר־אָמַרְתִּי אֶל־הָאִשָּׁה תִּשָּׁמֵר׃
14 מִכֹּל ילי אֲשֶׁר־יֵצֵא מִגֶּפֶן הַיַּיִן מיכ, י"פ האא מלה לֹא תֹאכַל וְיַיִן מיכ,
י"פ האא וְשֵׁכָר י"פ ב"ן אַל־תֵּשְׁתְּ וְכָל ילי ־טֻמְאָה אַל־תֹּאכַל כֹּל ילי
אֲשֶׁר־צִוִּיתִיהָ תִּשְׁמֹר׃ 15 וַיֹּאמֶר מָנוֹחַ אֶל־מַלְאַךְ פאי, סאל,
יאהדונהי יְהֹוָהאדנייאהדונהי נַעְצְרָה־נָּא אוֹתָךְ וְנַעֲשֶׂה לְפָנֶיךָ גְּדִי והו
עִזִּים׃ 16 וַיֹּאמֶר מַלְאַךְ פאי, סאל, יאהדונהי יְהֹוָהאדנייאהדונהי אֶל־מָנוֹחַ
אִם יוהך ־תַּעְצְרֵנִי לֹא־אֹכַל בְּלַחְמֶךָ וְאִם יוהך ־תַּעֲשֶׂה עֹלָה
לַיהֹוָהאדנייאהדונהי תַּעֲלֶנָּה כִּי לֹא־יָדַע מָנוֹחַ כִּי־מַלְאַךְ פאי, סאל,
יאהדונהי יְהֹוָהאדנייאהדונהי הוּא׃ 17 וַיֹּאמֶר מָנוֹחַ אֶל־מַלְאַךְ פאי, סאל,

יאהדונהי יְהֹוָהאדני יאהדונהי מִי ילי שְׁמֶךָ כִּי־יָבֹא דְבָרְךָ (כתיב: דבריך)
וְכִבַּדְנוּךָ: 18 וַיֹּאמֶר לוֹ מַלְאַךְ פאי, סאל, יאהדונהי יְהֹוָהאדני יאהדונהי
לָמָּה זֶּה תִּשְׁאַל לִשְׁמִי וְהוּא־פֶלִאי: 19 וַיִּקַּח ו״עם מָנוֹחַ אֶת־
גְּדִי והו הָעִזִּים וְאֶת־הַמִּנְחָה ב״פ ב״ן וַיַּעַל עַל־הַצּוּר אלף למד הה יוד
מם לַיהֹוָהאדני יאהדונהי וּמַפְלִא לַעֲשׂוֹת וּמָנוֹחַ וְאִשְׁתּוֹ רֹאִים:
20 וַיְהִי בַעֲלוֹת הַלַּהַב מֵעַל עלם הַמִּזְבֵּחַ זן, נגד הַשָּׁמַיְמָה וַיַּעַל
מַלְאַךְ פאי, סאל, יאהדונהי ־יְהֹוָהאדני יאהדונהי בְּלַהַב הַמִּזְבֵּחַ זן, נגד וּמָנוֹחַ
וְאִשְׁתּוֹ רֹאִים וַיִּפְּלוּ עַל־פְּנֵיהֶם אָרְצָה: 21 וְלֹא־יָסַף עוֹד
מַלְאַךְ פאי, סאל, יאהדונהי יְהֹוָהאדני יאהדונהי לְהֵרָאֹה אֶל־מָנוֹחַ וְאֶל־
אִשְׁתּוֹ אָז יָדַע מָנוֹחַ כִּי־מַלְאַךְ פאי, סאל, יאהדונהי יְהֹוָהאדני יאהדונהי
הוּא: 22 וַיֹּאמֶר מָנוֹחַ אֶל־אִשְׁתּוֹ מוֹת נָמוּת כִּי אֱלֹהִים מום, ילה
רָאִינוּ: 23 וַתֹּאמֶר לוֹ אִשְׁתּוֹ לוּ חָפֵץ יְהֹוָהאדני יאהדונהי לַהֲמִיתֵנוּ
לֹא־לָקַח מִיָּדֵנוּ עֹלָה וּמִנְחָה ב״פ ב״ן וְלֹא הֶרְאָנוּ אֶת־כָּל ילי
־אֵלֶּה וְכָעֵת לֹא הִשְׁמִיעָנוּ כָּזֹאת: 24 וַתֵּלֶד הָאִשָּׁה בֵּן
וַתִּקְרָא אֶת־שְׁמוֹ מהש שִׁמְשׁוֹן וַיִּגְדַּל יזל הַנַּעַר וַיְבָרְכֵהוּ
יְהֹוָהאדני יאהדונהי: 25 וַתָּחֶל רוּחַ יְהֹוָהאדני יאהדונהי לְפַעֲמוֹ בְּמַחֲנֵה־
דָן בֵּין צָרְעָה וּבֵין אֶשְׁתָּאֹל:

Lesson of Beha'alotcha

What is the secret of the *menorah*?

The powers of the *Sefirot*, the power of moving between the Upper and Lower Worlds, the power of healing—all these are in the *menorah*. But there is another secret this portion reveals about the *menorah*. After Moses tells Aaron to light the *menorah*, it is written: "And Aaron did so," as if Aaron, after Moses tells him to do something for the Creator, could have decided on his own to do something else! Why does the Torah have to tell us that Aaron did it? Moreover, Rashi asks why it is written: "...to say praises for Aaron that he didn't change anything." If Moses were to come down from Heaven and tell us to do something, we wouldn't change his order and do something else. Someone who was on Aaron's spiritual level *definitely* wouldn't change any of Moses' instructions.

What the Torah teaches here is how powerful the Negative Side really is: that even if Moses tells us to do something, our "wisdom" can convince us to change his orders. The power of the Negative Side lies in convincing us that we know everything. The Negative Side wants us to act like a sick person who gets medicine from a doctor but decides not to take it because he thinks he knows better.

There are many, many people who would do that. They won't listen to their doctor or their lawyer... and they wouldn't have listened to Moses either. That's the power that their ego has over them.

Just think of it. The people had seen the plagues, the splitting of the Red Sea, and the giving of manna. Yet they still distrusted Moses and turned against him. There is only one explanation for this: Whenever they had the choice between Moses and the desire to receive for the self alone, they always found something that was wrong with Moses. Why? So they wouldn't have to do anything against their desire to receive. The truth is, we can always find what's "wrong" with anyone if we look hard enough.

A Torah student once told his teacher that he planned to leave the *yeshivah*, that there were things that didn't look right to him. His rabbi said, "Let me ask you just one question. Did those things stop looking right before or after you decided to leave?" The Negative Side can always give us reasons to follow our egos once we've made a decision in our hearts. Whoever sees only himself will always find what's "not right" with Elijah the Prophet, Moses, or anyone else.

This portion also teaches us that not only must we listen to the Creator,

Moses, and Rabbi Shimon, but we must also understand that whatever we do can be manifested only because of the Creator's Light. Of course, the other side of the coin is this: With the help of the Light, *anything* we do *will* be manifested. Without the Light, we're like a powerful computer that has a keyboard, a screen, plenty of memory...but no electricity. Without power, the computer will not work. Without the Light of the Creator, we can do nothing.

Regarding the Second Pesach

In the second year that the people were in the desert, they performed the Passover sacrifice. But whoever was taking care of a dead person could not bring a sacrifice to the Holy Tabernacle until he was purified by the ashes of a red heifer. Therefore, some people couldn't participate because they were taking care of Aaron's two sons who had died. Those people came to Moses to express their regrets that they couldn't do the sacrifice.

This teaches us a very important lesson about our spiritual work. Often, we just accept the fact that we haven't done our work. Maybe we're even relieved that there was a "good excuse" not to do it. When that happens, the problem is not what we *did or didn't do* but how we *felt* about it afterwards.

There is no time that we are exempt from spiritual work. There are just times when something prevents us from doing what we have to do. We should by no means be happy if we miss a certain *mitzvah*. It should hurt us, and we should feel the hurt very deeply. And if we really look for a way to do more work, we will always find it even if we think we can't. If we look for ways to avoid spiritual work, we will always find excuses.

There is a story about a *chassid* who prayed in the same synagogue for 25 years. One day, the Baal Shem Tov came to him and said, "*Shalom aleichem.*" According to the law, we can only say this to someone we haven't seen in at least three days. So the *chassid* asked the Baal Shem Tov, "Why are you saying '*shalom aleichem*'? You see me every day." The Baal Shem Tov answered, "Maybe your body has been here, but your thoughts were in a different place."

It is possible to be right next to a person, yet still be far away. The Torah teaches that whoever wants to be close to the Light will be close even if he is far away physically. This is also true in our relationships with others. People build walls around themselves and don't let other people in. If we don't want to be distant from other people, this portion gives us the power to open up to the Light and to other people. When we stop finding excuses to avoid our spiritual work, we can take down the walls that we build between ourselves and the Light.

Synopsis of Beha'alotcha

The beginning of the portion connects to what is really the thirteenth tribe, the Levites, and gives us the opportunity to elevate ourselves. Although we are all born under an astrological sign, we do not have to remain controlled by it. Though most of the time we are under the influence of the stars, we don't have to succumb to them. This reading gives us the opportunity to transcend our astrological destiny.

First Reading - Abraham - Chesed

8 1 וַיְדַבֵּר יְהֹוָהאדניאהדונהי אֶל־מֹשֶׁה מהש לֵּאמֹר׃ 2 דַּבֵּר ראה
אֶל־אַהֲרֹן וְאָמַרְתָּ אֵלָיו בְּהַעֲלֹתְךָ אֶת־הַנֵּרֹת אֶל־מוּל
פְּנֵי חכמה, בינה הַמְּנוֹרָה יָאִירוּ שִׁבְעַת הַנֵּרוֹת׃ 3 וַיַּעַשׂ כֵּן
אַהֲרֹן אֶל־מוּל פְּנֵי חכמה, בינה הַמְּנוֹרָה הֶעֱלָה נֵרֹתֶיהָ כַּאֲשֶׁר
צִוָּה יְהֹוָהאדניאהדונהי אֶת־מֹשֶׁה מהש׃ 4 וְזֶה מַעֲשֵׂה הַמְּנֹרָה
מִקְשָׁה זָהָב והו עַד־יְרֵכָהּ עַד־פִּרְחָהּ מִקְשָׁה הִוא כַּמַּרְאֶה
אֲשֶׁר הֶרְאָה ראה יְהֹוָהאדניאהדונהי אֶת־מֹשֶׁה מהש כֵּן עָשָׂה אֶת־
הַמְּנֹרָה׃ 5 וַיְדַבֵּר יְהֹוָהאדניאהדונהי אֶל־מֹשֶׁה מהש לֵּאמֹר׃ 6 קַח אֶת־
הַלְוִיִּם מִתּוֹךְ בְּנֵי יִשְׂרָאֵל וְטִהַרְתָּ אֹתָם׃ 7 וְכֹה הי־תַעֲשֶׂה
לָהֶם לְטַהֲרָם הַזֵּה והו עֲלֵיהֶם מֵי ילי חַטָּאת וְהֶעֱבִירוּ תַעַר
עַל־כָּל ילי־בְּשָׂרָם וְכִבְּסוּ בִגְדֵיהֶם וְהִטֶּהָרוּ׃ 8 וְלָקְחוּ פַּר

הַמְּנוֹרָה - The *menorah* is brought up here, seemingly at random. The Kabbalists say it alludes to the miracle of Hannukah. The contribution that Aaron made was not just for his time; he was also planting seeds for the future. We, too, always plant seeds for the future—for next week, next year, or the next generation. Even when we do things that we think may be a waste of our time, we're planting seeds.

הַלְוִיִּם - The process of preparing to be a Levite is discussed. Just because a person was a Levite didn't mean he qualified to work in the Tabernacle. Being in a position of power doesn't necessarily give us rights without going through a process. At any level, we don't have an inherent right to anything. We always have to go through a process and earn things for ourselves.

בֶּן־בָּקָר וּמִנְחָתוֹ סֹלֶת בְּלוּלָה בַשָּׁמֶן וּפַר־שֵׁנִי בֶן־בָּקָר
תִּקַּח לְחַטָּאת: 9 וְהִקְרַבְתָּ אֶת־הַלְוִיִּם לִפְנֵי חכמה, בינה אֹהֶל
מוֹעֵד וְהִקְהַלְתָּ אֶת־כָּל ילי ־עֲדַת בְּנֵי יִשְׂרָאֵל: 10 וְהִקְרַבְתָּ
אֶת־הַלְוִיִּם לִפְנֵי חכמה, בינה יְהֹוָאדניאהדונהי וְסָמְכוּ בְנֵי־יִשְׂרָאֵל
אֶת־יְדֵיהֶם עַל־הַלְוִיִּם: 11 וְהֵנִיף אַהֲרֹן אֶת־הַלְוִיִּם תְּנוּפָה
לִפְנֵי חכמה, בינה יְהֹוָאדניאהדונהי מֵאֵת בְּנֵי יִשְׂרָאֵל וְהָיוּ לַעֲבֹד
אֶת־עֲבֹדַת יְהֹוָאדניאהדונהי: 12 וְהַלְוִיִּם יִסְמְכוּ אֶת־יְדֵיהֶם
עַל רֹאשׁ הַפָּרִים וַעֲשֵׂה אֶת־הָאֶחָד אהבה, דאגה חַטָּאת וְאֶת־
הָאֶחָד אהבה, דאגה עֹלָה לַיהֹוָאדניאהדונהי לְכַפֵּר עַל־הַלְוִיִּם:
13 וְהַעֲמַדְתָּ אֶת־הַלְוִיִּם לִפְנֵי חכמה, בינה אַהֲרֹן וְלִפְנֵי חכמה, בינה
בָנָיו וְהֵנַפְתָּ אֹתָם תְּנוּפָה לַיהֹוָאדניאהדונהי: 14 וְהִבְדַּלְתָּ אֶת־
הַלְוִיִּם מִתּוֹךְ בְּנֵי יִשְׂרָאֵל וְהָיוּ לִי הַלְוִיִּם:

Second Reading - Isaac - Gvurah

15 וְאַחֲרֵי־כֵן יָבֹאוּ הַלְוִיִּם לַעֲבֹד אֶת־אֹהֶל מוֹעֵד וְטִהַרְתָּ
אֹתָם וְהֵנַפְתָּ אֹתָם תְּנוּפָה: 16 כִּי נְתֻנִים נְתֻנִים הֵמָּה לִי

נְתֻנִים - After going through the process, the Levites, instead of the firstborn sons, did the work of the Tabernacle (and later of the Temple). They were like a protective shield, a filter to prevent the people from getting too much or too little Light. Today, our filters are our sharing actions. When we share with others, we create filters that we can use later in any situation. In addition to sharing, we truly have to care about others to gain this protection.

מִתּוֹךְ בְּנֵי יִשְׂרָאֵל תַּחַת פִּטְרַת כָּל ילי ־רֶחֶם אברהם, רמ״ח בְּכוֹר
כֹּל ילי מִבְּנֵי יִשְׂרָאֵל לָקַחְתִּי אֹתָם לִי: 17 כִּי לִי כָל ילי ־בְּכוֹר
בִּבְנֵי יִשְׂרָאֵל בָּאָדָם מ״ה, יוד הא ואו הא וּבַבְּהֵמָה לכב בְּיוֹם נגד,
מזבח, זן הַכֹּתִי כָל ילי ־בְּכוֹר בְּאֶרֶץ מִצְרַיִם מצר הִקְדַּשְׁתִּי
אֹתָם לִי: 18 וָאֶקַּח אֶת־הַלְוִיִּם תַּחַת כָּל ילי ־בְּכוֹר בִּבְנֵי
יִשְׂרָאֵל: 19 וָאֶתְּנָה אֶת־הַלְוִיִּם נְתֻנִים | לְאַהֲרֹן וּלְבָנָיו
מִתּוֹךְ בְּנֵי יִשְׂרָאֵל לַעֲבֹד אֶת־עֲבֹדַת בְּנֵי־יִשְׂרָאֵל בְּאֹהֶל
מוֹעֵד וּלְכַפֵּר עַל־בְּנֵי יִשְׂרָאֵל וְלֹא יִהְיֶה ייי בִּבְנֵי יִשְׂרָאֵל
נֶגֶף בְּגֶשֶׁת בְּנֵי־יִשְׂרָאֵל אֶל־הַקֹּדֶשׁ: 20 וַיַּעַשׂ מֹשֶׁה מהש
וְאַהֲרֹן וְכָל ילי ־עֲדַת בְּנֵי־יִשְׂרָאֵל לַלְוִיִּם כְּכֹל ילי אֲשֶׁר־
צִוָּה יְהֹוָהאדניאהדונהי אֶת־מֹשֶׁה מהש לַלְוִיִּם כֵּן־עָשׂוּ לָהֶם בְּנֵי
יִשְׂרָאֵל: 21 וַיִּתְחַטְּאוּ הַלְוִיִּם וַיְכַבְּסוּ בִּגְדֵיהֶם וַיָּנֶף אַהֲרֹן
אֹתָם תְּנוּפָה לִפְנֵי חכמה, בינה יְהֹוָהאדניאהדונהי וַיְכַפֵּר עֲלֵיהֶם אַהֲרֹן
לְטַהֲרָם: 22 וְאַחֲרֵי־כֵן בָּאוּ הַלְוִיִּם לַעֲבֹד אֶת־עֲבֹדָתָם
בְּאֹהֶל מוֹעֵד לִפְנֵי חכמה, בינה אַהֲרֹן וְלִפְנֵי חכמה, בינה בָנָיו כַּאֲשֶׁר
צִוָּה יְהֹוָהאדניאהדונהי אֶת־מֹשֶׁה מהש עַל־הַלְוִיִּם כֵּן עָשׂוּ לָהֶם:
23 וַיְדַבֵּר יְהֹוָהאדניאהדונהי אֶל־מֹשֶׁה מהש לֵּאמֹר: 24 זֹאת אֲשֶׁר
לַלְוִיִּם מִבֶּן חָמֵשׁ וְעֶשְׂרִים שָׁנָה וָמַעְלָה יָבוֹא לִצְבֹא
צָבָא בַּעֲבֹדַת אֹהֶל מוֹעֵד: 25 וּמִבֶּן חֲמִשִּׁים שָׁנָה יָשׁוּב

מִצְּבָא הָעֲבֹדָה וְלֹא יַעֲבֹד עוֹד׃ 26 וְשֵׁרֵת אֶת־אֶחָיו בְּאֹהֶל
מוֹעֵד לִשְׁמֹר מִשְׁמֶרֶת וַעֲבֹדָה לֹא יַעֲבֹד כָּכָה תַּעֲשֶׂה
לַלְוִיִּם בְּמִשְׁמְרֹתָם׃

Third Reading - Jacob - Tiferet

9 1 וַיְדַבֵּר יְהוָהאדניאהדונהי אֶל־מֹשֶׁה מהש בְמִדְבַּר־סִינַי נמם
בַשָּׁנָה הַשֵּׁנִית לְצֵאתָם מֵאֶרֶץ מִצְרַיִם מצר בַחֹדֶשׁ י״ב הוויות
הָרִאשׁוֹן לֵאמֹר׃ 2 וְיַעֲשׂוּ בְנֵי־יִשְׂרָאֵל אֶת־הַפָּסַח בְּמוֹעֲדוֹ׃
3 בְּאַרְבָּעָה עָשָׂר־יוֹם נגד, מזבח, זן בַחֹדֶשׁ י״ב הוויות הַזֶּה והו בֵּין
הָעַרְבַּיִם תַּעֲשׂוּ אֹתוֹ בְּמֹעֲדוֹ כְּכָל ילי ־חֻקֹּתָיו וּכְכָל ילי
־מִשְׁפָּטָיו תַּעֲשׂוּ אֹתוֹ׃ 4 וַיְדַבֵּר מֹשֶׁה מהש אֶל־בְּנֵי יִשְׂרָאֵל
לַעֲשֹׂת הַפָּסַח׃ 5 וַיַּעֲשׂוּ אֶת־הַפֶּסַח בָּרִאשׁוֹן בְּאַרְבָּעָה

יָבוֹא - Levites started working at the age of 25 but did not work full time until they were 30. It took five years to learn their duties. This teaches us how much time it takes for us to understand what happens in our lives. It took the Levites five years to understand, and they were elevated souls, working in the Holy Tabernacle. This shows how far we are from where they were. To elevate ourselves, we have to complete so much work.

הַפָּסַח - The observance of Passover is discussed here; the first time an observance of a past action ever happens in the Bible. The first time we read about Passover in the Bible, it is "happening live," but this is a connection in the circle of life where, every year on this date, the channels open straight back to Mount Sinai and the going out of Egypt. The reason it's sometimes difficult to accomplish things is that we might be repeating an action or event that happened in the past or even in a past life. We are not just confronting this life's correction, but history's correction, too.

עָשָׂר יוֹם נגד, מזבח, זן לַחֹדֶשׁ י״ב הוויות בֵּין הָעַרְבַּיִם בְּמִדְבַּר
סִינָי נמם כְּכֹל ילי אֲשֶׁר צִוָּה יְהֹוָהאדניאהדונהי אֶת־מֹשֶׁה מהש
כֵּן עָשׂוּ בְּנֵי יִשְׂרָאֵל׃ 6 וַיְהִי אֲנָשִׁים אֲשֶׁר הָיוּ טְמֵאִים
לְנֶפֶשׁ אָדָם מ״ה, יוד הא ואו הא וְלֹא־יָכְלוּ לַעֲשֹׂת־הַפֶּסַח בַּיּוֹם נגד,
מזבח, זן הַהוּא וַיִּקְרְבוּ לִפְנֵי חכמה, בינה מֹשֶׁה מהש וְלִפְנֵי חכמה, בינה
אַהֲרֹן בַּיּוֹם נגד, מזבח, זן הַהוּא׃ 7 וַיֹּאמְרוּ הָאֲנָשִׁים הָהֵמָּה
אֵלָיו אֲנַחְנוּ טְמֵאִים לְנֶפֶשׁ אָדָם מ״ה, יוד הא ואו הא לָמָּה נִגָּרַע
לְבִלְתִּי הַקְרִיב אֶת־קָרְבַּן יְהֹוָהאדניאהדונהי בְּמֹעֲדוֹ בְּתוֹךְ בְּנֵי
יִשְׂרָאֵל׃ 8 וַיֹּאמֶר אֲלֵהֶם מֹשֶׁה מהש עִמְדוּ וְאֶשְׁמְעָה מַה יוד
הא ואו הא ־יְצַוֶּה יְהֹוָהאדניאהדונהי לָכֶם׃ 9 וַיְדַבֵּר יְהֹוָהאדניאהדונהי אֶל־
מֹשֶׁה מהש לֵּאמֹר׃ 10 דַּבֵּר ראה אֶל־בְּנֵי יִשְׂרָאֵל לֵאמֹר אִישׁ
אִישׁ כִּי־יִהְיֶה ייי ־טָמֵא | לָנֶפֶשׁ אוֹ בְדֶרֶךְ ב״פ יבק רְחֹקָה לָכֶם
אוֹ לְדֹרֹתֵיכֶם וְעָשָׂה פֶסַח לַיהֹוָהאדניאהדונהי׃ 11 בַּחֹדֶשׁ י״ב הוויות
הַשֵּׁנִי בְּאַרְבָּעָה עָשָׂר יוֹם נגד, מזבח, זן בֵּין הָעַרְבַּיִם יַעֲשׂוּ אֹתוֹ

רְחֹקָה - There is a dot above the letter *hey* in the word *rechokah*, meaning "far away." Just because a person is physically far away doesn't mean he is spiritually distant, and vice versa. There is a saying that "if two people hate each other, the world isn't big enough, but if they love each other, the tip of a knife is more than enough space." How close we are physically and/or spiritually to each other is all about our consciousness, and it's the same with our closeness to the Light. The dot in this section helps us get closer to the Light.

עַל־מַצּוֹת וּמְרֹרִים יֹאכְלֻהוּ׃ 12 לֹא־יַשְׁאִירוּ מִמֶּנּוּ עַד־בֹּקֶר
וְעֶצֶם לֹא יִשְׁבְּרוּ־בוֹ כְּכָל ילי ־חֻקַּת הַפֶּסַח יַעֲשׂוּ אֹתוֹ׃
13 וְהָאִישׁ אֲשֶׁר־הוּא טָהוֹר י״פ אכא וּבְדֶרֶךְ ב״פ יבק לֹא־הָיָה יהה
וְחָדַל לַעֲשׂוֹת הַפֶּסַח וְנִכְרְתָה הַנֶּפֶשׁ הַהִוא מֵעַמֶּיהָ כִּי |
קָרְבַּן יְהֹוָהאדניאהדונהי לֹא הִקְרִיב בְּמֹעֲדוֹ חֶטְאוֹ יִשָּׂא הָאִישׁ
הַהוּא׃ 14 וְכִי־יָגוּר אִתְּכֶם גֵּר וְעָשָׂה פֶסַח לַיהֹוָהאדניאהדונהי
כְּחֻקַּת הַפֶּסַח וּכְמִשְׁפָּטוֹ כֵּן יַעֲשֶׂה חֻקָּה אַחַת יִהְיֶה ייי לָכֶם
וְלַגֵּר וּלְאֶזְרַח הָאָרֶץ אלף למד הה יוד מם׃

Fourth Reading - Moses - Netzach

15 וּבְיוֹם נגד, מזבח, זן הָקִים אֶת־הַמִּשְׁכָּן כִּסָּה הֶעָנָן אֶת־
הַמִּשְׁכָּן לְאֹהֶל הָעֵדֻת וּבָעֶרֶב יִהְיֶה ייי עַל־הַמִּשְׁכָּן
כְּמַרְאֵה־אֵשׁ עַד־בֹּקֶר׃ 16 כֵּן יִהְיֶה ייי תָמִיד נתה, קס״א - קנ״א
- קמ״ג הֶעָנָן יְכַסֶּנּוּ וּמַרְאֵה־אֵשׁ לָיְלָה מלה׃ 17 וּלְפִי הֵעָלוֹת
הֶעָנָן מֵעַל עלם הָאֹהֶל וְאַחֲרֵי־כֵן יִסְעוּ בְּנֵי יִשְׂרָאֵל וּבִמְקוֹם
אֲשֶׁר יִשְׁכָּן־שָׁם הֶעָנָן שָׁם יַחֲנוּ בְּנֵי יִשְׂרָאֵל׃ 18 עַל־פִּי

הֶעָנָן - In the wilderness, the people moved their camp by following a cloud. In our lives today, we don't have that cloud to follow, and we often don't even have leadership. *Our* clouds are the messages we get everyday that we don't listen to. The good messages are usually the soft whispers, and the bad messages are the loud screams. To find our cloud, we have to listen to the whispers because they are probably the Light guiding us.

יְהֹוָה יאהדונהי יִסְעוּ בְּנֵי יִשְׂרָאֵל וְעַל־פִּי יְהֹוָה יאהדונהי יַחֲנוּ
כָּל ילי ־יְמֵי אֲשֶׁר יִשְׁכֹּן הֶעָנָן עַל־הַמִּשְׁכָּן יַחֲנוּ: 19 וּבְהַאֲרִיךְ
הֶעָנָן עַל־הַמִּשְׁכָּן יָמִים נלך רַבִּים וְשָׁמְרוּ בְנֵי־יִשְׂרָאֵל
אֶת־מִשְׁמֶרֶת יְהֹוָה יאהדונהי וְלֹא יִסָּעוּ: 20 וְיֵשׁ אֲשֶׁר יִהְיֶה ייי
הֶעָנָן יָמִים נלך מִסְפָּר עַל־הַמִּשְׁכָּן עַל־פִּי יְהֹוָה יאהדונהי יַחֲנוּ
וְעַל־פִּי יְהֹוָה יאהדונהי יִסָּעוּ: 21 וְיֵשׁ אֲשֶׁר־יִהְיֶה ייי הֶעָנָן מֵעֶרֶב
עַד־בֹּקֶר וְנַעֲלָה הֶעָנָן בַּבֹּקֶר וְנָסָעוּ אוֹ יוֹמָם וָלַיְלָה מלה
וְנַעֲלָה הֶעָנָן וְנָסָעוּ: 22 אוֹ־יֹמַיִם נלך אוֹ־חֹדֶשׁ י״ב הוויות אוֹ־
יָמִים נלך בְּהַאֲרִיךְ הֶעָנָן עַל־הַמִּשְׁכָּן לִשְׁכֹּן עָלָיו יַחֲנוּ בְנֵי־
יִשְׂרָאֵל וְלֹא יִסָּעוּ וּבְהֵעָלֹתוֹ יִסָּעוּ: 23 עַל־פִּי יְהֹוָה יאהדונהי
יַחֲנוּ וְעַל־פִּי יְהֹוָה יאהדונהי יִסָּעוּ אֶת־מִשְׁמֶרֶת יְהֹוָה יאהדונהי
שָׁמָרוּ עַל־פִּי יְהֹוָה יאהדונהי בְּיַד־מֹשֶׁה מהש: 10 1 וַיְדַבֵּר
יְהֹוָה יאהדונהי אֶל־מֹשֶׁה מהש לֵּאמֹר: 2 עֲשֵׂה לְךָ שְׁתֵּי חֲצוֹצְרֹת
כֶּסֶף מִקְשָׁה תַּעֲשֶׂה אֹתָם וְהָיוּ לְךָ לְמִקְרָא הָעֵדָה סיט

חֲצוֹצְרֹת - Moses is instructed to make two trumpets to assist the people to move through the desert as well as to destroy their enemies. Like the *shofar*, these trumpets served a dual purpose: first, to awaken the consciousness of the people, then to be used as a tool to help them do spiritual work. In life, *we* don't really do the work; most of the work is done by the Light. We just start the action to create an opening that ignites the work of the Light. We can't really manifest much even though we think we can. We just ignite things, and the Light does the rest.

וּלְמַסַּע אֶת־הַמַּחֲנוֹת: 3 וְתָקְעוּ בָּהֵן וְנוֹעֲדוּ אֵלֶיךָ כָּל ילי
־הָעֵדָה סי"ט אֶל־פֶּתַח אֹהֶל מוֹעֵד: 4 וְאִם יוהך ־בְּאַחַת יִתְקָעוּ
וְנוֹעֲדוּ אֵלֶיךָ הַנְּשִׂיאִים רָאשֵׁי אַלְפֵי יִשְׂרָאֵל: 5 וּתְקַעְתֶּם
תְּרוּעָה וְנָסְעוּ הַמַּחֲנוֹת הַחֹנִים קֵדְמָה: 6 וּתְקַעְתֶּם
תְּרוּעָה שֵׁנִית וְנָסְעוּ הַמַּחֲנוֹת הַחֹנִים תֵּימָנָה תְּרוּעָה
יִתְקְעוּ לְמַסְעֵיהֶם: 7 וּבְהַקְהִיל אֶת־הַקָּהָל תִּתְקְעוּ וְלֹא
תָרִיעוּ: 8 וּבְנֵי אַהֲרֹן הַכֹּהֲנִים יִתְקְעוּ בַּחֲצֹצְרוֹת וְהָיוּ לָכֶם
לְחֻקַּת עוֹלָם לְדֹרֹתֵיכֶם: 9 וְכִי־תָבֹאוּ מִלְחָמָה בְּאַרְצְכֶם
עַל־הַצַּר הַצֹּרֵר אֶתְכֶם וַהֲרֵעֹתֶם בַּחֲצֹצְרֹת וְנִזְכַּרְתֶּם
לִפְנֵי חכמה, בינה יְהֹוָהאדניאהדונהי אֱלֹהֵיכֶם ילה וְנוֹשַׁעְתֶּם מֵאֹיְבֵיכֶם:
10 וּבְיוֹם נגד, מזבח, זן שִׂמְחַתְכֶם וּבְמוֹעֲדֵיכֶם וּבְרָאשֵׁי חָדְשֵׁכֶם
וּתְקַעְתֶּם בַּחֲצֹצְרֹת עַל עֹלֹתֵיכֶם וְעַל זִבְחֵי שַׁלְמֵיכֶם וְהָיוּ
לָכֶם לְזִכָּרוֹן לִפְנֵי חכמה, בינה אֱלֹהֵיכֶם ילה אֲנִי אני יְהֹוָהאדניאהדונהי
אֱלֹהֵיכֶם ילה:

Fifth Reading - Aaron - Hod

11 וַיְהִי בַּשָּׁנָה הַשֵּׁנִית בַּחֹדֶשׁ י"ב הויות הַשֵּׁנִי בְּעֶשְׂרִים
בַּחֹדֶשׁ י"ב הויות נַעֲלָה הֶעָנָן מֵעַל עלם מִשְׁכַּן הָעֵדֻת: 12 וַיִּסְעוּ

וַיִּסְעוּ - The order of breaking up the camp shows us that everything was done for future generations. The tribe of Judah controlled the sign of Aries

בְּנֵי־יִשְׂרָאֵל לְמַסְעֵיהֶם מִמִּדְבַּר סִינָי נמם וַיִּשְׁכֹּן הֶעָנָן
בְּמִדְבַּר פָּארָן׃ 13 וַיִּסְעוּ בָּרִאשֹׁנָה עַל־פִּי יְהֹוָהאדניאהדונהי
בְּיַד־מֹשֶׁה מהש׃ 14 וַיִּסַּע דֶּגֶל לאו מַחֲנֵה בְנֵי־יְהוּדָה בָּרִאשֹׁנָה
לְצִבְאֹתָם וְעַל־צְבָאוֹ נַחְשׁוֹן בֶּן־עַמִּינָדָב׃ 15 וְעַל־צְבָא
מַטֵּה בְּנֵי יִשָּׂשכָר נְתַנְאֵל בֶּן־צוּעָר׃ 16 וְעַל־צְבָא מַטֵּה בְּנֵי
זְבוּלֻן אֱלִיאָב בֶּן־חֵלֹן׃ 17 וְהוּרַד הַמִּשְׁכָּן וְנָסְעוּ בְנֵי־גֵרְשׁוֹן
וּבְנֵי מְרָרִי נֹשְׂאֵי הַמִּשְׁכָּן׃ 18 וְנָסַע דֶּגֶל לאו מַחֲנֵה רְאוּבֵן
לְצִבְאֹתָם וְעַל־צְבָאוֹ אֱלִיצוּר בֶּן־שְׁדֵיאוּר׃ 19 וְעַל־צְבָא
מַטֵּה בְּנֵי שִׁמְעוֹן שְׁלֻמִיאֵל בֶּן־צוּרִישַׁדָּי׃ 20 וְעַל־צְבָא
מַטֵּה בְנֵי־גָד אֶלְיָסָף בֶּן־דְּעוּאֵל׃ 21 וְנָסְעוּ הַקְּהָתִים
נֹשְׂאֵי הַמִּקְדָּשׁ וְהֵקִימוּ אֶת־הַמִּשְׁכָּן עַד־בֹּאָם׃ 22 וְנָסַע
דֶּגֶל לאו מַחֲנֵה בְנֵי־אֶפְרַיִם לְצִבְאֹתָם וְעַל־צְבָאוֹ אֱלִישָׁמָע
בֶּן־עַמִּיהוּד׃ 23 וְעַל־צְבָא מַטֵּה בְּנֵי מְנַשֶּׁה גַּמְלִיאֵל בֶּן־
פְּדָהצוּר׃ 24 וְעַל־צְבָא מַטֵּה בְּנֵי בִנְיָמִן אֲבִידָן בֶּן־גִּדְעֹנִי׃
25 וְנָסַע דֶּגֶל לאו מַחֲנֵה בְנֵי־דָן מְאַסֵּף לְכָל יה אדני, ילי ־הַמַּחֲנֹת

and planted the seeds to give Aries the ability to overcome their difficulties. Our actions have consequences on different levels, like a pyramid. First, they affect us. Then, they affect the people who share our soul. Next, they affect everyone who has the same sign as we do, and eventually they affect all of mankind. The closer people are to us, the greater effect we have on them.

לְצִבְאֹתָם וְעַל־צְבָאוֹ אֲחִיעֶזֶר בֶּן־עַמִּישַׁדָּי׃ 26 וְעַל־צְבָא
מַטֵּה בְּנֵי אָשֵׁר פַּגְעִיאֵל בֶּן־עָכְרָן׃ 27 וְעַל־צְבָא מַטֵּה
בְּנֵי נַפְתָּלִי אֲחִירַע בֶּן־עֵינָן׃ 28 אֵלֶּה מַסְעֵי בְנֵי־יִשְׂרָאֵל
לְצִבְאֹתָם וַיִּסָּעוּ׃ 29 וַיֹּאמֶר מֹשֶׁה מהש לְחֹבָב בֶּן־רְעוּאֵל
הַמִּדְיָנִי חֹתֵן מֹשֶׁה מהש נֹסְעִים | אֲנַחְנוּ אֶל־הַמָּקוֹם אֲשֶׁר
אָמַר יְהֹוָהאֲדֹנָיאהדונהי אֹתוֹ אֶתֵּן לָכֶם לְכָה אִתָּנוּ וְהֵטַבְנוּ לָךְ
כִּי־יְהֹוָהאֲדֹנָיאהדונהי דִּבֶּר ראה ־טוֹב והו עַל־יִשְׂרָאֵל׃ 30 וַיֹּאמֶר
אֵלָיו לֹא אֵלֵךְ כִּי אִם יוהך ־אֶל־אַרְצִי וְאֶל־מוֹלַדְתִּי אֵלֵךְ׃
31 וַיֹּאמֶר אַל־נָא תַּעֲזֹב אֹתָנוּ כִּי | עַל־כֵּן יָדַעְתָּ חֲנֹתֵנוּ
בַּמִּדְבָּר וְהָיִיתָ לָּנוּ מום, יה ‑ אדני לְעֵינָיִם׃ 32 וְהָיָה יהוה, יהה כִּי־
תֵלֵךְ עִמָּנוּ וְהָיָה יהוה, יהה | הַטּוֹב והו הַהוּא אֲשֶׁר יֵיטִיב
יְהֹוָהאֲדֹנָיאהדונהי עִמָּנוּ וְהֵטַבְנוּ לָךְ׃ 33 וַיִּסְעוּ מֵהַר יְהֹוָהאֲדֹנָיאהדונהי
דֶּרֶךְ ב״פ יבק שְׁלֹשֶׁת יָמִים נלך וַאֲרוֹן בְּרִית־יְהֹוָהאֲדֹנָיאהדונהי נֹסֵעַ
לִפְנֵיהֶם דֶּרֶךְ ב״פ יבק שְׁלֹשֶׁת יָמִים נלך לָתוּר לָהֶם מְנוּחָה׃

לְעֵינָיִם - Moses invites his father-in-law, Jethro, to be "their eyes." Jethro was not Jewish, nor was he a part of the people of Israel, so it's odd he was chosen. Also, Moses was the highest soul of that generation, so why did he need help? But the more on the inside we are, the less we see. Things are clearer to people who are on the outside. So that's why Moses wanted Jethro: to see things more objectively and without an agenda. The Kabbalists would often seek the perspective of people who were on the outside to allow them to see the truth more clearly.

34 וַעֲנַן יְהֹוָאדניאהדונהי עֲלֵיהֶם יוֹמָם בְּנָסְעָם מִן־הַמַּחֲנֶה׃

Sixth Reading - Joseph - Yesod

׆ 35 וַיְהִי בִּנְסֹעַ הָאָרֹן וַיֹּאמֶר מֹשֶׁה מהש קוּמָה קנ"א |
יְהֹוָאדניאהדונהי וְיָפֻצוּ אֹיְבֶיךָ וְיָנֻסוּ מְשַׂנְאֶיךָ מִפָּנֶיךָ ס"ג - מ"ה -
ב"ן׃ 36 וּבְנֻחֹה יֹאמַר שׁוּבָה הוש יְהֹוָאדניאהדונהי רִבְבוֹת אַלְפֵי
יִשְׂרָאֵל׃ ׆ 11 1 וַיְהִי הָעָם **כְּמִתְאֹנְנִים** רַע בְּאָזְנֵי
יְהֹוָאדניאהדונהי וַיִּשְׁמַע יְהֹוָאדניאהדונהי וַיִּחַר אַפּוֹ וַתִּבְעַר־בָּם מב
אֵשׁ יְהֹוָאדניאהדונהי וַתֹּאכַל בִּקְצֵה הַמַּחֲנֶה׃ 2 וַיִּצְעַק הָעָם
אֶל־מֹשֶׁה מהש וַיִּתְפַּלֵּל מֹשֶׁה מהש אֶל־יְהֹוָאדניאהדונהי וַתִּשְׁקַע
הָאֵשׁ׃ 3 וַיִּקְרָא שֵׁם־הַמָּקוֹם הַהוּא תַּבְעֵרָה כִּי־בָעֲרָה

׆ - There are two letters *nun* in this portion, and they appear upside down and opposite each other. We know that the letter *nun* represents falling. It also controls the constellation of Scorpio, which contains the secret of the Messiah. Scorpios can be the most negative people, but they have the power to bring change in this world if they overcome their negativity. There are two traps created by our falling. One is the possibility of becoming depressed, and the second is that we might not learn from the fall. The Satan doesn't really spend time making us fall. He just tries to keep us there. The *nun* protects us from falling and helps us to rise up when we do fall.

כְּמִתְאֹנְנִים - The Israelites start complaining about the food. This is unbelievable after all the protection and miracles they received. In Egypt, they ate for free. The point is that although they had many difficulties in Egypt, they didn't have any responsibility. Many people would rather go through awful stress and chaos than take responsibility for their actions. If we really want to get away from chaos, we just need to take responsibility.

בָּם מב אֵשׁ יְהֹוָה אדני יאהדונהי: 4 וְהָאסַפְסֻף אֲשֶׁר בְּקִרְבּוֹ הִתְאַוּוּ
תַּאֲוָה וַיָּשֻׁבוּ וַיִּבְכּוּ גַּם בְּנֵי יִשְׂרָאֵל וַיֹּאמְרוּ מִי ילי יַאֲכִלֵנוּ
בָּשָׂר: 5 זָכַרְנוּ אֶת־הַדָּגָה אֲשֶׁר־נֹאכַל בְּמִצְרַיִם מצר חִנָּם
אֵת הַקִּשֻּׁאִים וְאֵת הָאֲבַטִּחִים וְאֶת־הֶחָצִיר וְאֶת־הַבְּצָלִים
וְאֶת־הַשּׁוּמִים: 6 וְעַתָּה נַפְשֵׁנוּ יְבֵשָׁה אֵין כֹּל ילי בִּלְתִּי אֶל־
הַמָּן עֵינֵינוּ: 7 וְהַמָּן כִּזְרַע־גַּד הוּא וְעֵינוֹ כְּעֵין יוד יוד הא יוד הא ואו יוד
הא ואו הא הַבְּדֹלַח: 8 שָׁטוּ הָעָם וְלָקְטוּ וְטָחֲנוּ בָרֵחַיִם אוֹ דָכוּ
בַּמְּדֹכָה וּבִשְּׁלוּ בַּפָּרוּר וְעָשׂוּ אֹתוֹ עֻגוֹת וְהָיָה יהוה, יהה טַעְמוֹ
כְּטַעַם לְשַׁד הַשָּׁמֶן: 9 וּבְרֶדֶת הַטַּל כוזו, יוד הא ואו עַל־הַמַּחֲנֶה
לָיְלָה מלה יֵרֵד הַמָּן עָלָיו: 10 וַיִּשְׁמַע מֹשֶׁה מהש אֶת־הָעָם בֹּכֶה
לְמִשְׁפְּחֹתָיו אִישׁ לְפֶתַח אָהֳלוֹ וַיִּחַר־אַף יְהֹוָה אדני יאהדונהי מְאֹד
וּבְעֵינֵי מֹשֶׁה מהש רָע: 11 וַיֹּאמֶר מֹשֶׁה מהש אֶל־יְהֹוָה אדני יאהדונהי
לָמָה הֲרֵעֹתָ לְעַבְדֶּךָ וְלָמָּה לֹא־מָצָתִי חֵן מוזי בְּעֵינֶיךָ לָשׂוּם
אֶת־מַשָּׂא כָּל ילי ־הָעָם הַזֶּה והו עָלָי: 12 הֶאָנֹכִי איע הָרִיתִי אֵת
כָּל ילי ־הָעָם הַזֶּה והו אִם יוהך ־אָנֹכִי איע יְלִדְתִּיהוּ כִּי־תֹאמַר
אֵלַי שָׂאֵהוּ בְחֵיקֶךָ כַּאֲשֶׁר יִשָּׂא הָאֹמֵן אֶת־הַיֹּנֵק עַל
הָאֲדָמָה אֲשֶׁר נִשְׁבַּעְתָּ לַאֲבֹתָיו: 13 מֵאַיִן לִי בָּשָׂר לָתֵת
לְכָל יה אדני, ילי ־הָעָם הַזֶּה והו כִּי־יִבְכּוּ עָלַי לֵאמֹר תְּנָה נתה
־לָּנוּ מום, יה - אדני בָשָׂר וְנֹאכֵלָה: 14 לֹא־אוּכַל אָנֹכִי איע לְבַדִּי

לָשֵׂאת אֶת־כָּל ילי ־הָעָם הַזֶּה והו כִּי כָבֵד מִמֶּנִּי׃ 15 וְאִם יוהך
־כָּכָה | אַתְּ־עֹשֶׂה לִּי הָרְגֵנִי נָא הָרֹג אִם יוהך ־מָצָאתִי חֵן מוזי
בְּעֵינֶיךָ וְאַל־אֶרְאֶה בְּרָעָתִי׃ 16 וַיֹּאמֶר יְהֹוָהאדני יאהדונהי אֶל־
מֹשֶׁה מהש אֶסְפָה־לִּי שִׁבְעִים אִישׁ מִזִּקְנֵי יִשְׂרָאֵל אֲשֶׁר
יָדַעְתָּ כִּי־הֵם זִקְנֵי הָעָם וְשֹׁטְרָיו וְלָקַחְתָּ אֹתָם אֶל־אֹהֶל
מוֹעֵד וְהִתְיַצְּבוּ שָׁם עִמָּךְ׃ 17 וְיָרַדְתִּי וְדִבַּרְתִּי עִמְּךָ שָׁם
וְאָצַלְתִּי מִן־הָרוּחַ אֲשֶׁר עָלֶיךָ וְשַׂמְתִּי עֲלֵיהֶם וְנָשְׂאוּ
אִתְּךָ בְּמַשָּׂא הָעָם וְלֹא־תִשָּׂא אַתָּה לְבַדֶּךָ׃ 18 וְאֶל־הָעָם
תֹּאמַר הִתְקַדְּשׁוּ לְמָחָר וַאֲכַלְתֶּם בָּשָׂר כִּי בְּכִיתֶם בְּאָזְנֵי
יְהֹוָהאדני יאהדונהי לֵאמֹר מִי ילי יַאֲכִלֵנוּ בָּשָׂר כִּי־טוֹב והו לָנוּ מום,
יה - אדני בְּמִצְרָיִם מצר וְנָתַן אבג יתץ, ושר, אהבת חנם יְהֹוָהאדני יאהדונהי לָכֶם
בָּשָׂר וַאֲכַלְתֶּם׃ 19 לֹא יוֹם נגד, מזבח, זן אֶחָד אהבה, דאגה תֹּאכְלוּן
וְלֹא יוֹמָיִם וְלֹא | חֲמִשָּׁה יָמִים נלך וְלֹא עֲשָׂרָה יָמִים נלך וְלֹא
עֶשְׂרִים יוֹם נגד, מזבח, זן׃ 20 עַד | חֹדֶשׁ י״ב הוויות יָמִים נלך עַד אֲשֶׁר־
יֵצֵא מֵאַפְּכֶם וְהָיָה יהוה, יהה לָכֶם לְזָרָא יַעַן כִּי־מְאַסְתֶּם אֶת־

שִׁבְעִים - Moses reaches a point where he can't take it anymore and sets up the *Sanhedrin*, a kind of court, so he can delegate some of the responsibility. He was still the leader, but the *Sanhedrin* helped. There were 70 people assigned, one for each nation, and each person was responsible for sending Light to a different nation.

יְהֹוָהאהדונהי אֲשֶׁר בְּקִרְבְּכֶם וַתִּבְכּוּ לְפָנָיו לֵאמֹר לָמָּה
זֶּה יָצָאנוּ מִמִּצְרָיִם מצר: 21 וַיֹּאמֶר מֹשֶׁה מהש שֵׁשׁ־מֵאוֹת אֶלֶף
רַגְלִי הָעָם אֲשֶׁר אָנֹכִי איע בְּקִרְבּוֹ וְאַתָּה אָמַרְתָּ בָּשָׂר אֶתֵּן
לָהֶם וְאָכְלוּ חֹדֶשׁ י״ב הויות יָמִים נלך: 22 הֲצֹאן וּבָקָר יִשָּׁחֵט
לָהֶם וּמָצָא לָהֶם אִם יוהך אֶת־כָּל ילי ־דְּגֵי הַיָּם ילי יֵאָסֵף
לָהֶם וּמָצָא לָהֶם: 23 וַיֹּאמֶר יְהֹוָהאהדונהי אֶל־מֹשֶׁה מהש
הֲיַד ווהו יְהֹוָהאהדונהי תִּקְצָר עַתָּה תִרְאֶה הֲיִקְרְךָ דְבָרִי
אִם יוהך ־לֹא: 24 וַיֵּצֵא מֹשֶׁה מהש וַיְדַבֵּר אֶל־הָעָם אֵת דִּבְרֵי
יְהֹוָהאהדונהי וַיֶּאֱסֹף שִׁבְעִים אִישׁ מִזִּקְנֵי הָעָם וַיַּעֲמֵד אֹתָם
סְבִיבֹת הָאֹהֶל: 25 וַיֵּרֶד ריי יְהֹוָהאהדונהי | בֶּעָנָן וַיְדַבֵּר אֵלָיו
וַיָּאצֶל מִן־הָרוּחַ אֲשֶׁר עָלָיו וַיִּתֵּן עַל־שִׁבְעִים אִישׁ הַזְּקֵנִים
וַיְהִי כְּנוֹחַ עֲלֵיהֶם הָרוּחַ וַיִּתְנַבְּאוּ וְלֹא יָסָפוּ: 26 וַיִּשָּׁאֲרוּ
שְׁנֵי־אֲנָשִׁים | בַּמַּחֲנֶה שֵׁם הָאֶחָד אהבה, דאגה | אֶלְדָּד וְשֵׁם
הַשֵּׁנִי מֵידָד וַתָּנַח עֲלֵהֶם הָרוּחַ וְהֵמָּה בַּכְּתֻבִים וְלֹא יָצְאוּ
הָאֹהֱלָה וַיִּתְנַבְּאוּ בַּמַּחֲנֶה: 27 וַיָּרָץ הַנַּעַר וַיַּגֵּד לְמֹשֶׁה מהש

וַיִּשָּׁאֲרוּ - While the responsibility for governing the people was being shifted to the *Sanhedrin*, there were still two people who received Light directly from the Creator, and they were prophesying about the future. There are opportunities for us all—not just for rabbis and leaders—to connect to the Light. We can connect individually, especially with the help of the Zohar. Through the Zohar, we can do anything.

וַיֹּאמַר אֶלְדָּד וּמֵידָד מִתְנַבְּאִים בַּמַּחֲנֶה: 28 וַיַּעַן יְהוֹשֻׁעַ
בִּן־נוּן מְשָׁרֵת מֹשֶׁה מהש מִבְּחֻרָיו וַיֹּאמַר אֲדֹנִי מֹשֶׁה מהש
כְּלָאֵם: 29 וַיֹּאמֶר לוֹ מֹשֶׁה מהש הַמְקַנֵּא אַתָּה לִי וּמִי ילי יִתֵּן
כָּל ילי ־עַם יְהֹוָהאדניאהדונהי נְבִיאִים כִּי־יִתֵּן יְהֹוָהאדניאהדונהי אֶת־
רוּחוֹ עֲלֵיהֶם:

Seventh Reading - David - Malchut

30 וַיֵּאָסֵף מֹשֶׁה מהש אֶל־הַמַּחֲנֶה הוּא וְזִקְנֵי יִשְׂרָאֵל: 31 וְרוּחַ
נָסַע | מֵאֵת יְהֹוָהאדניאהדונהי וַיָּגָז שַׂלְוִים מִן־הַיָּם ילי וַיִּטֹּשׁ
עַל־הַמַּחֲנֶה כְּדֶרֶךְ ב״פ יבק יוֹם נגד, מזבח, זן כֹּה היי וּכְדֶרֶךְ ב״פ יבק
יוֹם נגד, מזבח, זן כֹּה היי סְבִיבוֹת הַמַּחֲנֶה וּכְאַמָּתַיִם עַל־פְּנֵי חכמה,
בינה הָאָרֶץ אלף למד הה יוד מם: 32 וַיָּקָם הָעָם כָּל ילי ־הַיּוֹם נגד, מזבח,
זן הַהוּא וְכָל ילי ־הַלַּיְלָה מלה וְכֹל ילי | יוֹם נגד, מזבח, זן הַמָּחֳרָת
וַיַּאַסְפוּ אֶת־הַשְּׂלָיו (כתיב: השלו) הַמַּמְעִיט אָסַף עֲשָׂרָה חֳמָרִים

שַׂלְוִים - The Israelites complain that they don't have meat, so a wind comes and brings an enormous number of quail to the camp. The people with the greatest desire started eating first, but because they were selfish about it, they were killed. Eating was not the problem: It was their selfish craving and wanting. Often, the issue is not *what* we do but what we *want* to do. If a married man has a craving for another woman, it's as spiritually damaging as if he's actually been with the woman. This situation is worse than one where someone who does not have a constant yearning falls in a given situation that he didn't contemplate. If the mind is already 99 percent there, then the person is sure to fall.

וַיִּשְׁטְחוּ לָהֶם שָׁטוֹחַ סְבִיבוֹת הַמַּחֲנֶה׃ 33 הַבָּשָׂר עוֹדֶנּוּ
בֵּין שִׁנֵּיהֶם טֶרֶם יִכָּרֵת וְאַף יְהֹוָאדהֹנָהי אהדונהי חָרָה בָעָם וַיַּךְ
יְהֹוָאדהֹנָהי אהדונהי בָּעָם מַכָּה רַבָּה מְאֹד׃ 34 וַיִּקְרָא אֶת־שֵׁם־
הַמָּקוֹם הַהוּא קִבְרוֹת הַתַּאֲוָה כִּי־שָׁם קָבְרוּ אֶת־הָעָם
הַמִּתְאַוִּים׃ 35 מִקִּבְרוֹת הַתַּאֲוָה נָסְעוּ הָעָם חֲצֵרוֹת וַיִּהְיוּ
בַּחֲצֵרוֹת׃ 12 1 וַתְּדַבֵּר מִרְיָם וְאַהֲרֹן בְּמֹשֶׁה מהש עַל־
אֹדוֹת הָאִשָּׁה הַכֻּשִׁית אֲשֶׁר לָקָח כִּי־אִשָּׁה כֻשִׁית לָקָח׃
2 וַיֹּאמְרוּ הֲרַק אַךְ־בְּמֹשֶׁה מהש דִּבֶּר ראה יְהֹוָאדהֹנָהי אהדונהי הֲלֹא
גַּם־בָּנוּ דִבֵּר ראה וַיִּשְׁמַע יְהֹוָאדהֹנָהי אהדונהי׃ 3 וְהָאִישׁ מֹשֶׁה מהש
עָנָו מְאֹד מִכֹּל יל"י הָאָדָם מ"ה, יוד הא ואו הא אֲשֶׁר עַל־פְּנֵי חכמה,
בינה הָאֲדָמָה׃ 4 וַיֹּאמֶר יְהֹוָאדהֹנָהי אהדונהי פִּתְאֹם אֶל־מֹשֶׁה מהש
וְאֶל־אַהֲרֹן וְאֶל־מִרְיָם צְאוּ שְׁלָשְׁתְּכֶם אֶל־אֹהֶל מוֹעֵד
וַיֵּצְאוּ שְׁלָשְׁתָּם׃ 5 וַיֵּרֶד ריי יְהֹוָאדהֹנָהי אהדונהי בְּעַמּוּד עָנָן וַיַּעֲמֹד

וַתְּדַבֵּר - Aaron and Miriam begin slandering Moses about the wife he chose. This is very hard to understand at first because Moses was their brother. This teaches us that anyone can fall. But there is more to this story. Miriam was punished with leprosy because of her evil speech. To help cure her, Moses says the phrase: *"el na refa na la."* If Miriam hadn't spoken slander, this verse wouldn't have been created. So the reasons she spoke evil tongue was to help future generations even if it brought negativity to her. We, too, have to be willing to make some sacrifice in our lives for the greater good. It doesn't mean we need to do negative actions, but some negativity is permitted if it's done to benefit others.

פֶּתַח הָאֹהֶל וַיִּקְרָא אַהֲרֹן וּמִרְיָם וַיֵּצְאוּ שְׁנֵיהֶם׃ 6 וַיֹּאמֶר
שִׁמְעוּ־נָא דְבָרָי אִם יוהך ־יִהְיֶה ייי נְבִיאֲכֶם יְהֹוָה יאהדונהי
בַּמַּרְאָה אֵלָיו אֶתְוַדָּע בַּחֲלוֹם אֲדַבֶּר־בּוֹ׃ 7 לֹא־כֵן עַבְדִּי
מֹשֶׁה מהש בְּכָל לכב ־בֵּיתִי נֶאֱמָן הוּא׃ 8 פֶּה מילה אֶל־פֶּה מילה
אֲדַבֶּר־בּוֹ וּמַרְאֶה וְלֹא בְחִידֹת וּתְמֻנַת יְהֹוָה יאהדונהי יַבִּיט
וּמַדּוּעַ לֹא יְרֵאתֶם לְדַבֵּר ראה בְּעַבְדִּי בְמֹשֶׁה מהש׃ 9 וַיִּחַר־
אַף יְהֹוָה יאהדונהי בָּם מב וַיֵּלַךְ׃ 10 וְהֶעָנָן סָר מֵעַל עלם הָאֹהֶל
וְהִנֵּה מִרְיָם מְצֹרַעַת כַּשָּׁלֶג וַיִּפֶן אַהֲרֹן אֶל־מִרְיָם וְהִנֵּה
מְצֹרָעַת׃ 11 וַיֹּאמֶר אַהֲרֹן אֶל־מֹשֶׁה מהש בִּי אֲדֹנִי אַל־נָא
תָשֵׁת עָלֵינוּ חַטָּאת אֲשֶׁר נוֹאַלְנוּ וַאֲשֶׁר חָטָאנוּ׃ 12 אַל־
נָא תְהִי כַּמֵּת אֲשֶׁר בְּצֵאתוֹ מֵרֶחֶם אברהם, רמ"ח אִמּוֹ וַיֵּאָכֵל
חֲצִי בְשָׂרוֹ׃ 13 וַיִּצְעַק מֹשֶׁה מהש אֶל־יְהֹוָה יאהדונהי לֵאמֹר
אֵל ייאי מילוי דס"ג נָא רְפָא נָא לָהּ׃

Maftir

14 וַיֹּאמֶר יְהֹוָה יאהדונהי אֶל־מֹשֶׁה מהש וְאָבִיהָ יָרֹק יָרַק בְּפָנֶיהָ

אֵל נָא רְפָא נָא לָהּ - Miriam is quarantined so that she doesn't spread her leprosy. She wasn't physically contagious; rather, she was spiritually contagious. When a person speaks *lashon hara* ("evil speech"), it affects the person who speaks, the person spoken of, and the person who listens. It's contagious on a spiritual level. So if we hear someone speaking *lashon hara*, we should walk away.

הֲלֹא תִכָּלֵם שִׁבְעַת יָמִים נלך תִּסָּגֵר שִׁבְעַת יָמִים נלך מִחוּץ
לַמַּחֲנֶה וְאַחַר תֵּאָסֵף׃ 15 וַתִּסָּגֵר מִרְיָם מִחוּץ לַמַּחֲנֶה
שִׁבְעַת יָמִים נלך וְהָעָם לֹא נָסַע עַד־הֵאָסֵף מִרְיָם׃ 16 וְאַחַר
נָסְעוּ הָעָם מֵחֲצֵרוֹת וַיַּחֲנוּ בְּמִדְבַּר פָּארָן׃

Haftarah of Beha'alotcha

This is also read on Hannukah, and it gives us the power of miracles and wonders.

Zechariah 2 — זכריה פרק 2

14 רָנִּי וְשִׂמְחִי בַּת־צִיּוֹן יוסף כִּי הִנְנִי־בָא וְשָׁכַנְתִּי בְתוֹכֵךְ נְאֻם־
יְהֹוָהאדני יאהדונהי: 15 וְנִלְווּ גוֹיִם רַבִּים אֶל־יְהֹוָהאדני יאהדונהי בַּיּוֹם נגד,
מזבח, זן הַהוּא וְהָיוּ לִי לְעָם עלם וְשָׁכַנְתִּי בְתוֹכֵךְ וְיָדַעַתְּ כִּי־
יְהֹוָהאדני יאהדונהי צְבָאוֹת שְׁלָחַנִי אֵלָיִךְ: 16 וְנָחַל יְהֹוָהאדני יאהדונהי
אֶת־יְהוּדָה חֶלְקוֹ עַל אַדְמַת הַקֹּדֶשׁ וּבָחַר עוֹד בִּירוּשָׁלָם:
17 הַס כָּל ילי ־בָּשָׂר מִפְּנֵי וחכמה, בינה יְהֹוָהאדני יאהדונהי כִּי נֵעוֹר
מִמְּעוֹן קָדְשׁוֹ: 3 1 וַיַּרְאֵנִי אֶת־יְהוֹשֻׁעַ הַכֹּהֵן מלה הַגָּדוֹל להח,
מבה עֹמֵד לִפְנֵי וחכמה, בינה מַלְאַךְ פאי, סאל, יאהדונהי יְהֹוָהאדני יאהדונהי
וְהַשָּׂטָן עֹמֵד עַל־יְמִינוֹ לְשִׂטְנוֹ: 2 וַיֹּאמֶר יְהֹוָהאדני יאהדונהי אֶל־
הַשָּׂטָן יִגְעַר יְהֹוָהאדני יאהדונהי בְּךָ הַשָּׂטָן וְיִגְעַר יְהֹוָהאדני יאהדונהי
בְּךָ הַבֹּחֵר בִּירוּשָׁלָם הֲלוֹא זֶה אוּד מֻצָּל מֵאֵשׁ: 3 וִיהוֹשֻׁעַ
הָיָה יהה לָבֻשׁ בְּגָדִים צוֹאִים וְעֹמֵד לִפְנֵי וחכמה, בינה הַמַּלְאָךְ פאי,
סאל, יאהדונהי: 4 וַיַּעַן וַיֹּאמֶר אֶל־הָעֹמְדִים לְפָנָיו לֵאמֹר הָסִירוּ
הַבְּגָדִים הַצֹּאִים מֵעָלָיו וַיֹּאמֶר אֵלָיו רְאֵה ראה הֶעֱבַרְתִּי
מֵעָלֶיךָ עֲוֹנֶךָ וְהַלְבֵּשׁ אֹתְךָ מַחֲלָצוֹת: 5 וָאֹמַר יָשִׂימוּ צָנִיף
טָהוֹר י"פ אכא עַל־רֹאשׁוֹ וַיָּשִׂימוּ הַצָּנִיף הַטָּהוֹר י"פ אכא עַל־

רֹאשׁוֹ וַיַּלְבִּשֻׁהוּ בְּגָדִים וּמַלְאַךְ פאי, סאל, יאהדונהי יְהֹוָֽאדני יאהדונהי
עֹמֵד׃ 6 וַיָּעַד מַלְאַךְ פאי, סאל, יאהדונהי יְהֹוָֽאדני יאהדונהי בִּיהוֹשֻׁעַ
לֵאמֹר׃ 7 כֹּה היי ־אָמַר יְהֹוָֽאדני יאהדונהי צְבָאוֹת אִם יוהך ־בִּדְרָכַי
תֵּלֵךְ וְאִם יוהך אֶת־מִשְׁמַרְתִּי תִשְׁמֹר וְגַם־אַתָּה תָּדִין אֶת־
בֵּיתִי וְגַם תִּשְׁמֹר אֶת־חֲצֵרָי וְנָתַתִּי לְךָ מַהְלְכִים בֵּין
הָעֹמְדִים הָאֵלֶּה׃ 8 שְׁמַע־נָא יְהוֹשֻׁעַ | הַכֹּהֵן מלה הַגָּדוֹל להח,
מבה אַתָּה וְרֵעֶיךָ הַיֹּשְׁבִים לְפָנֶיךָ כִּי־אַנְשֵׁי מוֹפֵת הֵמָּה כִּי־
הִנְנִי מֵבִיא אֶת־עַבְדִּי צֶמַח ב״פ יהוה, אהיה, אדני׃ 9 כִּי | הִנֵּה הָאֶבֶן
אֲשֶׁר נָתַתִּי לִפְנֵי חכמה, בינה יְהוֹשֻׁעַ עַל־אֶבֶן אַחַת שִׁבְעָה עֵינָיִם
הִנְנִי מְפַתֵּחַ פִּתֻּחָהּ נְאֻם יְהֹוָֽאדני יאהדונהי צְבָאוֹת וּמַשְׁתִּי אֶת־
עֲוֹן הָאָרֶץ אלף למד הה יוד מם ־הַהִיא בְּיוֹם נגד, מזבח, זן אֶחָד אהבה, דאגה׃
10 בַּיּוֹם נגד, מזבח, זן הַהוּא נְאֻם יְהֹוָֽאדני יאהדונהי צְבָאוֹת תִּקְרְאוּ
אִישׁ לְרֵעֵהוּ אֶל־תַּחַת גֶּפֶן וְאֶל־תַּחַת תְּאֵנָה׃ 4 1 וַיָּשָׁב
הַמַּלְאָךְ פאי, סאל, יאהדונהי הַדֹּבֵר ראה בִּי וַיְעִירֵנִי כְּאִישׁ אֲשֶׁר־
יֵעוֹר מִשְּׁנָתוֹ׃ 2 וַיֹּאמֶר אֵלַי מָה יוד הא ואו הא אַתָּה רֹאֶה ראה
וָאֹמַר (כתיב: ויאמר) רָאִיתִי | וְהִנֵּה מְנוֹרַת זָהָב והו כֻּלָּהּ וְגֻלָּהּ
עַל־רֹאשָׁהּ וְשִׁבְעָה נֵרֹתֶיהָ עָלֶיהָ שִׁבְעָה וְשִׁבְעָה מוּצָקוֹת
לַנֵּרוֹת אֲשֶׁר עַל־רֹאשָׁהּ׃ 3 וּשְׁנַיִם זֵיתִים עָלֶיהָ אֶחָד אהבה,
דאגה מִימִין הַגֻּלָּה וְאֶחָד אהבה, דאגה עַל־שְׂמֹאלָהּ׃ 4 וָאַעַן וָאֹמַר

אֶל־הַמַּלְאָךְ פאי, סאל, יאהדונהי הַדֹּבֵר ראה בִּי לֵאמֹר מָה יוד הא ואו הא־
אֵלֶּה אֲדֹנִי׃ 5 וַיַּעַן הַמַּלְאָךְ פאי, סאל, יאהדונהי הַדֹּבֵר ראה בִּי וַיֹּאמֶר
אֵלַי הֲלוֹא יָדַעְתָּ מָה יוד הא ואו הא־הֵמָּה אֵלֶּה וָאֹמַר לֹא אֲדֹנִי׃
6 וַיַּעַן וַיֹּאמֶר אֵלַי לֵאמֹר זֶה דְּבַר ראה־יְהוָהאדניאהדונהי אֶל־
זְרֻבָּבֶל לֵאמֹר לֹא בְחַיִל ומב וְלֹא בְכֹחַ כִּי אִם יוהך־בְּרוּחִי
אָמַר יְהוָהאדניאהדונהי צְבָאוֹת׃ 7 מִי ילי־אַתָּה הַר־הַגָּדוֹל להח, מבה
לִפְנֵי חכמה, בינה זְרֻבָּבֶל לְמִישֹׁר וְהוֹצִיא אֶת־הָאֶבֶן הָרֹאשָׁה
תְּשֻׁאוֹת חֵן מוזי | חֵן מוזי לָהּ׃

Lesson of Shelach-Lecha

Regarding the Spies

We know that the spies that Moses sent were not just the heads of tribes; they were *tzaddikim*. If they had not been *tzaddikim*, Moses would not have sent them. So what happened? The Zohar and the *Midrash* explain that the spies were afraid of what would happen if the people entered the land of Israel. If that took place, the Messiah (*Mashiach*) would come and everyone would know the secrets of Creation. Then the heads of the tribes would lose their power because they wouldn't be needed anymore.

Nevertheless, even if the spies had not been among the highest people of Moses' generation, it is not clear how they could speak negatively about Moses and the land of Israel. In other words, it is not clear how they could sin after being in the desert with Moses for so many years and experiencing all the miracles firsthand. If Moses had told me to go to the land of Israel to see if the land was good or not, I would have told the truth: that the land was good—and I haven't spent years in the desert with Moses. So there must be a secret explanation of what happened with the spies as well as how we can be protected from the trap they fell into.

During one of the late nights that I studied with the Rav, we discussed this question. The answer was: We must look at the words of Moses when he commanded the spies to go to the land of Israel. Moses said to them, "Go and tour the land." Moses sent them only to *tour* the land, not to *become part of* the land. This is the secret. When someone is a tourist in another land, the drawbacks of that place do not bother him. Because he is just a tourist, he sees only the good things and doesn't pay any attention to the bad things. He is disconnected. When Moses sent the spies, they were supposed to be disconnected from everything; they were to go as visitors, not as inhabitants. But when we actually *live* in a certain place, the desire to receive for the self alone gains power. Then we see all the things that will affect "me" and "mine."

From the beginning, Moses gave the spies a way out of the desire to receive for the self alone: he told them to see everything as if they were tourists. But they turned away from this and invested at the ego level in their evaluation of the land. In our own lives, we rarely look at things as if they were separate from us—as if we were in a movie with actors and scenery not connected to us in a fundamental way.

To disconnect from the desire to receive for the self alone, we should learn to look at things from a distance. That is the only way we will arrive at the correct judgment—only by looking at things without any connection to "me."

This is also the reason why in the portion of Beha'alotcha, Moses asks Jethro to be the eyes of Israel. Couldn't Moses find an Israelite to do the job? Why did he have to choose a Midianite? The answer lies in the principle we have just been discussing. Only a person from outside the frame could really form a true judgment.

In our own lives, this is the only way we will have a perspective not contaminated by the desire to receive for the self alone. Even though Jethro did not take the responsibility of being the eyes of Israel, Moses asking him shows us how *we*, too, can see and be the eyes if only we take ego out of the picture and see everything like tourists. In that way, and only in that way, can our eyes really see.

More regarding the spies

In the end, the spies who were worried about their positions didn't receive anything. Caleb and Joshua, who were not concerned about their own power, received everything. This teaches us that those who want things for egotistical reasons don't get anything, but those who don't want anything get everything.

There is a story that will make this point clearer. It's a story about Rabbi Zusha from Anipoli, the brother of Rabbi Elimelech of Lizhansk, both students of the holy *Maggid* of Mezritch. Rabbi Zusha never referred to himself as "I" because for him, there was only one "I": "I am the Lord your God."

This is the story: There were two rabbis in Anipoli. One was opposed to the *chassidut*, and the other was Rabbi Zusha, the *chassid*. Once, the rabbi who was against the *chassidut* went to meet Rabbi Zusha. He waited until late at night so that none of his students would know where he was going. Then he said to Rabbi Zusha, "I don't understand you *chassidim*. Your lives are so hard, yet you're so happy. My life is a lot better and I have everything I could want, but I am full of anger and sadness. How can I fix this?"

Rabbi Zusha answered, "Zusha will explain it to you. Remember when you were invited by a wealthy man to his daughter's wedding? It didn't surprise you that you were invited because after all, you're an important rabbi. But when the messenger brought you the invitation, it occurred to you to ask to see the list of the other people who were also invited. When the messenger showed you the list, you noticed that you were number 14 down from the top. This made you very angry. How could there be 13 people ahead of you?

"So you decided to take your revenge. To show the rich man what you thought of him, you would deliberately come late to the wedding.

"Then you arrived two hours after the ceremony was over, but by that time, there was nowhere for you to sit at the tables and most of the wedding feast had already been eaten. So you had to sit in a chair by yourself while everyone else was enjoying dessert. You were so angry with this that you stalked out of the wedding hall, muttering curses at the bride, the groom, the bride's father, and the world.

"Now it so happens that Zusha was invited to the same wedding. But when the messenger came with the invitation, it was a bit hard to believe. After all, Zusha had never done anything for this wealthy man. What kind of merit does Zusha have to be invited to his daughter's wedding? At that moment, Zusha decided to arrive a couple of hours early to see if he could be of any help.

"When Zusha got to the wedding hall, he first helped set up the tables and chairs and then made sure the floor was swept. As it turned out, the father of the bride was so grateful for his assistance that he asked Zusha to perform the ceremony for his daughter. Afterwards, Zusha sat at the head table for the wedding feast, and later he did the seven blessings. Then Zusha went home filled with love for the world. You see, if you want everything, you get nothing. Zusha didn't want anything, and he was given everything."

This is a great lesson, and it helps to explain the mistake of the spies. They were thinking about how they could keep their power and how they could serve their desire to receive. But Caleb and Joshua responded in a completely different way. They even said, "Why were we chosen to be spies?" Therefore, they stayed alive while the other ten died without anything.

Regarding the Messiah

Messiah for me does not just mean world peace or global transformation. For me, Messiah is small and very personal. It just means that I will never have to say good-bye to the Rav, to my mother, and to all our friends all over the world. That is the meaning that Messiah has for me.

Not so long ago, I read about the great Rabbi Yehuda Tzvi from Stretin, the great-grandfather of Rabbi Yehuda Tzvi Brandwein, the Rav's teacher, for whom Rabbi Brandwein is named. Rabbi Yehuda Tzvi was very close to his rabbi, Rabbi Uri of Selerlisk. Once, Rabbi Yehuda Tzvi was asked what he would do during the time of Messiah. He answered that most of the world would run to study with Moses, and there will also be those who will go to Abraham the Patriarch, to Rabbi Shimon, and to the holy Arizal. "But as for me," said Rabbi Yehuda Tzvi, "I want only to be with my teacher 24 hours a day."

In the time of Messiah, I would also like to be with my father, who is also my teacher, with my mother, with my wife and children, with my brother and his family, and with all our friends, all day and all night. I hope everyone else feels the same.

Synopsis of Shelach-Lecha

This portion is mainly about judgment. The Kabbalists teach that the only way judgment can come to us is if we judge someone else first. Having judgment about others is dangerous in two ways: It brings judgment upon us from the cosmos, and it can also cause us to do negative actions based on our judgment.

First Reading - Abraham - Chesed

13 1 וַיְדַבֵּר יְהֹוָאדניה יאהדונהי אֶל־מֹשֶׁה מהש לֵּאמֹר׃ 2 שְׁלַח־לְךָ
אֲנָשִׁים וְיָתֻרוּ אֶת־אֶרֶץ כְּנַעַן אֲשֶׁר־אֲנִי אני נֹתֵן ושר, אבג יתץ, אהבת
ויינם לִבְנֵי יִשְׂרָאֵל אִישׁ אֶחָד אהבה, דאגה אִישׁ אֶחָד אהבה, דאגה
לְמַטֵּה אֲבֹתָיו תִּשְׁלָחוּ כֹּל ילי נָשִׂיא בָהֶם׃ 3 וַיִּשְׁלַח אֹתָם
מֹשֶׁה מהש מִמִּדְבַּר פָּארָן עַל־פִּי יְהֹוָאדניה יאהדונהי כֻּלָּם אֲנָשִׁים
רָאשֵׁי בְנֵי־יִשְׂרָאֵל הֵמָּה׃ 4 וְאֵלֶּה שְׁמוֹתָם לְמַטֵּה רְאוּבֵן
שַׁמּוּעַ בֶּן־זַכּוּר׃ 5 לְמַטֵּה שִׁמְעוֹן שָׁפָט בֶּן־חוֹרִי׃ 6 לְמַטֵּה
יְהוּדָה כָּלֵב לכב בֶּן־יְפֻנֶּה׃ 7 לְמַטֵּה יִשָּׂשכָר יִגְאָל בֶּן־
יוֹסֵף ציון׃ 8 לְמַטֵּה אֶפְרָיִם הוֹשֵׁעַ בִּן־נוּן׃ 9 לְמַטֵּה בִנְיָמִן
פַּלְטִי בֶּן־רָפוּא׃ 10 לְמַטֵּה זְבוּלֻן גַּדִּיאֵל בֶּן־סוֹדִי׃ 11 לְמַטֵּה
יוֹסֵף ציון לְמַטֵּה מְנַשֶּׁה גַּדִּי והו בֶּן־סוּסִי׃ 12 לְמַטֵּה דָן עַמִּיאֵל
בֶּן־גְּמַלִּי׃ 13 לְמַטֵּה אָשֵׁר סְתוּר בֶּן־מִיכָאֵל ננא׃ 14 לְמַטֵּה
נַפְתָּלִי נַחְבִּי בֶּן־וָפְסִי׃ 15 לְמַטֵּה גָד גְּאוּאֵל בֶּן־מָכִי׃ 16 אֵלֶּה

שְׁלַח־לְךָ - Moses is instructed to send spies to Israel, one from each of the 12 tribes. As names reflect the soul of a person, we understand from their names that these spies were not spiritual people. Moses actually changes the name of Joshua before he departs so that he can make the name more spiritual and connected to Joshua's soul. Changing our name is one of the ways we begin the path of transformation. If your name is not right for you, it is recommended that you change it so it is connected with your soul's purpose.

שְׁמוֹת הָאֲנָשִׁים אֲשֶׁר־שָׁלַח מֹשֶׁה מהש לָתוּר אֶת־הָאָרֶץ אלף
למד הה יוד מם וַיִּקְרָא מֹשֶׁה מהש לְהוֹשֵׁעַ בִּן־נוּן יְהוֹשֻׁעַ׃ 17 וַיִּשְׁלַח
אֹתָם מֹשֶׁה מהש לָתוּר אֶת־אֶרֶץ כְּנָעַן וַיֹּאמֶר אֲלֵהֶם עֲלוּ זֶה
בַּנֶּגֶב וַעֲלִיתֶם אֶת־הָהָר׃ 18 וּרְאִיתֶם אֶת־הָאָרֶץ אלף למד הה יוד
מם מַה יוד הא ואו הא ־הִוא וְאֶת־הָעָם הַיֹּשֵׁב עָלֶיהָ הֶחָזָק פהל הוּא
הֲרָפֶה הַמְעַט הוּא אִם יוהך ־רָב׃ 19 וּמָה יוד הא ואו הא הָאָרֶץ אלף
למד הה יוד מם אֲשֶׁר־הוּא יֹשֵׁב בָּהּ הֲטוֹבָה אכא הִוא אִם יוהך
־רָעָה רהע וּמָה יוד הא ואו הא הֶעָרִים אֲשֶׁר־הוּא יוֹשֵׁב בָּהֵנָּה
הַבְּמַחֲנִים אִם יוהך בְּמִבְצָרִים׃ 20 וּמָה יוד הא ואו הא הָאָרֶץ אלף למד
הה יוד מם הַשְּׁמֵנָה הִוא אִם יוהך ־רָזָה הֲיֵשׁ־בָּהּ עֵץ אִם יוהך ־אָיִן
וְהִתְחַזַּקְתֶּם וּלְקַחְתֶּם מִפְּרִי הָאָרֶץ אלף למד הה יוד מם וְהַיָּמִים נלך
יְמֵי בִּכּוּרֵי עֲנָבִים׃

יְהוֹשֻׁעַ - Before leaving, Joshua was blessed by Moses so that he would come back unpolluted and free of judgment. Caleb took the initiative to go to the graves of the *tzaddikim* to ask for protection because he wanted to avoid being affected by people of judgment. We can use the *tzaddikim* to protect us, too, but we have to take the initiative. They can't help us unless we ask.

עֵץ - Moses sends the men out to see if the Tree of Life—not Adam's Tree of Knowledge, which represents chaos—is in Israel. These two trees represent our choices in life. Moses wanted to move forward only if the Tree of Life was there, which is what we should do, too.

Second Reading - Isaac - Gvurah

21 וַיַּעֲלוּ וַיָּתֻרוּ אֶת־הָאָרֶץ אלף למד הה יוד מם מִמִּדְבַּר־צִן עַד־
רְחֹב לְבֹא חֲמָת׃ 22 וַיַּעֲלוּ בַנֶּגֶב וַיָּבֹא עַד־חֶבְרוֹן וְשָׁם
אֲחִימַן שֵׁשַׁי וְתַלְמַי יְלִידֵי הָעֲנָק וְחֶבְרוֹן שֶׁבַע שָׁנִים
נִבְנְתָה לִפְנֵי וחכמה, בינה צֹעַן מִצְרָיִם מצר׃ 23 וַיָּבֹאוּ עַד־נַחַל
אֶשְׁכֹּל וַיִּכְרְתוּ מִשָּׁם זְמוֹרָה וְאֶשְׁכּוֹל עֲנָבִים אֶחָד אהבה, דאגה
וַיִּשָּׂאֻהוּ בַמּוֹט בִּשְׁנָיִם וּמִן־הָרִמֹּנִים וּמִן־הַתְּאֵנִים׃ 24 לַמָּקוֹם
הַהוּא קָרָא נַחַל אֶשְׁכּוֹל עַל אֹדוֹת הָאֶשְׁכּוֹל אֲשֶׁר־כָּרְתוּ
מִשָּׁם בְּנֵי יִשְׂרָאֵל׃ 25 וַיָּשֻׁבוּ מִתּוּר הָאָרֶץ אלף למד הה יוד מם
מִקֵּץ אַרְבָּעִים יוֹם נגד, מזבח, זן׃ 26 וַיֵּלְכוּ וַיָּבֹאוּ אֶל־מֹשֶׁה מהש
וְאֶל־אַהֲרֹן וְאֶל־כָּל ילי ־עֲדַת בְּנֵי־יִשְׂרָאֵל אֶל־מִדְבַּר ראה
פָּארָן קָדֵשָׁה וַיָּשִׁיבוּ אֹתָם דָּבָר ראה וְאֶת־כָּל ילי ־הָעֵדָה סיט

וַיַּעֲלוּ - When the spies departed, they began to question whether Israel was a good place for them. They feared that they would no longer be needed because in Israel, everyone would be united. So they departed with an agenda, which skewed their judgment of what they saw and reported. When they came back, there were ten who gave similar reports and two (Joshua and Caleb) who gave a different report of Israel. Only Joshua and Caleb saw what was real because they had a foundation of human dignity. When we care for the dignity of others, we can at least be protected from not being as negative as the spies who cared only about themselves. These individuals showed complete disrespect for other people because of their own selfish agenda. Respecting human dignity protects us from falling to that level. This reading helps us eliminate our selfish personal agenda so that we can see clearly.

וַיַּרְאוּם אֶת־פְּרִי הָאָרֶץ אלף למד הה יוד מם: 27 וַיְסַפְּרוּ־לוֹ וַיֹּאמְרוּ
בָּאנוּ אֶל־הָאָרֶץ אלף למד הה יוד מם אֲשֶׁר שְׁלַחְתָּנוּ וְגַם זָבַת חָלָב
וּדְבַשׁ הִוא וְזֶה־פִּרְיָהּ: 28 אֶפֶס כִּי־עַז הָעָם הַיֹּשֵׁב בָּאָרֶץ
וְהֶעָרִים בְּצֻרוֹת גְּדֹלֹת מְאֹד וְגַם־יְלִדֵי הָעֲנָק רָאִינוּ שָׁם:
29 עֲמָלֵק יוֹשֵׁב בְּאֶרֶץ הַנֶּגֶב וְהַחִתִּי וְהַיְבוּסִי וְהָאֱמֹרִי יוֹשֵׁב
בָּהָר וְהַכְּנַעֲנִי יֹשֵׁב עַל־הַיָּם ילי וְעַל יַד הַיַּרְדֵּן: 30 וַיַּהַס
כָּלֵב לכב אֶת־הָעָם אֶל־מֹשֶׁה מהש וַיֹּאמֶר עָלֹה נַעֲלֶה וְיָרַשְׁנוּ
אֹתָהּ כִּי־יָכוֹל נוּכַל לָהּ: 31 וְהָאֲנָשִׁים אֲשֶׁר־עָלוּ עִמּוֹ
אָמְרוּ לֹא נוּכַל לַעֲלוֹת אֶל־הָעָם כִּי־חָזָק פהל הוּא מִמֶּנּוּ:
32 וַיֹּצִיאוּ דִּבַּת הָאָרֶץ אלף למד הה יוד מם אֲשֶׁר תָּרוּ אֹתָהּ אֶל־בְּנֵי
יִשְׂרָאֵל לֵאמֹר הָאָרֶץ אלף למד הה יוד מם אֲשֶׁר עָבַרְנוּ בָהּ לָתוּר
אֹתָהּ אֶרֶץ אֹכֶלֶת יוֹשְׁבֶיהָ הִוא וְכָל ילי ־הָעָם אֲשֶׁר־רָאִינוּ
בְתוֹכָהּ אַנְשֵׁי מִדּוֹת: 33 וְשָׁם רָאִינוּ אֶת־הַנְּפִילִים בְּנֵי עֲנָק
מִן־הַנְּפִלִים וַנְּהִי בְעֵינֵינוּ כַּחֲגָבִים וְכֵן הָיִינוּ בְּעֵינֵיהֶם:
14 1 וַתִּשָּׂא כָּל ילי ־הָעֵדָה סיט וַיִּתְּנוּ אֶת־קוֹלָם וַיִּבְכּוּ הָעָם
בַּלַּיְלָה מלה הַהוּא: 2 וַיִּלֹּנוּ עַל־מֹשֶׁה מהש וְעַל־אַהֲרֹן כֹּל ילי

נוּכַל - Here, Caleb says that if God wants it, we can do anything—nothing is impossible. No obstacle is too big when we are connected to the Light. With certainty, we can overcome everything. Through this reading, we get the power of certainty.

בְּנֵי יִשְׂרָאֵל וַיֹּאמְרוּ אֲלֵהֶם כָּל ילי ־הָעֵדָה סיט לוּ־מַתְנוּ
בְּאֶרֶץ מִצְרַיִם מצר אוֹ בַּמִּדְבָּר הַזֶּה והו לוּ־מָתְנוּ: 3 וְלָמָה
יְהֹוָאדהנוי יאהדונהי מֵבִיא אֹתָנוּ אֶל־הָאָרֶץ אלף למד הה יוד מם הַזֹּאת
לִנְפֹּל בַּחֶרֶב נָשֵׁינוּ וְטַפֵּנוּ יִהְיוּ לָבַז הֲלוֹא טוֹב והו לָנוּ מום,
יה - אדני שׁוּב מִצְרָיְמָה: 4 וַיֹּאמְרוּ אִישׁ אֶל־אָחִיו נִתְּנָה רֹאשׁ
וְנָשׁוּבָה מִצְרָיְמָה: 5 וַיִּפֹּל מֹשֶׁה מהש וְאַהֲרֹן עַל־פְּנֵיהֶם
לִפְנֵי חכמה, בינה כָּל ילי ־קְהַל עֲדַת בְּנֵי יִשְׂרָאֵל: 6 וִיהוֹשֻׁעַ
בִּן־נוּן וְכָלֵב לכב בֶּן־יְפֻנֶּה מִן־הַתָּרִים אֶת־הָאָרֶץ אלף למד הה יוד
מם קָרְעוּ בִּגְדֵיהֶם: 7 וַיֹּאמְרוּ אֶל־כָּל ילי ־עֲדַת בְּנֵי־יִשְׂרָאֵל
לֵאמֹר הָאָרֶץ אלף למד הה יוד מם אֲשֶׁר עָבַרְנוּ בָהּ לָתוּר אֹתָהּ
טוֹבָה אכא הָאָרֶץ אלף למד הה יוד מם מְאֹד מְאֹד:

Third Reading - Jacob - Tiferet

8 אִם יוהך ־חָפֵץ בָּנוּ יְהֹוָאדהנוי יאהדונהי וְהֵבִיא אֹתָנוּ אֶל־הָאָרֶץ אלף
למד הה יוד מם הַזֹּאת וּנְתָנָהּ לָנוּ מום, יה - אדני אֶרֶץ אֲשֶׁר־הִוא
זָבַת חָלָב וּדְבָשׁ: 9 אַךְ אהיה בַּיהֹוָאדהנוי יאהדונהי אַל־תִּמְרֹדוּ
וְאַתֶּם אַל־תִּירְאוּ אֶת־עַם הָאָרֶץ אלף למד הה יוד מם כִּי לַחְמֵנוּ
הֵם סָר צִלָּם מֵעֲלֵיהֶם וַיהֹוָאדהנוי יאהדונהי אִתָּנוּ אַל־תִּירָאֻם:
10 וַיֹּאמְרוּ כָּל ילי ־הָעֵדָה סיט לִרְגּוֹם אֹתָם בָּאֲבָנִים וּכְבוֹד
יְהֹוָאדהנוי יאהדונהי נִרְאָה בְּאֹהֶל מוֹעֵד אֶל־כָּל ילי ־בְּנֵי יִשְׂרָאֵל:

11 וַיֹּאמֶר יְהֹוָ֓אדני אהדונהי אֶל־מֹשֶׁה מהש עַד־אָנָה יְנַאֲצֻנִי הָעָם
הַזֶּה והו וְעַד־אָנָה לֹא־יַאֲמִינוּ בִי בְּכֹל לכב הָאֹתוֹת אֲשֶׁר
עָשִׂיתִי בְּקִרְבּוֹ׃ 12 אַכֶּנּוּ בַדֶּבֶר ראה וְאוֹרִשֶׁנּוּ וְאֶעֱשֶׂה
אֹתְךָ לְגוֹי־גָּדוֹל להח, מבה וְעָצוּם מִמֶּנּוּ׃ 13 וַיֹּאמֶר מֹשֶׁה מהש
אֶל־יְהֹוָ֓אדני אהדונהי וְשָׁמְעוּ מִצְרַיִם מצר כִּי־הֶעֱלִיתָ בְכֹחֲךָ אֶת־
הָעָם הַזֶּה והו מִקִּרְבּוֹ׃ 14 וְאָמְרוּ אֶל־יוֹשֵׁב הָאָרֶץ אלף למד הה יוד
מם הַזֹּאת שָׁמְעוּ כִּי־אַתָּה יְהֹוָ֓אדני אהדונהי בְּקֶרֶב הָעָם הַזֶּה והו
אֲשֶׁר־עַיִן יוד יוד הא יוד הא ואו יוד הא ואו הא בְּעַיִן יוד יוד הא יוד הא ואו יוד הא ואו
הא נִרְאָה ׀ אַתָּה יְהֹוָ֓אדני אהדונהי וַעֲנָנְךָ עֹמֵד עֲלֵהֶם וּבְעַמֻּד
עָנָן אַתָּה הֹלֵךְ לִפְנֵיהֶם יוֹמָם וּבְעַמּוּד אֵשׁ לָיְלָה מלה׃
15 וְהֵמַתָּה אֶת־הָעָם הַזֶּה והו כְּאִישׁ אֶחָד אהבה, דאגה וְאָמְרוּ
הַגּוֹיִם אֲשֶׁר־שָׁמְעוּ אֶת־שִׁמְעֲךָ לֵאמֹר׃ 16 מִבִּלְתִּי יְכֹלֶת
יְהֹוָ֓אדני אהדונהי לְהָבִיא אֶת־הָעָם הַזֶּה והו אֶל־הָאָרֶץ אלף למד

יְנַאֲצֻנִי - The Bible uses the words *yena'atzuni*. This term is related to the word "Nazi," but the essence of the meaning of the word began thousands of years before the Third Reich ever used it. The term refers to people who are consumed by hatred. Moses said the people in the desert were Nazis—people consumed by hate.

הה יוד מם אֲשֶׁר־נִשְׁבַּע לָהֶם וַיִּשְׁחָטֵם בַּמִּדְבָּר׃ 17 וְעַתָּה יִגְדַּל יזל
־נָא כֹּחַ אֲדֹנָי כַּאֲשֶׁר דִּבַּרְתָּ לֵאמֹר׃ 18 יְהוָה יאהדונהי אֶרֶךְ
אַפַּיִם וְרַב־חֶסֶד יוד הי ויו הי, י יה יהו יהוה נֹשֵׂא עָוֺן וָפֶשַׁע וְנַקֵּה אלף
הי יוד הי לֹא יְנַקֶּה פֹּקֵד עֲוֺן אָבוֹת עַל־בָּנִים עַל־שִׁלֵּשִׁים
וְעַל־רִבֵּעִים׃ 19 סְלַח־נָא לַעֲוֺן הָעָם הַזֶּה והו כְּגֹדֶל חַסְדֶּךָ
וְכַאֲשֶׁר נָשָׂאתָה לָעָם עלם הַזֶּה והו מִמִּצְרַיִם מצר וְעַד־הֵנָּה׃
20 וַיֹּאמֶר יְהוָה יאהדונהי סָלַחְתִּי כִּדְבָרֶךָ׃ 21 וְאוּלָם חַי־אָנִי אני
וְיִמָּלֵא כְבוֹד־יְהוָה יאהדונהי אֶת־כָּל ילי ־הָאָרֶץ אלף למד הה יוד מם׃
22 כִּי כָל ילי ־הָאֲנָשִׁים הָרֹאִים אֶת־כְּבֹדִי וְאֶת־אֹתֹתַי אֲשֶׁר־
עָשִׂיתִי בְמִצְרַיִם מצר וּבַמִּדְבָּר וַיְנַסּוּ אֹתִי זֶה עֶשֶׂר פְּעָמִים
וְלֹא שָׁמְעוּ בְּקוֹלִי׃ 23 אִם יוהך ־יִרְאוּ אֶת־הָאָרֶץ אלף למד הה
יוד מם אֲשֶׁר נִשְׁבַּעְתִּי לַאֲבֹתָם וְכָל ילי ־מְנַאֲצַי לֹא יִרְאוּהָ׃
24 וְעַבְדִּי כָלֵב לכב עֵקֶב מום+מום הָיְתָה רוּחַ אַחֶרֶת עִמּוֹ וַיְמַלֵּא
אַחֲרָי וַהֲבִיאֹתִיו אֶל־הָאָרֶץ אלף למד הה יוד מם אֲשֶׁר־בָּא שָׁמָּה

יִגְדַּל -There is a big *yud* in this portion. *Yud* is usually the smallest letter, but here it is enlarged. It's related to the sign of Virgo, which includes people who are usually very judgmental. The spies represent some of the most troubling aspects of ourselves: judgment, hatred, hidden agendas. This large *yud* helps us remove all that.

וְזַרְעוֹ יוֹרִשֶׁנָּה׃ 25 וְהָעֲמָלֵקִי וְהַכְּנַעֲנִי יוֹשֵׁב בָּעֵמֶק מָחָר פְּנוּ
וּסְעוּ לָכֶם הַמִּדְבָּר דֶּרֶךְ ב״פ יבק יַם ילי ־סוּף׃

Fourth Reading - Moses - Netzach

26 וַיְדַבֵּר יְהֹוָאדנהיאהדונהי אֶל־מֹשֶׁה מהש וְאֶל־אַהֲרֹן לֵאמֹר׃
27 עַד־מָתַי לָעֵדָה סיט הָרָעָה רהע הַזֹּאת אֲשֶׁר הֵמָּה מַלִּינִים
עָלָי אֶת־תְּלֻנּוֹת בְּנֵי יִשְׂרָאֵל אֲשֶׁר הֵמָּה מַלִּינִים עָלַי
שָׁמָעְתִּי׃ 28 אֱמֹר אֲלֵהֶם חַי־אָנִי אני נְאֻם־יְהֹוָאדנהיאהדונהי
אִם יוהך ־לֹא כַּאֲשֶׁר דִּבַּרְתֶּם בְּאָזְנָי כֵּן אֶעֱשֶׂה לָכֶם׃
29 בַּמִּדְבָּר הַזֶּה והו יִפְּלוּ פִגְרֵיכֶם וְכָל ילי ־פְּקֻדֵיכֶם לְכָל יה
אדני, ילי ־מִסְפַּרְכֶם מִבֶּן עֶשְׂרִים שָׁנָה וָמָעְלָה אֲשֶׁר הֲלִינֹתֶם
עָלָי׃ 30 אִם יוהך ־אַתֶּם תָּבֹאוּ אֶל־הָאָרֶץ אלף למד הה יוד מם אֲשֶׁר
נָשָׂאתִי אֶת־יָדִי לְשַׁכֵּן אֶתְכֶם בָּהּ כִּי אִם יוהך ־כָּלֵב לכב
בֶּן־יְפֻנֶּה וִיהוֹשֻׁעַ בִּן־נוּן׃ 31 וְטַפְּכֶם אֲשֶׁר אֲמַרְתֶּם לָבַז

בַּמִּדְבָּר - Moses tells the people that they will not go into Israel. The whole generation that complained will die in the desert, and their children would go into Israel instead of them. We learn that the nation cried when the spies came back—when there was really no reason to. They came back on the 9th of Av, the most negative day of the year. Throughout history, a number of catastrophic events have taken place on the 9th of Av: the two Temples were destroyed, the "Final Solution" decree was signed, and the expulsion of Jews from Spain was decreed. The seed cause of why the 9th of Av is such a negative day lies in "crying for no reason." When we cry for no reason, it is not long before we are given a reason.

יִהְיֶה ייי וְהֵבֵיאתִי אֹתָם וְיָדְעוּ אֶת־הָאָרֶץ אלף למד הה יוד מם אֲשֶׁר
מְאַסְתֶּם בָּהּ׃ 32 וּפִגְרֵיכֶם אַתֶּם יִפְּלוּ בַּמִּדְבָּר הַזֶּה והו׃
33 וּבְנֵיכֶם יִהְיוּ רֹעִים בַּמִּדְבָּר אַרְבָּעִים שָׁנָה וְנָשְׂאוּ אֶת־
זְנוּתֵיכֶם עַד־תֹּם פִּגְרֵיכֶם בַּמִּדְבָּר׃ 34 בְּמִסְפַּר הַיָּמִים נלך
אֲשֶׁר־תַּרְתֶּם אֶת־הָאָרֶץ אלף למד הה יוד מם אַרְבָּעִים יוֹם נגד, מזבח,
זן יוֹם נגד, מזבח, זן לַשָּׁנָה יוֹם נגד, מזבח, זן לַשָּׁנָה תִּשְׂאוּ אֶת־עֲוֺנֹתֵיכֶם
אַרְבָּעִים שָׁנָה וִידַעְתֶּם אֶת־תְּנוּאָתִי׃ 35 אֲנִי אני יְהֹוָהאדנייאהדונהי
דִּבַּרְתִּי אִם יוהך ־לֹא | זֹאת אֶעֱשֶׂה לְכָל יה אדני, ילי ־הָעֵדָה סיט
הָרָעָה רהע הַזֹּאת הַנּוֹעָדִים עָלָי בַּמִּדְבָּר הַזֶּה והו יִתַּמּוּ
וְשָׁם יָמֻתוּ׃ 36 וְהָאֲנָשִׁים אֲשֶׁר־שָׁלַח מֹשֶׁה מהש לָתוּר אֶת־
הָאָרֶץ אלף למד הה יוד מם וַיָּשֻׁבוּ וַיַּלִּינוּ (כתיב: וילונו) עָלָיו אֶת־כָּל ילי
־הָעֵדָה סיט לְהוֹצִיא דִבָּה עַל־הָאָרֶץ אלף למד הה יוד מם׃ 37 וַיָּמֻתוּ
הָאֲנָשִׁים מוֹצִאֵי דִבַּת־הָאָרֶץ אלף למד הה יוד מם רָעָה רהע בַּמַּגֵּפָה
לִפְנֵי חכמה, בינה יְהֹוָהאדנייאהדונהי׃ 38 וִיהוֹשֻׁעַ בִּן־נוּן וְכָלֵב לכב בֶּן־יְפֻנֶּה
חָיוּ מִן־הָאֲנָשִׁים הָהֵם הַהֹלְכִים לָתוּר אֶת־הָאָרֶץ אלף למד הה
יוד מם׃ 39 וַיְדַבֵּר מֹשֶׁה מהש אֶת־הַדְּבָרִים הָאֵלֶּה אֶל־כָּל ילי ־
בְּנֵי יִשְׂרָאֵל וַיִּתְאַבְּלוּ הָעָם מְאֹד׃ 40 וַיַּשְׁכִּמוּ בַבֹּקֶר וַיַּעֲלוּ

וַיַּשְׁכִּמוּ - Now the people wanted to go into Israel, but it was too late. They didn't seize the opportunity when they had the chance. In our spiritual

אֶל־רֹאשׁ־הָהָר לֵאמֹר הִנֶּנּוּ וְעָלִינוּ אֶל־הַמָּקוֹם אֲשֶׁר־
אָמַר יְהֹוָהאדנייאהדונהי כִּי חָטָאנוּ׃ 41 וַיֹּאמֶר מֹשֶׁה מהש לָמָּה זֶּה
אַתֶּם עֹבְרִים אֶת־פִּי יְהֹוָהאדנייאהדונהי וְהִוא לֹא תִצְלָח׃ 42 אַל־
תַּעֲלוּ כִּי אֵין יְהֹוָהאדנייאהדונהי בְּקִרְבְּכֶם וְלֹא תִּנָּגְפוּ לִפְנֵי וחכמה,
בינה אֹיְבֵיכֶם׃ 43 כִּי הָעֲמָלֵקִי וְהַכְּנַעֲנִי שָׁם לִפְנֵיכֶם וּנְפַלְתֶּם
בֶּחָרֶב כִּי־עַל־כֵּן שַׁבְתֶּם מֵאַחֲרֵי יְהֹוָהאדנייאהדונהי וְלֹא־יִהְיֶה ייי
יְהֹוָהאדנייאהדונהי עִמָּכֶם׃ 44 וַיַּעְפִּלוּ לַעֲלוֹת אֶל־רֹאשׁ הָהָר
וַאֲרוֹן בְּרִית־יְהֹוָהאדנייאהדונהי וּמֹשֶׁה מהש לֹא־מָשׁוּ מִקֶּרֶב
הַמַּחֲנֶה׃ 45 וַיֵּרֶד ריי הָעֲמָלֵקִי וְהַכְּנַעֲנִי הַיֹּשֵׁב בָּהָר הַהוּא
וַיַּכּוּם וַיַּכְּתוּם עַד־הַחָרְמָה׃ 15 1 וַיְדַבֵּר יְהֹוָהאדנייאהדונהי
אֶל־מֹשֶׁה מהש לֵּאמֹר׃ 2 דַּבֵּר ראה אֶל־בְּנֵי יִשְׂרָאֵל וְאָמַרְתָּ אֲלֵהֶם
כִּי תָבֹאוּ אֶל־אֶרֶץ מוֹשְׁבֹתֵיכֶם אֲשֶׁר אֲנִי אני נֹתֵן ושר, אבג יתץ,
אהבת חנם לָכֶם׃ 3 וַעֲשִׂיתֶם אִשֶּׁה לַיהֹוָהאדנייאהדונהי עֹלָה אוֹ־זֶבַח
לְפַלֵּא־נֶדֶר אוֹ בִנְדָבָה אוֹ בְּמֹעֲדֵיכֶם לַעֲשׂוֹת רֵיחַ נִיחֹחַ
לַיהֹוָהאדנייאהדונהי מִן־הַבָּקָר אוֹ מִן־הַצֹּאן׃ 4 וְהִקְרִיב הַמַּקְרִיב

work, we sometimes get only one chance so we should always be prepared to act on it.

תָבֹאוּ - Even though the Israelites could not go into Israel, they could still make their connections as if they were there. This shows us that if we miss one opportunity, it doesn't necessarily mean we are done forever. Opportunities sometimes come in different ways.

קָרְבָּנוֹ לַיהֹוָ֑האדנייאהדונהי מִנְחָה ב״פ ב״ן סֹלֶת עִשָּׂרוֹן בָּלוּל
בִּרְבִעִית הַהִין שָׁמֶן׃ 5 וְיַיִן מ״כ, י״פ האא לַנֶּסֶךְ רְבִיעִית הַהִין
תַּעֲשֶׂה עַל־הָעֹלָה אוֹ לַזָּבַח לַכֶּבֶשׂ הָאֶחָד אהבה, דאגה׃ 6 אוֹ
לָאַיִל תַּעֲשֶׂה מִנְחָה ב״פ ב״ן סֹלֶת שְׁנֵי עֶשְׂרֹנִים בְּלוּלָה בַשֶּׁמֶן
שְׁלִשִׁית הַהִין׃ 7 וְיַיִן מ״כ, י״פ האא לַנֶּסֶךְ שְׁלִשִׁית הַהִין תַּקְרִיב
רֵיחַ־נִיחֹחַ לַיהֹוָהאדנייאהדונהי׃

Fifth Reading - Aaron - Hod

8 וְכִי־תַעֲשֶׂה בֶן־בָּקָר עֹלָה אוֹ־זָבַח לְפַלֵּא־נֶדֶר אוֹ־
שְׁלָמִים לַיהֹוָהאדנייאהדונהי׃ 9 וְהִקְרִיב עַל־בֶּן־הַבָּקָר מִנְחָה ב״פ
ב״ן סֹלֶת שְׁלֹשָׁה עֶשְׂרֹנִים בָּלוּל בַּשֶּׁמֶן חֲצִי הַהִין׃ 10 וְיַיִן מ״כ, י״פ
האא תַּקְרִיב לַנֶּסֶךְ חֲצִי הַהִין אִשֵּׁה רֵיחַ־נִיחֹחַ לַיהֹוָהאדנייאהדונהי׃
11 כָּכָה יֵעָשֶׂה לַשּׁוֹר ושר, אבג יתץ, אהבת חנם הָאֶחָד אהבה, דאגה אוֹ לָאַיִל
הָאֶחָד אהבה, דאגה אוֹ־לַשֶּׂה בַכְּבָשִׂים אוֹ בָעִזִּים׃ 12 כַּמִּסְפָּר
אֲשֶׁר תַּעֲשׂוּ כָּכָה תַּעֲשׂוּ לָאֶחָד אהבה, דאגה כְּמִסְפָּרָם׃
13 כָּל ילי ־הָאֶזְרָח יַעֲשֶׂה־כָּכָה אֶת־אֵלֶּה לְהַקְרִיב אִשֵּׁה

וְיַיִן - The wine offering, which is a powerful conduit of Light, was the sacrifice of giving oneself. When we do spiritual actions, we also need to make a physical connection to the Light to enhance and strengthen them. For example, when we do the action of giving charity, we should use the 72 Names as a channel to make the connection stronger.

רֵיחַ־נִיחֹחַ לַיהוָה יאהדונהי׃ 14 וְכִי־יָגוּר אִתְּכֶם גֵּר אוֹ אֲשֶׁר־
בְּתוֹכְכֶם לְדֹרֹתֵיכֶם וְעָשָׂה אִשֵּׁה רֵיחַ־נִיחֹחַ לַיהוָה יאהדונהי
כַּאֲשֶׁר תַּעֲשׂוּ כֵּן יַעֲשֶׂה׃ 15 הַקָּהָל חֻקָּה אַחַת לָכֶם וְלַגֵּר
הַגָּר חֻקַּת עוֹלָם לְדֹרֹתֵיכֶם כָּכֶם כַּגֵּר יִהְיֶה ייי לִפְנֵי חכמה, בינה
יְהוָה יאהדונהי׃ 16 תּוֹרָה אַחַת וּמִשְׁפָּט ה"פ אלהים אֶחָד אהבה, דאגה
יִהְיֶה ייי לָכֶם וְלַגֵּר הַגָּר אִתְּכֶם׃

Sixth Reading - Joseph - Yesod

17 וַיְדַבֵּר יְהוָה יאהדונהי אֶל־מֹשֶׁה מהש לֵּאמֹר׃ 18 דַּבֵּר ראה
אֶל־בְּנֵי יִשְׂרָאֵל וְאָמַרְתָּ אֲלֵהֶם בְּבֹאֲכֶם אֶל־הָאָרֶץ אלף
למד הה יוד מם אֲשֶׁר אֲנִי אני מֵבִיא אֶתְכֶם שָׁמָּה׃ 19 וְהָיָה יהוה, יהה
בַּאֲכָלְכֶם מִלֶּחֶם ג"פ יהו"ה הָאָרֶץ אלף למד הה יוד מם תָּרִימוּ תְרוּמָה
לַיהוָה יאהדונהי׃ 20 רֵאשִׁית עֲרִסֹתֵכֶם חַלָּה להח תָּרִימוּ תְרוּמָה

מִלֶּחֶם - Every time we bake bread, we should remove a small piece of the dough to eliminate the desire to receive for the self alone. At the time of the Temple, a part of the dough was removed and given to the high priest. This broke the hold of the desire to receive of the bread and created potential for sharing. Today, we don't have the Tabernacle, the Temple, or the high priest, so when we bake, we take out a portion and simply set it aside to overcome our desire to receive. We should apply this principle to our daily routine or to a portion of anything we have. We should set aside some time to overcome our desire to receive. It was mandatory to give a piece of the challah bread, and we should set aside our mandatory piece of everything that we do. For example, we can think of the time we take to scan or study from the Zohar as our "piece of the bread."

כִּתְרוּמַת גֹּרֶן כֵּן תָּרִימוּ אֹתָהּ׃ 21 מֵרֵאשִׁית עֲרִסֹתֵיכֶם תִּתְּנוּ
לַיהֹוָה אדני אהדונהי תְּרוּמָה לְדֹרֹתֵיכֶם׃ 22 וְכִי תִשְׁגּוּ וְלֹא תַעֲשׂוּ
אֵת כָּל ילי ־הַמִּצְוֺת הָאֵלֶּה אֲשֶׁר־דִּבֶּר ראה יְהֹוָה אדני אהדונהי אֶל־
מֹשֶׁה מהש׃ 23 אֵת כָּל ילי ־אֲשֶׁר צִוָּה יְהֹוָה אדני אהדונהי אֲלֵיכֶם בְּיַד־
מֹשֶׁה מהש מִן־הַיּוֹם נגד, מזבח, זן אֲשֶׁר צִוָּה יְהֹוָה אדני אהדונהי וָהָלְאָה
לְדֹרֹתֵיכֶם׃ 24 וְהָיָה יהוה, יהה אִם יוהך מֵעֵינֵי הָעֵדָה סיט נֶעֶשְׂתָה
לִשְׁגָגָה וְעָשׂוּ כָל ילי ־הָעֵדָה סיט פַּר בֶּן־בָּקָר אֶחָד אהבה, דאגה
לְעֹלָה לְרֵיחַ נִיחֹחַ לַיהֹוָה אדני אהדונהי וּמִנְחָתוֹ וְנִסְכּוֹ כַּמִּשְׁפָּט ה״פ
אלהים וּשְׂעִיר־עִזִּים אֶחָד אהבה, דאגה לְחַטָּת׃ 25 וְכִפֶּר הַכֹּהֵן מלה
עַל־כָּל ילי ־עֲדַת בְּנֵי יִשְׂרָאֵל וְנִסְלַח לָהֶם כִּי־שְׁגָגָה הִוא
וְהֵם הֵבִיאוּ אֶת־קָרְבָּנָם אִשֶּׁה לַיהֹוָה אדני אהדונהי וְחַטָּאתָם
לִפְנֵי חכמה, בינה יְהֹוָה אדני אהדונהי עַל־שִׁגְגָתָם׃ 26 וְנִסְלַח לְכָל יה אדני,
ילי ־עֲדַת בְּנֵי יִשְׂרָאֵל וְלַגֵּר הַגָּר בְּתוֹכָם כִּי לְכָל יה אדני, ילי
־הָעָם בִּשְׁגָגָה׃

תִּשְׁגּוּ - From this portion, we learn that when a whole population commits the same negative act, it creates a serious hole in the spiritual system affecting the entire world. For example, whether it is the physical act of smoking or the emotional condition of hatred, both create global negativities that need to be counteracted on both an individual and a collective basis. When we pray, we should pray not only for ourselves but also for everyone else because just as there are actions that we as individuals do that create negativity, there are things that humanity does wrong as a whole.
This is about spiritual things we do on a personal level.

Seventh Reading - David - Malchut

27 וְאִם יוהך ־נֶפֶשׁ אַחַת תֶּחֱטָא בִשְׁגָגָה וְהִקְרִיבָה עֵז בַּת־
שְׁנָתָהּ לְחַטָּאת: 28 וְכִפֶּר הַכֹּהֵן מלה עַל־הַנֶּפֶשׁ הַשֹּׁגֶגֶת
בְּחֶטְאָה בִשְׁגָגָה לִפְנֵי חכמה, בינה יְהֹוָהאדניאהדונהי לְכַפֵּר עָלָיו
וְנִסְלַח לוֹ: 29 הָאֶזְרָח בִּבְנֵי יִשְׂרָאֵל וְלַגֵּר הַגָּר בְּתוֹכָם
תּוֹרָה אַחַת יִהְיֶה ייי לָכֶם לָעֹשֶׂה בִּשְׁגָגָה: 30 וְהַנֶּפֶשׁ אֲשֶׁר־
תַּעֲשֶׂה | בְּיָד רָמָה מִן־הָאֶזְרָח וּמִן־הַגֵּר אֶת־יְהֹוָהאדניאהדונהי
הוּא מְגַדֵּף וְנִכְרְתָה הַנֶּפֶשׁ הַהִוא מִקֶּרֶב עַמָּהּ: 31 כִּי
דְבַר ראה ־יְהֹוָהאדניאהדונהי בָּזָה וְאֶת־מִצְוָתוֹ הֵפַר הִכָּרֵת |
תִּכָּרֵת הַנֶּפֶשׁ הַהִוא עֲוֺנָה בָהּ: 32 וַיִּהְיוּ בְנֵי־יִשְׂרָאֵל
בַּמִּדְבָּר וַיִּמְצְאוּ אִישׁ מְקֹשֵׁשׁ עֵצִים בְּיוֹם נגד, מזבח, זן הַשַּׁבָּת:
33 וַיַּקְרִיבוּ אֹתוֹ הַמֹּצְאִים אֹתוֹ מְקֹשֵׁשׁ עֵצִים אֶל־מֹשֶׁה מהש
וְאֶל־אַהֲרֹן וְאֶל כָּל ילי ־הָעֵדָה סיט: 34 וַיַּנִּיחוּ אֹתוֹ בַּמִּשְׁמָר
כִּי לֹא פֹרַשׁ מַה יוד הא ואו הא ־יֵּעָשֶׂה לוֹ: 35 וַיֹּאמֶר יְהֹוָהאדניאהדונהי
אֶל־מֹשֶׁה מהש מוֹת יוּמַת הָאִישׁ רָגוֹם אֹתוֹ בָאֲבָנִים כָּל ילי

הַשַּׁבָּת - A person is stoned in this section because he failed to make a connection to Shabbat. If we don't take part of our Saturday to connect, it's hard to change our selfish desires. Most people enter and leave this world selfish. We can use Shabbat as a gift to help us overcome our selfishness. This reading is a metaphor showing us that if we don't connect to Shabbat, we can't rise above our desire to receive for the self alone.

־הָעֵדָה סי"ט מִחוּץ לַמַּחֲנֶה: 36 וַיֹּצִיאוּ אֹתוֹ כָּל ילי ־הָעֵדָה סי"ט
אֶל־מִחוּץ לַמַּחֲנֶה וַיִּרְגְּמוּ אֹתוֹ בָּאֲבָנִים וַיָּמֹת כַּאֲשֶׁר צִוָּה
יְהֹוָהאדנייאהדונהי אֶת־מֹשֶׁה מהש:

Maftir

37 וַיֹּאמֶר יְהֹוָהאדנייאהדונהי אֶל־מֹשֶׁה מהש לֵּאמֹר: 38 דַּבֵּר ראה
אֶל־בְּנֵי יִשְׂרָאֵל וְאָמַרְתָּ אֲלֵהֶם וְעָשׂוּ לָהֶם צִיצִת עַל־
כַּנְפֵי בִגְדֵיהֶם לְדֹרֹתָם וְנָתְנוּ עַל־צִיצִת הַכָּנָף אלף הה יוד הה, אדני
+ אלהים פְּתִיל ר"פ ב"ן תְּכֵלֶת: 39 וְהָיָה יהוה, יהה לָכֶם לְצִיצִת וּרְאִיתֶם
אֹתוֹ וּזְכַרְתֶּם אֶת־כָּל ילי ־מִצְוֹת יְהֹוָהאדנייאהדונהי וַעֲשִׂיתֶם אֹתָם
וְלֹא־תָתוּרוּ אַחֲרֵי לְבַבְכֶם וְאַחֲרֵי עֵינֵיכֶם אֲשֶׁר־אַתֶּם
זֹנִים אַחֲרֵיהֶם: 40 לְמַעַן תִּזְכְּרוּ וַעֲשִׂיתֶם אֶת־כָּל ילי ־מִצְוֹתָי
וִהְיִיתֶם קְדֹשִׁים לֵאלֹהֵיכֶם ילה: 41 אֲנִי אני יְהֹוָהאדנייאהדונהי
אֱלֹהֵיכֶם ילה אֲשֶׁר הוֹצֵאתִי אֶתְכֶם מֵאֶרֶץ מִצְרַיִם מצר לִהְיוֹת
לָכֶם לֵאלֹהִים מום, ילה אֲנִי אני יְהֹוָהאדנייאהדונהי אֱלֹהֵיכֶם ילה:

צִיצִת - This section refers to the *tzitzit* that men wear. The *tzitzit* helps to prevent any kind of outside entities from affecting us. This reading gives us that same protection.

Haftarah of Shelach-Lecha

Here, we have the story of a prostitute who saves the lives of two of the spies, Joshua and Caleb. Because of her sharing action, her family was saved, and her great-great-grandchild became a prophet. Sometimes, one action can change our whole destiny—for us and also for the generations that come after us. The whole generation was destroyed except for her and her family.

Joshua 2 — יהושע פרק 2

1 וַיִּשְׁלַח יְהוֹשֻׁעַ־בִּן־נוּן מִן־הַשִּׁטִּים שְׁנַיִם־אֲנָשִׁים מְרַגְּלִים
חֶרֶשׁ לֵאמֹר לְכוּ רְאוּ אֶת־הָאָרֶץ אלף למד הה יוד מם וְאֶת־יְרִיחוֹ
וַיֵּלְכוּ וַיָּבֹאוּ בֵּית ב"פ ראה ־אִשָּׁה זוֹנָה וּשְׁמָהּ רָחָב וַיִּשְׁכְּבוּ־
שָׁמָּה: 2 וַיֵּאָמַר לְמֶלֶךְ יְרִיחוֹ לֵאמֹר הִנֵּה אֲנָשִׁים בָּאוּ הֵנָּה
הַלַּיְלָה מלה מִבְּנֵי יִשְׂרָאֵל לַחְפֹּר אֶת־הָאָרֶץ אלף למד הה יוד מם:
3 וַיִּשְׁלַח מֶלֶךְ יְרִיחוֹ אֶל־רָחָב לֵאמֹר הוֹצִיאִי הָאֲנָשִׁים
הַבָּאִים אֵלַיִךְ אֲשֶׁר־בָּאוּ לְבֵיתֵךְ כִּי לַחְפֹּר אֶת־כָּל ילי ־
הָאָרֶץ אלף למד הה יוד מם בָּאוּ: 4 וַתִּקַּח הָאִשָּׁה אֶת־שְׁנֵי הָאֲנָשִׁים
וַתִּצְפְּנוֹ וַתֹּאמֶר כֵּן בָּאוּ אֵלַי הָאֲנָשִׁים וְלֹא יָדַעְתִּי מֵאַיִן
הֵמָּה: 5 וַיְהִי הַשַּׁעַר לִסְגּוֹר בַּחֹשֶׁךְ ש"ך נצוצות וְהָאֲנָשִׁים יָצָאוּ
לֹא יָדַעְתִּי אָנָה הָלְכוּ הָאֲנָשִׁים רִדְפוּ מַהֵר אַחֲרֵיהֶם כִּי
תַשִּׂיגוּם: 6 וְהִיא הֶעֱלָתַם הַגָּגָה וַתִּטְמְנֵם בְּפִשְׁתֵּי הָעֵץ
הָעֲרֻכוֹת לָהּ עַל־הַגָּג: 7 וְהָאֲנָשִׁים רָדְפוּ אַחֲרֵיהֶם דֶּרֶךְ ב"פ
יבק הַיַּרְדֵּן עַל הַמַּעְבְּרוֹת וְהַשַּׁעַר סָגָרוּ אַחֲרֵי כַּאֲשֶׁר יָצְאוּ

הָרֹדְפִים אַחֲרֵיהֶם׃ 8 וְהֵמָּה טֶרֶם יִשְׁכָּבוּן וְהִיא עָלְתָה
עֲלֵיהֶם עַל־הַגָּג׃ 9 וַתֹּאמֶר אֶל־הָאֲנָשִׁים יָדַעְתִּי כִּי־נָתַן
יְהֹוָהאדני יאהדונהי לָכֶם אֶת־הָאָרֶץ אלף למד הה יוד מם וְכִי־נָפְלָה
אֵימַתְכֶם עָלֵינוּ וְכִי נָמֹגוּ כָּל ילי ־יֹשְׁבֵי הָאָרֶץ אלף למד הה יוד
מם מִפְּנֵיכֶם׃ 10 כִּי שָׁמַעְנוּ אֵת אֲשֶׁר־הוֹבִישׁ יְהֹוָהאדני יאהדונהי
אֶת־מֵי ילי יַם ילי ־סוּף מִפְּנֵיכֶם בְּצֵאתְכֶם מִמִּצְרָיִם מצר וַאֲשֶׁר
עֲשִׂיתֶם לִשְׁנֵי מַלְכֵי נלך הָאֱמֹרִי אֲשֶׁר בְּעֵבֶר הַיַּרְדֵּן לְסִיחֹן
וּלְעוֹג אֲשֶׁר הֶחֱרַמְתֶּם אוֹתָם׃ 11 וַנִּשְׁמַע וַיִּמַּס לְבָבֵנוּ וְלֹא־
קָמָה עוֹד רוּחַ בְּאִישׁ מִפְּנֵיכֶם כִּי יְהֹוָהאדני יאהדונהי אֱלֹהֵיכֶם ילה
הוּא אֱלֹהִים מום, ילה בַּשָּׁמַיִם כוזו, י"פ טל מִמַּעַל עלם וְעַל־הָאָרֶץ אלף
למד הה יוד מם מִתָּחַת׃ 12 וְעַתָּה הִשָּׁבְעוּ־נָא לִי בַּיהֹוָהאדני יאהדונהי כִּי־
עָשִׂיתִי עִמָּכֶם חָסֶד יוד הי ויו הי, י יה יהו יהוה וַעֲשִׂיתֶם גַּם־אַתֶּם עִם־
בֵּית ב"פ ראה אָבִי חֶסֶד יוד הי ויו הי, י יה יהו יהוה וּנְתַתֶּם לִי אוֹת אֱמֶת ז"פ ס"ג׃
13 וְהַחֲיִתֶם אֶת־אָבִי וְאֶת־אִמִּי וְאֶת־אַחַי וְאֶת־אַחְיוֹתַי (כתיב:
אחותי) וְאֵת כָּל ילי ־אֲשֶׁר לָהֶם וְהִצַּלְתֶּם אֶת־נַפְשֹׁתֵינוּ מִמָּוֶת׃
14 וַיֹּאמְרוּ לָהּ הָאֲנָשִׁים נַפְשֵׁנוּ תַחְתֵּיכֶם לָמוּת אִם יוהך לֹא
תַגִּידוּ אֶת־דְּבָרֵנוּ זֶה וְהָיָה יהוה, יהה בְּתֵת־יְהֹוָהאדני יאהדונהי לָנוּ מום,
אלהים, אהיה ~ אדני אֶת־הָאָרֶץ אלף למד הה יוד מם וְעָשִׂינוּ עִמָּךְ חֶסֶד יוד
הי ויו הי, י יה יהו יהוה וֶאֱמֶת ז"פ ס"ג׃ 15 וַתּוֹרִדֵם בַּחֶבֶל בְּעַד הַחַלּוֹן מנד

כִּי בֵיתָהּ בְּקִיר הַחוֹמָה וּבַחוֹמָה הִיא יוֹשָׁבֶת׃ 16 וַתֹּאמֶר
לָהֶם הָהָרָה לֵּכוּ פֶּן־יִפְגְּעוּ בָכֶם הָרֹדְפִים וְנַחְבֵּתֶם שָׁמָּה
שְׁלֹשֶׁת יָמִים נלך עַד שׁוֹב הָרֹדְפִים וְאַחַר תֵּלְכוּ לְדַרְכְּכֶם׃
17 וַיֹּאמְרוּ אֵלֶיהָ הָאֲנָשִׁים נְקִיִּם אֲנַחְנוּ מִשְּׁבֻעָתֵךְ הַזֶּה והו
אֲשֶׁר הִשְׁבַּעְתָּנוּ׃ 18 הִנֵּה אֲנַחְנוּ בָאִים בָּאָרֶץ אֶת־תִּקְוַת
חוּט הַשָּׁנִי הַזֶּה והו תִּקְשְׁרִי בַּחַלּוֹן מנ״ד אֲשֶׁר הוֹרַדְתֵּנוּ בוֹ
וְאֶת־אָבִיךְ וְאֶת־אִמֵּךְ וְאֶת־אַחַיִךְ וְאֵת כָּל ילי ־בֵּית ב״פ ראה
אָבִיךְ תַּאַסְפִי אֵלַיִךְ הַבָּיְתָה׃ 19 וְהָיָה יהוה, יהה כֹּל ילי אֲשֶׁר־
יֵצֵא מִדַּלְתֵי בֵיתֵךְ | הַחוּצָה דָּמוֹ בְרֹאשׁוֹ וַאֲנַחְנוּ נְקִיִּם
וְכֹל ילי אֲשֶׁר יִהְיֶה ייי אִתָּךְ בַּבַּיִת ב״פ ראה דָּמוֹ בְרֹאשֵׁנוּ אִם יוהך
־יָד תִּהְיֶה־בּוֹ׃ 20 וְאִם יוהך ־תַּגִּידִי אֶת־דְּבָרֵנוּ זֶה וְהָיִינוּ נְקִיִּם
מִשְּׁבֻעָתֵךְ אֲשֶׁר הִשְׁבַּעְתָּנוּ׃ 21 וַתֹּאמֶר כְּדִבְרֵיכֶם כֶּן־
הוּא וַתְּשַׁלְּחֵם וַיֵּלֵכוּ וַתִּקְשֹׁר אֶת־תִּקְוַת הַשָּׁנִי בַּחַלּוֹן מנ״ד׃
22 וַיֵּלְכוּ וַיָּבֹאוּ הָהָרָה וַיֵּשְׁבוּ שָׁם שְׁלֹשֶׁת יָמִים נלך עַד־שָׁבוּ
הָרֹדְפִים וַיְבַקְשׁוּ הָרֹדְפִים בְּכָל לכב ־הַדֶּרֶךְ ב״פ יבק וְלֹא
מָצָאוּ׃ 23 וַיָּשֻׁבוּ שְׁנֵי הָאֲנָשִׁים וַיֵּרְדוּ מֵהָהָר וַיַּעַבְרוּ וַיָּבֹאוּ
אֶל־יְהוֹשֻׁעַ בִּן־נוּן וַיְסַפְּרוּ־לוֹ אֵת כָּל ילי ־הַמֹּצְאוֹת אוֹתָם׃
24 וַיֹּאמְרוּ אֶל־יְהוֹשֻׁעַ כִּי־נָתַן יְהֹוָהאדניאהדונהי בְּיָדֵנוּ אֶת־כָּל ילי
־הָאָרֶץ אלף למד הה יוד מם וְגַם־נָמֹגוּ כָּל ילי ־יֹשְׁבֵי הָאָרֶץ אלף למד הה
יוד מם מִפָּנֵינוּ׃

Lesson of Korach

In this portion, we must ask ourselves a very hard question. We know that Korach was a great and righteous person. How could a person on such a high level fall so low and so quickly?

The *Midrash* says that it was all because of Korach's wife. She was the one who said to him, "Look, Moses has all the money. He said he's building a tabernacle, but actually he just wants the money for himself." Korach's wife was constantly on his back. As it is written: "A woman can build or a woman can destroy."

But an explanation blaming Korach's wife is only the beginning. The very first word of the portion is a clue: *vayikach,* meaning "and he took." Our spiritual work should bring us to a level of giving more than we take, but Korach was the opposite of this. He wanted to receive everything for himself.

Moreover, the Talmud explains that Korach was extremely wealthy, as he had found the many riches accumulated and later hidden by Yosef in Egypt. He used his riches to place himself on a pedestal, but in effect it created within him an even greater drive to have more.

This was where Korach fell: He remained a taker even though he had all the knowledge of the Torah and was a learned student. None of it helped him; it wasn't enough.

We all face the same challenge when we start on our spiritual path. We think that coming to Shabbat or attending classes will be "enough." But performing spiritual actions of any kind is not enough. We also have to change on the inside from being a receiver to being a giver. Of course, it *is* important to read the Zohar and to come to classes, but the inner change is the most important one. With all his learning, Korach never attained that change. But we should work towards it right now whether we know the Zohar by heart or just opened it for the first time yesterday.

Synopsis of Korach

This portion is about Korach, a very negative person who had the potential to be very positive. The clue to this is the word *vayikach,* meaning "he was a taker." When a person is a taker, only negative things can happen.

First Reading - Abraham - Chesed

16 1 וַיִּקַּח ו׳ עם קֹרַח בֶּן־יִצְהָר בֶּן־קְהָת בֶּן־לֵוִי וְדָתָן
וַאֲבִירָם בְּנֵי אֱלִיאָב וְאוֹן בֶּן־פֶּלֶת בְּנֵי רְאוּבֵן׃ 2 וַיָּקֻמוּ
לִפְנֵי חכמה, בינה מֹשֶׁה מהש וַאֲנָשִׁים מִבְּנֵי־יִשְׂרָאֵל חֲמִשִּׁים
וּמָאתָיִם נְשִׂיאֵי עֵדָה סיט קְרִאֵי מוֹעֵד אַנְשֵׁי־שֵׁם׃ 3 וַיִּקָּהֲלוּ
עַל־מֹשֶׁה מהש וְעַל־אַהֲרֹן וַיֹּאמְרוּ אֲלֵהֶם רַב־לָכֶם כִּי
כָל ילי ־הָעֵדָה סיט כֻּלָּם קְדֹשִׁים וּבְתוֹכָם יְהֹוָאֲדֹנָיאהדונהי
וּמַדּוּעַ תִּתְנַשְּׂאוּ עַל־קְהַל יְהֹוָאֲדֹנָיאהדונהי׃ 4 וַיִּשְׁמַע מֹשֶׁה מהש
וַיִּפֹּל עַל־פָּנָיו׃ 5 וַיְדַבֵּר אֶל־קֹרַח וְאֶל־כָּל ילי ־עֲדָתוֹ לֵאמֹר
בֹּקֶר וְיֹדַע יְהֹוָאֲדֹנָיאהדונהי אֶת־אֲשֶׁר־לוֹ וְאֶת־הַקָּדוֹשׁ
וְהִקְרִיב אֵלָיו וְאֵת אֲשֶׁר יִבְחַר־בּוֹ יַקְרִיב אֵלָיו׃ 6 זֹאת
עֲשׂוּ קְחוּ־לָכֶם מַחְתּוֹת קֹרַח וְכָל ילי ־עֲדָתוֹ׃ 7 וּתְנוּ בָהֵן |
אֵשׁ וְשִׂימוּ עֲלֵיהֶן | קְטֹרֶת לִפְנֵי חכמה, בינה יְהֹוָאֲדֹנָיאהדונהי מָחָר
וְהָיָה יהוה, יהה הָאִישׁ אֲשֶׁר־יִבְחַר יְהֹוָאֲדֹנָיאהדונהי הוּא הַקָּדוֹשׁ
רַב־לָכֶם בְּנֵי לֵוִי׃ 8 וַיֹּאמֶר מֹשֶׁה מהש אֶל־קֹרַח שִׁמְעוּ־נָא

וַיִּקַּח - Korach initiates a rebellion, and a man from the tribe of Reuben joins him. The tribe of Reuben was camped right next to the tribe that Korach belonged to, which shows us how much we are influenced by people who are physically around us. Just as our negative actions affect others, we are affected by our neighbors' negative actions, too.

בְּנֵי לֵוִי׃ 9 הַמְעַט מִכֶּם כִּי־הִבְדִּיל אֱלֹהֵי דמב, ילה יִשְׂרָאֵל
אֶתְכֶם מֵעֲדַת יִשְׂרָאֵל לְהַקְרִיב אֶתְכֶם אֵלָיו לַעֲבֹד אֶת־
עֲבֹדַת מִשְׁכַּן יְהוָה יאהדונהי וְלַעֲמֹד לִפְנֵי חכמה, בינה הָעֵדָה סיט
לְשָׁרְתָם׃ 10 וַיַּקְרֵב אֹתְךָ וְאֶת־כָּל ילי ־אַחֶיךָ בְנֵי־לֵוִי אִתָּךְ
וּבִקַּשְׁתֶּם גַּם־כְּהֻנָּה׃ 11 לָכֵן אַתָּה וְכָל ילי ־עֲדָתְךָ הַנֹּעָדִים
עַל־יְהוָה יאהדונהי וְאַהֲרֹן מַה יוד הא ואו הא ־הוּא כִּי תַלִּינוּ (כתיב:
תלונו) עָלָיו׃ 12 וַיִּשְׁלַח מֹשֶׁה מהש לִקְרֹא לְדָתָן וְלַאֲבִירָם בְּנֵי
אֱלִיאָב וַיֹּאמְרוּ לֹא נַעֲלֶה׃ 13 הַמְעַט כִּי הֶעֱלִיתָנוּ מֵאֶרֶץ
זָבַת חָלָב וּדְבַשׁ לַהֲמִיתֵנוּ בַּמִּדְבָּר כִּי־תִשְׂתָּרֵר עָלֵינוּ
גַּם־הִשְׂתָּרֵר׃

Second Reading - Isaac - Gvurah

14 אַף לֹא אֶל־אֶרֶץ זָבַת חָלָב וּדְבַשׁ הֲבִיאֹתָנוּ וַתִּתֶּן ב״פ
כהת ־לָנוּ מום, יה - אדני נַחֲלַת שָׂדֶה וָכָרֶם הַעֵינֵי הָאֲנָשִׁים הָהֵם
תְּנַקֵּר לֹא נַעֲלֶה׃ 15 וַיִּחַר לְמֹשֶׁה מהש מְאֹד וַיֹּאמֶר אֶל־
יְהוָה יאהדונהי אַל־תֵּפֶן אֶל־מִנְחָתָם לֹא חֲמוֹר אֶחָד אהבה,

וַיִּחַר - Moses was concerned that if a rebellion could take place, perhaps there was some negativity in him that was allowing it to happen. He pleads to God about it. This shows us that if Moses, who was the most spiritual person in the world, could be unsure of himself, we should never assume that we're so great. We have to do everything we can to ensure that things go well, including scanning the Zohar, prayers, and study.

דאגה מֵהֶם נָשָׂאתִי וְלֹא הֲרֵעֹתִי אֶת־אַחַד אהבה, דאגה מֵהֶם׃
16 וַיֹּאמֶר מֹשֶׁה מהש אֶל־קֹרַח אַתָּה וְכָל ילי ־עֲדָתְךָ הֱיוּ
לִפְנֵי חכמה, בינה יְהֹוָהאדניאהדונהי אַתָּה וָהֵם וְאַהֲרֹן מָחָר׃ 17 וּקְחוּ ׀
אִישׁ מַחְתָּתוֹ וּנְתַתֶּם עֲלֵיהֶם קְטֹרֶת וְהִקְרַבְתֶּם לִפְנֵי חכמה,
בינה יְהֹוָהאדניאהדונהי אִישׁ מַחְתָּתוֹ חֲמִשִּׁים וּמָאתַיִם מַחְתֹּת
וְאַתָּה וְאַהֲרֹן אִישׁ מַחְתָּתוֹ׃ 18 וַיִּקְחוּ אִישׁ מַחְתָּתוֹ וַיִּתְּנוּ
עֲלֵיהֶם אֵשׁ וַיָּשִׂימוּ עֲלֵיהֶם קְטֹרֶת וַיַּעַמְדוּ פֶּתַח אֹהֶל
מוֹעֵד וּמֹשֶׁה מהש וְאַהֲרֹן׃ 19 וַיַּקְהֵל עֲלֵיהֶם קֹרַח אֶת־כָּל ילי
־הָעֵדָה סיט אֶל־פֶּתַח אֹהֶל מוֹעֵד וַיֵּרָא כְבוֹד־יְהֹוָהאדניאהדונהי
אֶל־כָּל ילי ־הָעֵדָה סיט׃

Third Reading - Jacob - Tiferet

20 וַיְדַבֵּר יְהֹוָהאדניאהדונהי אֶל־מֹשֶׁה מהש וְאֶל־אַהֲרֹן לֵאמֹר׃
21 הִבָּדְלוּ מִתּוֹךְ הָעֵדָה סיט הַזֹּאת וַאֲכַלֶּה אֹתָם כְּרָגַע׃

וַאֲכַלֶּה - God declares that He wants to destroy the nation of Israel because of their evil deeds, but Moses and Aaron plead on behalf of the nation, saying that the whole nation shouldn't suffer because of one sinner. God didn't really intend to destroy the Israelites. He was putting Moses and Aaron in a position where they would have to pray very intensely because the prayers of *tzaddikim* reveal so much Light. Sometimes, God puts *tzaddikim* in difficult situations so that everyone could benefit from the Light revealed through their prayers. We benefit from the power of the *tzaddikim* from this reading.

22 וַיִּפְּלוּ עַל־פְּנֵיהֶם וַיֹּאמְרוּ אֵל ייא״י מילוי דס״ג אֱלֹהֵי דמב, ילה
הָרוּחֹת לְכָל יה אדני, ילי ־בָּשָׂר הָאִישׁ אֶחָד אהבה, דאגה יֶחֱטָא
וְעַל כָּל עמם, ילי ־הָעֵדָה סיט תִּקְצֹף: 23 וַיְדַבֵּר יְהֹוָאדהנויאהדונהי אֶל־
מֹשֶׁה מהש לֵּאמֹר: 24 דַּבֵּר ראה אֶל־הָעֵדָה סיט לֵאמֹר הֵעָלוּ
מִסָּבִיב לְמִשְׁכַּן־קֹרַח דָּתָן וַאֲבִירָם: 25 וַיָּקָם מֹשֶׁה מהש
וַיֵּלֶךְ אֶל־דָּתָן וַאֲבִירָם וַיֵּלְכוּ אַחֲרָיו זִקְנֵי יִשְׂרָאֵל:
26 וַיְדַבֵּר אֶל־הָעֵדָה סיט לֵאמֹר **סוּרוּ** נָא מֵעַל עלם אָהֳלֵי
הָאֲנָשִׁים הָרְשָׁעִים הָאֵלֶּה וְאַל־תִּגְּעוּ בְּכָל לכב ־אֲשֶׁר לָהֶם
פֶּן־תִּסָּפוּ בְּכָל לכב ־חַטֹּאתָם: 27 וַיֵּעָלוּ מֵעַל עלם מִשְׁכַּן־קֹרַח
דָּתָן וַאֲבִירָם מִסָּבִיב וְדָתָן וַאֲבִירָם יָצְאוּ נִצָּבִים פֶּתַח
אָהֳלֵיהֶם וּנְשֵׁיהֶם וּבְנֵיהֶם וְטַפָּם: 28 וַיֹּאמֶר מֹשֶׁה מהש בְּזֹאת
תֵּדְעוּן כִּי־יְהֹוָאדהנויאהדונהי שְׁלָחַנִי לַעֲשׂוֹת אֵת כָּל ילי ־הַמַּעֲשִׂים
הָאֵלֶּה כִּי־לֹא מִלִּבִּי: 29 אִם יוהך ־כְּמוֹת כָּל ילי ־הָאָדָם מ״ה, יוד
הא ואו הא יְמֻתוּן אֵלֶּה וּפְקֻדַּת כָּל ילי ־הָאָדָם מ״ה, יוד הא ואו הא יִפָּקֵד
עֲלֵיהֶם לֹא יְהֹוָאדהנויאהדונהי שְׁלָחָנִי: 30 וְאִם יוהך ־בְּרִיאָה יִבְרָא

סוּרוּ - God tells everyone to distance themselves from Korach and his possessions. When someone or something doesn't feel right to us, it might be that what we are feeling is a source of negativity. Sometimes, we can try on two identical shirts in a store, but one feels better to us; it could be that a negative person tried on the other shirt. It's important to be aware of our feelings towards people and things around us.

יְהֹוָאדניאהדונהי וּפָצְתָה הָאֲדָמָה אֶת־פִּיהָ וּבָלְעָה אֹתָם
וְאֶת־כָּל ילי ־אֲשֶׁר לָהֶם וְיָרְדוּ חַיִּים בינה שְׁאֹלָה וִידַעְתֶּם
כִּי נִאֲצוּ הָאֲנָשִׁים הָאֵלֶּה אֶת־יְהֹוָאדניאהדונהי: 31 וַיְהִי כְּכַלֹּתוֹ
לְדַבֵּר ראה אֵת כָּל ילי ־הַדְּבָרִים הָאֵלֶּה וַתִּבָּקַע הָאֲדָמָה
אֲשֶׁר תַּחְתֵּיהֶם: 32 וַתִּפְתַּח הָאָרֶץ אלף למד הה יוד מם אֶת־פִּיהָ
וַתִּבְלַע אֹתָם וְאֶת־בָּתֵּיהֶם וְאֵת כָּל ילי ־הָאָדָם מ״ה, יוד הא ואו
הא אֲשֶׁר לְקֹרַח וְאֵת כָּל ילי ־הָרְכוּשׁ: 33 וַיֵּרְדוּ הֵם וְכָל ילי
־אֲשֶׁר לָהֶם חַיִּים בינה שְׁאֹלָה וַתְּכַס עֲלֵיהֶם הָאָרֶץ אלף
למד הה יוד מם וַיֹּאבְדוּ מִתּוֹךְ הַקָּהָל: 34 וְכָל ילי ־יִשְׂרָאֵל אֲשֶׁר
סְבִיבֹתֵיהֶם נָסוּ לְקֹלָם כִּי אָמְרוּ פֶּן־תִּבְלָעֵנוּ הָאָרֶץ אלף
למד הה יוד מם: 35 וְאֵשׁ יָצְאָה מֵאֵת יְהֹוָאדניאהדונהי וַתֹּאכַל אֵת
הַחֲמִשִּׁים וּמָאתַיִם אִישׁ מַקְרִיבֵי הַקְּטֹרֶת: 17 1 וַיְדַבֵּר
יְהֹוָאדניאהדונהי אֶל־מֹשֶׁה מהש לֵּאמֹר: 2 אֱמֹר אֶל־אֶלְעָזָר
בֶּן־אַהֲרֹן הַכֹּהֵן מלה וְיָרֵם אֶת־הַמַּחְתֹּת מִבֵּין הַשְּׂרֵפָה
וְאֶת־הָאֵשׁ זְרֵה־הָלְאָה כִּי קָדֵשׁוּ: 3 אֵת מַחְתּוֹת הַחַטָּאִים

הָאֲדָמָה - In this section, a phenomenon occurs that controls earthquakes. Hence, we gain protection against all natural disasters. It is important for us to connect with the energy of the people who were saved during that earthquake.

האלה בנפשתם ועשו אתם רקעי פחים צפוי למזבח זן, נגד
כי־הקריבם לפני חכמה, בינה יהוהאדניאהדונהי ויקדשו ויהיו לאות
לבני ישראל: 4 ויקח חעם אלעזר הכהן מלה את מחתות
הנחשת אשר הקריבו השרפים וירקעום צפוי למזבח זן,
נגד: 5 זכרון לבני ישראל למען אשר לא־יקרב איש זר
אשר לא מזרע אהרן הוא להקטיר קטרת לפני חכמה, בינה
יהוהאדניאהדונהי ולא־יהיה ייי כקרח וכעדתו כאשר דבר ראה
יהוהאדניאהדונהי ביד־משה מהש לו: 6 וילנו כל ילי ־עדת בני־
ישראל ממחרת על־משה מהש ועל־אהרן לאמר אתם
המתם את־עם יהוהאדניאהדונהי: 7 ויהי בהקהל העדה סיט
על־משה מהש ועל־אהרן ויפנו אל־אהל מועד והנה כסהו
הענן וירא כבוד יהוהאדניאהדונהי: 8 ויבא משה מהש ואהרן אל־
פני חכמה, בינה אהל מועד:

ויקדשו - The 250 people who originally sided with Korach came to the altar with an offering. Moses and Aaron transformed their negativity into positivity. This shows us that people with highly elevated consciousness can transform everything. Here, we acquire that power from Moses and Aaron.

וילנו - In this section, we learn that there was an earthquake, which the people blamed on Moses. Their desire to blame and be vindictive toward a supremely great soul shows us that when we are deep in negativity, even great things and great people look negative to us.

Fourth Reading - Moses - Netzach

9 וַיְדַבֵּר יְהֹוָה אהדונהי אֶל־מֹשֶׁה מהש לֵּאמֹר׃ 10 הֵרֹמּוּ מִתּוֹךְ
הָעֵדָה סיט הַזֹּאת וַאֲכַלֶּה אֹתָם כְּרָגַע וַיִּפְּלוּ עַל־פְּנֵיהֶם׃
11 וַיֹּאמֶר מֹשֶׁה מהש אֶל־אַהֲרֹן קַח אֶת־הַמַּחְתָּה וְתֶן־עָלֶיהָ
אֵשׁ מֵעַל עלם הַמִּזְבֵּחַ זן, נגד וְשִׂים קְטֹרֶת וְהוֹלֵךְ מְהֵרָה
אֶל־הָעֵדָה סיט וְכַפֵּר עֲלֵיהֶם כִּי־יָצָא הַקֶּצֶף מִלִּפְנֵי וחכמה,
בינה יְהֹוָה אהדונהי הֵחֵל הַנָּגֶף׃ 12 וַיִּקַּח ועם אַהֲרֹן כַּאֲשֶׁר |
דִּבֶּר ראה מֹשֶׁה מהש וַיָּרָץ אֶל־תּוֹךְ הַקָּהָל וְהִנֵּה הֵחֵל הַנֶּגֶף
בָּעָם וַיִּתֵּן אֶת־הַקְּטֹרֶת וַיְכַפֵּר עַל־הָעָם׃ 13 וַיַּעֲמֹד בֵּין־
הַמֵּתִים וּבֵין הַחַיִּים בינה וַתֵּעָצַר הַמַּגֵּפָה׃ 14 וַיִּהְיוּ הַמֵּתִים
בַּמַּגֵּפָה אַרְבָּעָה עָשָׂר אֶלֶף וּשְׁבַע מֵאוֹת מִלְּבַד הַמֵּתִים
עַל־דְּבַר ראה ־קֹרַח׃ 15 וַיָּשָׁב אַהֲרֹן אֶל־מֹשֶׁה מהש אֶל־פֶּתַח
אֹהֶל מוֹעֵד וְהַמַּגֵּפָה נֶעֱצָרָה׃

וְכַפֵּר - Moses intervenes again on behalf of the Israelites, yet a plague occurs because of their negativity. In this reading, we get protection from all types of plagues in our lives. We also learn about the power of incense, a tool that was used to prevent plagues. Connecting to this portion can help us remove plagues because it teaches us how to use incense and sage effectively in our homes.

Fifth Reading - Aaron - Hod

16 וַיְדַבֵּר יְהֹוָהאהדונהי אֶל־מֹשֶׁה מהש לֵּאמֹר: 17 דַּבֵּר ראה |
אֶל־בְּנֵי יִשְׂרָאֵל וְקַח מֵאִתָּם מַטֶּה מַטֶּה לְבֵית ב״פ ראה
אָב מֵאֵת כָּל ילי ־נְשִׂיאֵהֶם לְבֵית ב״פ ראה אֲבֹתָם שְׁנֵים עָשָׂר
מַטּוֹת אִישׁ אֶת־שְׁמוֹ מהש תִּכְתֹּב עַל־מַטֵּהוּ: 18 וְאֵת שֵׁם
אַהֲרֹן תִּכְתֹּב עַל־מַטֵּה לֵוִי כִּי מַטֶּה אֶחָד אהבה, דאגה לְרֹאשׁ
בֵּית ב״פ ראה אֲבוֹתָם: 19 וְהִנַּחְתָּם בְּאֹהֶל מוֹעֵד לִפְנֵי חכמה, בינה
הָעֵדוּת אֲשֶׁר אִוָּעֵד לָכֶם שָׁמָּה: 20 וְהָיָה יהוה, יהה הָאִישׁ
אֲשֶׁר אֶבְחַר־בּוֹ מַטֵּהוּ יִפְרָח וַהֲשִׁכֹּתִי מֵעָלַי אֶת־תְּלֻנּוֹת
בְּנֵי יִשְׂרָאֵל אֲשֶׁר הֵם מַלִּינִם עֲלֵיכֶם: 21 וַיְדַבֵּר מֹשֶׁה מהש
אֶל־בְּנֵי יִשְׂרָאֵל וַיִּתְּנוּ אֵלָיו | כָּל ילי ־נְשִׂיאֵיהֶם מַטֶּה

דַּבֵּר - Moses tries everything to bring the consciousness of the people to the right place. The leaders of the 12 tribes were about to enter the Tabernacle, where God would choose one of them to be the leader of the entire nation. Two days later, almonds and flowers miraculously grew out of dead pieces of wood. This teaches us there are times when God shows us the Light and says, “Here it is!” We have to take advantage of these messages when they come.

וַהֲשִׁכֹּתִי - Here, we reach the midpoint of the book of Bamidbar. Whenever we reach the midpoint of any undertaking, we have an opportunity to connect to Central Column energy. So at this point in the reading, we should stop and meditate. We should take account of our physical and spiritual condition and connect to the powerful source of energy that is available to help us here.

לְנָשִׂיא אֶחָד אהבה, דאגה מַטֶּה לְנָשִׂיא אֶחָד אהבה, דאגה לְבֵית ב"פ
ראה אֲבֹתָם שְׁנֵים עָשָׂר מַטּוֹת וּמַטֵּה אַהֲרֹן בְּתוֹךְ מַטּוֹתָם:
22 וַיַּנַּח מֹשֶׁה מהש אֶת־הַמַּטֹּת לִפְנֵי חכמה, בינה יְהֹוָאדניאהדונהי
בְּאֹהֶל הָעֵדֻת: 23 וַיְהִי מִמָּחֳרָת וַיָּבֹא מֹשֶׁה מהש אֶל־אֹהֶל
הָעֵדוּת וְהִנֵּה פָּרַח מַטֵּה־אַהֲרֹן לְבֵית ב"פ ראה לֵוִי וַיֹּצֵא פֶרַח
וַיָּצֵץ צִיץ מנק וַיִּגְמֹל שְׁקֵדִים: 24 וַיֹּצֵא מֹשֶׁה מהש אֶת־כָּל יל"י
־הַמַּטֹּת מִלִּפְנֵי חכמה, בינה יְהֹוָאדניאהדונהי אֶל־כָּל יל"י ־בְּנֵי יִשְׂרָאֵל
וַיִּרְאוּ וַיִּקְחוּ אִישׁ מַטֵּהוּ:

Sixth Reading - Joseph - Yesod

25 וַיֹּאמֶר יְהֹוָאדניאהדונהי אֶל־מֹשֶׁה מהש הָשֵׁב אֶת־מַטֵּה
אַהֲרֹן לִפְנֵי חכמה, בינה הָעֵדוּת לְמִשְׁמֶרֶת לְאוֹת לִבְנֵי־מֶרִי
וּתְכַל תְּלוּנֹּתָם מֵעָלַי וְלֹא יָמֻתוּ: 26 וַיַּעַשׂ מֹשֶׁה מהש כַּאֲשֶׁר
צִוָּה יְהֹוָאדניאהדונהי אֹתוֹ כֵּן עָשָׂה: 27 וַיֹּאמְרוּ בְּנֵי יִשְׂרָאֵל אֶל־
מֹשֶׁה מהש לֵאמֹר הֵן גָּוַעְנוּ אָבַדְנוּ כֻּלָּנוּ אָבָדְנוּ: 28 כֹּל יל"י

וּתְכַל - God tells Aaron to ignore the evil eye from a jealous Korach. Sometimes, we just have to do the work regardless of what people think or say. We should never entice evil eye, but it shouldn't keep us from our spiritual tasks.

גָּוַעְנוּ - The Israelites were concerned about getting close to the Light of the Creator because each time they did, it seemed that a plague or some other disaster would happen. Here, we can focus on removing the fears in our lives so that we can better connect to the Light of the Creator.

הַקָּרֵב | הַקָּרֵב אֶל־מִשְׁכַּן יְהֹוָה אהדונהי יָמוּת הַאִם יוהך
תַּמְנוּ לִגְוֹעַ: 18 1 וַיֹּאמֶר יְהֹוָה אהדונהי אֶל־אַהֲרֹן אַתָּה
וּבָנֶיךָ וּבֵית ב״פ ראה ־אָבִיךָ אִתָּךְ תִּשְׂאוּ אֶת־עֲוֹן הַמִּקְדָּשׁ
וְאַתָּה וּבָנֶיךָ אִתָּךְ תִּשְׂאוּ אֶת־עֲוֹן **כְּהֻנַּתְכֶם**: 2 וְגַם אֶת־
אַחֶיךָ מַטֵּה לֵוִי שֵׁבֶט אָבִיךָ הַקְרֵב אִתָּךְ וְיִלָּווּ עָלֶיךָ
וִישָׁרְתוּךָ וְאַתָּה וּבָנֶיךָ אִתָּךְ לִפְנֵי וחכמה, בינה אֹהֶל הָעֵדֻת:
3 וְשָׁמְרוּ מִשְׁמַרְתְּךָ וּמִשְׁמֶרֶת כָּל ילי ־הָאֹהֶל אַךְ אהיה
אֶל־כְּלֵי הַקֹּדֶשׁ וְאֶל־הַמִּזְבֵּחַ זן, נגד לֹא יִקְרָבוּ וְלֹא־יָמֻתוּ
גַם־הֵם גַּם־אַתֶּם: 4 וְנִלְווּ עָלֶיךָ וְשָׁמְרוּ אֶת־מִשְׁמֶרֶת אֹהֶל
מוֹעֵד לְכֹל יה אדני, ילי עֲבֹדַת הָאֹהֶל וְזָר לֹא־יִקְרַב אֲלֵיכֶם:
5 וּשְׁמַרְתֶּם אֵת מִשְׁמֶרֶת הַקֹּדֶשׁ וְאֵת מִשְׁמֶרֶת הַמִּזְבֵּחַ זן,
נגד וְלֹא־יִהְיֶה ייי עוֹד קֶצֶף עַל־בְּנֵי יִשְׂרָאֵל: 6 וַאֲנִי אני הִנֵּה
לָקַחְתִּי אֶת־אֲחֵיכֶם הַלְוִיִּם מִתּוֹךְ בְּנֵי יִשְׂרָאֵל לָכֶם
מַתָּנָה נתה נְתֻנִים לַיהֹוָה אהדונהי לַעֲבֹד אֶת־עֲבֹדַת אֹהֶל
מוֹעֵד: 7 וְאַתָּה וּבָנֶיךָ אִתְּךָ תִּשְׁמְרוּ אֶת־כְּהֻנַּתְכֶם לְכָל יה

כְּהֻנַּתְכֶם - The *kohanim* only got involved in spiritual work and weren't concerned with the physical. Anything they needed was supplied by the people in the form of gifts. Today, without the Tabernacle or Temple and the work of the *kohanim*, we have to do our own spiritual work in addition to having physical responsibilities, but we shouldn't get bogged down by our physical needs.

אדני, ילי ־דְּבַר ראה הַמִּזְבֵּחַ זן, נגד וּלְמִבֵּית לַפָּרֹכֶת וַעֲבַדְתֶּם
עֲבֹדַת מַתָּנָה נתה אֶתֵּן אֶת־כְּהֻנַּתְכֶם וְהַזָּר הַקָּרֵב יוּמָת:
8 וַיְדַבֵּר יְהוָהאדניאהדונהי אֶל־אַהֲרֹן וַאֲנִי אני הִנֵּה נָתַתִּי לְךָ
אֶת־מִשְׁמֶרֶת תְּרוּמֹתָי לְכָל יה אדני, ילי ־קָדְשֵׁי בְנֵי־יִשְׂרָאֵל
לְךָ נְתַתִּים לְמָשְׁחָה וּלְבָנֶיךָ לְחָק־עוֹלָם: 9 זֶה־יִהְיֶה ייי
לְךָ מִקֹּדֶשׁ הַקֳּדָשִׁים מִן־הָאֵשׁ כָּל ילי ־קָרְבָּנָם לְכָל יה אדני,
ילי ־מִנְחָתָם וּלְכָל יה אדני, ילי ־חַטָּאתָם וּלְכָל יה אדני, ילי ־אֲשָׁמָם
אֲשֶׁר יָשִׁיבוּ לִי קֹדֶשׁ קָדָשִׁים לְךָ הוּא וּלְבָנֶיךָ: 10 בְּקֹדֶשׁ
הַקֳּדָשִׁים תֹּאכְלֶנּוּ כָּל ילי ־זָכָר יֹאכַל אֹתוֹ קֹדֶשׁ יִהְיֶה ייי
־לָּךְ: 11 וְזֶה־לְּךָ תְּרוּמַת מַתָּנָם לְכָל יה אדני, ילי ־תְּנוּפֹת בְּנֵי
יִשְׂרָאֵל לְךָ נְתַתִּים וּלְבָנֶיךָ וְלִבְנֹתֶיךָ אִתְּךָ לְחָק־עוֹלָם
כָּל ילי ־טָהוֹר י״פ אכא בְּבֵיתְךָ יֹאכַל אֹתוֹ: 12 כֹּל ילי חֵלֶב
יִצְהָר וְכָל ילי ־חֵלֶב תִּירוֹשׁ וְדָגָן רֵאשִׁיתָם אֲשֶׁר־יִתְּנוּ
לַיהוָהאדניאהדונהי לְךָ נְתַתִּים: 13 בִּכּוּרֵי כָּל ילי ־אֲשֶׁר בְּאַרְצָם
אֲשֶׁר־יָבִיאוּ לַיהוָהאדניאהדונהי לְךָ יִהְיֶה ייי כָּל ילי ־טָהוֹר י״פ אכא
בְּבֵיתְךָ יֹאכְלֶנּוּ: 14 כָּל ילי ־חֵרֶם בְּיִשְׂרָאֵל לְךָ יִהְיֶה ייי:
15 כָּל ילי ־פֶּטֶר רפ״ח רֶחֶם אברהם, רמ״ח לְכָל יה אדני, ילי ־בָּשָׂר אֲשֶׁר־
יַקְרִיבוּ לַיהוָהאדניאהדונהי בָּאָדָם מ״ה, יוד הא ואו הא וּבַבְּהֵמָה לכב
יִהְיֶה ייי ־לָּךְ אַךְ אהיה | פָּדֹה תִפְדֶּה אֵת בְּכוֹר הָאָדָם מ״ה, יוד

הא ואו הא וְאֵת בְּכוֹר־הַבְּהֵמָה לכב הַטְּמֵאָה תִּפְדֶּה׃ 16 וּפְדוּיָו
מִבֶּן־חֹדֶשׁ י״ב הוויות תִּפְדֶּה בְּעֶרְכְּךָ כֶּסֶף חֲמֵשֶׁת שְׁקָלִים
בְּשֶׁקֶל הַקֹּדֶשׁ עֶשְׂרִים גֵּרָה הוּא׃ 17 אַךְ אהיה בְּכוֹר־שׁוֹר ושר,
אבג יתץ, אהבת חנם אוֹ־בְכוֹר כֶּשֶׂב אוֹ־בְכוֹר עֵז לֹא תִפְדֶּה קֹדֶשׁ
הֵם אֶת־דָּמָם תִּזְרֹק עַל־הַמִּזְבֵּחַ זן, נגד וְאֶת־חֶלְבָּם תַּקְטִיר
אִשֶּׁה לְרֵיחַ נִיחֹחַ לַיהֹוָאדניאהדונהי׃ 18 וּבְשָׂרָם יִהְיֶה ייי ־לָּךְ
כַּחֲזֵה הַתְּנוּפָה וּכְשׁוֹק הַיָּמִין לְךָ יִהְיֶה ייי׃ 19 כֹּל ילי | תְּרוּמֹת
הַקֳּדָשִׁים אֲשֶׁר יָרִימוּ בְנֵי־יִשְׂרָאֵל לַיהֹוָאדניאהדונהי נָתַתִּי
לְךָ וּלְבָנֶיךָ וְלִבְנֹתֶיךָ אִתְּךָ לְחָק־עוֹלָם בְּרִית מֶלַח ג״פ יהו״ה
עוֹלָם הִוא לִפְנֵי חכמה, בינה יְהֹוָאדניאהדונהי לְךָ וּלְזַרְעֲךָ אִתָּךְ׃
20 וַיֹּאמֶר יְהֹוָאדניאהדונהי אֶל־אַהֲרֹן בְּאַרְצָם לֹא תִנְחָל וְחֵלֶק
לֹא־יִהְיֶה ייי לְךָ בְּתוֹכָם אֲנִי אני חֶלְקְךָ וְנַחֲלָתְךָ בְּתוֹךְ בְּנֵי
יִשְׂרָאֵל׃

Seventh Reading - David - Malchut

21 וְלִבְנֵי לֵוִי הִנֵּה נָתַתִּי כָּל ילי ־מַעֲשֵׂר ירת בְּיִשְׂרָאֵל לְנַחֲלָה

מַעֲשֵׂר - To disconnect from the negativity and physicality of money on the *Malchut* ("physical") level, we need to give ten percent of our income away in the form of tithing. Our money, like everything else in this world, is divided according to the *Ten Sefirot*. Tithing can take the form of money, gifts, or volunteering time, but it is our responsibility to make sure that ten percent of all that we have goes toward some higher purpose. We used to tithe to the Levites. Today, our tithing should go to a spiritual place.

חֵלֶף עֲבֹדָתָם אֲשֶׁר־הֵם עֹבְדִים אֶת־עֲבֹדַת אֹהֶל מוֹעֵד׃

22 וְלֹא־יִקְרְבוּ עוֹד בְּנֵי יִשְׂרָאֵל אֶל־אֹהֶל מוֹעֵד לָשֵׂאת

חֵטְא לָמוּת׃ 23 וְעָבַד הַלֵּוִי הוּא אֶת־עֲבֹדַת אֹהֶל מוֹעֵד

וְהֵם יִשְׂאוּ עֲוֺנָם חֻקַּת עוֹלָם לְדֹרֹתֵיכֶם וּבְתוֹךְ בְּנֵי

יִשְׂרָאֵל לֹא יִנְחֲלוּ נַחֲלָה׃ 24 כִּי אֶת־מַעְשַׂר ירת בְּנֵי־יִשְׂרָאֵל

אֲשֶׁר יָרִימוּ לַיהוָה יאהדונהי תְּרוּמָה נָתַתִּי לַלְוִיִּם לְנַחֲלָה

עַל־כֵּן אָמַרְתִּי לָהֶם בְּתוֹךְ בְּנֵי יִשְׂרָאֵל לֹא יִנְחֲלוּ נַחֲלָה׃

25 וַיְדַבֵּר יְהוָה יאהדונהי אֶל־מֹשֶׁה מהש לֵּאמֹר׃ 26 וְאֶל־הַלְוִיִּם

תְּדַבֵּר וְאָמַרְתָּ אֲלֵהֶם כִּי־תִקְחוּ מֵאֵת בְּנֵי־יִשְׂרָאֵל אֶת־

הַמַּעֲשֵׂר ירת אֲשֶׁר נָתַתִּי לָכֶם מֵאִתָּם בְּנַחֲלַתְכֶם וַהֲרֵמֹתֶם

מִמֶּנּוּ תְּרוּמַת יְהוָה יאהדונהי מַעֲשֵׂר ירת מִן־הַמַּעֲשֵׂר ירת׃

27 וְנֶחְשַׁב לָכֶם תְּרוּמַתְכֶם כַּדָּגָן מִן־הַגֹּרֶן וְכַמְלֵאָה מִן־

הַיָּקֶב׃ 28 כֵּן תָּרִימוּ גַם־אַתֶּם תְּרוּמַת יְהוָה יאהדונהי מִכֹּל ילי

מַעְשְׂרֹתֵיכֶם אֲשֶׁר תִּקְחוּ מֵאֵת בְּנֵי יִשְׂרָאֵל וּנְתַתֶּם מִמֶּנּוּ

אֶת־תְּרוּמַת יְהוָה יאהדונהי לְאַהֲרֹן הַכֹּהֵן מלה׃ 29 מִכֹּל ילי

מַעֲשֵׂר - After the Levites received tithing from the people, they themselves would tithe to the *Kohen Gadol* (the high priest). This tells us that the people accepting tithing also have a great responsibility. It isn't about just tithing to anyone. We have to be sure the tithe will be used entirely in the right way.

מַתְּנֹתֵיכֶם תָּרִימוּ אֵת כָּל ילי ־תְּרוּמַת יְהוָה אדני יאהדונהי מִכָּל ילי
־חֶלְבּוֹ אֶת־מִקְדְּשׁוֹ מִמֶּנּוּ׃

Maftir

30 וְאָמַרְתָּ אֲלֵהֶם בַּהֲרִימְכֶם אֶת־חֶלְבּוֹ מִמֶּנּוּ וְנֶחְשַׁב
לַלְוִיִּם כִּתְבוּאַת גֹּרֶן וְכִתְבוּאַת יָקֶב׃ 31 וַאֲכַלְתֶּם אֹתוֹ
בְּכָל לכב ־מָקוֹם אַתֶּם וּבֵיתְכֶם כִּי־שָׂכָר י״פ ב״ן הוּא לָכֶם
חֵלֶף עֲבֹדַתְכֶם בְּאֹהֶל מוֹעֵד׃ 32 וְלֹא־תִשְׂאוּ עָלָיו חֵטְא
בַּהֲרִימְכֶם אֶת־חֶלְבּוֹ מִמֶּנּוּ וְאֶת־קָדְשֵׁי בְנֵי־יִשְׂרָאֵל לֹא
תְחַלְּלוּ וְלֹא תָמוּתוּ׃

Haftarah of Korach

Saul is anointed king. A king is a person who has the power to affect the entire nation. Because we don't have a king, we have even more responsibility and power than ever because our actions affect the whole nation. We can bring more negativity or Light to the world through our actions than ever before. It's an awesome responsibility we have to be aware of.

1-Samuel 11 — שמואל א פרק 11

14 וַיֹּאמֶר שְׁמוּאֵל אֶל־הָעָם לְכוּ וְנֵלְכָה הַגִּלְגָּל וּנְחַדֵּשׁ
שָׁם הַמְּלוּכָה: 15 וַיֵּלְכוּ כָל ילי ־הָעָם הַגִּלְגָּל וַיַּמְלִכוּ שָׁם
אֶת־שָׁאוּל לִפְנֵי וחכמה, בינה יְהֹוָהאדניאהדונהי בַּגִּלְגָּל וַיִּזְבְּחוּ־שָׁם
זְבָחִים שְׁלָמִים לִפְנֵי וחכמה, בינה יְהֹוָהאדניאהדונהי וַיִּשְׂמַח משיח
שָׁם שָׁאוּל וְכָל ילי ־אַנְשֵׁי יִשְׂרָאֵל עַד־מְאֹד: 12 1 וַיֹּאמֶר
שְׁמוּאֵל אֶל־כָּל ילי ־יִשְׂרָאֵל הִנֵּה שָׁמַעְתִּי בְקֹלְכֶם לְכֹל יה
אדני ילי אֲשֶׁר־אֲמַרְתֶּם לִי וָאַמְלִיךְ עֲלֵיכֶם מֶלֶךְ: 2 וְעַתָּה הִנֵּה
הַמֶּלֶךְ | מִתְהַלֵּךְ לִפְנֵיכֶם וַאֲנִי אני זָקַנְתִּי וָשַׂבְתִּי וּבָנַי הִנָּם
אִתְּכֶם וַאֲנִי אני הִתְהַלַּכְתִּי לִפְנֵיכֶם מִנְּעֻרַי עַד־הַיּוֹם נגד,
מזבח, זן הַזֶּה והו: 3 הִנְנִי עֲנוּ בִי נֶגֶד זן, מזבח יְהֹוָהאדניאהדונהי וְנֶגֶד זן,
מזבח מְשִׁיחוֹ אֶת־שׁוֹר ושר, אבג יתץ, אהבת חנם | מִי ילי לָקַחְתִּי וַחֲמוֹר
מִי ילי לָקַחְתִּי וְאֶת־מִי ילי עָשַׁקְתִּי אֶת־מִי ילי רַצּוֹתִי וּמִיַּד־מִי ילי
לָקַחְתִּי כֹפֶר וְאַעְלִים עֵינַי בּוֹ וְאָשִׁיב לָכֶם: 4 וַיֹּאמְרוּ לֹא

עֲשַׁקְתָּנוּ וְלֹא רַצּוֹתָנוּ וְלֹא־לָקַחְתָּ מִיַּד־אִישׁ מְאוּמָה׃
5 וַיֹּאמֶר אֲלֵיהֶם עֵד יְהוָה יאהדונהי בָּכֶם וְעֵד מְשִׁיחוֹ הַיּוֹם נגד,
מזבח, זן הַזֶּה והו כִּי לֹא מְצָאתֶם בְּיָדִי מְאוּמָה וַיֹּאמֶר עֵד׃
6 וַיֹּאמֶר שְׁמוּאֵל אֶל־הָעָם יְהוָה יאהדונהי אֲשֶׁר עָשָׂה אֶת־
מֹשֶׁה מהש וְאֶת־אַהֲרֹן וַאֲשֶׁר הֶעֱלָה אֶת־אֲבֹתֵיכֶם מֵאֶרֶץ
מִצְרָיִם מצר׃ 7 וְעַתָּה הִתְיַצְּבוּ וְאִשָּׁפְטָה אִתְּכֶם לִפְנֵי וחכמה,
בינה יְהוָה יאהדונהי אֵת כָּל ילי ־צִדְקוֹת יְהוָה יאהדונהי אֲשֶׁר־
עָשָׂה אִתְּכֶם וְאֶת־אֲבוֹתֵיכֶם׃ 8 כַּאֲשֶׁר־בָּא יַעֲקֹב יאהדונהי,
אידהנויה מִצְרָיִם מצר וַיִּזְעֲקוּ אֲבוֹתֵיכֶם אֶל־יְהוָה יאהדונהי
וַיִּשְׁלַח יְהוָה יאהדונהי אֶת־מֹשֶׁה מהש וְאֶת־אַהֲרֹן וַיּוֹצִיאוּ אֶת־
אֲבֹתֵיכֶם מִמִּצְרַיִם מצר וַיֹּשִׁבוּם בַּמָּקוֹם הַזֶּה והו׃ 9 וַיִּשְׁכְּחוּ
אֶת־יְהוָה יאהדונהי אֱלֹהֵיהֶם ילה וַיִּמְכֹּר אֹתָם בְּיַד סִיסְרָא
שַׂר־צְבָא חָצוֹר וּבְיַד־פְּלִשְׁתִּים וּבְיַד מֶלֶךְ מוֹאָב וַיִּלָּחֲמוּ
בָּם מב׃ 10 וַיִּזְעֲקוּ אֶל־יְהוָה יאהדונהי וַיֹּאמְרוּ (כתיב: ויאמר) חָטָאנוּ
כִּי עָזַבְנוּ אֶת־יְהוָה יאהדונהי וַנַּעֲבֹד אֶת־הַבְּעָלִים וְאֶת־
הָעַשְׁתָּרוֹת וְעַתָּה הַצִּילֵנוּ מִיַּד אֹיְבֵינוּ וְנַעַבְדֶךָּ׃ 11 וַיִּשְׁלַח
יְהוָה יאהדונהי אֶת־יְרֻבַּעַל וְאֶת־בְּדָן וְאֶת־יִפְתָּח וְאֶת־
שְׁמוּאֵל וַיַּצֵּל אֶתְכֶם מִיַּד אֹיְבֵיכֶם מִסָּבִיב וַתֵּשְׁבוּ בֶּטַח׃
12 וַתִּרְאוּ כִּי־נָחָשׁ מֶלֶךְ בְּנֵי־עַמּוֹן בָּא עֲלֵיכֶם וַתֹּאמְרוּ

לִי לֹא כִּי־מֶלֶךְ יִמְלֹךְ עָלֵינוּ וַיהֹוָה יאהדונהי אֱלֹהֵיכֶם ילה
מַלְכְּכֶם׃ 13 וְעַתָּה הִנֵּה הַמֶּלֶךְ אֲשֶׁר בְּחַרְתֶּם אֲשֶׁר
שְׁאֶלְתֶּם וְהִנֵּה נָתַן יְהֹוָה יאהדונהי עֲלֵיכֶם מֶלֶךְ׃ 14 אִם יוהך
־תִּירְאוּ אֶת־יְהֹוָה יאהדונהי וַעֲבַדְתֶּם אֹתוֹ וּשְׁמַעְתֶּם בְּקוֹלוֹ
וְלֹא תַמְרוּ אֶת־פִּי יְהֹוָה יאהדונהי וִהְיִתֶם גַּם־אַתֶּם וְגַם־
הַמֶּלֶךְ אֲשֶׁר מָלַךְ עֲלֵיכֶם אַחַר יְהֹוָה יאהדונהי אֱלֹהֵיכֶם ילה׃
15 וְאִם יוהך ־לֹא תִשְׁמְעוּ בְּקוֹל יְהֹוָה יאהדונהי וּמְרִיתֶם אֶת־פִּי
יְהֹוָה יאהדונהי וְהָיְתָה יַד־יְהֹוָה יאהדונהי בָּכֶם וּבַאֲבֹתֵיכֶם׃
16 גַּם־עַתָּה הִתְיַצְּבוּ וּרְאוּ אֶת־הַדָּבָר ראה הַגָּדוֹל להח,
מבה הַזֶּה והו אֲשֶׁר יְהֹוָה יאהדונהי עֹשֶׂה לְעֵינֵיכֶם׃ 17 הֲלוֹא
קְצִיר־חִטִּים הַיּוֹם נגד, מזבח, זן אֶקְרָא אֶל־יְהֹוָה יאהדונהי וְיִתֵּן
קֹלוֹת וּמָטָר וּדְעוּ וּרְאוּ כִּי־רָעַתְכֶם רַבָּה אֲשֶׁר עֲשִׂיתֶם
בְּעֵינֵי יְהֹוָה יאהדונהי לִשְׁאוֹל לָכֶם מֶלֶךְ׃ 18 וַיִּקְרָא שְׁמוּאֵל
אֶל־יְהֹוָה יאהדונהי וַיִּתֵּן יְהֹוָה יאהדונהי קֹלֹת וּמָטָר בַּיּוֹם נגד,
מזבח, זן הַהוּא וַיִּירָא כָל ילי ־הָעָם מְאֹד אֶת־יְהֹוָה יאהדונהי
וְאֶת־שְׁמוּאֵל׃ 19 וַיֹּאמְרוּ כָל ילי ־הָעָם אֶל־שְׁמוּאֵל הִתְפַּלֵּל
בְּעַד־עֲבָדֶיךָ אֶל־יְהֹוָה יאהדונהי אֱלֹהֶיךָ ילה וְאַל־נָמוּת
כִּי־יָסַפְנוּ עַל־כָּל ילי ־חַטֹּאתֵינוּ רָעָה רהע לִשְׁאֹל לָנוּ מום, יה
- אדני מֶלֶךְ׃ 20 וַיֹּאמֶר שְׁמוּאֵל אֶל־הָעָם אַל־תִּירָאוּ אַתֶּם

עֲשִׂיתֶם אֵת כָּל ילי ־הָרָעָה רהע הַזֹּאת אַךְ אהיה אַל־תָּסוּרוּ
מֵאַחֲרֵי יְהֹוָאדנִיהֵ יאהדונהי וַעֲבַדְתֶּם אֶת־יְהֹוָאדנִיהֵ יאהדונהי בְּכָל לכב
־לְבַבְכֶם׃ 21 וְלֹא תָּסוּרוּ כִּי | אַחֲרֵי הַתֹּהוּ אֲשֶׁר לֹא־יוֹעִילוּ
וְלֹא יַצִּילוּ כִּי־תֹהוּ הֵמָּה׃ 22 כִּי לֹא־יִטֹּשׁ יְהֹוָאדנִיהֵ יאהדונהי אֶת־
עַמּוֹ בַּעֲבוּר שְׁמוֹ מהש הַגָּדוֹל להח, מבה כִּי הוֹאִיל יְהֹוָאדנִיהֵ יאהדונהי
לַעֲשׂוֹת אֶתְכֶם לוֹ לְעָם עלם׃

Lesson of Chukat

On the subject of: "This is the law of the Bible'"

Many commentators ask, "What is the connection between the red heifer and the rest of the Bible?" Yet a surprising number of them conclude that we simply aren't supposed to understand what is being said here even though it is written: "This is the law of the Bible." One commentator even says: "In this way, the belief that we cannot gain or understand God's ways and conduct in this world will be rooted in us." In other words, the only thing we need to do is to follow the Creator's wishes without asking any questions. But this contradicts everything we know to be true—and when I thought about it, I realized there could be a great secret in this portion. The basis for this realization came from a letter that Rav Brandwein sent from Israel to Rav Berg in the United States.

All of Rav Brandwein's letters, God willing, will be published soon, but I will summarize this one here. It speaks about the two questions that Korach asked Moses: Must a *tallit* that is all blue have a *tzitzit*? And does a house that is all books need a *mezuzah*? Most people who read the letter don't understand its connection to our inquiry about the red heifer. But if we look deeply into Korach's questions, we can see what he really wanted. He felt that *belief* alone was enough because it is the easiest way.

He wanted to say, "Whatever the Creator wants, I don't care why He wants it. I don't care about transforming myself. I transfer the responsibility for my actions to the Creator. And if things don't go the way I want them to, whose fault is it? The Creator's, not mine."

This path leads nowhere. Or rather, it leads us closer to saying that everyone else is guilty but not me, that someone else should do my work for me, and so forth. But not even the Creator can do our spiritual work. He can help us, but we alone must do the actual work. Only we ourselves have the opportunity to create and to control what happens in our lives—and in the entire world.

This reminds me of a joke about a drowning man. A boat comes to pick him up and the rescuers throw a float to him, but he doesn't take it. They ask him why, and he says that only the Creator will save him. Then a helicopter arrives and drops a rope. He doesn't have a chance unless he takes the rope, but he insists that only the Creator will save him. Of course, he dies. He arrives in the Upper World and demands of the Creator, "Why didn't you save me?" And the Creator answers, "Who do you think sent the boat and the helicopter?"

It's quite a paradox that the other thing Korach wanted was to be alone in his life, in effect claiming: "I know all the spiritual reasons why we have to do certain things and not others; I don't need any help." Korach wanted to say, "Either it's me and only me, or it's absolutely not my responsibility." But the Light is the energy of our lives. Without the Light, we have nothing. And unless we do the work of transforming ourselves, the Light cannot be revealed.

Now we can understand what's meant by: "This is the law of the Bible." We must ask why things are happening to us, and we must take responsibility for doing our spiritual work. But we must also realize that we are just the *drivers* of a car—the energy and the engine are the Light.

But an unanswered question still remains: What is the connection to the red heifer? And what is the meaning of: "He who was impure became pure and he who was pure became impure"? The *chassidim* explain that whoever thinks himself pure is really impure and whoever thinks himself impure will be pure. We learn both sides from the red heifer. This is the reason that the red heifer has the power to cleanse the biggest impurity of all—death. The red heifer has the power to free us from death, the power to bring immortality. The red heifer takes us back to the time before the sin of the Golden Calf. As was true just before the sin of the Calf, this week's portion gives the power to remove death *in every form* from our lives—not just physical death but death in relationships or death in the form of inner conflict and emotional pain. This week, we have the opportunity to remove death and to put the lifeforce in its place.

If only we would understand that! If only we knew as much as we don't know! This reminds me of a story about the parents of Rabbi Elimelech and Rabbi Zusha, and how they merited two such righteous sons. One day, some poor people came to them to ask for charity. Of course, the parents were very generous people and they gave. The mother saw that one of the beggars looked as if he hadn't bathed in a long time, and she asked him if he wanted to wash himself. When he answered yes, she took him to a bathhouse. But she noticed that he couldn't wash himself because his flesh was covered with sores. She asked if he wanted her help, and he said that he did.

After he finished the bath, the beggar told her that because of her goodness to him, he would bless her to have children like him. At first, she wanted to say that a child is a fine blessing but why like him? But she kept quiet, thinking that maybe there was something in his words. At the end of the story, the man revealed himself as Elijah the Prophet. If she had reacted the way most of us would have—after all who wants poor children covered with sores?—she would not have merited two righteous sons. We must always remember that we see only a tiny drop in the ocean compared to what really is going on in our lives and in the world as a whole.

Synopsis of Chukat

The word *chukat* means laws, ethics, and decrees. From a kabbalistic point of view, we know the Bible is not about laws and things we "have" to do. Instead, the laws are those of cause and effect in the universe. We should never do anything without knowing why we're doing it. We need to know why we do the things we do and what and whom we affect by our actions. In the Bible, which teaches us about our own lives, we see that we should always search out the reasons behind doing everything because life is about cause and effect.

First Reading - Abraham - Chesed

19 1 וַיְדַבֵּר יְהֹוָ֣ה יאהדונהי אֶל־מֹשֶׁה מהש וְאֶל־אַהֲרֹן לֵאמֹר׃
2 זֹאת חֻקַּת הַתּוֹרָה אֲשֶׁר־צִוָּה יְהֹוָ֣ה יאהדונהי לֵאמֹר דַּבֵּר ראה |
אֶל־בְּנֵי יִשְׂרָאֵל וְיִקְחוּ אֵלֶיךָ פָרָה אֲדֻמָּה תְּמִימָה אֲשֶׁר
אֵין־בָּהּ מוּם אלהים, אהיה ־ אדני אֲשֶׁר לֹא־עָלָה עָלֶיהָ עֹל׃
3 וּנְתַתֶּם אֹתָהּ אֶל־אֶלְעָזָר הַכֹּהֵן מלה וְהוֹצִיא אֹתָהּ אֶל־
מִחוּץ לַמַּחֲנֶה וְשָׁחַט אֹתָהּ לְפָנָיו׃ 4 וְלָקַח אֶלְעָזָר הַכֹּהֵן מלה
מִדָּמָהּ בְּאֶצְבָּעוֹ וְהִזָּה והו אֶל־נֹכַח ג"פ יהוה פְּנֵי חכמה, בינה אֹהֶל־
מוֹעֵד מִדָּמָהּ שֶׁבַע פְּעָמִים׃ 5 וְשָׂרַף אֶת־הַפָּרָה לְעֵינָיו
אֶת־עֹרָהּ וְאֶת־בְּשָׂרָהּ וְאֶת־דָּמָהּ עַל־פִּרְשָׁהּ יִשְׂרֹף׃
6 וְלָקַח הַכֹּהֵן מלה עֵץ אֶרֶז וְאֵזוֹב וּשְׁנִי תוֹלַעַת וְהִשְׁלִיךְ אֶל־
תּוֹךְ שְׂרֵפַת הַפָּרָה׃ 7 וְכִבֶּס בְּגָדָיו הַכֹּהֵן מלה וְרָחַץ בְּשָׂרוֹ
בַּמַּיִם וְאַחַר יָבֹא אֶל־הַמַּחֲנֶה וְטָמֵא הַכֹּהֵן מלה עַד־הָעָרֶב׃
8 וְהַשֹּׂרֵף אֹתָהּ יְכַבֵּס בְּגָדָיו בַּמַּיִם וְרָחַץ בְּשָׂרוֹ בַּמָּיִם

פָרָה אֲדֻמָּה - The process of removing the energy of death involves a red heifer. We absorb the energy of death when we come into contact with it, and this negative energy has to be removed. We can come into contact with this energy by touching the body of someone who has passed on, or through our actions, through the "death" of a business or a relationship, or at certain times when the Angel of Death has power over us. We receive cleansing from the energy of death through this reading.

וְטָמֵא עַד־הָעָרֶב׃ 9 וְאָסַף | אִישׁ טָהוֹר י״פ אכא אֵת אֵפֶר
הַפָּרָה וְהִנִּיחַ מִחוּץ לַמַּחֲנֶה בְּמָקוֹם טָהוֹר י״פ אכא וְהָיְתָה
לַעֲדַת בְּנֵי־יִשְׂרָאֵל לְמִשְׁמֶרֶת לְמֵי ילי נִדָּה חַטָּאת הִוא׃
10 וְכִבֶּס הָאֹסֵף אֶת־אֵפֶר הַפָּרָה אֶת־בְּגָדָיו **וְטָמֵא** עַד־
הָעָרֶב וְהָיְתָה לִבְנֵי יִשְׂרָאֵל וְלַגֵּר הַגָּר בְּתוֹכָם לְחֻקַּת
עוֹלָם׃ 11 הַנֹּגֵעַ בְּמֵת לְכָל יה אדני, ילי ־נֶפֶשׁ אָדָם מ״ה, יוד הא ואו הא
וְטָמֵא שִׁבְעַת יָמִים נלך׃ 12 הוּא יִתְחַטָּא־בוֹ בַּיּוֹם נגד, מזבח, זן
הַשְּׁלִישִׁי וּבַיּוֹם נגד, מזבח, זן הַשְּׁבִיעִי יִטְהָר וְאִם יוהך ־לֹא יִתְחַטָּא
בַּיּוֹם נגד, מזבח, זן הַשְּׁלִישִׁי וּבַיּוֹם נגד, מזבח, זן הַשְּׁבִיעִי לֹא יִטְהָר׃
13 כָּל ילי ־הַנֹּגֵעַ בְּמֵת בְּנֶפֶשׁ הָאָדָם מ״ה, יוד הא ואו הא אֲשֶׁר־יָמוּת
וְלֹא יִתְחַטָּא אֶת־מִשְׁכַּן יְהֹוָה יאהדונהי טִמֵּא וְנִכְרְתָה הַנֶּפֶשׁ
הַהִוא מִיִּשְׂרָאֵל כִּי מֵי ילי נִדָּה לֹא־זֹרַק עָלָיו טָמֵא יִהְיֶה ייי
עוֹד טֻמְאָתוֹ בוֹ׃ 14 זֹאת הַתּוֹרָה אָדָם מ״ה, יוד הא ואו הא כִּי־יָמוּת
בְּאֹהֶל כָּל ילי ־הַבָּא אֶל־הָאֹהֶל וְכָל ילי ־אֲשֶׁר בָּאֹהֶל

וְטָמֵא - People were purified with the ashes of the red heifer, but the person who was performing the purification actually became impure in the process. We might think that the person doing the cleansing would remain pure, but he didn't. This teaches us a basic lesson of Kabbalah: When someone thinks he's cleansed, it is likely he isn't; and when he thinks he's not, there's a chance that he is.

Today, we don't use the process of the red heifer. To connect to purification, we have to make sacrifices ourselves. Any actions of sacrifice can cleanse the energy of death.

יִטְמָא שִׁבְעַת יָמִים נלך׃ 15 וְכֹל ילי כְּלִי פָתוּחַ אֲשֶׁר אֵין־צָמִיד
פָּתִיל י"פ ב"ן עָלָיו טָמֵא הוּא׃ 16 וְכֹל ילי אֲשֶׁר־יִגַּע עַל־פְּנֵי וחכמה,
בינה הַשָּׂדֶה בַּחֲלַל־חֶרֶב אוֹ בְמֵת אוֹ־בְעֶצֶם אָדָם מ"ה, יוד הא
ואו הא אוֹ בְקָבֶר יִטְמָא שִׁבְעַת יָמִים נלך׃ 17 וְלָקְחוּ לַטָּמֵא
מֵעֲפַר שְׂרֵפַת הַחַטָּאת וְנָתַן אבג יתץ, ושר, אהבת חנם עָלָיו מַיִם
חַיִּים בינה אֶל־כֶּלִי׃

Second Reading - Isaac - Gvurah

18 וְלָקַח **אֵזוֹב** וְטָבַל בַּמַּיִם אִישׁ טָהוֹר י"פ אכא וְהִזָּה והו עַל־
הָאֹהֶל וְעַל־כָּל ילי ־הַכֵּלִים וְעַל־הַנְּפָשׁוֹת אֲשֶׁר הָיוּ־שָׁם
וְעַל־הַנֹּגֵעַ בַּעֶצֶם אוֹ בֶחָלָל אוֹ בַמֵּת אוֹ בַקָּבֶר׃ 19 וְהִזָּה והו
הַטָּהֹר עַל־הַטָּמֵא בַּיּוֹם נגד, מזבח, זן הַשְּׁלִישִׁי וּבַיּוֹם נגד, מזבח, זן
הַשְּׁבִיעִי וְחִטְּאוֹ בַּיּוֹם נגד, מזבח, זן הַשְּׁבִיעִי וְכִבֶּס בְּגָדָיו וְרָחַץ
בַּמַּיִם וְטָהֵר בָּעָרֶב׃ 20 וְאִישׁ אֲשֶׁר־יִטְמָא וְלֹא יִתְחַטָּא
וְנִכְרְתָה הַנֶּפֶשׁ הַהִוא מִתּוֹךְ הַקָּהָל כִּי אֶת־מִקְדַּשׁ
יְהוָה אהדונהי טִמֵּא מֵי ילי נִדָּה לֹא־זֹרַק עָלָיו טָמֵא הוּא׃
21 וְהָיְתָה לָהֶם לְחֻקַּת עוֹלָם וּמַזֵּה מֵי ילי ־הַנִּדָּה יְכַבֵּס

אֵזוֹב - An herb called hyssop, used for healing, was mixed with the ashes of the red heifer. This reading gives us the opportunity to connect to the power of herbs for healing.

בְּגָדָיו וְהַנֹּגֵעַ בְּמֵי ילי הַנִּדָּה יִטְמָא עַד־הָעָרֶב׃ 22 וְכֹל ילי
אֲשֶׁר־יִגַּע־בּוֹ הַטָּמֵא יִטְמָא וְהַנֶּפֶשׁ הַנֹּגַעַת תִּטְמָא עַד־
הָעָרֶב׃ 20 1 וַיָּבֹאוּ בְנֵי־יִשְׂרָאֵל כָּל ילי ־הָעֵדָה סיט מִדְבַּר ראה
־צִן בַּחֹדֶשׁ י״ב הוויות הָרִאשׁוֹן וַיֵּשֶׁב הָעָם בְּקָדֵשׁ וַתָּמָת שָׁם
מִרְיָם וַתִּקָּבֵר שָׁם׃ 2 וְלֹא־הָיָה יהה מַיִם ילי לָעֵדָה סיט וַיִּקָּהֲלוּ
עַל־מֹשֶׁה מהש וְעַל־אַהֲרֹן׃ 3 וַיָּרֶב הָעָם עִם־מֹשֶׁה מהש וַיֹּאמְרוּ
לֵאמֹר וְלוּ גָוַעְנוּ בִּגְוַע אַחֵינוּ לִפְנֵי חכמה, בינה יְהֹוָהאדניאהדונהי׃
4 וְלָמָה הֲבֵאתֶם אֶת־קְהַל יְהֹוָהאדניאהדונהי אֶל־הַמִּדְבָּר
הַזֶּה והו לָמוּת שָׁם אֲנַחְנוּ וּבְעִירֵנוּ׃ 5 וְלָמָה הֶעֱלִיתֻנוּ
מִמִּצְרַיִם מצר לְהָבִיא אֹתָנוּ אֶל־הַמָּקוֹם הָרָע הַזֶּה והו לֹא ׀
מְקוֹם זֶרַע וּתְאֵנָה וְגֶפֶן וְרִמּוֹן וּמַיִם אַיִן לִשְׁתּוֹת׃ 6 וַיָּבֹא
מֹשֶׁה מהש וְאַהֲרֹן מִפְּנֵי חכמה, בינה הַקָּהָל אֶל־פֶּתַח אֹהֶל מוֹעֵד
וַיִּפְּלוּ עַל־פְּנֵיהֶם וַיֵּרָא כְבוֹד־יְהֹוָהאדניאהדונהי אֲלֵיהֶם׃

מַיִם - When the Israelites were in the desert, they were followed by a well that provided them with water. The miracle of the well was due to the merit of Miriam; when she died, the well dried up. The fact that because of one person the nation of Israel was supplied with water shows us the power we have as individuals. We have to use that potential. Often, we don't rise to our potential because we don't perform enough positive actions, or we perform negative actions that cancel out the positive ones.

Third Reading - Jacob - Tiferet
(when connected: Second Reading - Isaac - Gvurah)

7 וַיְדַבֵּר יְהֹוָאדהנויאהדונהי אֶל־מֹשֶׁה מהש לֵּאמֹר׃ 8 קַח אֶת־
הַמַּטֶּה וְהַקְהֵל אֶת־הָעֵדָה סיט אַתָּה וְאַהֲרֹן אָחִיךָ וְדִבַּרְתֶּם
אֶל־הַסֶּלַע לְעֵינֵיהֶם וְנָתַן אבג יתץ, ושר, אהבת חנם מֵימָיו וְהוֹצֵאתָ
לָהֶם מַיִם מִן־הַסֶּלַע וְהִשְׁקִיתָ אֶת־הָעֵדָה סיט וְאֶת־בְּעִירָם׃
9 וַיִּקַּח ווֹעם מֹשֶׁה מהש אֶת־הַמַּטֶּה מִלִּפְנֵי חכמה, בינה יְהֹוָאדהנויאהדונהי
כַּאֲשֶׁר צִוָּהוּ׃ 10 וַיַּקְהִלוּ מֹשֶׁה מהש וְאַהֲרֹן אֶת־הַקָּהָל אֶל־
פְּנֵי חכמה, בינה הַסָּלַע וַיֹּאמֶר לָהֶם שִׁמְעוּ־נָא הַמֹּרִים הֲמִן־
הַסֶּלַע הַזֶּה והו נוֹצִיא לָכֶם מָיִם׃ 11 וַיָּרֶם מֹשֶׁה מהש אֶת־יָדוֹ
וַיַּךְ אֶת־הַסֶּלַע בְּמַטֵּהוּ פַּעֲמָיִם וַיֵּצְאוּ מַיִם רַבִּים וַתֵּשְׁתְּ
הָעֵדָה סיט וּבְעִירָם׃ 12 וַיֹּאמֶר יְהֹוָאדהנויאהדונהי אֶל־מֹשֶׁה מהש
וְאֶל־אַהֲרֹן יַעַן לֹא־הֶאֱמַנְתֶּם בִּי לְהַקְדִּישֵׁנִי לְעֵינֵי בְּנֵי

הַסֶּלַע - When the well dried up, God told Moses to pick up his staff and speak to a rock and the rock would provide water. Instead, Moses struck the rock. It is sometimes believed that Moses was banned from entering the land of Israel because of this action, but that's not the case. According to the Zohar, the people were not ready and their consciousness was not able to accept the idea that water could flow from a rock just by the spoken word, that such a great miracle of mind over matter could happen. They could relate only to a physical action because that was more believable. We still are not ready to accept miracles in their purest form, so this limits us from seeing them. We have to elevate our consciousness to a place where everything can be a miracle.

יִשְׂרָאֵל לָכֵן **לֹא** תָבִיאוּ אֶת־הַקָּהָל הַזֶּה והו אֶל־הָאָרֶץ אלף
אֲשֶׁר־ למד הה יוד מם נָתַתִּי לָהֶם׃ 13 הֵמָּה מֵי ילי מְרִיבָה אֲשֶׁר־
רָבוּ בְנֵי־יִשְׂרָאֵל אֶת־יְהוָה יאהדונהי וַיִּקָּדֵשׁ בָּם מב׃

Fourth Reading - Moses - Netzach

14 **וַיִּשְׁלַח** מֹשֶׁה מהש מַלְאָכִים מִקָּדֵשׁ אֶל־מֶלֶךְ אֱדוֹם כֹּה היי
אָמַר אָחִיךָ יִשְׂרָאֵל אַתָּה יָדַעְתָּ אֵת כָּל ילי ־הַתְּלָאָה אֲשֶׁר
מְצָאָתְנוּ׃ 15 וַיֵּרְדוּ אֲבֹתֵינוּ מִצְרַיְמָה וַנֵּשֶׁב בְּמִצְרַיִם מצר
יָמִים נלך רַבִּים וַיָּרֵעוּ לָנוּ מום, יה - אדני מִצְרַיִם מצר וְלַאֲבֹתֵינוּ׃
16 וַנִּצְעַק אֶל־יְהוָה יאהדונהי וַיִּשְׁמַע קֹלֵנוּ וַיִּשְׁלַח מַלְאָךְ פאי,

לֹא - It appears that God punished Moses by forbidding him to enter the land of Israel, but this was not the case. According to the Zohar, had Moses led the people into the land of Israel, they would have achieved Messiah—but the people had not elevated their consciousness enough to merit this. So they entered Israel without Moses. We have to merit having Moses enter Israel with us, metaphorically. We need to raise our consciousness so that we can be led to Messiah.

וַיִּשְׁלַח - Moses sends messengers to the land of Edom. The messengers were the descendants of Esau, the brother of Jacob. One of the messengers asks the king of Edom to allow the Israelites to walk peacefully through his land, but the king refuses. This happened because the consciousness of the Israelites was in the wrong place, and their lack of sharing with each other and the rest of the world was causing chaos for them and for the world. This teaches the importance of sharing: so we can open doors and create peace.

סאל, יאהדונהי וַיֹּצִאֵנוּ מִמִּצְרָיִם מצר וְהִנֵּה אֲנַחְנוּ בְקָדֵשׁ עִיר ערי,
סוזזר, סנדלפון קְצֵה גְבוּלֶךָ: 17 נַעְבְּרָה־נָּא בְאַרְצֶךָ לֹא נַעֲבֹר
בְּשָׂדֶה וּבְכֶרֶם וְלֹא נִשְׁתֶּה מֵי ילי בְאֵר קנ"א-ב"ן דֶּרֶךְ ב"פ יבק
הַמֶּלֶךְ נֵלֵךְ לֹא נִטֶּה יָמִין וּשְׂמֹאול עַד אֲשֶׁר־נַעֲבֹר גְּבֻלֶךָ:
18 וַיֹּאמֶר אֵלָיו אֱדוֹם לֹא תַעֲבֹר בִּי פֶּן־בַּחֶרֶב אֵצֵא
לִקְרָאתֶךָ: 19 וַיֹּאמְרוּ אֵלָיו בְּנֵי־יִשְׂרָאֵל בַּמְסִלָּה נַעֲלֶה
וְאִם יוהך ־מֵימֶיךָ נִשְׁתֶּה אֲנִי אני וּמִקְנַי וְנָתַתִּי מִכְרָם רַק אֵין־
דָּבָר ראה בְּרַגְלַי אֶעֱבֹרָה: 20 וַיֹּאמֶר לֹא תַעֲבֹר וַיֵּצֵא אֱדוֹם
לִקְרָאתוֹ בְּעַם כָּבֵד וּבְיָד חֲזָקָה: 21 וַיְמָאֵן | אֱדוֹם נְתֹן
אֶת־יִשְׂרָאֵל עֲבֹר בִּגְבֻלוֹ וַיֵּט יִשְׂרָאֵל מֵעָלָיו:

Fifth Reading - Aaron - Hod
(when connected: Third Reading - Jacob - Tiferet)

22 וַיִּסְעוּ מִקָּדֵשׁ וַיָּבֹאוּ בְנֵי־יִשְׂרָאֵל כָּל ילי ־הָעֵדָה סי"ט הֹר
הָהָר: 23 וַיֹּאמֶר יְהֹוָהאדנייאהדונהי אֶל־מֹשֶׁה מהש וְאֶל־אַהֲרֹן
בְּהֹר הָהָר עַל־גְּבוּל אֶרֶץ־אֱדוֹם לֵאמֹר: 24 יֵאָסֵף אַהֲרֹן
אֶל־עַמָּיו כִּי לֹא יָבֹא אֶל־הָאָרֶץ אלף למד הה יוד מם אֲשֶׁר נָתַתִּי
לִבְנֵי יִשְׂרָאֵל עַל אֲשֶׁר־מְרִיתֶם אֶת־פִּי לְמֵי ילי מְרִיבָה:
25 קַח אֶת־אַהֲרֹן וְאֶת־אֶלְעָזָר בְּנוֹ וְהַעַל אֹתָם הֹר הָהָר:
26 וְהַפְשֵׁט אֶת־אַהֲרֹן אֶת־בְּגָדָיו וְהִלְבַּשְׁתָּם אֶת־אֶלְעָזָר

בְּנוֹ וְאַהֲרֹן יֵאָסֵף וּמֵת שָׁם׃ 27 וַיַּעַשׂ מֹשֶׁה מהש כַּאֲשֶׁר צִוָּה
יְהֹוָהאדניאהדונהי וַיַּעֲלוּ אֶל־הֹר הָהָר לְעֵינֵי כָּל ילי ־הָעֵדָה סיט׃
28 וַיַּפְשֵׁט מֹשֶׁה מהש אֶת־אַהֲרֹן אֶת־בְּגָדָיו וַיַּלְבֵּשׁ אֹתָם אֶת־
אֶלְעָזָר בְּנוֹ וַיָּמָת אַהֲרֹן שָׁם בְּרֹאשׁ הָהָר וַיֵּרֶד רי"י מֹשֶׁה מהש
וְאֶלְעָזָר מִן־הָהָר׃ 29 וַיִּרְאוּ כָּל ילי ־הָעֵדָה סיט כִּי גָוַע אַהֲרֹן
וַיִּבְכּוּ אֶת־אַהֲרֹן שְׁלֹשִׁים יוֹם נגד, מזבח, זן כֹּל ילי בֵּית ב"פ ראה
יִשְׂרָאֵל׃ 21 1 וַיִּשְׁמַע הַכְּנַעֲנִי מֶלֶךְ־עֲרָד יֹשֵׁב הַנֶּגֶב כִּי
בָּא יִשְׂרָאֵל דֶּרֶךְ ב"פ יבק הָאֲתָרִים וַיִּלָּחֶם בְּיִשְׂרָאֵל וַיִּשְׁבְּ ׀
מִמֶּנּוּ שֶׁבִי׃ 2 וַיִּדַּר יִשְׂרָאֵל נֶדֶר לַיהֹוָהאדניאהדונהי וַיֹּאמַר
אִם יוהך ־נָתֹן תִּתֵּן ב"פ כהת אֶת־הָעָם הַזֶּה והו בְּיָדִי וְהַחֲרַמְתִּי
אֶת־עָרֵיהֶם׃ 3 וַיִּשְׁמַע יְהֹוָהאדניאהדונהי בְּקוֹל יִשְׂרָאֵל וַיִּתֵּן

וּמֵת - Aaron dies and his position of the high priest passes on to his son Elazar. Aaron's death took place in public. Everyone liked Aaron, and had he died in private, the people would have accused Moses of killing him. There is no end to people's judgment. To think that Moses could kill his brother is incredible. When the Satan has a grip on us, we get out of it only by not judging.

וַיִּשְׁמַע - There is an attack by Amalek, and he takes an Israelite captive. Normally, no one could touch the Israelites, but with Aaron's death, the shield of protection that covered them disappeared, creating an opening for this attack. The Satan knows to infiltrate us when we are weak and lack protection. He doesn't attack us when we're strong or when we're doing spiritual work or sharing. If we busy ourselves with positive actions, the Satan cannot get to us.

אֶת־הַכְּנַעֲנִי וַיַּחֲרֵם אֶתְהֶם וְאֶת־עָרֵיהֶם וַיִּקְרָא שֵׁם־
הַמָּקוֹם חָרְמָה׃ 4 וַיִּסְעוּ מֵהֹר הָהָר דֶּרֶךְ ב״פ יבק יַם ילי ־סוּף
לִסְבֹב אֶת־אֶרֶץ אֱדוֹם וַתִּקְצַר נֶפֶשׁ־הָעָם בַּדָּרֶךְ ב״פ יבק׃
5 וַיְדַבֵּר הָעָם בֵּאלֹהִים מום, ילה וּבְמֹשֶׁה מהש לָמָה הֶעֱלִיתֻנוּ
מִמִּצְרַיִם מצר לָמוּת בַּמִּדְבָּר כִּי אֵין לֶחֶם ג״פ יהו״ה וְאֵין מַיִם
וְנַפְשֵׁנוּ קָצָה בַּלֶּחֶם ג״פ יהו״ה הַקְּלֹקֵל׃ 6 וַיְשַׁלַּח יְהֹוָאדנָיאהדונהי בָּעָם
אֵת הַנְּחָשִׁים הַשְּׂרָפִים וַיְנַשְּׁכוּ אֶת־הָעָם וַיָּמָת עַם־רָב
מִיִּשְׂרָאֵל׃ 7 וַיָּבֹא הָעָם אֶל־מֹשֶׁה מהש וַיֹּאמְרוּ חָטָאנוּ כִּי־
דִבַּרְנוּ בַיהֹוָאדנָיאהדונהי וָבָךְ הִתְפַּלֵּל אֶל־יְהֹוָאדנָיאהדונהי וְיָסֵר
מֵעָלֵינוּ אֶת־הַנָּחָשׁ וַיִּתְפַּלֵּל מֹשֶׁה מהש בְּעַד הָעָם׃ 8 וַיֹּאמֶר
יְהֹוָאדנָיאהדונהי אֶל־מֹשֶׁה מהש עֲשֵׂה לְךָ שָׂרָף וְשִׂים אֹתוֹ עַל־
נֵס יוד הא ואו הא - אדני וְהָיָה יהוה, יהה כָּל ילי ־הַנָּשׁוּךְ וְרָאָה ראה אֹתוֹ

הַנְּחָשִׁים - A plague of fiery serpents occurs because the Israelites complained. God tells them to make a serpent of copper and everyone who sees it will be protected. Just looking at the serpent would create a connection to the Creator and invoke the power of healing. When a person has an ailment, he has to use tools beyond prayer in order to heal. The person must take action, whether it's going to the doctor, using the 72 Names, or a combination of physical and spiritual measures.

וַיָּמָת - There have been more conflicts and wars in the name of God than for any other reason. Kabbalah is the solution because it transcends religion. We need to help people use the wisdom of Kabbalah to bring peace.

וָחָי׃ 9 וַיַּעַשׂ מֹשֶׁה מהש נְחַשׁ נְחֹשֶׁת וַיְשִׂמֵהוּ עַל־הַנֵּס יוד הא ואו הא
- אדני וְהָיָה יהוה, יהה אִם יוהך ־נָשַׁךְ הַנָּחָשׁ אֶת־אִישׁ וְהִבִּיט אֶל־
נְחַשׁ הַנְּחֹשֶׁת וָחָי׃

Sixth Reading - Joseph - Yesod

10 וַיִּסְעוּ בְּנֵי יִשְׂרָאֵל וַיַּחֲנוּ בְּאֹבֹת׃ 11 וַיִּסְעוּ מֵאֹבֹת וַיַּחֲנוּ
בְּעִיֵּי הָעֲבָרִים בַּמִּדְבָּר אֲשֶׁר עַל־פְּנֵי חכמה, בינה מוֹאָב
מִמִּזְרַח הַשָּׁמֶשׁ׃ 12 מִשָּׁם נָסָעוּ וַיַּחֲנוּ בְּנַחַל זָרֶד׃ 13 מִשָּׁם
נָסָעוּ וַיַּחֲנוּ מֵעֵבֶר אַרְנוֹן אֲשֶׁר בַּמִּדְבָּר הַיֹּצֵא מִגְּבֻל
הָאֱמֹרִי כִּי אַרְנוֹן גְּבוּל מוֹאָב בֵּין מוֹאָב וּבֵין הָאֱמֹרִי׃
14 עַל־כֵּן יֵאָמַר בְּסֵפֶר מִלְחֲמֹת יְהֹוָאֲדֹנָיאהדונהי אֶת־וָהֵב
בְּסוּפָה וְאֶת־הַנְּחָלִים אַרְנוֹן׃ 15 וְאֶשֶׁד הַנְּחָלִים אֲשֶׁר נָטָה
לְשֶׁבֶת עָר וְנִשְׁעַן לִגְבוּל מוֹאָב׃ 16 וּמִשָּׁם בְּאֵרָה הִוא
הַבְּאֵר קנ"א-ב"ן אֲשֶׁר אָמַר יְהֹוָאֲדֹנָיאהדונהי לְמֹשֶׁה מהש אֱסֹף אֶת־
הָעָם וְאֶתְּנָה לָהֶם מָיִם׃ 17 אָז יָשִׁיר יִשְׂרָאֵל אֶת־הַשִּׁירָה
הַזֹּאת עֲלִי בְאֵר קנ"א-ב"ן עֱנוּ־לָהּ׃ 18 בְּאֵר קנ"א-ב"ן חֲפָרוּהָ שָׂרִים
כָּרוּהָ נְדִיבֵי הָעָם בִּמְחֹקֵק בְּמִשְׁעֲנֹתָם וּמִמִּדְבָּר מַתָּנָה נתה׃

יָשִׁיר - There is a song about a well that says that in the future, water will be the key to connect to the final redemption. Water has the power to elevate our consciousness.

19 וּמִמַּתָּנָה נַחֲלִיאֵל וּמִנַּחֲלִיאֵל בָּמוֹת: 20 וּמִבָּמוֹת הַגַּיְא
אֲשֶׁר בִּשְׂדֵה מוֹאָב רֹאשׁ הַפִּסְגָּה וְנִשְׁקָפָה עַל־פְּנֵי וחכמה,
בינה הַיְשִׁימֹן:

Seventh Reading - David - Malchut

(when connected: Fourth Reading - Moses - Netzach)

21 וַיִּשְׁלַח יִשְׂרָאֵל מַלְאָכִים אֶל־סִיחֹן מֶלֶךְ־הָאֱמֹרִי לֵאמֹר:
22 אֶעְבְּרָה בְאַרְצֶךָ לֹא נִטֶּה בְּשָׂדֶה וּבְכֶרֶם לֹא נִשְׁתֶּה
מֵי ילי בְאֵר קנ״א-בן בְּדֶרֶךְ ב״פ יבק הַמֶּלֶךְ נֵלֵךְ עַד אֲשֶׁר־נַעֲבֹר
גְּבֻלֶךָ: 23 וְלֹא־נָתַן סִיחֹן אֶת־יִשְׂרָאֵל עֲבֹר בִּגְבֻלוֹ וַיֶּאֱסֹף
סִיחֹן אֶת־כָּל ילי ־עַמּוֹ וַיֵּצֵא לִקְרַאת יִשְׂרָאֵל הַמִּדְבָּרָה
וַיָּבֹא יָהְצָה וַיִּלָּחֶם בְּיִשְׂרָאֵל: 24 וַיַּכֵּהוּ יִשְׂרָאֵל לְפִי־חָרֶב
וַיִּירַשׁ אֶת־אַרְצוֹ מֵאַרְנֹן עַד־יַבֹּק אלהים - יהוה, אהיה - אדני - יהוה
עַד־בְּנֵי עַמּוֹן כִּי עַז גְּבוּל בְּנֵי עַמּוֹן: 25 וַיִּקַּח ווע״ם יִשְׂרָאֵל
אֵת כָּל ילי ־הֶעָרִים הָאֵלֶּה וַיֵּשֶׁב יִשְׂרָאֵל בְּכָל לכב ־עָרֵי

סִיחֹן - There is a battle with the nation of Emori, and the Israelites are victorious. It was quick and decisive because the people of Emori shouldn't have been living where they were, so they were easily defeated. We need to be aware that there are certain places where we, too, are meant to live. If we are not completely comfortable with the house, city, or country we're living in, then we should move. If we are forced to leave a certain place, we have to consider the possibility that it's not where we were supposed to be in the first instance.

הָאֱמֹרִי בְּחֶשְׁבּוֹן וּבְכָל לכב ־בְּנֹתֶיהָ׃ 26 כִּי חֶשְׁבּוֹן עִיר ערי,
סוזפר, סנדלפון סִיחֹן מֶלֶךְ הָאֱמֹרִי הִוא וְהוּא נִלְחַם בְּמֶלֶךְ מוֹאָב
הָרִאשׁוֹן וַיִּקַּח וזעם אֶת־כָּל ילי ־אַרְצוֹ מִיָּדוֹ עַד־אַרְנֹן׃ 27 עַל־
כֵּן יֹאמְרוּ הַמֹּשְׁלִים בֹּאוּ חֶשְׁבּוֹן תִּבָּנֶה וְתִכּוֹנֵן עִיר ערי, סוזפר,
סנדלפון סִיחוֹן׃ 28 כִּי־אֵשׁ יָצְאָה מֵחֶשְׁבּוֹן לֶהָבָה מִקִּרְיַת סִיחֹן
אָכְלָה עָר מוֹאָב בַּעֲלֵי בָּמוֹת אַרְנֹן׃ 29 אוֹי־לְךָ מוֹאָב
אָבַדְתָּ עַם־כְּמוֹשׁ נָתַן בָּנָיו פְּלֵיטִם וּבְנֹתָיו בַּשְּׁבִית לְמֶלֶךְ
אֱמֹרִי סִיחוֹן׃ 30 וַנִּירָם אָבַד חֶשְׁבּוֹן עַד־דִּיבֹן וַנַּשִּׁים עַד־
נֹפַח אֲשֶׁר עַד־מֵידְבָא׃ 31 וַיֵּשֶׁב יִשְׂרָאֵל בְּאֶרֶץ הָאֱמֹרִי׃
32 וַיִּשְׁלַח מֹשֶׁה מהש לְרַגֵּל אֶת־יַעְזֵר וַיִּלְכְּדוּ בְּנֹתֶיהָ וַיּוֹרֶשׁ
(כתיב: ויירש) אֶת־הָאֱמֹרִי אֲשֶׁר־שָׁם׃ 33 וַיִּפְנוּ וַיַּעֲלוּ דֶּרֶךְ ב״פ יבק
הַבָּשָׁן וַיֵּצֵא עוֹג מֶלֶךְ־הַבָּשָׁן לִקְרָאתָם הוּא וְכָל ילי ־עַמּוֹ
לַמִּלְחָמָה אֶדְרֶעִי׃

אֲשֶׁר - There is a dot above the letter *resh* here. *Resh* represents emptiness and poverty. The dot helps us remove any sense of lack in our lives, whether physical or spiritual, and recharges us.

עוֹג - There is a battle with King Og of Bashan. King Og was a very negative person, but he managed to survive the flood and did the one very positive act of telling Abraham that his nephew had been taken captive. God assured Moses of victory, but Moses was concerned that King Og's one positive action could outweigh all his negativity. This shows us how important positive actions are. Even one strong positive action can erase many negative ones.

Maftir

34 וַיֹּאמֶר יְהֹוָאדהנויה יאהדונהי אֶל־מֹשֶׁה מהש אַל־תִּירָא אֹתוֹ כִּי
בְיָדְךָ נָתַתִּי אֹתוֹ וְאֶת־כָּל ילי ־עַמּוֹ וְאֶת־אַרְצוֹ וְעָשִׂיתָ לּוֹ
כַּאֲשֶׁר עָשִׂיתָ לְסִיחֹן מֶלֶךְ הָאֱמֹרִי אֲשֶׁר יוֹשֵׁב בְּחֶשְׁבּוֹן׃
35 וַיַּכּוּ אֹתוֹ וְאֶת־בָּנָיו וְאֶת־כָּל ילי ־עַמּוֹ עַד־בִּלְתִּי הִשְׁאִיר־
לוֹ שָׂרִיד וַיִּירְשׁוּ אֶת־אַרְצוֹ׃ 22 1 וַיִּסְעוּ בְּנֵי יִשְׂרָאֵל וַיַּחֲנוּ
בְּעַרְבוֹת מוֹאָב מֵעֵבֶר לְיַרְדֵּן יְרֵחוֹ׃

Haftarah of Chukat

One of the judges was called Yiftach, and he was a channel to defeat the surrounding armies. Reading this Haftarah gives us the power to defeat our enemies and our Satan.

Judges 11 — שופטים פרק יא

1 וְיִפְתָּח הַגִּלְעָדִי הָיָה יהה גִּבּוֹר חַיִל ומב וְהוּא בֶּן־אִשָּׁה זוֹנָה
וַיּוֹלֶד גִּלְעָד אֶת־יִפְתָּח׃ 2 וַתֵּלֶד אֵשֶׁת־גִּלְעָד לוֹ בָּנִים
וַיִּגְדְּלוּ בְנֵי־הָאִשָּׁה וַיְגָרְשׁוּ אֶת־יִפְתָּח וַיֹּאמְרוּ לוֹ לֹא־תִנְחַל
בְּבֵית ב״פ ראה ־אָבִינוּ כִּי בֶּן־אִשָּׁה אַחֶרֶת אָתָּה׃ 3 וַיִּבְרַח יִפְתָּח
מִפְּנֵי חכמה, בינה אֶחָיו וַיֵּשֶׁב בְּאֶרֶץ טוֹב והו וַיִּתְלַקְּטוּ אֶל־יִפְתָּח
אֲנָשִׁים רֵיקִים וַיֵּצְאוּ עִמּוֹ׃ 4 וַיְהִי מִיָּמִים נלך וַיִּלָּחֲמוּ בְנֵי־
עַמּוֹן עִם־יִשְׂרָאֵל׃ 5 וַיְהִי כַּאֲשֶׁר־נִלְחֲמוּ בְנֵי־עַמּוֹן עִם־
יִשְׂרָאֵל וַיֵּלְכוּ זִקְנֵי גִלְעָד לָקַחַת אֶת־יִפְתָּח מֵאֶרֶץ טוֹב והו׃
6 וַיֹּאמְרוּ לְיִפְתָּח לְכָה וְהָיִיתָה לָּנוּ מום, יה + אדני לְקָצִין וְנִלָּחֲמָה
בִּבְנֵי עַמּוֹן׃ 7 וַיֹּאמֶר יִפְתָּח לְזִקְנֵי גִלְעָד הֲלֹא אַתֶּם שְׂנֵאתֶם
אוֹתִי וַתְּגָרְשׁוּנִי מִבֵּית ב״פ ראה אָבִי וּמַדּוּעַ בָּאתֶם אֵלַי עַתָּה
כַּאֲשֶׁר צַר לָכֶם׃ 8 וַיֹּאמְרוּ זִקְנֵי גִלְעָד אֶל־יִפְתָּח לָכֵן עַתָּה
שַׁבְנוּ אֵלֶיךָ וְהָלַכְתָּ עִמָּנוּ וְנִלְחַמְתָּ בִּבְנֵי עַמּוֹן וְהָיִיתָ לָּנוּ מום,
אלהים, אהיה + אדני לְרֹאשׁ לְכֹל יה אדני ילי יֹשְׁבֵי גִלְעָד׃ 9 וַיֹּאמֶר יִפְתָּח

אֶל־זִקְנֵי גִלְעָד אִם יוהך ־מְשִׁיבִים אַתֶּם אוֹתִי לְהִלָּחֵם בִּבְנֵי
עַמּוֹן וְנָתַן אבג יתץ, ושר, אהבת חנם יְהֹוָאדנִיאהדונהי אוֹתָם לְפָנָי וחכמה,
בינה אָנֹכִי איע אֶהְיֶה לָכֶם לְרֹאשׁ׃ 10 וַיֹּאמְרוּ זִקְנֵי־גִלְעָד
אֶל־יִפְתָּח יְהֹוָאדנִיאהדונהי יִהְיֶה ייי שֹׁמֵעַ בֵּינוֹתֵינוּ אִם יוהך ־לֹא
כִדְבָרְךָ כֵּן נַעֲשֶׂה׃ 11 וַיֵּלֶךְ יִפְתָּח עִם־זִקְנֵי גִלְעָד וַיָּשִׂימוּ
הָעָם אוֹתוֹ עֲלֵיהֶם לְרֹאשׁ וּלְקָצִין וַיְדַבֵּר יִפְתָּח אֶת־כָּל ילי
־דְּבָרָיו לִפְנֵי וחכמה, בינה יְהֹוָאדנִיאהדונהי בַּמִּצְפָּה׃ 12 וַיִּשְׁלַח יִפְתָּח
מַלְאָכִים אֶל־מֶלֶךְ בְּנֵי־עַמּוֹן לֵאמֹר מַה יוד הא ואו הא ־לִּי וָלָךְ
כִּי־בָאתָ אֵלַי לְהִלָּחֵם בְּאַרְצִי׃ 13 וַיֹּאמֶר מֶלֶךְ בְּנֵי־עַמּוֹן
אֶל־מַלְאֲכֵי יִפְתָּח כִּי־לָקַח יִשְׂרָאֵל אֶת־אַרְצִי בַּעֲלוֹתוֹ
מִמִּצְרַיִם מצר מֵאַרְנוֹן וְעַד־הַיַּבֹּק אלהים + יהוה, אהיה + אדני + יהוה וְעַד־
הַיַּרְדֵּן וְעַתָּה הָשִׁיבָה אֶתְהֶן בְּשָׁלוֹם׃ 14 וַיּוֹסֶף ציון עוֹד יִפְתָּח
וַיִּשְׁלַח מַלְאָכִים אֶל־מֶלֶךְ בְּנֵי עַמּוֹן׃ 15 וַיֹּאמֶר לוֹ כֹּה הי
אָמַר יִפְתָּח לֹא־לָקַח יִשְׂרָאֵל אֶת־אֶרֶץ מוֹאָב וְאֶת־אֶרֶץ
בְּנֵי עַמּוֹן׃ 16 כִּי בַּעֲלוֹתָם מִמִּצְרָיִם מצר וַיֵּלֶךְ יִשְׂרָאֵל בַּמִּדְבָּר
עַד־יַם ילי ־סוּף וַיָּבֹא קָדֵשָׁה׃ 17 וַיִּשְׁלַח יִשְׂרָאֵל מַלְאָכִים |
אֶל־מֶלֶךְ אֱדוֹם לֵאמֹר אֶעְבְּרָה־נָּא בְאַרְצֶךָ וְלֹא שָׁמַע
מֶלֶךְ אֱדוֹם וְגַם אֶל־מֶלֶךְ מוֹאָב שָׁלַח וְלֹא אָבָה וַיֵּשֶׁב
יִשְׂרָאֵל בְּקָדֵשׁ׃ 18 וַיֵּלֶךְ בַּמִּדְבָּר וַיָּסָב אֶת־אֶרֶץ אֱדוֹם

וְאֶת־אֶרֶץ מוֹאָב וַיָּבֹא מִמִּזְרַח־שֶׁמֶשׁ לְאֶרֶץ מוֹאָב וַיַּחֲנוּן
בְּעֵבֶר אַרְנוֹן וְלֹא־בָאוּ בִּגְבוּל מוֹאָב כִּי אַרְנוֹן גְּבוּל מוֹאָב׃
19 וַיִּשְׁלַח יִשְׂרָאֵל מַלְאָכִים אֶל־סִיחוֹן מֶלֶךְ־הָאֱמֹרִי מֶלֶךְ
חֶשְׁבּוֹן וַיֹּאמֶר לוֹ יִשְׂרָאֵל נַעְבְּרָה־נָּא בְאַרְצְךָ עַד־מְקוֹמִי׃
20 וְלֹא־הֶאֱמִין סִיחוֹן אֶת־יִשְׂרָאֵל עֲבֹר בִּגְבֻלוֹ וַיֶּאֱסֹף
סִיחוֹן אֶת־כָּל ילי ־עַמּוֹ וַיַּחֲנוּ בְּיָהְצָה וַיִּלָּחֶם עִם־יִשְׂרָאֵל׃
21 וַיִּתֵּן יְהֹוָהאדני יאהדונהי אֱלֹהֵי דמב, ילה ־יִשְׂרָאֵל אֶת־סִיחוֹן וְאֶת־
כָּל ילי ־עַמּוֹ בְּיַד יִשְׂרָאֵל וַיַּכּוּם וַיִּירַשׁ יִשְׂרָאֵל אֵת כָּל ילי
־אֶרֶץ הָאֱמֹרִי יוֹשֵׁב הָאָרֶץ אלף למד הה יוד מם הַהִיא׃ 22 וַיִּירְשׁוּ
אֵת כָּל ילי ־גְּבוּל הָאֱמֹרִי מֵאַרְנוֹן וְעַד־הַיַּבֹּק אלהים - יהוה, אהיה
- אדני - יהוה וּמִן־הַמִּדְבָּר וְעַד־הַיַּרְדֵּן׃ 23 וְעַתָּה יְהֹוָהאדני יאהדונהי |
אֱלֹהֵי דמב, ילה יִשְׂרָאֵל הוֹרִישׁ אֶת־הָאֱמֹרִי מִפְּנֵי חכמה, בינה
עַמּוֹ יִשְׂרָאֵל וְאַתָּה תִּירָשֶׁנּוּ׃ 24 הֲלֹא אֵת אֲשֶׁר יוֹרִישְׁךָ
כְּמוֹשׁ אֱלֹהֶיךָ ילה אוֹתוֹ תִירָשׁ וְאֵת כָּל ילי ־אֲשֶׁר הוֹרִישׁ
יְהֹוָהאדני יאהדונהי אֱלֹהֵינוּ מִפָּנֵינוּ אוֹתוֹ נִירָשׁ׃ 25 וְעַתָּה הֲטוֹב והו
טוֹב והו אַתָּה מִבָּלָק בֶּן־צִפּוֹר מֶלֶךְ מוֹאָב הֲרוֹב רָב עִם־
יִשְׂרָאֵל אִם יוהך ־נִלְחֹם נִלְחַם בָּם מב׃ 26 בְּשֶׁבֶת יִשְׂרָאֵל
בְּחֶשְׁבּוֹן וּבִבְנוֹתֶיהָ וּבְעַרְעוֹר וּבִבְנוֹתֶיהָ וּבְכָל לכב ־הֶעָרִים
אֲשֶׁר עַל־יְדֵי אַרְנוֹן שְׁלֹשׁ מֵאוֹת שָׁנָה וּמַדּוּעַ לֹא־הִצַּלְתֶּם

בְּעֵת הַהִיא׃ 27 וְאָנֹכִי איע לֹא־חָטָאתִי לָךְ וְאַתָּה עֹשֶׂה אִתִּי
רָעָה רהע לְהִלָּחֶם בִּי יִשְׁפֹּט יְהֹוָהאדניאהדונהי הַשֹּׁפֵט הַיּוֹם נגד,
מזבח, זן בֵּין בְּנֵי יִשְׂרָאֵל וּבֵין בְּנֵי עַמּוֹן׃ 28 וְלֹא שָׁמַע מֶלֶךְ
בְּנֵי עַמּוֹן אֶל־דִּבְרֵי יִפְתָּח אֲשֶׁר שָׁלַח אֵלָיו׃ 29 וַתְּהִי עַל־
יִפְתָּח רוּחַ יְהֹוָהאדניאהדונהי וַיַּעֲבֹר רפ״ח אֶת־הַגִּלְעָד וְאֶת־מְנַשֶּׁה
וַיַּעֲבֹר רפ״ח אֶת־מִצְפֵּה גִלְעָד וּמִמִּצְפֵּה גִלְעָד עָבַר בְּנֵי
עַמּוֹן׃ 30 וַיִּדַּר יִפְתָּח נֶדֶר לַיהֹוָהאדניאהדונהי וַיֹּאמַר אִם יוהך ־נָתוֹן
תִּתֵּן ב״פ כהת אֶת־בְּנֵי עַמּוֹן בְּיָדִי׃ 31 וְהָיָה יהוה, יהה הַיּוֹצֵא אֲשֶׁר
יֵצֵא מִדַּלְתֵי בֵיתִי לִקְרָאתִי בְּשׁוּבִי בְשָׁלוֹם מִבְּנֵי עַמּוֹן
וְהָיָה יהוה, יהה לַיהֹוָהאדניאהדונהי וְהַעֲלִיתִיהוּ עוֹלָה׃ 32 וַיַּעֲבֹר רפ״ח
יִפְתָּח אֶל־בְּנֵי עַמּוֹן לְהִלָּחֶם בָּם מב וַיִּתְּנֵם יְהֹוָהאדניאהדונהי
בְּיָדוֹ׃ 33 וַיַּכֵּם מֵעֲרוֹעֵר וְעַד־בּוֹאֲךָ אהיה מִנִּית עֶשְׂרִים עִיר ערי,
סוזדך, סנדלפון וְעַד אָבֵל כְּרָמִים מַכָּה גְּדוֹלָה מְאֹד וַיִּכָּנְעוּ בְּנֵי
עַמּוֹן מִפְּנֵי חכמה, בינה בְּנֵי יִשְׂרָאֵל׃

Lesson of Balak

Regarding Bilaam

This week's portion includes the story of Balak and Bilaam. We can learn something from Bilaam that I think represents the difference between Bilaam and Moses. It is written: "There has never been a prophet like Moses," but the *Midrash* says: "In Israel there was never a prophet like Moses, but in the nations of the world there was one, and that was Bilaam." Yet Moses was a righteous person, and Bilaam was a wicked person. How can we understand the difference between these two people, both of whom are recognized as great prophets?

We might also ask ourselves: Why is this important? Why do we even need to think about righteous or evil people who lived thousands of years ago in the desert? How is it connected to what we experience today? The answer is that the connection is very clear and direct. Moses is in each of us, and so is Bilaam. By understanding how Bilaam fell, we can learn how to avoid falling in our own lives.

Specifically, we can learn from Bilaam's reply to the messengers who came to him: "God said I should not go with you." God had told him, "You should not go with them and you should not be with the people because they are blessed." The reason God told him not to go is obvious: Since the people of Israel are blessed, they cannot be cursed. But Rashi tells us that Bilaam misrepresented what God had said to him. Bilaam said to the messengers, "God will not let me go with you, but only with ministers more important than you." Bilaam chose to understand the situation not in terms of protecting the people from a curse but as a matter of protecting his own honor. And by acting in this way, Bilaam actually denied the words of God.

The root of this problem lies in something we encounter every day. We hear only what we want to hear. We see only what we want to see. This is what we recognize in Bilaam. When Bilaam finally went on the road, an angel of God stood before him. Bilaam couldn't see the angel. But if Bilaam was on the level of Moses, how could it be that he didn't see the angel? What's more, it is written that his donkey saw it. There can only be one answer: Bilaam saw what he wanted to see rather than what was really there. Yes, Bilaam was a prophet and could see the future. But when things became personal for him, he saw only what he wanted.

The human eye functions in such a way that we actually see things upside down. The brain reverses the perceptual image so that we see the world as it is. But our *true* vision is still restricted by the limits of our spirituality. Our true potential is unlimited. We could see and hear *everything* if we fulfilled the potential of our souls. Regarding this, Rav Berg tells a story that Rabbi Brandwein shared with him. Once a *chassid* came to a restaurant and told his students that the owner's wife never went to the *mikveh*. The students asked him how he knew, and he answered, "Wait, you will soon understand for yourselves." They kept on eating, and one of the people asked the owner if he immersed his cutlery in a *mikveh*. The owner answered: "*Mikveh*? What's a *mikveh*? It's just water." Then the students understood.

If we will only be open to what's around us, we can find answers to all our questions—just from what we hear and see. Most of the time, the only reason our questions persist is because we are afraid of the answer. We actually know the answer, but it might be a little frightening or uncomfortable, so we hope the real answer is not what we think it is.

People even react this way to the teachings of the Rav. They tell themselves, "The Rav didn't mean that." Or, "I didn't understand the Rav." Or, "The Rav probably didn't understand what I was trying to say." We even change the meaning of what has been said to us so that it becomes what we wanted to hear. No one said that the spiritual path is an easy one, but if we want to grow and really have a good life, we sometimes have to do things that are not comfortable. Only in this way will we have the merit to receive what is good. In our souls, we are really one with God, and in our souls, we all really know the truth. But our desire to receive for the self alone distances us from the truth.

So how can we develop ourselves to hear the truth as it really is rather than as we want to hear it? We can begin by understanding what happens when people think only of themselves. If that is the case, the world becomes like a huge mirror in which we see nothing but our own reflection. Even when we look at other people, we see only what they can give us or what we can get from them. But when we see beyond our ego-based desires—when we see how we can help, how we can give, how we can share—we begin to see the truth.

There is a story that will help us to understand this: Once a poor man came to the house of the Baal Shem Tov to ask for charity. Everyone knew that the Baal Shem Tov always gave the sum of 18 coins. He was not rich, but he never wanted a poor person to leave his house empty-handed, which is why everyone got the same amount. This poor man, however, asked for five rubles, which was a lot of money for the Baal Shem Tov. So the Baal Shem Tov's servant told him, "You cannot receive five rubles. It just can't be done."

The poor man replied, "I was once very rich and I gave everybody money. Now that I don't have any, it is your duty to give me money the way I used to give to every poor person who came to my house to ask for charity." The servant said, "I can't do that because there are rules about how much I can give." Just then, the Baal Shem Tov came to the door and asked what was going on. When the servant told him, the Baal Shem Tov turned to the beggar and said, "Instead of asking for five rubles, why don't you ask me why God took all your money?"

The Baal Shem Tov told the beggar to sit down. "Do you remember when you were the richest person in the city, and every Yom Kippur, you used to bring tobacco for the whole congregation and go among all the people and give them some to help them with the fast? The last time that you were giving to everybody, there was one man who fasted not only on Yom Kippur but throughout whole year. He was so poor that he didn't have anything to eat. You said to yourself that it was beneath you to give him tobacco because he was so poor and he looked terrible. And this man almost died. As a result, there was a great outcry in Heaven, and there was a decree that all of your money would go to that man. And today, he is rich and you are poor."

When the beggar asked how he could get his money back, the Baal Shem Tov said, "If you ask him for tobacco and he refuses to give it to you, all of his money will go to you." So the beggar went back to the city and stood next to the rich man in the middle of prayer and said, "Give me some tobacco!" The rich man answered, "If you are asking for some, you probably need it" and gave him the tobacco. So later, the beggar went to the rich man's house and knocked on his door. When the rich man appeared and asked what the beggar wanted, he answered that he wanted tobacco. The rich man answered, "If you are asking for it, then you need it." And again, he gave the beggar some tobacco. This went on again and again in many different situations. Each time, the rich man said, "If you are asking, then you must need it."

Then came the wedding day of the rich man's daughter. Just as the rich man was dancing the *mitzvah* dance with his daughter, the beggar interrupted and said to him, "Please give me some tobacco!" He was sure the rich man would refuse because it was the middle of the wedding. But the rich man's answer was the same: "If you're asking, you probably need it." The poor man couldn't believe what he was hearing, and he fainted. When he woke up, the rich man asked him why he had passed out, and the beggar said, "You don't remember me, but I used to be the richest man in town, and the Baal Shem Tov said that you had the merit of getting all my money." The rich man said, "If the Baal Shem Tov says the money is yours, I will give you half on one condition: You must never refuse anyone who asks you to give. You must remember when someone asks something from you that you are not doing anyone except yourself a favor by sharing."

The only way to really see the truth is by really seeing other people. Only by seeing what they are missing can we understand what we ourselves are missing. Only by helping them to make their correction can we correct ourselves. Otherwise, we will be like Bilaam, and animals will see more clearly than we see.

Regarding evil eye

Bilaam's work, for which Balak took him along, was to give the Israelites the evil eye. At the Kabbalah Centre, we speak a lot about evil eye, but most people don't really know how evil eye works. How can it be that just one person looking at another can bring suffering, God forbid?

But what's really going on in that look? For example, what happens when a person looks at someone else's car and says, "Wow! What a car!" In his heart, he is saying, "Why does he have that car at all?" In this way, the attention of the Negative Side is attracted, and if the person doesn't deserve the car, it is taken away.

The truth is, we don't deserve most of the things we have, but the Creator gives them to us because of things we are going to do in the future. Most of the time, we don't even do those things, but God hopes that one day we will. But when we are judged by others in this world, it awakens the judgment over us, God forbid, and causes us to lose what we have. We shouldn't assume that nothing will happen to people just because they are righteous or sharing. They are also judged, and whatever they don't deserve can be taken from them. This week, we have protection so that even if someone gives us the evil eye, God forbid, there will be mercy on us and judgment will not be able to come over us.

There are other things we can do to prevent evil eye. One of the most important tools is wearing the red string from Rachel's tomb because Rachel the Matriarch is the source of mercy for all of us. She cries over her sons, and she is everybody's mother. If we wear the red string on our left wrist, which represents judgment, we have control over judgments that might befall us. But we should also know that if we ourselves don't judge other people, then judgment is not drawn into the world either for others or for ourselves. If we restrict ourselves from judging others, the evil eye can have no control over us.

Synopsis of Balak

This portion gives us protection from the negative forces that are trying to infiltrate us. Every day, we do positive and negative actions, but we live under a protection shield. Without it, we'd never survive even a single negative action we perform. This reading lets us connect to that kind of protection.

First Reading - Abraham - Chesed

2 וַיַּרְא בָּלָק בֶּן־צִפּוֹר אֵת כָּל ילי ־אֲשֶׁר־עָשָׂה יִשְׂרָאֵל
לָאֱמֹרִי׃ 3 וַיָּגָר מוֹאָב מִפְּנֵי חכמה, בינה הָעָם מְאֹד כִּי רַב־הוּא
וַיָּקָץ מוֹאָב מִפְּנֵי חכמה, בינה בְּנֵי יִשְׂרָאֵל׃ 4 וַיֹּאמֶר מוֹאָב אֶל־
זִקְנֵי מִדְיָן עַתָּה יְלַחֲכוּ הַקָּהָל אֶת־כָּל ילי ־סְבִיבֹתֵינוּ כִּלְחֹךְ
הַשּׁוֹר ושר, אבג יתץ, אהבת חנם אֵת יֶרֶק הַשָּׂדֶה וּבָלָק בֶּן־צִפּוֹר
מֶלֶךְ לְמוֹאָב בָּעֵת הַהִוא׃ 5 וַיִּשְׁלַח מַלְאָכִים אֶל־בִּלְעָם
בֶּן־בְּעֹר פְּתוֹרָה אֲשֶׁר עַל־הַנָּהָר אֶרֶץ בְּנֵי־עַמּוֹ לִקְרֹא־לוֹ
לֵאמֹר הִנֵּה עַם יָצָא מִמִּצְרַיִם מצר הִנֵּה כִסָּה אֶת־עֵין יוד יוד
הא יוד הא ואו יוד הא ואו הא הָאָרֶץ אלף למד הה יוד מם וְהוּא יֹשֵׁב מִמֻּלִי׃
6 וְעַתָּה לְכָה־נָּא אָרָה־לִּי אֶת־הָעָם הַזֶּה והו כִּי־עָצוּם הוּא
מִמֶּנִּי אוּלַי אום אוּכַל נַכֶּה־בּוֹ וַאֲגָרְשֶׁנּוּ מִן־הָאָרֶץ אלף למד הה יוד
מם כִּי יָדַעְתִּי אֵת אֲשֶׁר־תְּבָרֵךְ מְבֹרָךְ וַאֲשֶׁר תָּאֹר יוּאָר׃
7 וַיֵּלְכוּ זִקְנֵי מוֹאָב וְזִקְנֵי מִדְיָן וּקְסָמִים בְּיָדָם וַיָּבֹאוּ אֶל־
בִּלְעָם וַיְדַבְּרוּ אֵלָיו דִּבְרֵי בָלָק׃ 8 וַיֹּאמֶר אֲלֵיהֶם לִינוּ
פֹה מילה הַלַּיְלָה מלה וַהֲשִׁבֹתִי אֶתְכֶם דָּבָר ראה כַּאֲשֶׁר יְדַבֵּר

וַיִּשְׁלַח - Balak sends messengers to get Bilaam, a negative sorcerer, to come to him. Balak had the power of evil eye, and Bilaam had the power of words, or cursing. Balak wanted to combine their powers and conquer everything. With this portion, we can overcome the forces of evil speech and evil eye.

יְהֹוָהאדניאהדונהי אֵלָי וַיֵּשְׁבוּ שָׂרֵי־מוֹאָב עִם־בִּלְעָם׃ 9 וַיָּבֹא
אֱלֹהִים מום, ילה אֶל־בִּלְעָם וַיֹּאמֶר מִי ילי הָאֲנָשִׁים הָאֵלֶּה
עִמָּךְ׃ 10 וַיֹּאמֶר בִּלְעָם אֶל־הָאֱלֹהִים מום, ילה בָּלָק בֶּן־צִפֹּר
מֶלֶךְ מוֹאָב שָׁלַח אֵלָי׃ 11 הִנֵּה הָעָם הַיֹּצֵא מִמִּצְרַיִם מצר
וַיְכַס אֶת־עֵין יוד יוד הא יוד הא ואו יוד הא ואו הא הָאָרֶץ אלף למד הה יוד מם עַתָּה
לְכָה קָבָה־לִּי אֹתוֹ אוּלַי אום אוּכַל לְהִלָּחֶם בּוֹ וְגֵרַשְׁתִּיו׃
12 וַיֹּאמֶר אֱלֹהִים מום, ילה אֶל־בִּלְעָם לֹא תֵלֵךְ עִמָּהֶם לֹא
תָאֹר אֶת־הָעָם כִּי בָרוּךְ הוּא׃

Second Reading - Isaac - Gvurah

(when connected: Fifth Reading - Aaron - Hod)

13 וַיָּקָם בִּלְעָם בַּבֹּקֶר וַיֹּאמֶר אֶל־שָׂרֵי בָלָק לְכוּ אֶל־
אַרְצְכֶם כִּי מֵאֵן יְהֹוָהאדניאהדונהי לְתִתִּי לַהֲלֹךְ עִמָּכֶם׃
14 וַיָּקוּמוּ שָׂרֵי מוֹאָב וַיָּבֹאוּ אֶל־בָּלָק וַיֹּאמְרוּ מֵאֵן בִּלְעָם
הֲלֹךְ עִמָּנוּ׃ 15 וַיֹּסֶף עוֹד בָּלָק שְׁלֹחַ שָׂרִים רַבִּים וְנִכְבָּדִים
מֵאֵלֶּה׃ 16 וַיָּבֹאוּ אֶל־בִּלְעָם וַיֹּאמְרוּ לוֹ כֹּה היי אָמַר בָּלָק
בֶּן־צִפּוֹר אַל־נָא תִמָּנַע מֵהֲלֹךְ אֵלָי׃ 17 כִּי־כַבֵּד אֲכַבֶּדְךָ
מְאֹד וְכֹל ילי אֲשֶׁר־תֹּאמַר אֵלַי אֶעֱשֶׂה וּלְכָה־נָּא קָבָה־לִּי
אֵת הָעָם הַזֶּה והו׃ 18 וַיַּעַן בִּלְעָם וַיֹּאמֶר אֶל־עַבְדֵי בָלָק

וַיַּעַן - Bilaam knew he wasn't strong enough to go against God, so instead of

אִם יוהך ־יִתֶּן־לִי בָלָק מְלֹא בֵיתוֹ כֶּסֶף וְזָהָב והו לֹא אוּכַל
לַעֲבֹר אֶת־פִּי יְהוָהאדניאהדונהי אֱלֹהָי דמב, ילה לַעֲשׂוֹת קְטַנָּה אוֹ
גְדוֹלָה׃ 19 וְעַתָּה שְׁבוּ נָא בָזֶה גַּם־אַתֶּם הַלָּיְלָה מלה וְאֵדְעָה
מַה יוד הא ואו הא ־יֹּסֵף יְהוָהאדניאהדונהי דַּבֵּר ראה עִמִּי׃ 20 וַיָּבֹא
אֱלֹהִים מום, ילה | אֶל־בִּלְעָם לַיְלָה מלה וַיֹּאמֶר לוֹ אִם יוהך
־לִקְרֹא לְךָ בָּאוּ הָאֲנָשִׁים קוּם לֵךְ אִתָּם וְאַךְ אהיה אֶת־
הַדָּבָר ראה אֲשֶׁר־אֲדַבֵּר אֵלֶיךָ אֹתוֹ תַעֲשֶׂה׃

Third Reading - Jacob - Tiferet

21 וַיָּקָם בִּלְעָם בַּבֹּקֶר וַיַּחֲבֹשׁ אֶת־אֲתֹנוֹ וַיֵּלֶךְ עִם־שָׂרֵי
מוֹאָב׃ 22 וַיִּחַר־אַף אֱלֹהִים מום, ילה כִּי־הוֹלֵךְ הוּא וַיִּתְיַצֵּב
מַלְאַךְ פאי, סאל, יאהדונהי יְהוָהאדניאהדונהי בַּדֶּרֶךְ ב"פ יבק לְשָׂטָן לוֹ
וְהוּא רֹכֵב עַל־אֲתֹנוֹ וּשְׁנֵי נְעָרָיו עִמּוֹ׃ 23 וַתֵּרֶא הָאָתוֹן אֶת־
מַלְאַךְ פאי, סאל, יאהדונהי יְהוָהאדניאהדונהי נִצָּב בַּדֶּרֶךְ ב"פ יבק וְחַרְבּוֹ

just creating evil directly, he used the power of the Creator and then diverted it to his own use. But God wouldn't let Bilaam go to Balak at first. We often ask things of the Creator, and sometimes, the answer is no. But occasionally, we get a yes if we ask enough. The answer can depend on how we ask. We may have to ask again and again until we are truly asking a question rather than just anticipating the answer we want. We have to let go of our agenda and the true answer will come.

וַיָּקָם - When Bilaam sets off on his journey, his donkey sees an angel that Bilaam can't see. The donkey then speaks. Sometimes, we are so involved in our own agenda that even animals do more and see more than we can.

שְׁלוּפָה בְּיָדוֹ וַתֵּט הָאָתוֹן מִן־הַדֶּרֶךְ ב״פ יבק וַתֵּלֶךְ בַּשָּׂדֶה
וַיַּךְ בִּלְעָם אֶת־הָאָתוֹן לְהַטֹּתָהּ הַדָּרֶךְ ב״פ יבק׃ 24 וַיַּעֲמֹד
מַלְאַךְ פאי, סאל, יאהדונהי יְהוָה יאהדונהי בְּמִשְׁעוֹל הַכְּרָמִים גָּדֵר
מִזֶּה וְגָדֵר מִזֶּה׃ 25 וַתֵּרֶא הָאָתוֹן אֶת־מַלְאַךְ פאי, סאל, יאהדונהי
יְהוָה יאהדונהי וַתִּלָּחֵץ אֶל־הַקִּיר וַתִּלְחַץ אֶת־רֶגֶל בִּלְעָם
אֶל־הַקִּיר וַיֹּסֶף לְהַכֹּתָהּ׃ 26 וַיּוֹסֶף ציון מַלְאַךְ פאי, סאל, יאהדונהי־
יְהוָה יאהדונהי עֲבוֹר וַיַּעֲמֹד בְּמָקוֹם צָר אֲשֶׁר אֵין־דֶּרֶךְ ב״פ
יבק לִנְטוֹת יָמִין וּשְׂמֹאול׃ 27 וַתֵּרֶא הָאָתוֹן אֶת־מַלְאַךְ פאי, סאל,
יאהדונהי יְהוָה יאהדונהי וַתִּרְבַּץ תַּחַת בִּלְעָם וַיִּחַר־אַף בִּלְעָם וַיַּךְ
אֶת־הָאָתוֹן בַּמַּקֵּל׃ 28 וַיִּפְתַּח יְהוָה יאהדונהי אֶת־פִּי הָאָתוֹן
וַתֹּאמֶר לְבִלְעָם מֶה יוד הא ואו הא־עָשִׂיתִי לְךָ כִּי הִכִּיתַנִי זֶה
שָׁלֹשׁ רְגָלִים׃ 29 וַיֹּאמֶר בִּלְעָם לָאָתוֹן כִּי הִתְעַלַּלְתְּ בִּי לוּ
יֶשׁ־חֶרֶב בְּיָדִי כִּי עַתָּה הֲרַגְתִּיךְ׃ 30 וַתֹּאמֶר הָאָתוֹן אֶל־
בִּלְעָם הֲלוֹא אָנֹכִי איע אֲתֹנְךָ אֲשֶׁר־רָכַבְתָּ עָלַי מֵעוֹדְךָ
עַד־הַיּוֹם נגד, מזבח, זן הַזֶּה והו הַהַסְכֵּן הִסְכַּנְתִּי לַעֲשׂוֹת לְךָ
כֹּה היי וַיֹּאמֶר לֹא׃ 31 וַיְגַל להח יְהוָה יאהדונהי אֶת־עֵינֵי בִלְעָם
וַיַּרְא אֶת־מַלְאַךְ פאי, סאל, יאהדונהי יְהוָה יאהדונהי נִצָּב בַּדֶּרֶךְ ב״פ

וַיַּרְא - Then an angel of God appears with a sword in its hand, which is another sign from God that Bilaam shouldn't go to Balak. God says,

יבק וְחַרְבּוֹ שְׁלֻפָה מילה בְּיָדוֹ וַיִּקֹּד וַיִּשְׁתַּחוּ לְאַפָּיו: 32 וַיֹּאמֶר
אֵלָיו מַלְאַךְ פאי, סאל, יאהדונהי יְהֹוָה יאהדונהי עַל־מָה יוד הא ואו הא הִכִּיתָ
אֶת־אֲתֹנְךָ זֶה שָׁלוֹשׁ רְגָלִים הִנֵּה אָנֹכִי איע יָצָאתִי לְשָׂטָן כִּי־
יָרַט הַדֶּרֶךְ ב״פ יבק לְנֶגְדִּי: 33 וַתִּרְאַנִי הָאָתוֹן וַתֵּט לְפָנַי חכמה,
בינה זֶה שָׁלֹשׁ רְגָלִים אוּלַי אום נָטְתָה מִפָּנַי חכמה, בינה כִּי עַתָּה
גַּם־אֹתְכָה הָרַגְתִּי וְאוֹתָהּ הֶחֱיֵיתִי: 34 וַיֹּאמֶר בִּלְעָם אֶל־
מַלְאַךְ פאי, סאל, יאהדונהי יְהֹוָה יאהדונהי חָטָאתִי כִּי לֹא יָדַעְתִּי כִּי
אַתָּה נִצָּב לִקְרָאתִי בַּדָּרֶךְ ב״פ יבק וְעַתָּה אִם יוהך ־רַע בְּעֵינֶיךָ
אָשׁוּבָה לִּי: 35 וַיֹּאמֶר מַלְאַךְ פאי, סאל, יאהדונהי יְהֹוָה יאהדונהי אֶל־
בִּלְעָם לֵךְ עִם־הָאֲנָשִׁים וְאֶפֶס אֶת־הַדָּבָר ראה אֲשֶׁר־אֲדַבֵּר
אֵלֶיךָ אֹתוֹ תְדַבֵּר וַיֵּלֶךְ בִּלְעָם עִם־שָׂרֵי בָלָק: 36 וַיִּשְׁמַע
בָּלָק כִּי בָא בִלְעָם וַיֵּצֵא לִקְרָאתוֹ אֶל־עִיר ערי, בוזוך, סנדלפון

"Remember, you'll only say what I put in your mouth." When we are too focused on what we want to do, we often miss hints along the way. Bilaam didn't hear the message that he shouldn't be going. Kabbalah gives us the tools to see more than we can normally see and to connect the dots of the messages we get so we can understand the bigger picture.

וַיִּשְׁמַע - Balak and Bilaam get together and make an altar offering to invoke the Holy Spirit—but then they make it negative. This shows us that the Negative Side uses the same system of the Light as we do, which is why it's so hard sometimes to know who's talking—the Light or the Satan. For example, in adversity, we sometimes don't know whether to let go or to keep pushing. Just having this awareness is very important.

מוֹאָב אֲשֶׁר עַל-גְּבוּל אַרְנֹן אֲשֶׁר בִּקְצֵה הַגְּבוּל׃ 37 וַיֹּאמֶר
בָּלָק אֶל-בִּלְעָם הֲלֹא שָׁלֹחַ שָׁלַחְתִּי אֵלֶיךָ לִקְרֹא-לָךְ
לָמָּה לֹא-הָלַכְתָּ אֵלָי הַאֻמְנָם לֹא אוּכַל כַּבְּדֶךָ׃ 38 וַיֹּאמֶר
בִּלְעָם אֶל-בָּלָק הִנֵּה-בָאתִי אֵלֶיךָ עַתָּה הֲיָכֹל אדני, ללה
אוּכַל דַּבֵּר ראה מְאוּמָה הַדָּבָר ראה אֲשֶׁר יָשִׂים אֱלֹהִים מום,
ילה בְּפִי אֹתוֹ אֲדַבֵּר׃

Fourth Reading - Moses - Netzach

(when connected: Sixth Reading - Joseph - Yesod)

39 וַיֵּלֶךְ בִּלְעָם עִם-בָּלָק וַיָּבֹאוּ קִרְיַת חֻצוֹת׃ 40 וַיִּזְבַּח בָּלָק
בָּקָר וָצֹאן וַיְשַׁלַּח לְבִלְעָם וְלַשָּׂרִים אֲשֶׁר אִתּוֹ׃ 41 וַיְהִי
בַבֹּקֶר וַיִּקַּח חעם בָּלָק אֶת-בִּלְעָם וַיַּעֲלֵהוּ בָּמוֹת בָּעַל וַיַּרְא
מִשָּׁם קְצֵה הָעָם׃ 23 1 וַיֹּאמֶר בִּלְעָם אֶל-בָּלָק בְּנֵה-לִי

וַיִּזְבַּח - Bilaam ends up performing a blessing because he couldn't transform the Lightforce to negativity. There was still a protection shield he couldn't penetrate. This shows us that not only is it important to remain unaffected by negativity, but we have to transform negativity into positive energy. All things that come to our lives can be positive when we turn them into lessons for us. In this section, all that is supposed to come to us is turned into positive energy.

וַיֹּאמֶר - Balak and Bilaam continue their travels and pursue evil. This time, they come to a place where they can see only some of the people. They thought that if they could attack only a few people at a time, they could eventually infiltrate the rest, but they couldn't. Their curses again

בָּזֶה שִׁבְעָה מִזְבְּחֹת וְהָכֵן לִי בָּזֶה שִׁבְעָה פָרִים וְשִׁבְעָה
אֵילִים: 2 וַיַּעַשׂ בָּלָק כַּאֲשֶׁר דִּבֶּר ראה בִּלְעָם וַיַּעַל בָּלָק
וּבִלְעָם פָּר וָאַיִל בַּמִּזְבֵּחַ זן, נגד: 3 וַיֹּאמֶר בִּלְעָם לְבָלָק
הִתְיַצֵּב עַל־עֹלָתֶךָ וְאֵלְכָה אוּלַי אום יִקָּרֵה יְהֹוָהאדניאהדונהי
לִקְרָאתִי וּדְבַר ראה מַה יוד הא ואו הא יַּרְאֵנִי וְהִגַּדְתִּי לָךְ וַיֵּלֶךְ
שֶׁפִי: 4 וַיִּקָּר אֱלֹהִים מום, ילה אֶל־בִּלְעָם וַיֹּאמֶר אֵלָיו אֶת־
שִׁבְעַת הַמִּזְבְּחֹת עָרַכְתִּי וָאַעַל פָּר וָאַיִל בַּמִּזְבֵּחַ זן, נגד:
5 וַיָּשֶׂם יְהֹוָהאדניאהדונהי דָּבָר ראה בְּפִי בִלְעָם וַיֹּאמֶר שׁוּב אֶל־
בָּלָק וְכֹה הי תְדַבֵּר: 6 וַיָּשָׁב אֵלָיו וְהִנֵּה נִצָּב עַל־עֹלָתוֹ הוּא
וְכָל ילי שָׂרֵי מוֹאָב: 7 וַיִּשָּׂא מְשָׁלוֹ וַיֹּאמַר מִן־אֲרָם יַנְחֵנִי
בָלָק מֶלֶךְ־מוֹאָב מֵהַרְרֵי־קֶדֶם לְכָה אָרָה־לִּי יַעֲקֹב יאהדונהי,
אידהנויה וּלְכָה זֹעֲמָה יִשְׂרָאֵל: 8 מָה יוד הא ואו הא אֶקֹּב לֹא קַבֹּה
אֵל ייא״י מילוי דס״ג וּמָה יוד הא ואו הא אֶזְעֹם לֹא זָעַם יְהֹוָהאדניאהדונהי:
9 כִּי־מֵרֹאשׁ צֻרִים אֶרְאֶנּוּ וּמִגְּבָעוֹת אֲשׁוּרֶנּוּ הֶן־עָם לְבָדָד
יִשְׁכֹּן וּבַגּוֹיִם לֹא יִתְחַשָּׁב: 10 מִי ילי מָנָה פוי עֲפַר יַעֲקֹב יאהדונהי,
אידהנויה וּמִסְפָּר אֶת־רֹבַע יִשְׂרָאֵל תָּמֹת נַפְשִׁי מוֹת יְשָׁרִים

became a blessing. They were trying to create fragmentation and discord. This reading protects us from negative influences that lead us to treat others badly, ignoring their human dignity based on race, religion, or any other characteristic.

וּתְהִי אַחֲרִיתִי כָּמֹהוּ: 11 וַיֹּאמֶר בָּלָק אֶל־בִּלְעָם מֶה יוד הא ואו
הא עָשִׂיתָ לִי לָקֹב אֹיְבַי לְקַחְתִּיךָ וְהִנֵּה בֵּרַכְתָּ בָרֵךְ: 12 וַיַּעַן
וַיֹּאמַר הֲלֹא אֵת אֲשֶׁר יָשִׂים יְהֹוָה אדני יאהדונהי בְּפִי אֹתוֹ אֶשְׁמֹר
לְדַבֵּר ראה:

Fifth Reading - Aaron - Hod

13 וַיֹּאמֶר אֵלָיו בָּלָק לְךָ־נָּא אִתִּי אֶל־מָקוֹם אַחֵר אֲשֶׁר
תִּרְאֶנּוּ מִשָּׁם אֶפֶס קָצֵהוּ תִרְאֶה וְכֻלּוֹ לֹא תִרְאֶה וְקָבְנוֹ־
לִי מִשָּׁם: 14 וַיִּקָּחֵהוּ שְׂדֵה צֹפִים אֶל־רֹאשׁ הַפִּסְגָּה וַיִּבֶן
שִׁבְעָה מִזְבְּחֹת וַיַּעַל פָּר וָאַיִל בַּמִּזְבֵּחַ זן, נגד: 15 וַיֹּאמֶר
אֶל־בָּלָק הִתְיַצֵּב כֹּה היי עַל־עֹלָתֶךָ וְאָנֹכִי איע אִקָּרֶה כֹּה היי:
16 וַיִּקָּר יְהֹוָה אדני יאהדונהי אֶל־בִּלְעָם וַיָּשֶׂם דָּבָר ראה בְּפִיו פוי
וַיֹּאמֶר שׁוּב אֶל־בָּלָק וְכֹה היי תְדַבֵּר: 17 וַיָּבֹא אֵלָיו וְהִנּוֹ
נִצָּב עַל־עֹלָתוֹ וְשָׂרֵי מוֹאָב אִתּוֹ וַיֹּאמֶר לוֹ בָּלָק מַה יוד
הא ואו הא ־דִּבֶּר ראה יְהֹוָה אדני יאהדונהי: 18 וַיִּשָּׂא מְשָׁלוֹ וַיֹּאמַר קוּם
בָּלָק וּשְׁמָע הַאֲזִינָה עָדַי בְּנוֹ צִפֹּר: 19 לֹא אִישׁ אֵל ייאי מילוי

לֵךְ - The next time Bilaam attempts something, he tries not to curse but to bless, and he ends up transforming himself. Our job in this life is to transform our negative traits; the good things about us are not that relevant to that goal. Bilaam's transformation was so strong that it gives us the power to turn our negative traits into positive ones.

דס״ג וִיכַזֵּב וּבֶן־אָדָם מ״ה, יוד הא ואו הא וְיִתְנֶחָם הַהוּא אָמַר וְלֹא
יַעֲשֶׂה וְדִבֶּר ראה וְלֹא יְקִימֶנָּה׃ 20 הִנֵּה בָרֵךְ לָקָחְתִּי וּבֵרֵךְ
וְלֹא אֲשִׁיבֶנָּה׃ 21 לֹא־הִבִּיט אָוֶן בְּיַעֲקֹב יאהדונהי, אידהנויה וְלֹא־
רָאָה ראה עָמָל בְּיִשְׂרָאֵל יְהֹוָהאדניאהדונהי אֱלֹהָיו ילה עִמּוֹ וּתְרוּעַת
מֶלֶךְ בּוֹ׃ 22 אֵל ייא״י מילוי דס״ג מוֹצִיאָם מִמִּצְרָיִם מצר כְּתוֹעֲפֹת
רְאֵם לוֹ׃ 23 כִּי לֹא־נַחַשׁ בְּיַעֲקֹב יאהדונהי, אידהנויה וְלֹא־קֶסֶם
בְּיִשְׂרָאֵל כָּעֵת יֵאָמֵר לְיַעֲקֹב יאהדונהי, אידהנויה וּלְיִשְׂרָאֵל מַה יוד
הא ואו הא ־פָּעַל אֵל ייא״י מילוי דס״ג׃ 24 הֶן־עָם כְּלָבִיא יָקוּם וְכַאֲרִי
יִתְנַשָּׂא לֹא יִשְׁכַּב עַד־יֹאכַל טֶרֶף וְדַם־חֲלָלִים יִשְׁתֶּה׃
25 וַיֹּאמֶר בָּלָק אֶל־בִּלְעָם גַּם־קֹב לֹא תִקֳּבֶנּוּ גַּם־בָּרֵךְ
לֹא תְבָרְכֶנּוּ׃ 26 וַיַּעַן בִּלְעָם וַיֹּאמֶר אֶל־בָּלָק הֲלֹא דִּבַּרְתִּי
אֵלֶיךָ לֵאמֹר כֹּל ילי אֲשֶׁר־יְדַבֵּר יְהֹוָהאדניאהדונהי אֹתוֹ אֶעֱשֶׂה׃

Sixth Reading - Joseph - Yesod
(when connected: Seventh Reading - David - Malchut)

27 וַיֹּאמֶר בָּלָק אֶל־בִּלְעָם לְכָה־נָּא אֶקָּחֲךָ אֶל־מָקוֹם
אַחֵר אוּלַי אום יִישַׁר בְּעֵינֵי הָאֱלֹהִים מום, ילה וְקַבֹּתוֹ לִי מִשָּׁם׃
28 וַיִּקַּח וזעם בָּלָק אֶת־בִּלְעָם רֹאשׁ הַפְּעוֹר הַנִּשְׁקָף עַל־
פְּנֵי וחכמה, בינה הַיְשִׁימֹן׃ 29 וַיֹּאמֶר בִּלְעָם אֶל־בָּלָק בְּנֵה־לִי
בָזֶה שִׁבְעָה מִזְבְּחֹת וְהָכֵן לִי בָּזֶה שִׁבְעָה פָרִים וְשִׁבְעָה

אֵילִם׃ 30 וַיַּעַשׂ בָּלָק כַּאֲשֶׁר אָמַר בִּלְעָם וַיַּעַל פָּר וָאַיִל
בַּמִּזְבֵּחַ זן, נגד׃ 24 1 וַיַּרְא בִּלְעָם כִּי טוֹב אום, יהוה - אהיה והו בְּעֵינֵי
יְהֹוָהאדניאהדונהי לְבָרֵךְ אֶת־יִשְׂרָאֵל וְלֹא־הָלַךְ כְּפַעַם מנק -
בְּפַעַם מנק לִקְרַאת נְחָשִׁים וַיָּשֶׁת אֶל־הַמִּדְבָּר פָּנָיו׃ 2 וַיִּשָּׂא
בִלְעָם אֶת־עֵינָיו וַיַּרְא אֶת־יִשְׂרָאֵל שֹׁכֵן לִשְׁבָטָיו וַתְּהִי
עָלָיו רוּחַ אֱלֹהִים מום, ילה׃ 3 וַיִּשָּׂא מְשָׁלוֹ וַיֹּאמַר נְאֻם בִּלְעָם
בְּנוֹ בְעֹר וּנְאֻם הַגֶּבֶר שְׁתֻם הָעָיִן יוד יוד הא יוד הא ואו יוד הא ואו הא׃
4 נְאֻם שֹׁמֵעַ אִמְרֵי־אֵל ייא״י מילוי דס״ג אֲשֶׁר מַחֲזֵה שַׁדַּי יֶחֱזֶה
נֹפֵל וּגְלוּי עֵינָיִם׃ 5 מַה יוד הא ואו הא ־טֹּבוּ אֹהָלֶיךָ יַעֲקֹב יאהדונהי,
אידהנויה מִשְׁכְּנֹתֶיךָ יִשְׂרָאֵל׃ 6 כִּנְחָלִים נִטָּיוּ כְּגַנֹּת עֲלֵי נָהָר
כַּאֲהָלִים נָטַע יְהֹוָהאדניאהדונהי כַּאֲרָזִים עֲלֵי־מָיִם׃ 7 יִזַּל־מַיִם
מִדָּלְיָו וְזַרְעוֹ בְּמַיִם רַבִּים וְיָרֹם מֵאֲגַג מַלְכּוֹ וְתִנַּשֵּׂא
מַלְכֻתוֹ׃ 8 אֵל ייא״י מילוי דס״ג מוֹצִיאוֹ מִמִּצְרָיִם מצר כְּתוֹעֲפֹת רְאֵם
לוֹ יֹאכַל גּוֹיִם צָרָיו וְעַצְמֹתֵיהֶם יְגָרֵם וְחִצָּיו יִמְחָץ׃ 9 כָּרַע
שָׁכַב כַּאֲרִי וּכְלָבִיא מִי ילי יְקִימֶנּוּ מְבָרֲכֶיךָ בָרוּךְ וְאֹרְרֶיךָ

מַה - There is a *mem* at the top of the page in the blessing instead of a *vav*. There are only six instances in the Bible where a column starts with a letter other than *vav*, and all those six letters create a combination for healing. This is part of that combination, so we can connect to the energy of healing here.

אָרוּר׃ 10 וַיִּחַר־אַף בָּלָק אֶל־בִּלְעָם וַיִּסְפֹּק אֶת־כַּפָּיו וַיֹּאמֶר
בָּלָק אֶל־בִּלְעָם לָקֹב אֹיְבַי קְרָאתִיךָ וְהִנֵּה בֵּרַכְתָּ בָרֵךְ
זֶה שָׁלֹשׁ פְּעָמִים׃ 11 וְעַתָּה בְּרַח־לְךָ אֶל־מְקוֹמֶךָ אָמַרְתִּי
כַּבֵּד אֲכַבֶּדְךָ וְהִנֵּה מְנָעֲךָ יְהֹוָה אדני אהדונהי מִכָּבוֹד׃ 12 וַיֹּאמֶר
בִּלְעָם אֶל־בָּלָק הֲלֹא גַּם אֶל־מַלְאָכֶיךָ אֲשֶׁר־שָׁלַחְתָּ
אֵלַי דִּבַּרְתִּי לֵאמֹר׃ 13 אִם יוהך ־יִתֶּן־לִי בָלָק מְלֹא בֵיתוֹ
כֶּסֶף וְזָהָב חהו לֹא אוּכַל לַעֲבֹר אֶת־פִּי יְהֹוָה אדני אהדונהי לַעֲשׂוֹת
טוֹבָה אכא אוֹ רָעָה רהע מִלִּבִּי אֲשֶׁר־יְדַבֵּר יְהֹוָה אדני אהדונהי אֹתוֹ
אֲדַבֵּר׃

Seventh Reading - David - Malchut

14 וְעַתָּה הִנְנִי הוֹלֵךְ לְעַמִּי לְכָה אִיעָצְךָ אֲשֶׁר יַעֲשֶׂה הָעָם
הַזֶּה והו לְעַמְּךָ בְּאַחֲרִית הַיָּמִים נלך׃ 15 וַיִּשָּׂא מְשָׁלוֹ וַיֹּאמַר
נְאֻם בִּלְעָם בְּנוֹ בְעֹר וּנְאֻם הַגֶּבֶר שְׁתֻם הָעָיִן יוד יוד הא יוד הא
ואו יוד הא ואו הא׃ 16 נְאֻם שֹׁמֵעַ אִמְרֵי־אֵל ייא״י מילוי דס״ג וְיֹדֵעַ דַּעַת
עֶלְיוֹן מַחֲזֵה שַׁדַּי יֶחֱזֶה נֹפֵל וּגְלוּי עֵינָיִם׃ 17 אֶרְאֶנּוּ וְלֹא

וְעַתָּה - As Bilaam connects to the Light, he starts to see the future and prophesizes how all the nations will rise up or fall. Balak is furious and wants to kill Bilaam because he sees him transforming in front of his eyes. When we're connected to the Light, everything about us changes. We might not see it during the process, but the result is a completely different person. We need to strive to achieve a level where we're so different that people don't recognize us.

עַתָּה אֲשׁוּרֶנּוּ וְלֹא קָרוֹב דָּרַךְ כּוֹכָב מִיַּעֲקֹב יאהדונהי, אידהנויה
וְקָם שֵׁבֶט מִיִּשְׂרָאֵל וּמָחַץ פַּאֲתֵי מוֹאָב וְקַרְקַר כָּל ילי
־בְּנֵי־שֵׁת׃ 18 וְהָיָה יהוה, יהה אֱדוֹם יְרֵשָׁה וְהָיָה יהוה, יהה יְרֵשָׁה
שֵׂעִיר אֹיְבָיו וְיִשְׂרָאֵל עֹשֶׂה חָיִל ומב׃ 19 וְיֵרְדְּ מִיַּעֲקֹב יאהדונהי,
אידהנויה וְהֶאֱבִיד שָׂרִיד מֵעִיר ערי, םןץףך, סנדלפון׃ 20 וַיַּרְא אֶת־
עֲמָלֵק וַיִּשָּׂא מְשָׁלוֹ וַיֹּאמַר רֵאשִׁית גּוֹיִם עֲמָלֵק וְאַחֲרִיתוֹ
עֲדֵי אֹבֵד׃ 21 וַיַּרְא אֶת־הַקֵּינִי וַיִּשָּׂא מְשָׁלוֹ וַיֹּאמַר אֵיתָן
מוֹשָׁבֶךָ וְשִׂים בַּסֶּלַע קִנֶּךָ׃ 22 כִּי אִם יוהך ־יִהְיֶה ייי לְבָעֵר קָיִן
עַד־מָה יוד הא ואו הא אַשּׁוּר תִּשְׁבֶּךָּ׃ 23 וַיִּשָּׂא מְשָׁלוֹ וַיֹּאמַר אוֹי
מִי ילי יִחְיֶה מִשֻּׂמוֹ אֵל ייא״י מילוי דס״ג׃ 24 וְצִים מִיַּד כִּתִּים וְעִנּוּ
אַשּׁוּר וְעִנּוּ־עֵבֶר וְגַם־הוּא עֲדֵי אֹבֵד׃ 25 וַיָּקָם בִּלְעָם וַיֵּלֶךְ
וַיָּשָׁב לִמְקֹמוֹ וְגַם־בָּלָק הָלַךְ לְדַרְכּוֹ׃ 25 1 **וַיֵּשֶׁב** יִשְׂרָאֵל
בַּשִּׁטִּים וַיָּחֶל הָעָם לִזְנוֹת אֶל־בְּנוֹת מוֹאָב׃ 2 וַתִּקְרֶאןָ
לָעָם עלם לְזִבְחֵי אֱלֹהֵיהֶן וַיֹּאכַל הָעָם וַיִּשְׁתַּחֲווּ לֵאלֹהֵיהֶן׃
3 וַיִּצָּמֶד יִשְׂרָאֵל לְבַעַל פְּעוֹר וַיִּחַר־אַף יְהוָהאדנייאהדונהי

וַיֵּשֶׁב - Bilaam didn't transform permanently. The two wicked men realized that they couldn't win by creating curses, so they decided to conquer the Israelites through their own desires. They tempted the people with prostitutes, causing them to be overcome by negativity. This shows us that our individual falling can have a much larger effect than we think; we have responsibility both to ourselves and to humanity.

בְּיִשְׂרָאֵל׃ 4 וַיֹּאמֶר יְהֹוָאדניאהדונהי אֶל־מֹשֶׁה מהש קַח אֶת־
כָּל ילי ־רָאשֵׁי הָעָם וְהוֹקַע אוֹתָם לַיהֹוָאדניאהדונהי נֶגֶד זן, מזבח
הַשָּׁמֶשׁ וְיָשֹׁב חֲרוֹן אַף־יְהֹוָאדניאהדונהי מִיִּשְׂרָאֵל׃ 5 וַיֹּאמֶר
מֹשֶׁה מהש אֶל־שֹׁפְטֵי יִשְׂרָאֵל הִרְגוּ אִישׁ אֲנָשָׁיו הַנִּצְמָדִים
לְבַעַל פְּעוֹר׃ 6 וְהִנֵּה אִישׁ מִבְּנֵי יִשְׂרָאֵל בָּא וַיַּקְרֵב אֶל־
אֶחָיו אֶת־הַמִּדְיָנִית לְעֵינֵי מֹשֶׁה מהש וּלְעֵינֵי כָּל ילי ־עֲדַת
בְּנֵי־יִשְׂרָאֵל וְהֵמָּה בֹכִים פֶּתַח אֹהֶל מוֹעֵד׃

Maftir

7 וַיַּרְא פִּינְחָס בֶּן־אֶלְעָזָר בֶּן־אַהֲרֹן הַכֹּהֵן מלה וַיָּקָם מִתּוֹךְ
הָעֵדָה סיט וַיִּקַּח ויעם רֹמַח בְּיָדוֹ׃ 8 וַיָּבֹא אַחַר אִישׁ־יִשְׂרָאֵל
אֶל־הַקֻּבָּה וַיִּדְקֹר אֶת־שְׁנֵיהֶם אֵת אִישׁ יִשְׂרָאֵל וְאֶת־
הָאִשָּׁה אֶל־קֳבָתָהּ וַתֵּעָצַר הַמַּגֵּפָה מֵעַל עלם בְּנֵי יִשְׂרָאֵל׃
9 וַיִּהְיוּ הַמֵּתִים בַּמַּגֵּפָה אַרְבָּעָה וְעֶשְׂרִים אָלֶף׃

וַיַּרְא - Pinchas ends the plague caused by the prostitution by killing the head of the tribe of Shimon, who was the person of the highest spiritual level who fell into this trap. The higher a person is, the greater the negativity he causes when he falls, so by Pinchas ending the leader's life, the plague was stopped. Once we are aware that we're not supposed to do something, we then become responsible not to do it lest we create even greater negativity. But ignorance is not bliss. Negative actions create negativity whether we realize or not that they are negative. Some 24,000 people died in the plague, and they were reincarnated as the students of Rabbi Akiva, who also died in a plague because people failed again to treat each other with human dignity.

Haftarah of Balak

We hear about the day when chaos will end and all the negativity will disappear. Negativity is temporary, but Light is eternal. As long as we are *certain* we can overcome any negativity, then we actually *can* overcome it. No matter how dark things seem, we have to know the Light is more powerful.

Micah 5 מיכה פרק 5

6 וְהָיָה יהוה, יהה | שְׁאֵרִית יַעֲקֹב יאהדונהי, אידהנויה בְּקֶרֶב עַמִּים
רַבִּים כְּטַל כוזו, יוד הא ואו מֵאֵת יְהֹוָהאדניאהדונהי כִּרְבִיבִים עֲלֵי־
עֵשֶׂב אֲשֶׁר לֹא־יְקַוֶּה לְאִישׁ וְלֹא יְיַחֵל לִבְנֵי אָדָם מ"ה,
יוד הא ואו הא׃ 7 וְהָיָה יהוה, יהה שְׁאֵרִית יַעֲקֹב יאהדונהי, אידהנויה בַּגּוֹיִם
בְּקֶרֶב עַמִּים רַבִּים כְּאַרְיֵה רי"ו, ג"פ עב בְּבַהֲמוֹת יַעַר ערי, סוזפר,
סנדלפון כִּכְפִיר בְּעֶדְרֵי־צֹאן אֲשֶׁר אִם יוהך ־עָבַר וְרָמַס וְטָרַף
וְאֵין מַצִּיל׃ 8 תָּרֹם יָדְךָ עַל־צָרֶיךָ וְכָל ילי ־אֹיְבֶיךָ יִכָּרֵתוּ׃
9 וְהָיָה יהוה, יהה בַיּוֹם נגד, מזבח, זן ־הַהוּא נְאֻם־יְהֹוָהאדניאהדונהי
וְהִכְרַתִּי סוּסֶיךָ מִקִּרְבֶּךָ וְהַאֲבַדְתִּי מַרְכְּבֹתֶיךָ׃ 10 וְהִכְרַתִּי
עָרֵי אַרְצֶךָ וְהָרַסְתִּי כָּל ילי ־מִבְצָרֶיךָ׃ 11 וְהִכְרַתִּי כְשָׁפִים
מִיָּדֶךָ וּמְעוֹנְנִים לֹא יִהְיוּ־לָךְ׃ 12 וְהִכְרַתִּי פְסִילֶיךָ וּמַצֵּבוֹתֶיךָ
מִקִּרְבֶּךָ וְלֹא־תִשְׁתַּחֲוֶה עוֹד לְמַעֲשֵׂה יָדֶיךָ׃ 13 וְנָתַשְׁתִּי
אֲשֵׁירֶיךָ מִקִּרְבֶּךָ וְהִשְׁמַדְתִּי עָרֶיךָ׃ 14 וְעָשִׂיתִי בְּאַף וּבְחֵמָה

נָקָם מנק אֶת־הַגּוֹיִם אֲשֶׁר לֹא שָׁמֵעוּ׃ 6 1 שִׁמְעוּ־נָא אֵת
אֲשֶׁר־יְהֹוָהאדני יאהדונהי אֹמֵר קוּם רִיב אֶת־הֶהָרִים וְתִשְׁמַעְנָה
הַגְּבָעוֹת קוֹלֶךָ׃ 2 שִׁמְעוּ הָרִים אֶת־רִיב יְהֹוָהאדני יאהדונהי
וְהָאֵתָנִים מוֹסְדֵי אָרֶץ כִּי רִיב לַיהֹוָהאדני יאהדונהי עִם־עַמּוֹ
וְעִם־יִשְׂרָאֵל יִתְוַכָּח׃ 3 עַמִּי מֶה יוד הא ואו הא ־עָשִׂיתִי לְךָ וּמָה יוד
הא ואו הא הֶלְאֵתִיךָ עֲנֵה בִי׃ 4 כִּי הֶעֱלִתִיךָ מֵאֶרֶץ מִצְרַיִם מצר
וּמִבֵּית ב"פ ראה עֲבָדִים פְּדִיתִיךָ וָאֶשְׁלַח לְפָנֶיךָ אֶת־מֹשֶׁה מהש
אַהֲרֹן וּמִרְיָם׃ 5 עַמִּי זְכָר־נָא מַה יוד הא ואו הא ־יָּעַץ בָּלָק מֶלֶךְ
מוֹאָב וּמֶה יוד הא ואו הא ־עָנָה אֹתוֹ בִּלְעָם בֶּן־בְּעוֹר מִן־הַשִּׁטִּים
עַד־הַגִּלְגָּל לְמַעַן דַּעַת צִדְקוֹת יְהֹוָהאדני יאהדונהי׃ 6 בַּמָּה יוד הא ואו
הא אֲקַדֵּם יְהֹוָהאדני יאהדונהי אִכַּף לֵאלֹהֵי דמב, ילה מָרוֹם הַאֲקַדְּמֶנּוּ
בְעוֹלוֹת בַּעֲגָלִים בְּנֵי שָׁנָה׃ 7 הֲיִרְצֶה יְהֹוָהאדני יאהדונהי בְּאַלְפֵי
אֵילִים בְּרִבְבוֹת נַחֲלֵי־שָׁמֶן הַאֶתֵּן בְּכוֹרִי פִּשְׁעִי פְּרִי בִטְנִי
חַטַּאת נַפְשִׁי׃ 8 הִגִּיד לְךָ אָדָם מ"ה, יוד הא ואו הא מַה יוד הא ואו הא
־טּוֹב והו וּמָה יוד הא ואו הא ־יְהֹוָהאדני יאהדונהי דּוֹרֵשׁ מִמְּךָ כִּי אִם יוהך
־עֲשׂוֹת מִשְׁפָּט ה"פ אלהים וְאַהֲבַת ב"פ – אור, רז וָחֶסֶד יוד הי ויו הי, י יה יהו יהוה
וְהַצְנֵעַ לֶכֶת עִם־אֱלֹהֶיךָ ילה׃

Lesson of Pinchas

The power to turn the body into the soul.

The *Kedushat HaLevi* wrote: "Pinchas is Eliyahu [Elijah] and he is alive and well. Why? Because the body of a person is far from performing God's work, for the body thinks only of its physical needs; only a person's soul is always thinking of its awe for the Light, but the body does not and will therefore ultimately be buried; but really, if the body would also perform God's work constantly, then man would never die and as such, he would be as he was before the Original Sin. And Pinchas really did give himself up to die in this way, as our sages have written (Sanhedrin 82): 'And it is found that Pinchas' body did not consider its bodily needs, it only performed God's work sincerely, as did its soul, because during the time of this action, it was as if the body did not exist, because he gave himself up to die in this very act, that he did for the will of God, therefore Pinchas' body was purified to continue existing and living.'"

It is possible to better understand the *Kedushat HaLevi*'s words according to Rabbi Yehuda HaLevi Ashlag's explanation, which says that the desire to receive for the self alone is what separates us from the blessed Creator. Spiritually speaking, different things are separate and like things are united. Whereas the body's essence is the desire to receive for the self alone, the soul's essence is the desire to share, which is also the Creator's essence. Our work in this world is to turn our body's desire to receive for the self alone into the desire to share, which is that of the soul.

Death comes from the desire to receive for the self alone, and this point must be understood. The desire to receive keeps us from truly living, which is the Light. This separation both causes and connects us to death, which comes from the Negative Side.

It must be understood that the more a person follows the desire to receive, the more he brings upon himself the energy of death... until so much death has been brought into the person that he dies. Conversely, when a person makes the effort to change his behavior and follows the desire to share, he removes from himself the power of death and brings onto himself the light of life. And if people truly understood this, only a fool would go after his desire to receive for the self alone, since by following this aspect of his nature, he is actually *killing himself*.

In the holy words of Rabbi Yehuda Ashlag, in his introduction to *Ten Luminous Emanations*, paragraph 96: "And praised are the worthy who cannot remove themselves from performing the *mitzvot* as they were meant to be performed, like a man who cannot separate himself from a wonderful pleasure, and as such they run from sinning as they would run from fire." The above are the words of the holy, which purify and ignite fire in the hearts of those who want to do the true work of God. Unfortunately, the eventuality of death reveals that we all are fools to some extent as all of us are still following our desire to receive for the self alone.

And now we can understand that the *Kedushat HaLevi* was saying that Pinchas purged every spark of the desire to receive from within him, thus turning his body into a soul and separating it from any connection to death. Therefore, death clearly did not have any control over his body.

From this portion and this lesson, we must awaken within ourselves the understanding that we must run from the desire to receive as we would run from death, for they are one and the same. And we must think before acting upon any desire to receive for the self alone: "Do I want to draw upon myself the energy of death, God forbid, because this will obviously be the result of my action?"

We should also know that in this portion, we are given the power to make this change within ourselves. During this reading, we must meditate and ask that the Light of the Creator transform our desire to receive for the self alone into the desire to share. And whoever toils in true spiritual work will be very excited this Shabbat because in this portion, the Creator has given us a precious gift: the Light and the strength to turn our desire to receive into the desire to share, which means turning the body into the soul. And by this, we will merit that death shall be swallowed up forever.

The Light that is preserved

At the time of the Creation of the World, the Creator preserved the greatest Light, which is called "the Preserved Light." This Light is present in the 21 days preceding the 9th of Av, days that seem to be the most negative days of the year. More than that, the 9th of Av seems to be the ultimate most negative day of the year, but it is really the day that can reveal the most Preserved Light.

To understand this, we can quote from the introduction to the *Ten Luminous Emanations* of Rabbi Yehuda Ashlag, letter 13: "And the wise already made a beautiful metaphor about this, on the verse: 'Woe to those who hate the day of God, why should you have the day of God if it is the dark and not light?' (Amos 5). The metaphor is to a rooster and a bat that are waiting for the light, the rooster said to the bat, 'I am waiting for my light, but do you need light?' (Sanhedrin 99, 72).

It is explained that on the 9th of Av all the Light of the world will be revealed, but there could be complete darkness for those who do not have the merit, and this must be understood."

Rabbi Yehuda Ashlag taught that all our work in this world is geared towards turning the desire to receive for the self alone to the desire to share. A person who is still within himself is totally opposite to the Creator's essence. Anything that he enjoys is not from the Light. For him, the Light will be darkness. When a person is still mired within the desire to receive, his happiness and joys are totally opposite from the Light, and the Light is totally opposite from his joys.

Unfortunately, most of the world makes the mistake of thinking that they will merit the Light because of good deeds even though they are still in their desire to receive for the self alone. They are not completely wrong in their belief because the Creator will not keep the Light from a person who deserves it. But the Light that we can receive from good deeds is nothing compared to what we can attain through true spiritual work of transformation.

This is why these days are darkness for us: We are still caught up in the desire to receive for the self alone, and it is this desire that turns good into bad and sweet into bitter. Our work now is to change ourselves so that we will merit the great Light that is preserved in these days. Only in this way can we really enjoy the Light of the Creator and truly know God.

Synopsis of Pinchas

Only the Kabbalists know that this portion is about healing. Pinchas was known as a healer because he didn't react to circumstances; instead, he thought before he acted. For us to heal, we have to stop our reactive nature. Without that, no healing tools can work.

First Reading - Abraham - Chesed

10 וַיְדַבֵּר יְהֹוָה אהדונהי אֶל־מֹשֶׁה מהש לֵּאמֹר׃ 11 **פִּינְחָס**
בֶּן־אֶלְעָזָר בֶּן־אַהֲרֹן הַכֹּהֵן מלה הֵשִׁיב אֶת־חֲמָתִי מֵעַל עלם
בְּנֵי־יִשְׂרָאֵל בְּקַנְאוֹ אֶת־קִנְאָתִי בְּתוֹכָם וְלֹא־כִלִּיתִי אֶת־
בְּנֵי־יִשְׂרָאֵל בְּקִנְאָתִי׃ 12 לָכֵן אֱמֹר הִנְנִי נֹתֵן ושר, אבג יתץ, אהבת
חנם לוֹ אֶת־בְּרִיתִי **שָׁלוֹם**׃ 13 **וְהָיְתָה** לּוֹ וּלְזַרְעוֹ אַחֲרָיו
בְּרִית כְּהֻנַּת עוֹלָם תַּחַת אֲשֶׁר קִנֵּא לֵאלֹהָיו ילה וַיְכַפֵּר עַל־
בְּנֵי יִשְׂרָאֵל׃ 14 וְשֵׁם אִישׁ יִשְׂרָאֵל הַמֻּכֶּה אֲשֶׁר הֻכָּה אֶת־
הַמִּדְיָנִית זִמְרִי בֶּן־סָלוּא נְשִׂיא בֵית ב"פ ראה ־אָב לַשִּׁמְעֹנִי׃

פִּינְחָס - There is a small *yud* here. Every Hebrew letter contains the *yud*, but it's shaped further to make a different letter. The *yud* is the source of all matter. Here it's smaller than normal, so it gives us the ability to reduce the influence of physical reality. A *yud* is even in Pinchas' name because he had the ability to control matter.

שָׁלוֹם - There is a broken *vav* in *shalom*, the Hebrew word for peace, which lets us know that the only time a person has a disease is when we are disconnected from the Light. Denying human dignity to people creates disease on a global level.

וְהָיְתָה - Pinchas earns eternal priesthood for his family because of his positive actions. He had complete certainty. There needed to be over 30 miracles for Pinchas to do his work. If he thought logically, he would never have done it. We, too, have to realize that anything is possible. We must have no fear; we must have complete certainty. Then the Light will do the rest. Pinchas had total certainty that the impossible could happen, and 30 miracles came from it.

15 וְשֵׁם הָאִשָּׁה הַמֻּכָּה הַמִּדְיָנִית כָּזְבִּי בַת־צוּר אלף למד הה
יוד מם רֹאשׁ אֻמּוֹת בֵּית ב״פ ראה ־אָב בְּמִדְיָן הוּא: 16 וַיְדַבֵּר
יְהֹוָהאדניאהדונהי אֶל־מֹשֶׁה מהש לֵּאמֹר: 17 צָרוֹר אֶת־הַמִּדְיָנִים
וְהִכִּיתֶם אוֹתָם: 18 כִּי צֹרְרִים הֵם לָכֶם בְּנִכְלֵיהֶם
אֲשֶׁר־נִכְּלוּ לָכֶם עַל־דְּבַר ראה ־פְּעוֹר וְעַל־דְּבַר ראה כָּזְבִּי
בַּת־נְשִׂיא מִדְיָן אֲחֹתָם הַמֻּכָּה בְיוֹם נגד, מזבח, זן ־הַמַּגֵּפָה עַל־
דְּבַר ראה ־פְּעוֹר: 26 1 וַיְהִי אַחֲרֵי הַמַּגֵּפָה וַיֹּאמֶר
יְהֹוָהאדניאהדונהי אֶל־מֹשֶׁה מהש וְאֶל אֶלְעָזָר בֶּן־אַהֲרֹן הַכֹּהֵן מלה
לֵּאמֹר: 2 שְׂאוּ אֶת־רֹאשׁ | כָּל ילי ־עֲדַת בְּנֵי־יִשְׂרָאֵל מִבֶּן
עֶשְׂרִים שָׁנָה וָמַעְלָה לְבֵית ב״פ ראה אֲבֹתָם כָּל ילי ־יֹצֵא צָבָא
בְּיִשְׂרָאֵל: 3 וַיְדַבֵּר מֹשֶׁה מהש וְאֶלְעָזָר הַכֹּהֵן מלה אֹתָם
בְּעַרְבֹת מוֹאָב עַל־יַרְדֵּן יְרֵחוֹ לֵאמֹר: 4 מִבֶּן עֶשְׂרִים

- There are only a few places in the Bible where there is a break in the verses, and one of them occurs here. It's right after the Hebrew word *magefa*, which means "the plague." A plague erupts when the Satan has dominion over whatever he wants. We are trying here to distance ourselves from plagues, which is why there is a space. We should disconnect from people, places, or things that are affected by plague.

שְׂאוּ - Moses decides to count the people again to purify them from all the plagues and everything they've been through. After their current battle with the Satan, they needed to reconnect with the Light. Whenever we experience a fall or go through negativity, we have to reconnect to the Light in some way.

שָׁנָה וָמָעְלָה כַּאֲשֶׁר צִוָּה יְהֹוָאֲדֹנָיאהדונהי אֶת־מֹשֶׁה מהש וּבְנֵי
יִשְׂרָאֵל הַיֹּצְאִים מֵאֶרֶץ מִצְרָיִם מצר׃

Second Reading - Isaac - Gvurah

5 רְאוּבֵן בְּכוֹר יִשְׂרָאֵל בְּנֵי רְאוּבֵן חֲנוֹךְ מִשְׁפַּחַת הַחֲנֹכִי
לְפַלּוּא מִשְׁפַּחַת הַפַּלֻּאִי׃ 6 לְחֶצְרֹן מִשְׁפַּחַת הַחֶצְרוֹנִי
לְכַרְמִי מִשְׁפַּחַת הַכַּרְמִי׃ 7 אֵלֶּה מִשְׁפְּחֹת הָרְאוּבֵנִי
וַיִּהְיוּ פְקֻדֵיהֶם שְׁלֹשָׁה וְאַרְבָּעִים אֶלֶף וּשְׁבַע מֵאוֹת
וּשְׁלֹשִׁים׃ 8 וּבְנֵי פַלּוּא אֱלִיאָב׃ 9 וּבְנֵי אֱלִיאָב נְמוּאֵל וְדָתָן
וַאֲבִירָם הוּא־דָתָן וַאֲבִירָם קְרִיאֵי (כתיב: קרואי) הָעֵדָה סיט
אֲשֶׁר הִצּוּ עַל־מֹשֶׁה מהש וְעַל־אַהֲרֹן בַּעֲדַת־קֹרַח בְּהַצֹּתָם
עַל־יְהֹוָאֲדֹנָיאהדונהי׃ 10 וַתִּפְתַּח הָאָרֶץ אלף למד הה יוד מם אֶת־פִּיהָ
וַתִּבְלַע אֹתָם וְאֶת־קֹרַח בְּמוֹת הָעֵדָה סיט בַּאֲכֹל הָאֵשׁ אֵת
חֲמִשִּׁים וּמָאתַיִם אִישׁ וַיִּהְיוּ לְנֵס יוד הא ואו הא - אדני׃ 11 וּבְנֵי־קֹרַח

The astrological signs are discussed here. Even though we each have only one birth sign, we are affected by all the planets and contain characteristics of all the signs within ourselves. We need to overcome the negative attributes of the signs and connect to their positive qualities to transform.

רְאוּבֵן - Cancer has qualities of motherhood, nurturing, emotions, and sensitivity, but it can also be about moodiness and depression that can create openings for negativity and illness. We also have to watch out for the trap of being too much needy, especially from a mother, and the need to be shielded, protected.

לֹא־מֵתוּ׃ 12 בְּנֵי שִׁמְעוֹן לְמִשְׁפְּחֹתָם לִנְמוּאֵל מִשְׁפַּחַת
הַנְּמוּאֵלִי לְיָמִין מִשְׁפַּחַת הַיָּמִינִי לְיָכִין מִשְׁפַּחַת הַיָּכִינִי׃
13 לְזֶרַח מִשְׁפַּחַת הַזַּרְחִי לְשָׁאוּל מִשְׁפַּחַת הַשָּׁאוּלִי׃ 14 אֵלֶּה
מִשְׁפְּחֹת הַשִּׁמְעֹנִי שְׁנַיִם וְעֶשְׂרִים אֶלֶף וּמָאתָיִם׃ 15 בְּנֵי
גָד לְמִשְׁפְּחֹתָם לִצְפוֹן מִשְׁפַּחַת הַצְּפוֹנִי לְחַגִּי מִשְׁפַּחַת
הַחַגִּי לְשׁוּנִי מִשְׁפַּחַת הַשּׁוּנִי׃ 16 לְאָזְנִי מִשְׁפַּחַת הָאָזְנִי לְעֵרִי
מִשְׁפַּחַת הָעֵרִי׃ 17 לַאֲרוֹד מִשְׁפַּחַת הָאֲרוֹדִי לְאַרְאֵלִי
מִשְׁפַּחַת הָאַרְאֵלִי׃ 18 אֵלֶּה מִשְׁפְּחֹת בְּנֵי־גָד לִפְקֻדֵיהֶם
אַרְבָּעִים אֶלֶף וַחֲמֵשׁ מֵאוֹת׃ 19 בְּנֵי יְהוּדָה עֵר וְאוֹנָן וַיָּמָת
עֵר וְאוֹנָן בְּאֶרֶץ כְּנָעַן׃ 20 וַיִּהְיוּ בְנֵי־יְהוּדָה לְמִשְׁפְּחֹתָם
לְשֵׁלָה מִשְׁפַּחַת הַשֵּׁלָנִי לְפֶרֶץ מִשְׁפַּחַת הַפַּרְצִי לְזֶרַח
מִשְׁפַּחַת הַזַּרְחִי׃ 21 וַיִּהְיוּ בְנֵי־פֶרֶץ לְחֶצְרֹן מִשְׁפַּחַת

שִׁמְעוֹן - Leos can be very loving, generous, and creative. But they can also be overly protective, dominant, and egotistical.

גָּד - Virgos are concerned with details and don't see the big picture. They are perfectionists but can also be overly critical and judgmental of others.

יְהוּדָה - Aries can give us lots of initiative to grow and do projects, but Aries also have trouble finishing what they start. The idea is to tap into the ability to be daring, to be a pioneer. The trap is to avoid being naïve and ego driven, which can make us think there's success even when it's not there.

הַחֶצְרֹנִי לְחָמוּל מִשְׁפַּחַת הֶחָמוּלִי׃ 22 אֵלֶּה מִשְׁפְּחֹת
יְהוּדָה לִפְקֻדֵיהֶם שִׁשָּׁה וְשִׁבְעִים אֶלֶף וַחֲמֵשׁ מֵאוֹת׃
23 בְּנֵי יִשָּׂשכָר לְמִשְׁפְּחֹתָם תּוֹלָע מִשְׁפַּחַת הַתּוֹלָעִי לְפֻוָה
מִשְׁפַּחַת הַפּוּנִי׃ 24 לְיָשׁוּב מִשְׁפַּחַת הַיָּשֻׁבִי לְשִׁמְרֹן מִשְׁפַּחַת
הַשִּׁמְרֹנִי׃ 25 אֵלֶּה מִשְׁפְּחֹת יִשָּׂשכָר לִפְקֻדֵיהֶם אַרְבָּעָה
וְשִׁשִּׁים אֶלֶף וּשְׁלֹשׁ מֵאוֹת׃ 26 בְּנֵי זְבוּלֻן לְמִשְׁפְּחֹתָם
לְסֶרֶד מִשְׁפַּחַת הַסַּרְדִּי לְאֵלוֹן מִשְׁפַּחַת הָאֵלֹנִי לְיַחְלְאֵל
מִשְׁפַּחַת הַיַּחְלְאֵלִי׃ 27 אֵלֶּה מִשְׁפְּחֹת הַזְּבוּלֹנִי לִפְקֻדֵיהֶם
שִׁשִּׁים אֶלֶף וַחֲמֵשׁ מֵאוֹת׃ 28 בְּנֵי יוֹסֵף ציון לְמִשְׁפְּחֹתָם מְנַשֶּׁה
וְאֶפְרָיִם׃ 29 בְּנֵי מְנַשֶּׁה לְמָכִיר מִשְׁפַּחַת הַמָּכִירִי וּמָכִיר
הוֹלִיד אֶת־גִּלְעָד לְגִלְעָד מִשְׁפַּחַת הַגִּלְעָדִי׃ 30 אֵלֶּה בְּנֵי

יִשָּׂשכָר - Taurus is about business, money, stability, and wanting to enjoy life in all aspects. It's also about feeling possessive about the things we own and the people in our lives, and it's our desire for comfort, physical reality, and not wanting to move.

זְבוּלֻן - Gemini is about being communicative, welcoming change, being curious, learning, knowing, and collecting information, friends, partners; on the other hand, it's about not focusing and not committing. It's also about being open to excitement, new ideas, and goals, and about jumping from one thing to the next.

מְנַשֶּׁה - Scorpios are overly emotional and go to extremes between love and hate, white and black, friends and enemies. They have to create balance between being very negative or very positive.

גִּלְעָד אִיעֶזֶר מִשְׁפַּחַת הָאִיעֶזְרִי לְחֵלֶק מִשְׁפַּחַת הַחֶלְקִי׃
31 וְאַשְׂרִיאֵל מִשְׁפַּחַת הָאַשְׂרִאֵלִי וְשֶׁכֶם מִשְׁפַּחַת הַשִּׁכְמִי׃
32 וּשְׁמִידָע מִשְׁפַּחַת הַשְּׁמִידָעִי וְחֵפֶר מִשְׁפַּחַת הַחֶפְרִי׃
33 וּצְלָפְחָד בֶּן־חֵפֶר לֹא־הָיוּ לוֹ בָּנִים כִּי אִם יוהך ־בָּנוֹת
וְשֵׁם בְּנוֹת צְלָפְחָד מַחְלָה וְנֹעָה חָגְלָה מִלְכָּה וְתִרְצָה׃
34 אֵלֶּה מִשְׁפְּחֹת מְנַשֶּׁה וּפְקֻדֵיהֶם שְׁנַיִם וַחֲמִשִּׁים אֶלֶף
וּשְׁבַע מֵאוֹת׃ 35 אֵלֶּה בְנֵי־אֶפְרַיִם לְמִשְׁפְּחֹתָם לְשׁוּתֶלַח
מִשְׁפַּחַת הַשֻּׁתַלְחִי לְבֶכֶר מִשְׁפַּחַת הַבַּכְרִי לְתַחַן מִשְׁפַּחַת
הַתַּחֲנִי׃ 36 וְאֵלֶּה בְּנֵי שׁוּתָלַח לְעֵרָן מִשְׁפַּחַת הָעֵרָנִי׃
37 אֵלֶּה מִשְׁפְּחֹת בְּנֵי־אֶפְרַיִם לִפְקֻדֵיהֶם שְׁנַיִם וּשְׁלֹשִׁים
אֶלֶף וַחֲמֵשׁ מֵאוֹת אֵלֶּה בְנֵי־יוֹסֵף ציין לְמִשְׁפְּחֹתָם׃ 38 בְּנֵי
בִנְיָמִן לְמִשְׁפְּחֹתָם לְבֶלַע מִשְׁפַּחַת הַבַּלְעִי לְאַשְׁבֵּל
מִשְׁפַּחַת הָאַשְׁבֵּלִי לַאֲחִירָם מִשְׁפַּחַת הָאֲחִירָמִי׃
39 לִשְׁפוּפָם מִשְׁפַּחַת הַשּׁוּפָמִי לְחוּפָם מִשְׁפַּחַת הַחוּפָמִי׃

אֶפְרַיִם - Librans come to bring harmony to the universe. They are loving, easy-going people who fight for justice; they are also peacemakers. But they need to find balance in life and not give too much.

בִּנְיָמִן - Sagittarius is a philosophical sign that wants to study and learn. Sagittarians can be very friendly, optimistic, and very spiritual, but they can also tend towards the frivolous.

40 וַיִּהְיוּ בְנֵי־בֶלַע אַרְדְּ וְנַעֲמָן מִשְׁפַּחַת הָאַרְדִּי לְנַעֲמָן
מִשְׁפַּחַת הַנַּעֲמִי׃ 41 אֵלֶּה בְנֵי־בִנְיָמִן לְמִשְׁפְּחֹתָם וּפְקֻדֵיהֶם
חֲמִשָּׁה וְאַרְבָּעִים אֶלֶף וְשֵׁשׁ מֵאוֹת׃ 42 אֵלֶּה בְנֵי־דָן
לְמִשְׁפְּחֹתָם לְשׁוּחָם מִשְׁפַּחַת הַשּׁוּחָמִי אֵלֶּה מִשְׁפְּחֹת דָּן
לְמִשְׁפְּחֹתָם׃ 43 כָּל־מִשְׁפְּחֹת הַשּׁוּחָמִי לִפְקֻדֵיהֶם אַרְבָּעָה
וְשִׁשִּׁים אֶלֶף וְאַרְבַּע מֵאוֹת׃ 44 בְּנֵי אָשֵׁר לְמִשְׁפְּחֹתָם
לְיִמְנָה מִשְׁפַּחַת הַיִּמְנָה לְיִשְׁוִי מִשְׁפַּחַת הַיִּשְׁוִי לִבְרִיעָה
מִשְׁפַּחַת הַבְּרִיעִי׃ 45 לִבְנֵי בְרִיעָה לְחֵבֶר מִשְׁפַּחַת הַחֶבְרִי
לְמַלְכִּיאֵל מִשְׁפַּחַת הַמַּלְכִּיאֵלִי׃ 46 וְשֵׁם בַּת־אָשֵׁר שָׂרַח׃
47 אֵלֶּה מִשְׁפְּחֹת בְּנֵי־אָשֵׁר לִפְקֻדֵיהֶם שְׁלֹשָׁה וַחֲמִשִּׁים
אֶלֶף וְאַרְבַּע מֵאוֹת׃ 48 בְּנֵי נַפְתָּלִי לְמִשְׁפְּחֹתָם לְיַחְצְאֵל
מִשְׁפַּחַת הַיַּחְצְאֵלִי לְגוּנִי מִשְׁפַּחַת הַגּוּנִי׃ 49 לְיֵצֶר מִשְׁפַּחַת

דָּן - Capricorns are very materialistic, practical, and limited by the five senses. Life for them is about order, discipline, and rigidity. It can be very hard for them to be spiritual if they rely too much on their senses.

אָשֵׁר - Aquarians come to break the limitations of any religion or tradition that isn't valid anymore. They seek and find new identities and understanding about what life really is about. They are here to build new ideas, but lack of order and discipline can lead to chaos.

נַפְתָּלִי - Pisceans are very sensitive, emotional, and compassionate. They can be very psychic, but they can also be too comfortable in their lives and not reach their potential.

הַיִּצְרִי לְשִׁלֵּם מִשְׁפַּחַת הַשִּׁלֵּמִי׃ 50 אֵלֶּה מִשְׁפְּחֹת נַפְתָּלִי
לְמִשְׁפְּחֹתָם וּפְקֻדֵיהֶם חֲמִשָּׁה וְאַרְבָּעִים אֶלֶף וְאַרְבַּע
מֵאוֹת׃ 51 אֵלֶּה פְּקוּדֵי בְּנֵי יִשְׂרָאֵל שֵׁשׁ־מֵאוֹת אֶלֶף וָאָלֶף
שְׁבַע מֵאוֹת וּשְׁלֹשִׁים׃

Third Reading - Jacob - Tiferet

52 וַיְדַבֵּר יְהֹוָהאדניאהדונהי אֶל־מֹשֶׁה מהש לֵּאמֹר׃ 53 לָאֵלֶּה
תֵּחָלֵק הָאָרֶץ אלף למד הה יוד מם בְּנַחֲלָה בְּמִסְפַּר שֵׁמוֹת׃ 54 לָרַב
תַּרְבֶּה נַחֲלָתוֹ וְלַמְעַט תַּמְעִיט נַחֲלָתוֹ אִישׁ לְפִי פְקֻדָיו יֻתַּן
נַחֲלָתוֹ׃ 55 אַךְ־בְּגוֹרָל יֵחָלֵק אֶת־הָאָרֶץ אלף למד הה יוד מם לִשְׁמוֹת
מַטּוֹת־אֲבֹתָם יִנְחָלוּ׃ 56 עַל־פִּי הַגּוֹרָל תֵּחָלֵק נַחֲלָתוֹ בֵּין רַב
לִמְעָט׃ 57 וְאֵלֶּה פְקוּדֵי הַלֵּוִי לְמִשְׁפְּחֹתָם לְגֵרְשׁוֹן מִשְׁפַּחַת
הַגֵּרְשֻׁנִּי לִקְהָת מִשְׁפַּחַת הַקְּהָתִי לִמְרָרִי מִשְׁפַּחַת הַמְּרָרִי׃
58 אֵלֶּה ׀ מִשְׁפְּחֹת לֵוִי מִשְׁפַּחַת הַלִּבְנִי מִשְׁפַּחַת הַחֶבְרֹנִי

לָאֵלֶּה - The land was assigned in lots to each of the 12 tribes. Where they were situated in Israel depended partly on the lot they cast and partly on divine intervention. Wherever a person lives, he can reveal Light; he himself determines how much. Even if we're living among millions of people, we should feel a sense of responsibility to reveal Light wherever we are.

פְקוּדֵי - The Levites are counted again to give them Light after they were contaminated by Korach. No matter who we are or how elevated we are, we can become contaminated by negativity.

מִשְׁפַּחַת הַמַּחְלִי מִשְׁפַּחַת הַמּוּשִׁי מִשְׁפַּחַת הַקָּרְחִי וּקְהָת
הוֹלִד אֶת־עַמְרָם׃ 59 וְשֵׁם | אֵשֶׁת עַמְרָם יוֹכֶבֶד בַּת־
לֵוִי אֲשֶׁר יָלְדָה אֹתָהּ לְלֵוִי בְּמִצְרָיִם מצר וַתֵּלֶד לְעַמְרָם
אֶת־אַהֲרֹן וְאֶת־מֹשֶׁה מהש וְאֵת מִרְיָם אֲחֹתָם׃ 60 וַיִּוָּלֵד
לְאַהֲרֹן אֶת־נָדָב וְאֶת־אֲבִיהוּא אֶת־אֶלְעָזָר וְאֶת־אִיתָמָר׃
61 וַיָּמָת נָדָב וַאֲבִיהוּא בְּהַקְרִיבָם אֵשׁ־זָרָה לִפְנֵי חכמה, בינה
יְהֹוָאֲדֹנָי יאהדונהי׃ 62 וַיִּהְיוּ פְקֻדֵיהֶם שְׁלֹשָׁה וְעֶשְׂרִים אֶלֶף כָּל ילי
־זָכָר מִבֶּן־חֹדֶשׁ י״ב הוויות וָמָעְלָה כִּי | לֹא הָתְפָּקְדוּ בְּתוֹךְ
בְּנֵי יִשְׂרָאֵל כִּי לֹא־נִתַּן לָהֶם נַחֲלָה בְּתוֹךְ בְּנֵי יִשְׂרָאֵל׃
63 אֵלֶּה פְּקוּדֵי מֹשֶׁה מהש וְאֶלְעָזָר הַכֹּהֵן מלה אֲשֶׁר פָּקְדוּ אֶת־
בְּנֵי יִשְׂרָאֵל בְּעַרְבֹת מוֹאָב עַל יַרְדֵּן יְרֵחוֹ׃ 64 וּבְאֵלֶּה לֹא־
הָיָה יהה אִישׁ מִפְּקוּדֵי מֹשֶׁה מהש וְאַהֲרֹן הַכֹּהֵן מלה אֲשֶׁר פָּקְדוּ
אֶת־בְּנֵי יִשְׂרָאֵל בְּמִדְבַּר סִינָי נמם׃ 65 כִּי־אָמַר יְהֹוָאֲדֹנָי יאהדונהי
לָהֶם מוֹת יָמֻתוּ בַּמִּדְבָּר וְלֹא־נוֹתַר מֵהֶם אִישׁ כִּי אִם יוהך
־כָּלֵב לכב בֶּן־יְפֻנֶּה וִיהוֹשֻׁעַ בִּן־נוּן׃ 27 1 וַתִּקְרַבְנָה בְּנוֹת
צְלָפְחָד בֶּן־חֵפֶר בֶּן־גִּלְעָד בֶּן־מָכִיר בֶּן־מְנַשֶּׁה לְמִשְׁפְּחֹת
מְנַשֶּׁה בֶן־יוֹסֵף ציון וְאֵלֶּה שְׁמוֹת בְּנֹתָיו מַחְלָה נֹעָה וְחָגְלָה
וּמִלְכָּה וְתִרְצָה׃ 2 וַתַּעֲמֹדְנָה לִפְנֵי חכמה, בינה מֹשֶׁה מהש
וְלִפְנֵי חכמה, בינה אֶלְעָזָר הַכֹּהֵן מלה וְלִפְנֵי חכמה, בינה הַנְּשִׂיאִם

וְכָל ילי -הָעֵדָה סיט פֶּתַח אֹהֶל-מוֹעֵד לֵאמֹר׃ 3 אָבִינוּ מֵת
בַּמִּדְבָּר וְהוּא לֹא-הָיָה יהה בְּתוֹךְ הָעֵדָה סיט הַנּוֹעָדִים עַל-
יְהֹוָה יאהדונהי בַּעֲדַת-קֹרַח כִּי-בְחֶטְאוֹ מֵת וּבָנִים לֹא-הָיוּ
לוֹ׃ 4 לָמָּה יִגָּרַע שֵׁם-אָבִינוּ מִתּוֹךְ מִשְׁפַּחְתּוֹ כִּי אֵין לוֹ
בֵּן תְּנָה נתה -לָּנוּ מום, יה - אדני אֲחֻזָּה בְּתוֹךְ אֲחֵי אָבִינוּ׃ 5 וַיַּקְרֵב
מֹשֶׁה מהש אֶת- מִשְׁפָּטָן לִפְנֵי חכמה, בינה יְהֹוָה יאהדונהי׃

Fourth Reading - Moses - Netzach

6 וַיֹּאמֶר יְהֹוָה יאהדונהי אֶל-מֹשֶׁה מהש לֵּאמֹר׃ 7 כֵּן בְּנוֹת
צְלָפְחָד דֹּבְרֹת נָתֹן תִּתֵּן ב"פ כהת לָהֶם אֲחֻזַּת נַחֲלָה בְּתוֹךְ
אֲחֵי אֲבִיהֶם וְהַעֲבַרְתָּ אֶת-נַחֲלַת אֲבִיהֶן לָהֶן׃ 8 וְאֶל-בְּנֵי
יִשְׂרָאֵל תְּדַבֵּר לֵאמֹר אִישׁ כִּי-יָמוּת וּבֵן אֵין לוֹ וְהַעֲבַרְתֶּם

מִשְׁפָּטָן - We experience judgment in our lives only because we judge others. Whenever a person opens the gateway to judgment through thought or action, the energy of judgment is also immediately applied to his or her own life. The large letter *nun* in this reading connects us to the power of overcoming our own judgmental nature. By doing so, we avoid activating the energy of judgment in our lives.

כֵּן - The laws of inheritance are discussed. A family fighting over an estate is one of the biggest assaults on human dignity. There are many laws about estates, but the most important is not to argue because when we do, we are not thinking about the person who died.

אֶת־נַחֲלָתוֹ לְבִתּוֹ׃ 9 וְאִם יוהך ־אֵין לוֹ בַּת וּנְתַתֶּם אֶת־נַחֲלָתוֹ
לְאֶחָיו׃ 10 וְאִם יוהך ־אֵין לוֹ אַחִים וּנְתַתֶּם אֶת־נַחֲלָתוֹ לַאֲחֵי
אָבִיו׃ 11 וְאִם יוהך ־אֵין אַחִים לְאָבִיו וּנְתַתֶּם אֶת־נַחֲלָתוֹ
לִשְׁאֵרוֹ הַקָּרֹב אֵלָיו מִמִּשְׁפַּחְתּוֹ וְיָרַשׁ אֹתָהּ וְהָיְתָה לִבְנֵי
יִשְׂרָאֵל לְחֻקַּת מִשְׁפָּט ה״פ אלהים כַּאֲשֶׁר צִוָּה יְהֹוָהאדניאהדונהי
אֶת־מֹשֶׁה מהש׃ 12 וַיֹּאמֶר יְהֹוָהאדניאהדונהי אֶל־מֹשֶׁה מהש עֲלֵה
אֶל־הַר הָעֲבָרִים הַזֶּה והו וּרְאֵה ראה אֶת־הָאָרֶץ אלף למד הה
יוד מם אֲשֶׁר נָתַתִּי לִבְנֵי יִשְׂרָאֵל׃ 13 וְרָאִיתָה אֹתָהּ וְנֶאֱסַפְתָּ
אֶל־עַמֶּיךָ גַּם־אָתָּה כַּאֲשֶׁר נֶאֱסַף אַהֲרֹן אָחִיךָ׃ 14 כַּאֲשֶׁר
מְרִיתֶם פִּי בְּמִדְבַּר־צִן בִּמְרִיבַת הָעֵדָה סיט לְהַקְדִּישֵׁנִי
בַמַּיִם לְעֵינֵיהֶם הֵם מֵי ילי ־מְרִיבַת קָדֵשׁ מִדְבַּר ראה
־צִן׃ 15 וַיְדַבֵּר מֹשֶׁה מהש אֶל־יְהֹוָהאדניאהדונהי לֵאמֹר׃ 16 יִפְקֹד

וּרְאֵה - God shows Moses the land of Israel, and Moses makes a connection to it with his eyes even though he's not going there. He is allowed to make this connection so that he will recognize the place in his next incarnation. There is always a link from one lifetime to the next; we always meet at least one person in our present lifetime whom we'll meet in the next.

יִפְקֹד - Moses asks the Creator to name a successor for him. Here we get enormous insight into the student/teacher relationship. A teacher actually transfers part of his soul to his student, which is why the relationship is on a higher level than even that of a parent and child. A parent gives a child a body, but the teacher actually gives the soul.

יְהֹוָה יאהדונהי אֱלֹהֵי דמב, ילה הָרוּחֹת לְכָל יה אדני, ילי ־בָּשָׂר
אִישׁ עַל־הָעֵדָה סיט: 17 אֲשֶׁר־יֵצֵא לִפְנֵיהֶם וַאֲשֶׁר יָבֹא
לִפְנֵיהֶם וַאֲשֶׁר יוֹצִיאֵם וַאֲשֶׁר יְבִיאֵם וְלֹא תִהְיֶה עֲדַת
יְהֹוָה יאהדונהי כַּצֹּאן אֲשֶׁר אֵין־לָהֶם רֹעֶה רהע: 18 וַיֹּאמֶר
יְהֹוָה יאהדונהי אֶל־מֹשֶׁה מהש קַח־לְךָ אֶת־יְהוֹשֻׁעַ בִּן־נוּן
אִישׁ אֲשֶׁר־רוּחַ בּוֹ וְסָמַכְתָּ אֶת־יָדְךָ עָלָיו: 19 וְהַעֲמַדְתָּ
אֹתוֹ לִפְנֵי חכמה, בינה אֶלְעָזָר הַכֹּהֵן מלה וְלִפְנֵי חכמה, בינה כָּל ילי
־הָעֵדָה סיט וְצִוִּיתָה אֹתוֹ לְעֵינֵיהֶם: 20 וְנָתַתָּה מֵהוֹדְךָ עָלָיו
לְמַעַן יִשְׁמְעוּ כָּל ילי ־עֲדַת בְּנֵי יִשְׂרָאֵל: 21 וְלִפְנֵי חכמה, בינה
אֶלְעָזָר הַכֹּהֵן מלה יַעֲמֹד וְשָׁאַל לוֹ בְּמִשְׁפַּט ה"פ אלהים הָאוּרִים
לִפְנֵי חכמה, בינה יְהֹוָה יאהדונהי עַל־פִּיו פוי יֵצְאוּ וְעַל־פִּיו פוי יָבֹאוּ
הוּא וְכָל ילי ־בְּנֵי־יִשְׂרָאֵל אִתּוֹ וְכָל ילי ־הָעֵדָה סיט: 22 וַיַּעַשׂ
מֹשֶׁה מהש כַּאֲשֶׁר צִוָּה יְהֹוָה יאהדונהי אֹתוֹ וַיִּקַּח חעם אֶת־יְהוֹשֻׁעַ
וַיַּעֲמִדֵהוּ לִפְנֵי חכמה, בינה אֶלְעָזָר הַכֹּהֵן מלה וְלִפְנֵי חכמה, בינה כָּל ילי
־הָעֵדָה סיט: 23 וַיִּסְמֹךְ אֶת־יָדָיו עָלָיו וַיְצַוֵּהוּ כַּאֲשֶׁר דִּבֶּר ראה
יְהֹוָה יאהדונהי בְּיַד־מֹשֶׁה מהש:

Fifth Reading - Aaron - Hod

28 1 וַיְדַבֵּר יְהֹוָה יאהדונהי אֶל־מֹשֶׁה מהש לֵּאמֹר: 2 צַו פוי
אֶת־בְּנֵי יִשְׂרָאֵל וְאָמַרְתָּ אֲלֵהֶם אֶת־קָרְבָּנִי לַחְמִי לְאִשַּׁי

רֵיחַ נִיחֹחִי תִּשְׁמְרוּ לְהַקְרִיב לִי בְּמוֹעֲדוֹ: 3 וְאָמַרְתָּ
לָהֶם זֶה הָאִשֶּׁה אֲשֶׁר תַּקְרִיבוּ לַיהוָֹאדני יאהדונהי כְּבָשִׂים
בְּנֵי־שָׁנָה תְמִימִם שְׁנַיִם לַיּוֹם נגד, מזבח, זן עֹלָה תָמִיד נתה, קס״א
- קנ״א - קמ״ג: 4 אֶת־הַכֶּבֶשׂ אֶחָד אהבה, דאגה תַּעֲשֶׂה בַבֹּקֶר וְאֵת
הַכֶּבֶשׂ הַשֵּׁנִי תַּעֲשֶׂה בֵּין הָעַרְבָּיִם: 5 וַעֲשִׂירִית הָאֵיפָה
סֹלֶת לְמִנְחָה ב״פ ב״ן בְּלוּלָה בְּשֶׁמֶן כָּתִית רְבִיעִת הַהִין:
6 עֹלַת תָּמִיד נתה, קס״א - קנ״א - קמ״ג הָעֲשֻׂיָה בְּהַר סִינַי נמם לְרֵיחַ
נִיחֹחַ אִשֶּׁה לַיהוָֹאדני יאהדונהי: 7 וְנִסְכּוֹ רְבִיעִת הַהִין לַכֶּבֶשׂ
הָאֶחָד אהבה, דאגה בַּקֹּדֶשׁ הַסֵּךְ נֶסֶךְ שֵׁכָר י״פ ב״ן לַיהוָֹאדני יאהדונהי:
8 וְאֵת הַכֶּבֶשׂ הַשֵּׁנִי תַּעֲשֶׂה בֵּין הָעַרְבָּיִם כְּמִנְחַת הַבֹּקֶר
וּכְנִסְכּוֹ תַּעֲשֶׂה אִשֵּׁה רֵיחַ נִיחֹחַ לַיהוָֹאדני יאהדונהי: 9 וּבְיוֹם נגד,
מזבח, זן הַשַּׁבָּת שְׁנֵי־כְבָשִׂים בְּנֵי־שָׁנָה תְּמִימִם וּשְׁנֵי

לְהַקְרִיב - The daily sacrifice is discussed. Every morning, a negative entity named *Tolah* comes into being to destroy the world. At that same time, a positive *Tolah* wakes up with the energy of mercy. Through the daily sacrifices in the Tabernacle (and later the Temple), that negative entity was destroyed. We destroy these same entities when we say the section of sacrifices in the morning prayers.

הַשַּׁבָּת - The connection of Shabbat is discussed, and it's extremely important to make this connection to allow us to disconnect from the physical world and connect to the spiritual one. Everyone needs to take at least five minutes every Saturday to connect to the energy of Shabbat.

עֶשְׂרֹנִים סֹלֶת מִנְחָה ב״פ ב״ן בְּלוּלָה בַשֶּׁמֶן וְנִסְכּוֹ: 10 עֹלַת
שַׁבַּת בְּשַׁבַּתּוֹ עַל־עֹלַת הַתָּמִיד נתה, קס״א - קנ״א - קמ״ג וְנִסְכָּהּ:
11 וּבְרָאשֵׁי חָדְשֵׁיכֶם תַּקְרִיבוּ עֹלָה לַיהֹוָהאדניאהדונהי פָּרִים
בְּנֵי־בָקָר שְׁנַיִם וְאַיִל אֶחָד אהבה, דאגה כְּבָשִׂים בְּנֵי־שָׁנָה
שִׁבְעָה תְּמִימִם: 12 וּשְׁלֹשָׁה עֶשְׂרֹנִים סֹלֶת מִנְחָה ב״פ ב״ן
בְּלוּלָה בַשֶּׁמֶן לַפָּר הָאֶחָד אהבה, דאגה וּשְׁנֵי עֶשְׂרֹנִים סֹלֶת
מִנְחָה ב״פ ב״ן בְּלוּלָה בַשֶּׁמֶן לָאַיִל הָאֶחָד אהבה, דאגה: 13 וְעִשָּׂרֹן
עִשָּׂרוֹן סֹלֶת מִנְחָה ב״פ ב״ן בְּלוּלָה בַשֶּׁמֶן לַכֶּבֶשׂ הָאֶחָד אהבה,
דאגה עֹלָה רֵיחַ נִיחֹחַ אִשֶּׁה לַיהֹוָהאדניאהדונהי: 14 וְנִסְכֵּיהֶם חֲצִי
הַהִין יִהְיֶה ייי לַפָּר וּשְׁלִישִׁת הַהִין לָאַיִל וּרְבִיעִת הַהִין
לַכֶּבֶשׂ יָיִן מיכ, י״פ האא זֹאת עֹלַת חֹדֶשׁ י״ב הויות בְּחָדְשׁוֹ לְחָדְשֵׁי
הַשָּׁנָה: 15 וּשְׂעִיר עִזִּים אֶחָד אהבה, דאגה לְחַטָּאת לַיהֹוָהאדניאהדונהי
עַל־עֹלַת הַתָּמִיד נתה, קס״א - קנ״א - קמ״ג יֵעָשֶׂה וְנִסְכּוֹ:

וּבְרָאשֵׁי חָדְשֵׁיכֶם - At the start of every month, we have a chance to control the month and the whole cycle of the moon at the seed level. Just as the moon only reflects the light of the sun, we don't have any light of our own. We have to connect to the Light. To connect to the energy of the month, we have to do extra meditations, extra acts of sharing, extra scanning of the Zohar, and extra meditating on the Hebrew letters of the new month.

Sixth Reading - Joseph - Yesod

16 וּבַחֹדֶשׁ יב הוויות הָרִאשׁוֹן בְּאַרְבָּעָה עָשָׂר יוֹם נגד, מזבח, זן
לַחֹדֶשׁ יב הוויות פֶּסַח לַיהוָֹה אדני אהדונהי׃ 17 וּבַחֲמִשָּׁה עָשָׂר יוֹם נגד,
מזבח, זן לַחֹדֶשׁ יב הוויות הַזֶּה והו חָג שִׁבְעַת יָמִים נלך מַצּוֹת יֵאָכֵל׃
18 בַּיּוֹם נגד, מזבח, זן הָרִאשׁוֹן מִקְרָא־קֹדֶשׁ כָּל ילי ־מְלֶאכֶת
עֲבֹדָה לֹא תַעֲשׂוּ׃ 19 וְהִקְרַבְתֶּם אִשֶּׁה עֹלָה לַיהוָֹה אדני אהדונהי
פָּרִים בְּנֵי־בָקָר שְׁנַיִם וְאַיִל אֶחָד אהבה, דאגה וְשִׁבְעָה כְבָשִׂים
בְּנֵי שָׁנָה תְּמִימִם יִהְיוּ לָכֶם׃ 20 וּמִנְחָתָם סֹלֶת בְּלוּלָה
בַשָּׁמֶן שְׁלֹשָׁה עֶשְׂרֹנִים לַפָּר וּשְׁנֵי עֶשְׂרֹנִים לָאַיִל תַּעֲשׂוּ׃
21 עִשָּׂרוֹן עִשָּׂרוֹן תַּעֲשֶׂה לַכֶּבֶשׂ הָאֶחָד אהבה, דאגה לְשִׁבְעַת
הַכְּבָשִׂים׃ 22 וּשְׂעִיר חַטָּאת אֶחָד אהבה, דאגה לְכַפֵּר עֲלֵיכֶם׃
23 מִלְּבַד עֹלַת הַבֹּקֶר אֲשֶׁר לְעֹלַת הַתָּמִיד נתה, קס"א - קנ"א
- קמ"ג תַּעֲשׂוּ אֶת־אֵלֶּה׃ 24 כָּאֵלֶּה תַּעֲשׂוּ לַיּוֹם נגד, מזבח, זן
שִׁבְעַת יָמִים נלך לֶחֶם ג"פ יהו"ה אִשֵּׁה רֵיחַ־נִיחֹחַ לַיהוָֹה אדני אהדונהי
עַל־עוֹלַת ושר, אבג יתץ, אהבת חנם הַתָּמִיד נתה, קס"א - קנ"א - קמ"ג יֵעָשֶׂה
וְנִסְכּוֹ׃ 25 וּבַיּוֹם נגד, מזבח, זן הַשְּׁבִיעִי מִקְרָא־קֹדֶשׁ יִהְיֶה ייי

פֶּסַח - At Passover, we break the chains of the things that keep us in bondage.

לָכֶם כָּל ילי ־מְלֶאכֶת עֲבֹדָה לֹא תַעֲשׂוּ׃ 26 וּבְיוֹם נגד, מזבח, זן
הַבִּכּוּרִים בְּהַקְרִיבְכֶם מִנְחָה ב״פ ב״ן חֲדָשָׁה לַיהֹוָהאדניאהדונהי
בְּשָׁבֻעֹתֵיכֶם מִקְרָא־קֹדֶשׁ יִהְיֶה ייי לָכֶם כָּל ילי ־מְלֶאכֶת
עֲבֹדָה לֹא תַעֲשׂוּ׃ 27 וְהִקְרַבְתֶּם עוֹלָה לְרֵיחַ נִיחֹחַ
לַיהֹוָהאדניאהדונהי פָּרִים בְּנֵי־בָקָר שְׁנַיִם אַיִל אֶחָד אהבה, דאגה
שִׁבְעָה כְבָשִׂים בְּנֵי שָׁנָה׃ 28 וּמִנְחָתָם סֹלֶת בְּלוּלָה בַשָּׁמֶן
שְׁלֹשָׁה עֶשְׂרֹנִים לַפָּר הָאֶחָד אהבה, דאגה שְׁנֵי עֶשְׂרֹנִים לָאַיִל
הָאֶחָד אהבה, דאגה׃ 29 עִשָּׂרוֹן עִשָּׂרוֹן לַכֶּבֶשׂ הָאֶחָד אהבה, דאגה
לְשִׁבְעַת הַכְּבָשִׂים׃ 30 שְׂעִיר עִזִּים אֶחָד אהבה, דאגה לְכַפֵּר
עֲלֵיכֶם׃ 31 מִלְּבַד עֹלַת הַתָּמִיד נתה, קס״א ־ קנ״א ־ קמ״ג וּמִנְחָתוֹ
תַּעֲשׂוּ תְּמִימִם יִהְיוּ־לָכֶם וְנִסְכֵּיהֶם׃ 29 1 וּבַחֹדֶשׁ י״ב
הוויות הַשְּׁבִיעִי **בְּאֶחָד** אהבה, דאגה לַחֹדֶשׁ י״ב הוויות מִקְרָא־קֹדֶשׁ
יִהְיֶה ייי לָכֶם כָּל ילי ־מְלֶאכֶת עֲבֹדָה לֹא תַעֲשׂוּ יוֹם נגד,
מזבח, זן תְּרוּעָה יִהְיֶה ייי לָכֶם׃ 2 וַעֲשִׂיתֶם עֹלָה לְרֵיחַ נִיחֹחַ
לַיהֹוָהאדניאהדונהי פַּר בֶּן־בָּקָר אֶחָד אהבה, דאגה אַיִל אֶחָד אהבה, דאגה

בְּשָׁבֻעֹתֵיכֶם - At Shavuot, we connect to the energy of the revelation on Mount Sinai.

בְּאֶחָד - At Rosh Hashanah, we are cleansed from the judgments that have come upon us during the year.

כְּבָשִׂים בְּנֵי־שָׁנָה שִׁבְעָה תְּמִימִם׃ 3 וּמִנְחָתָם סֹלֶת בְּלוּלָה
בַשָּׁמֶן שְׁלֹשָׁה עֶשְׂרֹנִים לַפָּר שְׁנֵי עֶשְׂרֹנִים לָאָיִל׃ 4 וְעִשָּׂרוֹן
אֶחָד אהבה, דאגה לַכֶּבֶשׂ הָאֶחָד אהבה, דאגה לְשִׁבְעַת הַכְּבָשִׂים׃
5 וּשְׂעִיר־עִזִּים אֶחָד אהבה, דאגה חַטָּאת לְכַפֵּר עֲלֵיכֶם׃
6 מִלְּבַד עֹלַת הַחֹדֶשׁ י"ב הויות וּמִנְחָתָהּ וְעֹלַת הַתָּמִיד נתה, קס"א
- קנ"א - קמ"ג וּמִנְחָתָהּ וְנִסְכֵּיהֶם כְּמִשְׁפָּטָם לְרֵיחַ נִיחֹחַ אִשֶּׁה
לַיהוָהאדנייאהדונהי׃ 7 וּבֶעָשׂוֹר לַחֹדֶשׁ י"ב הויות הַשְּׁבִיעִי הַזֶּה והו
מִקְרָא־קֹדֶשׁ יִהְיֶה ייי לָכֶם וְעִנִּיתֶם אֶת־נַפְשֹׁתֵיכֶם כָּל ילי -
מְלָאכָה לֹא תַעֲשׂוּ׃ 8 וְהִקְרַבְתֶּם עֹלָה לַיהוָהאדנייאהדונהי רֵיחַ
נִיחֹחַ פַּר בֶּן־בָּקָר אֶחָד אהבה, דאגה אַיִל אֶחָד אהבה, דאגה כְּבָשִׂים
בְּנֵי־שָׁנָה שִׁבְעָה תְּמִימִם יִהְיוּ לָכֶם׃ 9 וּמִנְחָתָם סֹלֶת
בְּלוּלָה בַשָּׁמֶן שְׁלֹשָׁה עֶשְׂרֹנִים לַפָּר שְׁנֵי עֶשְׂרֹנִים לָאָיִל
הָאֶחָד אהבה, דאגה׃ 10 עִשָּׂרוֹן עִשָּׂרוֹן לַכֶּבֶשׂ הָאֶחָד אהבה, דאגה
לְשִׁבְעַת הַכְּבָשִׂים׃ 11 שְׂעִיר־עִזִּים אֶחָד אהבה, דאגה חַטָּאת
מִלְּבַד חַטַּאת הַכִּפֻּרִים וְעֹלַת הַתָּמִיד נתה, קס"א - קנ"א - קמ"ג
וּמִנְחָתָהּ וְנִסְכֵּיהֶם׃

וּבֶעָשׂוֹר - At Yom Kippur, we receive the Creator's energy of love and sharing for the year to come.

Seventh Reading - David - Malchut

12 וּבַחֲמִשָּׁה עָשָׂר יוֹם נגד, מזבח, זן לַחֹדֶשׁ י״ב הוויות הַשְּׁבִיעִי
מִקְרָא־קֹדֶשׁ יִהְיֶה ייי לָכֶם כָּל ילי ־מְלֶאכֶת עֲבֹדָה לֹא תַעֲשׂוּ
וְחַגֹּתֶם חַג לַיהֹוָהאדניאהדונהי שִׁבְעַת יָמִים נלך: 13 וְהִקְרַבְתֶּם
עֹלָה אִשֵּׁה רֵיחַ נִיחֹחַ לַיהֹוָהאדניאהדונהי פָּרִים בְּנֵי־בָקָר שְׁלֹשָׁה
עָשָׂר אֵילִם שְׁנָיִם כְּבָשִׂים בְּנֵי־שָׁנָה אַרְבָּעָה עָשָׂר תְּמִימִם
יִהְיוּ: 14 וּמִנְחָתָם סֹלֶת בְּלוּלָה בַשָּׁמֶן שְׁלֹשָׁה עֶשְׂרֹנִים לַפָּר
הָאֶחָד אהבה, דאגה לִשְׁלֹשָׁה עָשָׂר פָּרִים שְׁנֵי עֶשְׂרֹנִים לָאַיִל
הָאֶחָד אהבה, דאגה לִשְׁנֵי הָאֵילִם: 15 וְעִשָּׂרוֹן עִשָּׂרוֹן לַכֶּבֶשׂ
הָאֶחָד אהבה, דאגה לְאַרְבָּעָה עָשָׂר כְּבָשִׂים: 16 וּשְׂעִיר־עִזִּים
אֶחָד אהבה, דאגה חַטָּאת מִלְּבַד עֹלַת הַתָּמִיד נתה, קס״א - קנ״א - קמ״ג

וּבַחֲמִשָּׁה עָשָׂר - At Sukkot, we bring 70 sacrifices and meditate on each nation of the world.

וְעִשָּׂרוֹן - According to Kabbalistic teachings, every encounter with the letter *vav* connects us to the realm of *Zeir Anpin* -- that is, to the full energy of the Upper World. And here we have a *vav* crowned by a tiny dot. This dot represents the very smallest form of physicality. As Rav Berg explains, it is one of life's paradoxes that we can only gain true control over the realm of matter by achieving a level of antimatter. Where there is little physicality, there is greater power. The same principle can be seen in a microchip: the smaller the chip, the greater the energy. The small dot over the letter *vav* helps us to reduce ourselves to our very smallest form. By doing so, we can draw down the full volume of Light available in this reading.

מִנְחָתָהּ וְנִסְכָּהּ: 17 וּבַיּוֹם נגד, מזבח, זן הַשֵּׁנִי פָּרִים בְּנֵי־בָקָר
שְׁנֵים עָשָׂר אֵילִם שְׁנָיִם כְּבָשִׂים בְּנֵי־שָׁנָה אַרְבָּעָה עָשָׂר
תְּמִימִם: 18 וּמִנְחָתָם וְנִסְכֵּיהֶם לַפָּרִים לָאֵילִם וְלַכְּבָשִׂים
בְּמִסְפָּרָם כַּמִּשְׁפָּט ה"פ אלהים: 19 וּשְׂעִיר־עִזִּים אֶחָד אהבה, דאגה
חַטָּאת מִלְּבַד עֹלַת הַתָּמִיד נתה, קס"א - קנ"א - קמ"ג וּמִנְחָתָהּ
וְנִסְכֵּיהֶם: 20 וּבַיּוֹם נגד, מזבח, זן הַשְּׁלִישִׁי פָּרִים עַשְׁתֵּי־עָשָׂר
אֵילִם שְׁנָיִם כְּבָשִׂים בְּנֵי־שָׁנָה אַרְבָּעָה עָשָׂר תְּמִימִם:
21 וּמִנְחָתָם וְנִסְכֵּיהֶם לַפָּרִים לָאֵילִם וְלַכְּבָשִׂים בְּמִסְפָּרָם
כַּמִּשְׁפָּט ה"פ אלהים: 22 וּשְׂעִיר חַטָּאת אֶחָד אהבה, דאגה מִלְּבַד
עֹלַת הַתָּמִיד נתה, קס"א - קנ"א - קמ"ג וּמִנְחָתָהּ וְנִסְכָּהּ: 23 וּבַיּוֹם נגד,
מזבח, זן הָרְבִיעִי פָּרִים עֲשָׂרָה אֵילִם שְׁנָיִם כְּבָשִׂים בְּנֵי־
שָׁנָה אַרְבָּעָה עָשָׂר תְּמִימִם: 24 מִנְחָתָם וְנִסְכֵּיהֶם לַפָּרִים
לָאֵילִם וְלַכְּבָשִׂים בְּמִסְפָּרָם כַּמִּשְׁפָּט ה"פ אלהים: 25 וּשְׂעִיר־
עִזִּים אֶחָד אהבה, דאגה חַטָּאת מִלְּבַד עֹלַת הַתָּמִיד נתה, קס"א - קנ"א -
קמ"ג מִנְחָתָהּ וְנִסְכָּהּ: 26 וּבַיּוֹם נגד, מזבח, זן הַחֲמִישִׁי פָּרִים תִּשְׁעָה
אֵילִם שְׁנָיִם כְּבָשִׂים בְּנֵי־שָׁנָה אַרְבָּעָה עָשָׂר תְּמִימִם:
27 וּמִנְחָתָם וְנִסְכֵּיהֶם לַפָּרִים לָאֵילִם וְלַכְּבָשִׂים בְּמִסְפָּרָם
כַּמִּשְׁפָּט ה"פ אלהים: 28 וּשְׂעִיר חַטָּאת אֶחָד אהבה, דאגה מִלְּבַד
עֹלַת הַתָּמִיד נתה, קס"א - קנ"א - קמ"ג וּמִנְחָתָהּ וְנִסְכָּהּ: 29 וּבַיּוֹם נגד,

הַשִּׁשִּׁי מזבח, זן פָּרִים שְׁמֹנָה פוי אֵילִם שְׁנָיִם כְּבָשִׂים בְּנֵי־שָׁנָה
אַרְבָּעָה עָשָׂר תְּמִימִם׃ 30 וּמִנְחָתָם וְנִסְכֵּיהֶם לַפָּרִים
לָאֵילִם וְלַכְּבָשִׂים בְּמִסְפָּרָם כַּמִּשְׁפָּט ה״פ אלהים׃ 31 וּשְׂעִיר
חַטָּאת אֶחָד אהבה, דאגה מִלְּבַד עֹלַת הַתָּמִיד נתה, קס״א - קנ״א - קמ״ג
מִנְחָתָהּ וּנְסָכֶיהָ׃ 32 וּבַיּוֹם נגד, מזבח, זן הַשְּׁבִיעִי פָּרִים שִׁבְעָה
אֵילִם שְׁנָיִם כְּבָשִׂים בְּנֵי־שָׁנָה אַרְבָּעָה עָשָׂר תְּמִימִם׃
33 וּמִנְחָתָם וְנִסְכֵּהֶם לַפָּרִים לָאֵילִם וְלַכְּבָשִׂים בְּמִסְפָּרָם
כְּמִשְׁפָּטָם׃ 34 וּשְׂעִיר חַטָּאת אֶחָד אהבה, דאגה מִלְּבַד עֹלַת
הַתָּמִיד נתה, קס״א - קנ״א - קמ״ג מִנְחָתָהּ וְנִסְכָּהּ׃

Maftir

35 בַּיּוֹם נגד, מזבח, זן הַשְּׁמִינִי עֲצֶרֶת תִּהְיֶה לָכֶם כָּל ילי ־מְלֶאכֶת
עֲבֹדָה לֹא תַעֲשׂוּ׃ 36 וְהִקְרַבְתֶּם עֹלָה אִשֵּׁה רֵיחַ נִיחֹחַ
לַיהֹוָהאדניאהדונהי פַּר אֶחָד אהבה, דאגה אַיִל אֶחָד אהבה, דאגה כְּבָשִׂים
בְּנֵי־שָׁנָה שִׁבְעָה תְּמִימִם׃ 37 מִנְחָתָם וְנִסְכֵּיהֶם לַפָּר לָאַיִל
וְלַכְּבָשִׂים בְּמִסְפָּרָם כַּמִּשְׁפָּט ה״פ אלהים׃ 38 וּשְׂעִיר חַטָּאת
אֶחָד אהבה, דאגה מִלְּבַד עֹלַת הַתָּמִיד נתה, קס״א - קנ״א - קמ״ג וּמִנְחָתָהּ

שְׁמִינִי עֲצֶרֶת - Shemini Atzeret and Simchat Torah connect us to the energy of happiness and joy throughout the year.

וְנִסְכָּהּ׃ 39 אֵלֶּה תַּעֲשׂוּ לַיהוָה אדני יאהדונהי בְּמוֹעֲדֵיכֶם לְבַד
מִנִּדְרֵיכֶם וְנִדְבֹתֵיכֶם לְעֹלֹתֵיכֶם וּלְמִנְחֹתֵיכֶם וּלְנִסְכֵּיכֶם
וּלְשַׁלְמֵיכֶם׃ 30 1 וַיֹּאמֶר מֹשֶׁה מהש אֶל־בְּנֵי יִשְׂרָאֵל כְּכֹל ילי
אֲשֶׁר־צִוָּה יְהוָה אדני יאהדונהי אֶת־מֹשֶׁה מהש׃

Haftarah of Pinchas

Elijah the Prophet passes judgment on the Israelites to prevent the Satan from doing so. If the Satan sees someone else doing his job, he lets him do it. This happens mostly during the ceremony of the circumcision (*brit*). The Satan sees Elijah as a “double agent.” Elijah comes to the circumcision instead of the Satan to bring protection.

Kings 1,18

מלכים א פרק 18

46 וְיַד־יְהֹוָה אדני יאהדונהי הָיְתָה אֶל־אֵלִיָּהוּ לכב וַיְשַׁנֵּס מָתְנָיו וַיָּרָץ
לִפְנֵי וחכמה, בינה אַחְאָב עַד־בֹּאֲכָה יִזְרְעֶאלָה׃ 19 1 וַיַּגֵּד
אַחְאָב לְאִיזֶבֶל אֵת כָּל ילי ־אֲשֶׁר עָשָׂה אֵלִיָּהוּ לכב וְאֵת
כָּל ילי ־אֲשֶׁר הָרַג אֶת־כָּל ילי ־הַנְּבִיאִים בֶּחָרֶב׃ 2 וַתִּשְׁלַח
אִיזֶבֶל מַלְאָךְ פאי, סאל, יאהדונהי אֶל־אֵלִיָּהוּ לכב לֵאמֹר כֹּה הי
־יַעֲשׂוּן אֱלֹהִים מום, ילה וְכֹה הי יוֹסִפוּן כִּי־כָעֵת מָחָר אָשִׂים
אֶת־נַפְשְׁךָ כְּנֶפֶשׁ אַחַד אהבה, דאגה מֵהֶם׃ 3 וַיַּרְא וַיָּקָם וַיֵּלֶךְ
אֶל־נַפְשׁוֹ וַיָּבֹא בְּאֵר קנ"א־ב"ן שֶׁבַע אֲשֶׁר לִיהוּדָה וַיַּנַּח
אֶת־נַעֲרוֹ שָׁם׃ 4 וְהוּא־הָלַךְ בַּמִּדְבָּר דֶּרֶךְ ב"פ יבק יוֹם נגד,
מזבח, זן וַיָּבֹא וַיֵּשֶׁב תַּחַת רֹתֶם אֶחָד אהבה, דאגה (כתיב: אחת) וַיִּשְׁאַל
אֶת־נַפְשׁוֹ לָמוּת וַיֹּאמֶר ׀ רַב עַתָּה יְהֹוָה אדני יאהדונהי קַח נַפְשִׁי
כִּי־לֹא־טוֹב והו אָנֹכִי איע מֵאֲבֹתָי׃ 5 וַיִּשְׁכַּב וַיִּישַׁן תַּחַת רֹתֶם
אֶחָד אהבה, דאגה וְהִנֵּה־זֶה מַלְאָךְ יאהדונהי, פאי, סאל אהיה נֹגֵעַ בּוֹ וַיֹּאמֶר

לוֹ קוּם אֱכוֹל׃ 6 וַיַּבֵּט וְהִנֵּה מְרַאֲשֹׁתָיו עֻגַת רְצָפִים וְצַפַּחַת
מָיִם וַיֹּאכַל וַיֵּשְׁתְּ וַיָּשָׁב וַיִּשְׁכָּב׃ 7 וַיָּשָׁב מַלְאַךְ פאי, סאל, יאהדונהי
יְהֹוָהאדני יאהדונהי | שֵׁנִית וַיִּגַּע־בּוֹ וַיֹּאמֶר קוּם אֱכֹל כִּי רַב מִמְּךָ
הַדָּרֶךְ כ״פ יבק׃ 8 וַיָּקָם וַיֹּאכַל וַיִּשְׁתֶּה וַיֵּלֶךְ בְּכֹחַ | הָאֲכִילָה
הַהִיא אַרְבָּעִים יוֹם נגד, מזבח, זן וְאַרְבָּעִים לַיְלָה מלה עַד הַר
הָאֱלֹהִים מום, ילה חֹרֵב׃ 9 וַיָּבֹא־שָׁם אֶל־הַמְּעָרָה וַיָּלֶן שָׁם
וְהִנֵּה דְבַר ראה ־יְהֹוָהאדני יאהדונהי אֵלָיו וַיֹּאמֶר לוֹ מַה יוד הא ואו הא ־
לְּךָ פֹה מילה אֵלִיָּהוּ לכב׃ 10 וַיֹּאמֶר קַנֹּא קִנֵּאתִי לַיהֹוָהאדני יאהדונהי |
אֱלֹהֵי דמב, ילה צְבָאוֹת כִּי־עָזְבוּ בְרִיתְךָ בְּנֵי יִשְׂרָאֵל אֶת־
מִזְבְּחֹתֶיךָ הָרָסוּ וְאֶת־נְבִיאֶיךָ הָרְגוּ בֶחָרֶב וָאִוָּתֵר אֲנִי אני
לְבַדִּי וַיְבַקְשׁוּ אֶת־נַפְשִׁי לְקַחְתָּהּ׃ 11 וַיֹּאמֶר צֵא פאי, סאל
וְעָמַדְתָּ בָהָר לִפְנֵי חכמה, בינה יְהֹוָהאדני יאהדונהי וְהִנֵּה יְהֹוָהאדני יאהדונהי
עֹבֵר וְרוּחַ גְּדוֹלָה וְחָזָק פהל מְפָרֵק הָרִים וּמְשַׁבֵּר סְלָעִים
לִפְנֵי חכמה, בינה יְהֹוָהאדני יאהדונהי לֹא בָרוּחַ יְהֹוָהאדני יאהדונהי וְאַחַר
הָרוּחַ רַעַשׁ לֹא בָרַעַשׁ יְהֹוָהאדני יאהדונהי׃ 12 וְאַחַר הָרַעַשׁ אֵשׁ
לֹא בָאֵשׁ יְהֹוָהאדני יאהדונהי וְאַחַר הָאֵשׁ קוֹל דְּמָמָה דַקָּה׃
13 וַיְהִי | כִּשְׁמֹעַ אֵלִיָּהוּ לכב וַיָּלֶט פָּנָיו בְּאַדַּרְתּוֹ וַיֵּצֵא וַיַּעֲמֹד
פֶּתַח הַמְּעָרָה וְהִנֵּה אֵלָיו קוֹל וַיֹּאמֶר מַה יוד הא ואו הא ־לְּךָ
פֹה מילה אֵלִיָּהוּ לכב׃ 14 וַיֹּאמֶר קַנֹּא קִנֵּאתִי לַיהֹוָהאדני יאהדונהי |

אֱלֹהֵי דמב, ילה צְבָאוֹת כִּי־עָזְבוּ בְרִיתְךָ בְּנֵי יִשְׂרָאֵל אֶת־
מִזְבְּחֹתֶיךָ הָרָסוּ וְאֶת־נְבִיאֶיךָ הָרְגוּ בֶחָרֶב וָאִוָּתֵר אֲנִי אני
לְבַדִּי וַיְבַקְשׁוּ אֶת־נַפְשִׁי לְקַחְתָּהּ׃ 15 וַיֹּאמֶר יְהוָהאדנייאהדונהי
אֵלָיו לֵךְ שׁוּב לְדַרְכְּךָ מִדְבַּרָה דַמָּשֶׂק וּבָאתָ וּמָשַׁחְתָּ
אֶת־חֲזָאֵל לְמֶלֶךְ עַל־אֲרָם׃ 16 וְאֵת יֵהוּא בֶן־נִמְשִׁי תִּמְשַׁח
לְמֶלֶךְ עַל־יִשְׂרָאֵל וְאֶת־אֱלִישָׁע בֶּן־שָׁפָט מֵאָבֵל מְחוֹלָה
תִּמְשַׁח לְנָבִיא תַּחְתֶּיךָ׃ 17 וְהָיָה יהוה, יהה הַנִּמְלָט מֵחֶרֶב
חֲזָאֵל יָמִית יֵהוּא וְהַנִּמְלָט מֵחֶרֶב יֵהוּא יָמִית אֱלִישָׁע׃
18 וְהִשְׁאַרְתִּי בְיִשְׂרָאֵל שִׁבְעַת אֲלָפִים כָּל ילי ־הַבִּרְכַּיִם
אֲשֶׁר לֹא־כָרְעוּ לַבַּעַל וְכָל ילי ־הַפֶּה מילה אֲשֶׁר לֹא־נָשַׁק
לוֹ׃ 19 וַיֵּלֶךְ מִשָּׁם וַיִּמְצָא אֶת־אֱלִישָׁע בֶּן־שָׁפָט וְהוּא חֹרֵשׁ
שְׁנֵים־עָשָׂר צְמָדִים לְפָנָיו וְהוּא בִּשְׁנֵים הֶעָשָׂר וַיַּעֲבֹר רפ״ח
אֵלִיָּהוּ לכב אֵלָיו וַיַּשְׁלֵךְ אַדַּרְתּוֹ אֵלָיו׃ 20 וַיַּעֲזֹב אֶת־הַבָּקָר
וַיָּרָץ אַחֲרֵי אֵלִיָּהוּ לכב וַיֹּאמֶר אֶשְּׁקָה־נָּא לְאָבִי וּלְאִמִּי
וְאֵלְכָה אַחֲרֶיךָ וַיֹּאמֶר לוֹ לֵךְ שׁוּב כִּי מֶה יוד הא ואו הא יוד הא ואו
הא ־עָשִׂיתִי לָךְ׃ 21 וַיָּשָׁב מֵאַחֲרָיו וַיִּקַּח ועם אֶת־צֶמֶד הַבָּקָר
וַיִּזְבָּחֵהוּ וּבִכְלִי הַבָּקָר בִּשְּׁלָם הַבָּשָׂר וַיִּתֵּן לָעָם עלם וַיֹּאכֵלוּ
וַיָּקָם וַיֵּלֶךְ אַחֲרֵי אֵלִיָּהוּ לכב וַיְשָׁרְתֵהוּ׃

Lesson of Matot

Regarding the heads of the tribes

When I began to write about this week's portion, my first thought was to ask why Moses spoke to the heads of the tribes and not to all of Israel. My next thought concerned what it means to be the head of a tribe. What can we learn from this, and why was it written in the Torah?

We don't have tribes or tribal leaders today. In wondering about what governing a nation was like thousands of years ago, I remembered a comment that David Ben-Gurion made to Harry Truman just after he (Ben-Gurion) was elected prime minister of Israel. He said to Truman, "You're the president of 200 million people. I'm a person trying to lead 400,000 presidents!"

All of us feel as if we were above other people, perhaps not in every way although we manage to find areas in which we can feel superior. "I have more money than she does." Or, "I'm smarter than he is." But any of us who start on a spiritual path must understand the importance of working on our selfish pride. We must teach ourselves to never, under any circumstance, consider ourselves better than anybody else. We are all in the same boat, spiritually speaking, and this is much more important than any superficial differences between us. We all have a certain goal in this world, and until each and every one of us achieves it, the Messiah cannot come and chaos cannot be removed for the whole world.

Here is an example that can help clarify this point. A pair of merchant friends traveled together to a certain city to buy goods. One of them bought with cash, while the other took the merchandise on credit. The one who paid cash bought only as much merchandise as he could afford, but the other bought as much as he could fit in his wagon, intending to pay for it later. They both felt they were equal, with neither better off than the other although one had many goods and the other had few. But this equality is only manifested when each person is honest about his situation. One merchant had paid already, and the other had yet to pay. If they were not clear and honest about this, the one with fewer goods might appear to be inferior to the other—but that would not really be the truth.

This story is very important. If we are on a spiritual path, having something that someone else doesn't, simply means that we have more tools to connect to the Light. But the person with more tools also has more responsibility. Life is not a matter of higher or lower, less or more. Life is about using what we've been given to reveal Light. If we focus on our own specific spiritual work, we will never think that we are above or higher than anyone else in the world.

Regarding vows

There is so much to say about vows that this topic in itself could be the subject of a book. But the most important principle concerns how closely we must watch what we say. This is very clear in the story of Rachel and Jacob. Jacob said that whoever stole Laban's idols would not live, but he didn't know at the time that Rachel had stolen them. But once Jacob had spoken the words, what he said had to happen.

Once, a person who was close to Rabbi Brandwein told him, "No matter what, I will be with you after the next Passover." Rabbi Brandwein passed away on *chol hamo'ed* of Passover that same year—and on Shavuot, the rabbi's friend passed away. It is clear to us now that the friend should have been more careful. He should have said, "Without taking a vow" or "I'll try." We must be careful with each word that we say. It is also not good to speak without a reason because every word that we say has great power, either positive or negative.

What is the real use of vows? I think the answer is that people in this world have a problem with speech. It is easy for people to speak, but when it comes to action, most people don't really do anything. A vow gives us the opportunity to inject the power of action into our speech. All we need is the desire to act. Once a vow has been taken, only the desire is needed for the action to be accomplished.

But there are people who use the power of vows in a negative way. Instead of using the power to help fulfill their spiritual work, they use it to escape responsibility. Yet the real purpose of a vow is to make our spiritual work easier to carry out.

Once, a storeowner from a small town came to the big city to buy merchandise. The storeowner went to see his regular wholesaler and ordered all the merchandise that he needed. When he was presented with the bill, the storeowner asked if he could pay later since he didn't have the money at that moment. He promised he would pay the entire debt the next time he came to the big city. The wholesaler said to him, "No, I can't give you the merchandise if you can't pay. I've checked and found out that you've already taken merchandise and promised to pay for it, but you never kept your promise. So I can't trust you."

The storeowner began crying and begging, saying he was not to be blamed for not paying his debts. He said there were good reasons why this had happened and swore to stand by his word this time, adding that if he didn't get the merchandise now, he might be ruined and his family would starve. But the wholesaler would not agree to what the storekeeper asked.

Just then, another merchant came into the office where they were arguing. He said to the storekeeper, "Listen to me, and I will give you some advice that will make everybody happy. Why do you need to buy so much now and owe so much money that you will not be able to pay it back later? Why not buy a small amount now, only as much as you can afford to pay for? I'm sure the wholesaler will understand your position and will sell you a small quantity at the wholesale price so that you can make a nice profit from it."

The storeowner listened to this good advice. He bought a small quantity with cash and went home. He sold the merchandise and went back to the big city and bought more with cash. He did this a few times until he made enough profit to get him back on his feet.

This is the way it is in our spiritual work. Some days, we wake up and say that we need to change ourselves—everything at once, all in one day. And when we don't succeed at changing everything, we go back to changing nothing. Many people come to the Kabbalah Centre and say, "I'm going to totally rebuild myself." When nothing happens, they say, "This spirituality thing didn't help." The right way to do our work is constantly and consistently— every day, every hour, every second.

And regarding speech, we can start by seeing the effects of what we say and then seeing the connection of our words to a higher level. If we change just that single area of our behavior for the better, that alone can bring Messiah. Hopefully, we will all have the merit to see Messiah in our days!

Synopsis of Matot

This portion has 112 verses. The number 112 is the numerical value of *yabok*, which is the name of God in the dimension of *Malchut*. The number 86 is the numerical value of *Elohim*, the name of God in the dimension of *Zeir Anpin*. If we add 26 and 86, we get 112, thereby connecting the Upper and Lower Realms. This portion removes any distance we feel between ourselves and the Upper World. It takes away any sense of disconnection or emptiness we might feel in our actions, our thoughts, or any area of our lives.

First Reading - Abraham - Chesed

2 וַיְדַבֵּר מֹשֶׁה מהש אֶל־רָאשֵׁי הַמַּטּוֹת לִבְנֵי יִשְׂרָאֵל לֵאמֹר
זֶה הַדָּבָר ראה אֲשֶׁר צִוָּה יְהֹוָאדהנויה יאהדונהי׃ 3 אִישׁ כִּי־יִדֹּר נֶדֶר
לַיהֹוָאדהנויה יאהדונהי אוֹ־הִשָּׁבַע שְׁבֻעָה לֶאְסֹר אִסָּר עַל־נַפְשׁוֹ
לֹא יַחֵל דְּבָרוֹ כְּכָל ילי ־הַיֹּצֵא מִפִּיו פוי יַעֲשֶׂה׃ 4 וְאִשָּׁה כִּי־
תִדֹּר נֶדֶר לַיהֹוָאדהנויה יאהדונהי וְאָסְרָה אִסָּר בְּבֵית ב״פ ראה אָבִיהָ
בִּנְעֻרֶיהָ׃ 5 וְשָׁמַע אָבִיהָ אֶת־נִדְרָהּ וֶאֱסָרָהּ אֲשֶׁר אָסְרָה
עַל־נַפְשָׁהּ וְהֶחֱרִישׁ לָהּ אָבִיהָ וְקָמוּ כָּל ילי ־נְדָרֶיהָ וְכָל ילי
־אִסָּר אֲשֶׁר־אָסְרָה עַל־נַפְשָׁהּ יָקוּם׃ 6 וְאִם יוהך ־הֵנִיא
אָבִיהָ אֹתָהּ בְּיוֹם נגד, מזבח, זן שָׁמְעוֹ כָּל ילי ־נְדָרֶיהָ וֶאֱסָרֶיהָ
אֲשֶׁר־אָסְרָה עַל־נַפְשָׁהּ לֹא יָקוּם וַיהֹוָאדהנויה יאהדונהי יִסְלַח־לָהּ
כִּי־הֵנִיא אָבִיהָ אֹתָהּ׃ 7 וְאִם יוהך ־הָיוֹ תִהְיֶה לְאִישׁ וּנְדָרֶיהָ
עָלֶיהָ אוֹ מִבְטָא שְׂפָתֶיהָ אֲשֶׁר אָסְרָה עַל־נַפְשָׁהּ׃ 8 וְשָׁמַע
אִישָׁהּ בְּיוֹם נגד, מזבח, זן שָׁמְעוֹ וְהֶחֱרִישׁ לָהּ וְקָמוּ נְדָרֶיהָ
וֶאֱסָרֶהָ אֲשֶׁר־אָסְרָה עַל־נַפְשָׁהּ יָקֻמוּ׃ 9 וְאִם יוהך בְּיוֹם נגד,

רָאשֵׁי הַמַּטּוֹת - All the vows and oaths we take are spoken of here. Kabbalistically, when someone makes a vow, it's as if the action is already done. If we actually take the action, the action is stronger because it begins when we say it. But if we don't do it, we create an opening, which the Satan then targets. Through this reading, we get the power to cleanse any of our empty spaces.

מזבח, זן שְׁמֹעַ אִישָׁהּ יָנִיא אוֹתָהּ וְהֵפֵר אֶת־נִדְרָהּ אֲשֶׁר עָלֶיהָ
וְאֵת מִבְטָא שְׂפָתֶיהָ אֲשֶׁר אָסְרָה עַל־נַפְשָׁהּ וַיהֹוָהאדניאהדונהי
יִסְלַח־לָהּ׃ 10 וְנֵדֶר אַלְמָנָה וּגְרוּשָׁה כֹּל ילי אֲשֶׁר־אָסְרָה
עַל־נַפְשָׁהּ יָקוּם עָלֶיהָ׃ 11 וְאִם יוהך ־בֵּית ב״פ ראה אִישָׁהּ נָדָרָה
אוֹ־אָסְרָה אִסָּר עַל־נַפְשָׁהּ בִּשְׁבֻעָה׃ 12 וְשָׁמַע אִישָׁהּ
וְהֶחֱרִשׁ לָהּ לֹא הֵנִיא אֹתָהּ וְקָמוּ כָּל ילי ־נְדָרֶיהָ וְכָל ילי
־אִסָּר אֲשֶׁר־אָסְרָה עַל־נַפְשָׁהּ יָקוּם׃ 13 וְאִם יוהך ־הָפֵר
יָפֵר אֹתָם ׀ אִישָׁהּ בְּיוֹם נגד, מזבח, זן שָׁמְעוֹ כָּל ילי ־מוֹצָא
שְׂפָתֶיהָ לִנְדָרֶיהָ וּלְאִסַּר נַפְשָׁהּ לֹא יָקוּם אִישָׁהּ הֲפֵרָם
וַיהֹוָהאדניאהדונהי יִסְלַח־לָהּ׃ 14 כָּל ילי ־נֵדֶר וְכָל ילי ־שְׁבֻעַת אִסָּר
לְעַנֹּת נָפֶשׁ אִישָׁהּ יְקִימֶנּוּ וְאִישָׁהּ יְפֵרֶנּוּ׃ 15 וְאִם יוהך ־הַחֲרֵשׁ
יַחֲרִישׁ לָהּ אִישָׁהּ מִיּוֹם נגד, מזבח, זן אֶל־יוֹם נגד, מזבח, זן וְהֵקִים אֶת־
כָּל ילי ־נְדָרֶיהָ אוֹ אֶת־כָּל ילי ־אֱסָרֶיהָ אֲשֶׁר עָלֶיהָ הֵקִים
אֹתָם כִּי־הֶחֱרִשׁ לָהּ בְּיוֹם נגד, מזבח, זן שָׁמְעוֹ׃ 16 וְאִם יוהך ־הָפֵר
יָפֵר אֹתָם אַחֲרֵי שָׁמְעוֹ וְנָשָׂא אֶת־עֲוֺנָהּ׃ 17 אֵלֶּה הַחֻקִּים
אֲשֶׁר צִוָּה יְהֹוָהאדניאהדונהי אֶת־מֹשֶׁה מהש בֵּין אִישׁ לְאִשְׁתּוֹ
בֵּין־אָב לְבִתּוֹ בִּנְעֻרֶיהָ בֵּית ב״פ ראה אָבִיהָ׃

Second Reading - Isaac - Gvurah

31 1 וַיְדַבֵּר יְהֹוָאדנהי יאהדונהי אֶל־מֹשֶׁה מהש לֵּאמֹר׃ 2 נְקֹם מנק
נִקְמַת בְּנֵי יִשְׂרָאֵל מֵאֵת הַמִּדְיָנִים אַחַר תֵּאָסֵף אֶל־עַמֶּיךָ׃
3 וַיְדַבֵּר מֹשֶׁה מהש אֶל־הָעָם לֵאמֹר הֵחָלְצוּ מֵאִתְּכֶם אֲנָשִׁים
לַצָּבָא וְיִהְיוּ אל עַל־מִדְיָן לָתֵת נִקְמַת־יְהֹוָאדנהי יאהדונהי בְּמִדְיָן׃
4 אֶלֶף לַמַּטֶּה אֶלֶף לַמַּטֶּה לְכֹל יה אדני, ילי מַטּוֹת יִשְׂרָאֵל
תִּשְׁלְחוּ לַצָּבָא׃ 5 וַיִּמָּסְרוּ מֵאַלְפֵי יִשְׂרָאֵל אֶלֶף לַמַּטֶּה
שְׁנֵים־עָשָׂר אֶלֶף חֲלוּצֵי צָבָא׃ 6 וַיִּשְׁלַח אֹתָם מֹשֶׁה מהש
אֶלֶף לַמַּטֶּה לַצָּבָא אֹתָם וְאֶת־פִּינְחָס בֶּן־אֶלְעָזָר הַכֹּהֵן מלה
לַצָּבָא וּכְלֵי הַקֹּדֶשׁ וַחֲצֹצְרוֹת הַתְּרוּעָה בְּיָדוֹ׃ 7 וַיִּצְבְּאוּ
עַל־מִדְיָן כַּאֲשֶׁר צִוָּה יְהֹוָאדנהי יאהדונהי אֶת־מֹשֶׁה מהש וַיַּהַרְגוּ
כָּל ילי ־זָכָר׃ 8 וְאֶת־מַלְכֵי נלך מִדְיָן הָרְגוּ עַל־חַלְלֵיהֶם אֶת־
אֱוִי וְאֶת־רֶקֶם וְאֶת־צוּר אלף למד הה יוד מם וְאֶת־חוּר וְאֶת־רֶבַע
חֲמֵשֶׁת מַלְכֵי נלך מִדְיָן וְאֵת בִּלְעָם בֶּן־בְּעוֹר הָרְגוּ בֶּחָרֶב׃

נְקֹם - The battle against the people of Midian is described here. Balaam contaminated himself and the whole nation. The Light that Moses created was put out, but it didn't disappear. It was restored by those soldiers whose spiritual nature was strongest although they were not necessarily the best fighters. We, too, fight continuously against today's version of Midian—against the part of us that's negative as well as against what's negative in our environment.

9 וַיִּשְׁבּוּ בְנֵי־יִשְׂרָאֵל אֶת־נְשֵׁי מִדְיָן וְאֶת־טַפָּם וְאֵת כָּל ילי
־בְּהֶמְתָּם וְאֶת־כָּל ילי ־מִקְנֵהֶם וְאֶת־כָּל ילי ־חֵילָם בָּזָזוּ׃
10 וְאֵת כָּל ילי ־עָרֵיהֶם בְּמוֹשְׁבֹתָם וְאֵת כָּל ילי ־טִירֹתָם שָׂרְפוּ
בָּאֵשׁ׃ 11 וַיִּקְחוּ אֶת־כָּל ילי ־הַשָּׁלָל וְאֵת כָּל ילי ־הַמַּלְקוֹחַ
בָּאָדָם מ״ה, יוד הא ואו הא וּבַבְּהֵמָה לכב׃ 12 וַיָּבִאוּ אֶל־מֹשֶׁה מהש
וְאֶל־אֶלְעָזָר הַכֹּהֵן מלה וְאֶל־עֲדַת בְּנֵי־יִשְׂרָאֵל אֶת־הַשְּׁבִי
וְאֶת־הַמַּלְקוֹחַ וְאֶת־הַשָּׁלָל אֶל־הַמַּחֲנֶה אֶל־עַרְבֹת מוֹאָב
אֲשֶׁר עַל־יַרְדֵּן יְרֵחוֹ׃

Third Reading - Jacob - Tiferet
(when connected: Second Reading - Isaac - Gvurah)

13 וַיֵּצְאוּ מֹשֶׁה מהש וְאֶלְעָזָר הַכֹּהֵן מלה וְכָל ילי ־נְשִׂיאֵי
הָעֵדָה סיט לִקְרָאתָם אֶל־מִחוּץ לַמַּחֲנֶה׃ 14 וַיִּקְצֹף מֹשֶׁה מהש
עַל פְּקוּדֵי הֶחָיִל ומב שָׂרֵי הָאֲלָפִים וְשָׂרֵי הַמֵּאוֹת הַבָּאִים
מִצְּבָא הַמִּלְחָמָה׃ 15 וַיֹּאמֶר אֲלֵיהֶם מֹשֶׁה מהש הַחִיִּיתֶם
כָּל ילי ־נְקֵבָה׃ 16 הֵן הֵנָּה הָיוּ לִבְנֵי יִשְׂרָאֵל בִּדְבַר ראה

וַיֵּצְאוּ - Moses rebuked the officers because they didn't destroy all the darkness. They rationalized why they didn't do all the work: They didn't kill the women. Sometimes, when we come in touch with darkness, we rationalize why negative actions are permissible. Things that are hard for us to do and things we're supposed to do are inevitably the things we end up not doing. This reading helps us do the things that are really difficult and that can transform us.

בִּלְעָם לִמְסָר־מַעַל עלם בַּיהוָֹאדניאהדונהי עַל־דְּבַר ראה ־פְּעוֹר
וַתְּהִי הַמַּגֵּפָה בַּעֲדַת יְהוָֹאדניאהדונהי: 17 וְעַתָּה הִרְגוּ כָל ילי
־זָכָר בַּטָּף וְכָל ילי ־אִשָּׁה יֹדַעַת אִישׁ לְמִשְׁכַּב זָכָר הֲרֹגוּ:
18 וְכֹל ילי הַטַּף בַּנָּשִׁים אֲשֶׁר לֹא־יָדְעוּ מִשְׁכַּב זָכָר הַחֲיוּ
לָכֶם: 19 וְאַתֶּם חֲנוּ מִחוּץ לַמַּחֲנֶה שִׁבְעַת יָמִים נלך כֹּל ילי
הֹרֵג נֶפֶשׁ וְכֹל ילי | נֹגֵעַ בֶּחָלָל תִּתְחַטְּאוּ בַּיּוֹם נגד, מזבח, זן
הַשְּׁלִישִׁי וּבַיּוֹם נגד, מזבח, זן הַשְּׁבִיעִי אַתֶּם וּשְׁבִיכֶם: 20 וְכָל ילי
־בֶּגֶד וְכָל ילי ־כְּלִי־עוֹר וְכָל ילי ־מַעֲשֵׂה עִזִּים וְכָל ילי
־כְּלִי־עֵץ תִּתְחַטָּאוּ: 21 וַיֹּאמֶר אֶלְעָזָר הַכֹּהֵן מלה אֶל־אַנְשֵׁי
הַצָּבָא הַבָּאִים לַמִּלְחָמָה זֹאת חֻקַּת הַתּוֹרָה אֲשֶׁר־
צִוָּה יְהוָֹאדניאהדונהי אֶת־מֹשֶׁה מהש: 22 אַךְ אהיה אֶת־הַזָּהָב וזהו
וְאֶת־הַכֶּסֶף אֶת־הַנְּחֹשֶׁת אֶת־הַבַּרְזֶל ר״ת - בלהה רחל זילפה לאה
אֶת־הַבְּדִיל וְאֶת־הָעֹפָרֶת: 23 כָּל ילי ־דָּבָר ראה אֲשֶׁר־יָבֹא
בָאֵשׁ תַּעֲבִירוּ בָאֵשׁ וְטָהֵר אַךְ אהיה בְּמֵי ילי נִדָּה יִתְחַטָּא
וְכֹל ילי אֲשֶׁר לֹא־יָבֹא בָּאֵשׁ תַּעֲבִירוּ בַמָּיִם: 24 וְכִבַּסְתֶּם
בִּגְדֵיכֶם בַּיּוֹם נגד, מזבח, זן הַשְּׁבִיעִי וּטְהַרְתֶּם וְאַחַר תָּבֹאוּ
אֶל־הַמַּחֲנֶה:

Fourth Reading - Moses - Netzach

25 וַיֹּאמֶר יְהֹוָאֲדֹנָי יאהדונהי אֶל־מֹשֶׁה מהש לֵּאמֹר׃ 26 שָׂא אֵת
רֹאשׁ מַלְקוֹחַ הַשְּׁבִי בָּאָדָם מ"ה, יוד הא ואו הא וּבַבְּהֵמָה לכב אַתָּה
וְאֶלְעָזָר הַכֹּהֵן מלה וְרָאשֵׁי אֲבוֹת הָעֵדָה סיט׃ 27 וְחָצִיתָ אֶת־
הַמַּלְקוֹחַ בֵּין תֹּפְשֵׂי הַמִּלְחָמָה הַיֹּצְאִים לַצָּבָא וּבֵין כָּל ילי
־הָעֵדָה סיט׃ 28 וַהֲרֵמֹתָ מֶכֶס לַיהֹוָאֲדֹנָי אהדונהי מֵאֵת אַנְשֵׁי
הַמִּלְחָמָה הַיֹּצְאִים לַצָּבָא אֶחָד אהבה, דאגה נֶפֶשׁ מֵחֲמֵשׁ
הַמֵּאוֹת מִן־הָאָדָם מ"ה, יוד הא ואו הא וּמִן־הַבָּקָר וּמִן־הַחֲמֹרִים
וּמִן־הַצֹּאן׃ 29 מִמַּחֲצִיתָם תִּקָּחוּ וְנָתַתָּה לְאֶלְעָזָר הַכֹּהֵן מלה
תְּרוּמַת יְהֹוָאֲדֹנָי יאהדונהי׃ 30 וּמִמַּחֲצִת בְּנֵי־יִשְׂרָאֵל תִּקַּח ׀
אֶחָד אהבה, דאגה ׀ אָחֻז מִן־הַחֲמִשִּׁים מִן־הָאָדָם מ"ה, יוד הא ואו הא מִן־
הַבָּקָר מִן־הַחֲמֹרִים וּמִן־הַצֹּאן מִכָּל ילי ־הַבְּהֵמָה לכב וְנָתַתָּה
אֹתָם לַלְוִיִּם שֹׁמְרֵי מִשְׁמֶרֶת מִשְׁכַּן יְהֹוָאֲדֹנָי יאהדונהי׃ 31 וַיַּעַשׂ

שָׂא - Everything that was left from Midian was divided. A portion of the spoils was supposed to be given to the *kohanim* and the Levites. This is because their job was to bring Light to the world. When we have the opportunity to give money, we should always make sure we are giving it to people bringing Light to the whole world. The Zohar Project is an opportunity to do that.

הָעֵדָה - A portion went to the rest of the nation who had nothing to do with the battle. In a nation or a family, if some are successful, all share. When we are part of a whole, sometimes we get and sometimes we have a responsibility to give.

מֹשֶׁה מהש וְאֶלְעָזָר הַכֹּהֵן מלה כַּאֲשֶׁר צִוָּה יְהֹוָה אהדונהי אֶת־
מֹשֶׁה מהש: 32 וַיְהִי הַמַּלְקוֹחַ יֶתֶר הַבָּז אֲשֶׁר בָּזְזוּ עַם הַצָּבָא
צֹאן שֵׁשׁ־מֵאוֹת אֶלֶף וְשִׁבְעִים אֶלֶף וַחֲמֵשֶׁת אֲלָפִים:
33 וּבָקָר שְׁנַיִם וְשִׁבְעִים אָלֶף: 34 וַחֲמֹרִים אֶחָד אהבה, דאגה
וְשִׁשִּׁים אָלֶף: 35 וְנֶפֶשׁ אָדָם מ״ה, יוד הא ואו הא מִן־הַנָּשִׁים אֲשֶׁר
לֹא־יָדְעוּ מִשְׁכַּב זָכָר כָּל ילי ־נֶפֶשׁ שְׁנַיִם וּשְׁלֹשִׁים אָלֶף:
36 וַתְּהִי הַמֶּחֱצָה חֵלֶק הַיֹּצְאִים בַּצָּבָא מִסְפַּר הַצֹּאן
שְׁלֹשׁ־מֵאוֹת אֶלֶף וּשְׁלֹשִׁים אֶלֶף וְשִׁבְעַת אֲלָפִים וַחֲמֵשׁ
מֵאוֹת: 37 וַיְהִי הַמֶּכֶס לַיהֹוָה אהדונהי מִן־הַצֹּאן שֵׁשׁ מֵאוֹת
חָמֵשׁ וְשִׁבְעִים: 38 וְהַבָּקָר שִׁשָּׁה וּשְׁלֹשִׁים אָלֶף וּמִכְסָם
לַיהֹוָה אהדונהי שְׁנַיִם וְשִׁבְעִים: 39 וַחֲמֹרִים שְׁלֹשִׁים אֶלֶף
וַחֲמֵשׁ מֵאוֹת וּמִכְסָם לַיהֹוָה אהדונהי אֶחָד אהבה, דאגה וְשִׁשִּׁים:
40 וְנֶפֶשׁ אָדָם מ״ה, יוד הא ואו הא שִׁשָּׁה עָשָׂר אֶלֶף וּמִכְסָם
לַיהֹוָה אהדונהי שְׁנַיִם וּשְׁלֹשִׁים נָפֶשׁ: 41 וַיִּתֵּן מֹשֶׁה מהש אֶת־
מֶכֶס תְּרוּמַת יְהֹוָה אהדונהי לְאֶלְעָזָר הַכֹּהֵן מלה כַּאֲשֶׁר צִוָּה
יְהֹוָה אהדונהי אֶת־מֹשֶׁה מהש:

Fifth Reading - Aaron - Hod

42 וּמִמַּחֲצִית בְּנֵי יִשְׂרָאֵל אֲשֶׁר חָצָה מֹשֶׁה מהש מִן־
הָאֲנָשִׁים הַצֹּבְאִים: 43 וַתְּהִי מֶחֱצַת הָעֵדָה סיט מִן־הַצֹּאן

שְׁלֹשׁ־מֵאוֹת אֶלֶף וּשְׁלֹשִׁים אֶלֶף שִׁבְעַת אֲלָפִים וַחֲמֵשׁ
מֵאוֹת׃ 44 וּבָקָר שִׁשָּׁה וּשְׁלֹשִׁים אָלֶף׃ 45 וַחֲמֹרִים שְׁלֹשִׁים
אֶלֶף וַחֲמֵשׁ מֵאוֹת׃ 46 וְנֶפֶשׁ אָדָם מ"ה, יוד הא ואו הא שִׁשָּׁה עָשָׂר
אָלֶף׃ 47 וַיִּקַּח ו"עם מֹשֶׁה מהש מִמַּחֲצִת בְּנֵי־יִשְׂרָאֵל אֶת־
הָאָחֻז אֶחָד אהבה, דאגה מִן־הַחֲמִשִּׁים מִן־הָאָדָם מ"ה, יוד הא ואו הא
וּמִן־הַבְּהֵמָה לכב וַיִּתֵּן אֹתָם לַלְוִיִּם שֹׁמְרֵי מִשְׁמֶרֶת מִשְׁכַּן
יְהֹוָאדהנויאהדונהי כַּאֲשֶׁר צִוָּה יְהֹוָאדהנויאהדונהי אֶת־מֹשֶׁה מהש׃
48 וַיִּקְרְבוּ אֶל־מֹשֶׁה מהש הַפְּקֻדִים אֲשֶׁר לְאַלְפֵי הַצָּבָא שָׂרֵי
הָאֲלָפִים וְשָׂרֵי הַמֵּאוֹת׃ 49 וַיֹּאמְרוּ אֶל־מֹשֶׁה מהש עֲבָדֶיךָ
נָשְׂאוּ אֶת־רֹאשׁ אַנְשֵׁי הַמִּלְחָמָה אֲשֶׁר בְּיָדֵנוּ וְלֹא־נִפְקַד
מִמֶּנּוּ אִישׁ׃ 50 וַנַּקְרֵב אֶת־קָרְבַּן יְהֹוָאדהנויאהדונהי אִישׁ אֲשֶׁר
מָצָא כְלִי־זָהָב והו אֶצְעָדָה וְצָמִיד טַבַּעַת עָגִיל וְכוּמָז לְכַפֵּר
עַל־נַפְשֹׁתֵינוּ לִפְנֵי חכמה, בינה יְהֹוָאדהנויאהדונהי׃ 51 וַיִּקַּח ו"עם מֹשֶׁה מהש
וְאֶלְעָזָר הַכֹּהֵן מלה אֶת־הַזָּהָב והו מֵאִתָּם כֹּל ילי כְּלִי מַעֲשֶׂה׃
52 וַיְהִי | כָּל ילי ־זְהַב והו הַתְּרוּמָה אֲשֶׁר הֵרִימוּ לַיהֹוָאדהנויאהדונהי
שִׁשָּׁה עָשָׂר אֶלֶף שְׁבַע־מֵאוֹת וַחֲמִשִּׁים שֶׁקֶל מֵאֵת שָׂרֵי

וַנַּקְרֵב - The commanders of the army didn't have to give any charity or tithing. But they wanted to because they knew that when people don't give, they can't get. As far as tithing and charity are concerned, the more we can give, the more we can potentially get. We should plead to be able to give because giving is more beneficial for the givers than for the recipients.

הָאֲלָפִים וּמֵאֹת שָׂרֵי הַמֵּאוֹת: 53 אַנְשֵׁי הַצָּבָא בָּזְזוּ אִישׁ
לוֹ: 54 וַיִּקַּח וזעם מֹשֶׁה מהש וְאֶלְעָזָר הַכֹּהֵן מלה אֶת־הַזָּהָב וזהו
מֵאֵת שָׂרֵי הָאֲלָפִים וְהַמֵּאוֹת וַיָּבִאוּ אֹתוֹ אֶל־אֹהֶל מוֹעֵד
זִכָּרוֹן לִבְנֵי־יִשְׂרָאֵל לִפְנֵי חכמה, בינה יְהֹוָ‍ֹאדהנויה:

Sixth Reading - Joseph - Yesod
(when connected: Third Reading - Jacob - Tiferet)

32 1 וּמִקְנֶה | רַב הָיָה יהה לִבְנֵי רְאוּבֵן וְלִבְנֵי־גָד עָצוּם מְאֹד
וַיִּרְאוּ אֶת־אֶרֶץ יַעְזֵר וְאֶת־אֶרֶץ גִּלְעָד וְהִנֵּה הַמָּקוֹם מְקוֹם
מִקְנֶה: 2 וַיָּבֹאוּ בְנֵי־גָד וּבְנֵי רְאוּבֵן וַיֹּאמְרוּ אֶל־מֹשֶׁה מהש
וְאֶל־אֶלְעָזָר הַכֹּהֵן מלה וְאֶל־נְשִׂיאֵי הָעֵדָה סיט לֵאמֹר:
3 עֲטָרוֹת וְדִיבֹן וְיַעְזֵר וְנִמְרָה וְחֶשְׁבּוֹן וְאֶלְעָלֵה וּשְׂבָם
וּנְבוֹ וּבְעֹן: 4 הָאָרֶץ אלף למד הה יוד מם אֲשֶׁר הִכָּה יְהֹוָ‍ֹאדהנויה
לִפְנֵי חכמה, בינה עֲדַת יִשְׂרָאֵל אֶרֶץ מִקְנֶה הִוא וְלַעֲבָדֶיךָ מִקְנֶה:
5 וַיֹּאמְרוּ אִם יוהך ־מָצָאנוּ חֵן מוזי בְּעֵינֶיךָ יֻתַּן אֶת־הָאָרֶץ אלף למד
הה יוד מם הַזֹּאת לַעֲבָדֶיךָ לַאֲחֻזָּה אַל־תַּעֲבִרֵנוּ אֶת־הַיַּרְדֵּן:

אַל־תַּעֲבִרֵנוּ - The tribes of Reuben and Gad requested not to go into the land of Israel but to live on the east bank of the Jordan River. They knew they couldn't handle the energy of Israel because they had a small Vessel. When Jacob was with Leah, she gave birth to Reuben. Jacob had thought Leah was Rachel, and the energy was wrong, so Reuben's Vessel suffered. Gad sinned and his Vessel suffered also. Therefore, they didn't want to go into Israel. Sometimes, our Vessel isn't ready. Even spiritually, there's a balance between the Light we want and the Vessel we have.

6 וַיֹּאמֶר מֹשֶׁה מהש לִבְנֵי־גָד וְלִבְנֵי רְאוּבֵן הַאַחֵיכֶם יָבֹאוּ
לַמִּלְחָמָה וְאַתֶּם תֵּשְׁבוּ פֹה מילה: 7 וְלָמָּה תְנִיאוּן (כתיב: תנואון)
אֶת־לֵב בְּנֵי יִשְׂרָאֵל מֵעֲבֹר אֶל־הָאָרֶץ אלף למד הה יוד מם אֲשֶׁר־
נָתַן לָהֶם יְהֹוָה אדני יאהדונהי: 8 כֹּה היי עָשׂוּ אֲבֹתֵיכֶם בְּשָׁלְחִי אֹתָם
מִקָּדֵשׁ בַּרְנֵעַ לִרְאוֹת אֶת־הָאָרֶץ אלף למד הה יוד מם: 9 וַיַּעֲלוּ עַד־
נַחַל אֶשְׁכּוֹל וַיִּרְאוּ אֶת־הָאָרֶץ אלף למד הה יוד מם וַיָּנִיאוּ אֶת־לֵב
בְּנֵי יִשְׂרָאֵל לְבִלְתִּי־בֹא אֶל־הָאָרֶץ אלף למד הה יוד מם אֲשֶׁר־נָתַן
לָהֶם יְהֹוָה אדני יאהדונהי: 10 וַיִּחַר־אַף יְהֹוָה אדני יאהדונהי בַּיּוֹם נגד, מזבח, זן
הַהוּא וַיִּשָּׁבַע לֵאמֹר: 11 אִם יוהך ־יִרְאוּ הָאֲנָשִׁים הָעֹלִים
מִמִּצְרַיִם מצר מִבֶּן עֶשְׂרִים שָׁנָה וָמַעְלָה אֵת הָאֲדָמָה אֲשֶׁר
נִשְׁבַּעְתִּי לְאַבְרָהָם רמח לְיִצְחָק ד״פ בן וּלְיַעֲקֹב יאהדונהי, אידהנויה
כִּי לֹא־מִלְאוּ אַחֲרָי: 12 בִּלְתִּי כָּלֵב לכב בֶּן־יְפֻנֶּה הַקְּנִזִּי
וִיהוֹשֻׁעַ בִּן־נוּן כִּי מִלְאוּ אַחֲרֵי יְהֹוָה אדני יאהדונהי: 13 וַיִּחַר־אַף
יְהֹוָה אדני יאהדונהי בְּיִשְׂרָאֵל וַיְנִעֵם בַּמִּדְבָּר אַרְבָּעִים שָׁנָה עַד־
תֹּם כָּל ילי ־הַדּוֹר הָעֹשֶׂה הָרַע בְּעֵינֵי יְהֹוָה אדני יאהדונהי: 14 וְהִנֵּה
קַמְתֶּם תַּחַת אֲבֹתֵיכֶם תַּרְבּוּת אֲנָשִׁים חַטָּאִים לִסְפּוֹת
עוֹד עַל חֲרוֹן אַף־יְהֹוָה אדני יאהדונהי אֶל־יִשְׂרָאֵל: 15 כִּי תְשׁוּבֻן
מֵאַחֲרָיו וְיָסַף עוֹד לְהַנִּיחוֹ בַּמִּדְבָּר וְשִׁחַתֶּם לְכָל יה אדני, ילי ־
הָעָם הַזֶּה והו: 16 וַיִּגְּשׁוּ אֵלָיו וַיֹּאמְרוּ גִּדְרֹת צֹאן נִבְנֶה לְמִקְנֵנוּ

פֹּה מילה וְעָרִים לְטַפֵּנוּ: 17 וַאֲנַחְנוּ נֵחָלֵץ חֻשִׁים לִפְנֵי חכמה, בינה
בְּנֵי יִשְׂרָאֵל עַד אֲשֶׁר אִם יוהך ־הֲבִיאֹנֻם אֶל־מְקוֹמָם וְיָשַׁב
טַפֵּנוּ בְּעָרֵי הַמִּבְצָר מִפְּנֵי חכמה, בינה יֹשְׁבֵי הָאָרֶץ אלף למד הה יוד
מם: 18 לֹא נָשׁוּב אֶל־בָּתֵּינוּ עַד הִתְנַחֵל בְּנֵי יִשְׂרָאֵל אִישׁ
נַחֲלָתוֹ: 19 כִּי לֹא נִנְחַל אִתָּם מֵעֵבֶר לַיַּרְדֵּן וָהָלְאָה כִּי
בָאָה נַחֲלָתֵנוּ אֵלֵינוּ מֵעֵבֶר הַיַּרְדֵּן מִזְרָחָה:

Seventh Reading - David - Malchut

(when connected: Fourth Reading - Moses - Netzach)

20 וַיֹּאמֶר אֲלֵיהֶם מֹשֶׁה מהש אִם יוהך ־תַּעֲשׂוּן אֶת־הַדָּבָר ראה
הַזֶּה והו אִם יוהך ־תֵּחָלְצוּ לִפְנֵי חכמה, בינה יְהֹוָאֲדֹנָהי אהדונהי לַמִּלְחָמָה:
21 וְעָבַר לָכֶם כָּל ילי ־חָלוּץ אֶת־הַיַּרְדֵּן לִפְנֵי חכמה, בינה
יְהֹוָאֲדֹנָהי אהדונהי עַד הוֹרִישׁוֹ אֶת־אֹיְבָיו מִפָּנָיו: 22 וְנִכְבְּשָׁה
הָאָרֶץ אלף למד הה יוד מם לִפְנֵי חכמה, בינה יְהֹוָאֲדֹנָהי אהדונהי וְאַחַר תָּשֻׁבוּ
וִהְיִיתֶם נְקִיִּם מֵיְהֹוָאֲדֹנָהי אהדונהי וּמִיִּשְׂרָאֵל וְהָיְתָה הָאָרֶץ אלף
למד הה יוד מם הַזֹּאת לָכֶם לַאֲחֻזָּה לִפְנֵי חכמה, בינה יְהֹוָאֲדֹנָהי אהדונהי:
23 וְאִם יוהך ־לֹא תַעֲשׂוּן כֵּן הִנֵּה חֲטָאתֶם לַיְהֹוָאֲדֹנָהי אהדונהי וּדְעוּ
חַטַּאתְכֶם אֲשֶׁר תִּמְצָא אֶתְכֶם: 24 בְּנוּ־לָכֶם עָרִים לְטַפְּכֶם

תַּעֲשׂוּן - Moses objects to this. He doesn't want anyone to think they don't need the Light, that they can be satisfied with less. The lesson from Moses is that we should never settle for less: We should always strive for more, even if this takes us outside our comfort zone.

וּגְדֵרֹת לְצֹנַאֲכֶם וְהַיֹּצֵא מִפִּיכֶם תַּעֲשׂוּ׃ 25 וַיֹּאמֶר בְּנֵי־גָד
וּבְנֵי רְאוּבֵן אֶל־מֹשֶׁה מהש לֵאמֹר עֲבָדֶיךָ יַעֲשׂוּ כַּאֲשֶׁר
אֲדֹנִי מְצַוֶּה׃ 26 טַפֵּנוּ נָשֵׁינוּ מִקְנֵנוּ וְכָל ילי ־בְּהֶמְתֵּנוּ יִהְיוּ־
שָׁם בְּעָרֵי הַגִּלְעָד׃ 27 וַעֲבָדֶיךָ יַעַבְרוּ כָּל ילי ־חֲלוּץ צָבָא
לִפְנֵי וחכמה, בינה יְהֹוָהאדניאהדונהי לַמִּלְחָמָה כַּאֲשֶׁר אֲדֹנִי דֹּבֵר ראה׃
28 וַיְצַו לָהֶם מֹשֶׁה מהש אֵת אֶלְעָזָר הַכֹּהֵן מלה וְאֵת יְהוֹשֻׁעַ
בִּן־נוּן וְאֶת־רָאשֵׁי אֲבוֹת הַמַּטּוֹת לִבְנֵי יִשְׂרָאֵל׃ 29 וַיֹּאמֶר
מֹשֶׁה מהש אֲלֵהֶם אִם יוהך ־יַעַבְרוּ בְנֵי־גָד וּבְנֵי־רְאוּבֵן ׀
אִתְּכֶם אֶת־הַיַּרְדֵּן כָּל ילי ־חָלוּץ לַמִּלְחָמָה לִפְנֵי וחכמה, בינה
יְהֹוָהאדניאהדונהי וְנִכְבְּשָׁה הָאָרֶץ אלף למד הה יוד מם לִפְנֵיכֶם וּנְתַתֶּם
לָהֶם אֶת־אֶרֶץ הַגִּלְעָד לַאֲחֻזָּה׃ 30 וְאִם יוהך ־לֹא יַעַבְרוּ
חֲלוּצִים אִתְּכֶם וְנֹאחֲזוּ בְתֹכְכֶם בְּאֶרֶץ כְּנָעַן׃ 31 וַיַּעֲנוּ
בְנֵי־גָד וּבְנֵי רְאוּבֵן לֵאמֹר אֵת אֲשֶׁר דִּבֶּר ראה יְהֹוָהאדניאהדונהי
אֶל־עֲבָדֶיךָ כֵּן נַעֲשֶׂה׃ 32 נַחְנוּ נַעֲבֹר חֲלוּצִים לִפְנֵי וחכמה, בינה
יְהֹוָהאדניאהדונהי אֶרֶץ כְּנָעַן וְאִתָּנוּ אֲחֻזַּת נַחֲלָתֵנוּ מֵעֵבֶר לַיַּרְדֵּן׃
33 וַיִּתֵּן לָהֶם ׀ מֹשֶׁה מהש לִבְנֵי־גָד וְלִבְנֵי רְאוּבֵן וְלַחֲצִי ׀

וַיִּתֵּן - What happens is a compromise: The two tribes (Reuben and Gad) fight on behalf of everyone else as the lead fighters on the front line even though the land wasn't for them. By sharing for others, they got what they wanted for their Vessel. To really get something for ourselves, we have to do an extraordinary act of sharing.

שֵׁבֶט | מְנַשֶּׁה בֶן־יוֹסֵף ציין אֶת־מַמְלֶכֶת סִיחֹן מֶלֶךְ הָאֱמֹרִי
וְאֶת־מַמְלֶכֶת עוֹג מֶלֶךְ הַבָּשָׁן הָאָרֶץ אלף למד הה יוד מם לְעָרֶיהָ
בִּגְבֻלֹת עָרֵי הָאָרֶץ אלף למד הה יוד מם סָבִיב׃ 34 וַיִּבְנוּ בְנֵי־גָד
אֶת־דִּיבֹן וְאֶת־עֲטָרֹת וְאֵת עֲרֹעֵר׃ 35 וְאֶת־עַטְרֹת שׁוֹפָן
וְאֶת־יַעְזֵר וְיָגְבְּהָה׃ 36 וְאֶת־בֵּית ב״פ ראה נִמְרָה וְאֶת־בֵּית ב״פ
ראה הָרָן עָרֵי מִבְצָר וְגִדְרֹת צֹאן׃ 37 וּבְנֵי רְאוּבֵן בָּנוּ אֶת־
חֶשְׁבּוֹן וְאֶת־אֶלְעָלֵא וְאֵת קִרְיָתָיִם׃ 38 וְאֶת־נְבוֹ וְאֶת־בַּעַל
מְעוֹן מוּסַבֹּת שֵׁם וְאֶת־שִׂבְמָה וַיִּקְרְאוּ בְשֵׁמֹת אֶת־שְׁמוֹת
הֶעָרִים אֲשֶׁר בָּנוּ׃

Maftir

39 וַיֵּלְכוּ בְּנֵי מָכִיר בֶּן־מְנַשֶּׁה גִּלְעָדָה וַיִּלְכְּדֻהָ וַיּוֹרֶשׁ אֶת־
הָאֱמֹרִי אֲשֶׁר־בָּהּ׃ 40 וַיִּתֵּן מֹשֶׁה מהש אֶת־הַגִּלְעָד לְמָכִיר
בֶּן־מְנַשֶּׁה וַיֵּשֶׁב בָּהּ׃ 41 וְיָאִיר בֶּן־מְנַשֶּׁה הָלַךְ וַיִּלְכֹּד
אֶת־חַוֹּתֵיהֶם וַיִּקְרָא אֶתְהֶן חַוֹּת יָאִיר׃ 42 וְנֹבַח הָלַךְ וַיִּלְכֹּד
אֶת־קְנָת וְאֶת־בְּנֹתֶיהָ וַיִּקְרָא לָה נֹבַח בִּשְׁמוֹ׃

Haftarah of Matot

In this Haftarah, Jeremiah speaks about the destruction of the Temple while the Portion itself is regarding Egypt. Egypt represents the first time that the Israelites experience a disconnection or "exile" from the Light. When you combine the two (the Portion itself and the Haftarah), a powerful lesson is revealed. Jeremiah is reminding us that when we have fallen – when we are in a place of destruction, when we are angry or down – this actually is a valuable opportunity for connection to the Light. It is easy to be connected when we are in a positive mindset. However, we must remember that the reason we were created (and, therefore, where our authentic spiritual work lies) is to make that effort for connection when we are experiencing our darkest moments.

Jeremiah 1 — ירמיהו פרק 1

1 דִּבְרֵי יִרְמְיָהוּ בֶּן־חִלְקִיָּהוּ מִן־הַכֹּהֲנִים אֲשֶׁר בַּעֲנָתוֹת
בְּאֶרֶץ בִּנְיָמִן: 2 אֲשֶׁר הָיָה יהה דְבַר ראה ־יְהֹוָה אדני אהדונהי אֵלָיו
בִּימֵי יֹאשִׁיָּהוּ בֶן־אָמוֹן מֶלֶךְ יְהוּדָה בִּשְׁלֹשׁ־עֶשְׂרֵה שָׁנָה
לְמָלְכוֹ: 3 וַיְהִי בִּימֵי יְהוֹיָקִים בֶּן־יֹאשִׁיָּהוּ מֶלֶךְ יְהוּדָה עַד־
תֹּם עַשְׁתֵּי עֶשְׂרֵה שָׁנָה לְצִדְקִיָּהוּ בֶן־יֹאשִׁיָּהוּ מֶלֶךְ יְהוּדָה
עַד־גְּלוֹת יְרוּשָׁלַםִ בַּחֹדֶשׁ י״ב הוויות הַחֲמִישִׁי: 4 וַיְהִי דְבַר ראה
־יְהֹוָה אדני אהדונהי אֵלַי לֵאמֹר: 5 בְּטֶרֶם אֶצָּרְךָ (כתיב: אצורך) בַבֶּטֶן
יְדַעְתִּיךָ וּבְטֶרֶם תֵּצֵא מֵרֶחֶם אברהם, רמ״ח הִקְדַּשְׁתִּיךָ נָבִיא
לַגּוֹיִם נְתַתִּיךָ: 6 וָאֹמַר אֲהָהּ אֲדֹנָי יְהֹוִה אדני אהדונהי הִנֵּה לֹא־
יָדַעְתִּי דַּבֵּר ראה כִּי־נַעַר אָנֹכִי איע: 7 וַיֹּאמֶר יְהֹוָה אדני אהדונהי
אֵלַי אַל־תֹּאמַר נַעַר אָנֹכִי איע כִּי עַל־כָּל ילי ־אֲשֶׁר אֶשְׁלָחֲךָ

תֵּלֵךְ וְאֵת כָּל ילי ־אֲשֶׁר אֲצַוְּךָ תְּדַבֵּר׃ 8 אַל־תִּירָא מִפְּנֵיהֶם
כִּי־אִתְּךָ אֲנִי אני לְהַצִּלֶךָ נְאֻם־יְהֹוָאדנָיה יאהדונהי׃ 9 וַיִּשְׁלַח
יְהֹוָאדנָיה יאהדונהי אֶת־יָדוֹ וַיַּגַּע עַל־פִּי וַיֹּאמֶר יְהֹוָאדנָיה יאהדונהי אֵלַי
הִנֵּה נָתַתִּי דְבָרַי בְּפִיךָ׃ 10 רְאֵה ראה הִפְקַדְתִּיךָ | הַיּוֹם נגד, מזבח, זן
הַזֶּה והו עַל־הַגּוֹיִם וְעַל־הַמַּמְלָכוֹת לִנְתוֹשׁ וְלִנְתוֹץ וּלְהַאֲבִיד
וְלַהֲרוֹס לִבְנוֹת וְלִנְטוֹעַ׃ 11 וַיְהִי דְבַר ראה ־יְהֹוָאדנָיה יאהדונהי אֵלַי
לֵאמֹר מָה יוד הא ואו הא ־אַתָּה רֹאֶה ראה יִרְמְיָהוּ וָאֹמַר מַקֵּל
שָׁקֵד אֲנִי אני רֹאֶה ראה׃ 12 וַיֹּאמֶר יְהֹוָאדנָיה יאהדונהי אֵלַי הֵיטַבְתָּ
לִרְאוֹת כִּי־שֹׁקֵד אֲנִי אני עַל־דְּבָרִי לַעֲשֹׂתוֹ׃ 13 וַיְהִי דְבַר ראה
־יְהֹוָאדנָיה יאהדונהי | אֵלַי שֵׁנִית לֵאמֹר מָה יוד הא ואו הא אַתָּה
רֹאֶה ראה וָאֹמַר סִיר נָפוּחַ אֲנִי אני רֹאֶה ראה וּפָנָיו מִפְּנֵי חכמה,
בינה צָפוֹנָה עסמ"ב׃ 14 וַיֹּאמֶר יְהֹוָאדנָיה יאהדונהי אֵלָי מִצָּפוֹן תִּפָּתַח
הָרָעָה רהע עַל כָּל עמם, ילי ־יֹשְׁבֵי הָאָרֶץ אלף למד הה יוד מם׃ 15 כִּי |
הִנְנִי קֹרֵא לְכָל יה אדני ילי ־מִשְׁפְּחוֹת מַמְלְכוֹת צָפוֹנָה עסמ"ב נְאֻם־
יְהֹוָאדנָיה יאהדונהי וּבָאוּ וְנָתְנוּ אִישׁ כִּסְאוֹ פֶּתַח | שַׁעֲרֵי יְרוּשָׁלַם
וְעַל כָּל עמם, ילי ־חוֹמֹתֶיהָ סָבִיב וְעַל כָּל עמם, ילי ־עָרֵי יְהוּדָה׃
16 וְדִבַּרְתִּי מִשְׁפָּטַי אוֹתָם עַל כָּל עמם, ילי ־רָעָתָם אֲשֶׁר
עֲזָבוּנִי וַיְקַטְּרוּ לֵאלֹהִים מום, ילה אֲחֵרִים וַיִּשְׁתַּחֲווּ לְמַעֲשֵׂי
יְדֵיהֶם׃ 17 וְאַתָּה תֶּאְזֹר מָתְנֶיךָ וְקַמְתָּ וְדִבַּרְתָּ אֲלֵיהֶם אֵת

כָּל יל״י ־אֲשֶׁר אָנֹכִי אי״ע אֲצַוֶּךָּ אַל־תֵּחַת מִפְּנֵיהֶם פֶּן־אֲחִתְּךָ
לִפְנֵיהֶם׃ 18 וַאֲנִי אני הִנֵּה נְתַתִּיךָ הַיּוֹם נג״ד, מזבח, זן לְעִיר ערי, סנזחר,
סנדלפון מִבְצָר וּלְעַמּוּד בַּרְזֶל ר״ת – בלהה רחל זלפה לאה וּלְחֹמוֹת נְחֹשֶׁת
עַל־כָּל יל״י ־הָאָרֶץ אלף למד הה יוד מם לְמַלְכֵי נלך יְהוּדָה לְשָׂרֶיהָ
לְכֹהֲנֶיהָ וּלְעַם עלם הָאָרֶץ אלף למד הה יוד מם׃ 19 וְנִלְחֲמוּ אֵלֶיךָ
וְלֹא־יוּכְלוּ לָךְ כִּי־אִתְּךָ אֲנִי אני נְאֻם־יְהוָהאדניאהדונהי לְהַצִּילֶךָ׃
2 1 וַיְהִי דְבַר ראה ־יְהוָהאדניאהדונהי אֵלַי לֵאמֹר׃ 2 הָלֹךְ וְקָרָאתָ
בְאָזְנֵי יְרוּשָׁלִַם לֵאמֹר כֹּה היי אָמַר יְהוָהאדניאהדונהי זָכַרְתִּי לָךְ
חֶסֶד יוד הי ויו הי, י יה יהו יהוה נְעוּרַיִךְ אַהֲבַת כְּלוּלֹתָיִךְ לֶכְתֵּךְ אַחֲרַי
בַּמִּדְבָּר בְּאֶרֶץ לֹא זְרוּעָה׃ 3 קֹדֶשׁ יִשְׂרָאֵל לַיהוָהאדניאהדונהי
רֵאשִׁית תְּבוּאָתֹה כָּל יל״י ־אֹכְלָיו יֶאְשָׁמוּ רָעָה רה״ע תָּבֹא
אֲלֵיהֶם נְאֻם־יְהוָהאדניאהדונהי׃

Lesson of Massey

Among the teachings of the Ba'al Shem Tov, there is a lesson on the importance of fulfilling our vows. As the Ba'al Shem Tov explains: "It is better not to vow than to vow and not keep your vow. As the Creator has told us: 'Be careful in your vows and fulfill them.' Whoever doesn't stand by his word has no forgiveness, for it is written in the portion of Yitro that the Creator will not cleanse anyone who utters His Name in vain."

Every action we perform in this world has an influence on every level of existence, all the way up to the Endless. So when we speak about performing a spiritual action or make a vow to do so, the Negative Side mounts a special attack to prevent us from fulfilling our vow. However, the attack does not begin until we actually speak about what we intend to do. This is why spoken vows are deemed so important in the teachings of Kabbalah—because negative energy can attach itself to speech.

If we want to undertake a positive action and find that we must speak about it, we should recite the L'shem Yichud prayer to prevent the Negative Forces from taking hold. This is what the Ba'al Shem Tov teaches us: We must use the protection prayer, and then we can be sure of fulfilling our vows.

Another secret revealed in this teaching of the Ba'al Shem Tov concerns the effects of "stretching our luck" in a spiritual sense. If, for example, we tell ourselves, "I will behave in a negative way for today only, and I will only be a little bad," we can quickly spiral down the spiritual ladder to a point where we can't even recognize the existence of the Creator.

As we read every day in the Kriat Shema: "Beware lest your heart be seduced and you turn to worship other gods." The sages explain that when a person is not busy with spirituality, he is busy with idol-worshipping. Even when we think that temptation cannot take hold, we must realize that our tendency is toward physicality, and it is there that the Negative Side will ensnare us. Therefore, we must make the effort to overcome all temptations, even the seemingly small ones.

Righteous people constantly examine their intentions and hold themselves in suspicion. Even the holy Rabbi Elimelech said, "When I leave this world, a new Hell will have to be created for me. The old one is not sufficient to cleanse all my negativity!" With this example of Rabbi Elimelech in mind, we can understand why the Torah warned the Israelites to recite the following words twice—and even a third time—before going to sleep: "Beware that your heart might be seduced and you turn to worship other gods." We must constantly suspect ourselves and our motives and turn away from selfish desire. Even when we don't see a specific temptation, we must understand that temptation in some form is always there.

The Negative Side is always present to prevent us from completing our mission in this world. We must realize that we are in a constant 24-hour-a-day war against negativity. If we make a true effort to control our desire to receive for the self alone, perhaps we can win at least a few battles in this war.

There is so much chaos in the world, and we must realize that none of it is from the Creator, from Whom only good can come. If there is negativity in our lives, it is there as a result of our own choices—and from the judgment we have imposed upon ourselves.

Regarding this, the Chofetz Chaim told the following story: A rich merchant was busy in his business from dawn to dusk. He was so busy that he never had time to pray or to study Torah. Years went by, and he was old and gray when he suddenly realized that all his life, he had done nothing with regard to his spiritual work because he was always busy with material things.

The very next morning, he went to pray. After the morning prayers, he stayed for another two hours studying Torah before he went to his shop. When he finally arrived at the store after spending three hours in prayer and study, his wife questioned him as to his whereabouts. She reminded him that during the morning hours, the store was full of merchants on such a busy day, so why was he so late. He avoided giving her a direct answer, saying only that he was busy with a very important matter. This went on for a few days.

One morning, his wife lost her patience. When she saw he was late again, she went out to look for him. She was amazed and very disturbed when she found that he was praying and studying. "What is wrong with you?" she demanded. "Are you crazy? The store is full of customers, and you sit here and study? I don't care about the loss of money you're causing us, but we have steady customers in the store now! Should I send them away to our competitors, who are waiting for them?"

Her husband answered, "Tell me, my wife, what would you do if the Angel of Death appeared one morning before you and told you that I had to die? Would you tell him that there is no time for that now since the store is full of customers? From today forward, just imagine that every morning when I'm not in the store, I was taken by the Angel of Death. What difference will it make to you if you know that after one or two hours, I will be resurrected and come to help you in the store?"

A person must feel as if he is dying, and in that way, he will free himself from the excuses that prevent him from doing spiritual work. We must look at our spiritual time as "untouchable," as if during those hours, we are literally not in this world.

Synopsis of Massey

This portion is always read between the 17th day of *Tammuz* and the 9th of Av, a period of darkness. Because this period falls in the month of Cancer, we can use this reading to overcome the disease of cancer. The root of the sickness lies in this month. Reading this portion can help us eliminate cancer if we already have it or prevent cancer from occurring in the first place.

First Reading - Abraham - Chesed

33 1 אֵלֶּה מַסְעֵי בְנֵי־יִשְׂרָאֵל אֲשֶׁר יָצְאוּ מֵאֶרֶץ
מִצְרַיִם מצר לְצִבְאֹתָם בְּיַד־מֹשֶׁה מהש וְאַהֲרֹן׃ 2 וַיִּכְתֹּב
מֹשֶׁה מהש אֶת־מוֹצָאֵיהֶם לְמַסְעֵיהֶם עַל־פִּי יְהֹוָה יאהדונהי
וְאֵלֶּה מַסְעֵיהֶם לְמוֹצָאֵיהֶם׃ 3 וַיִּסְעוּ מֵרַעְמְסֵס בַּחֹדֶשׁ י״ב
הויות הָרִאשׁוֹן בַּחֲמִשָּׁה עָשָׂר יוֹם נגד, מזבח, זן לַחֹדֶשׁ י״ב הויות
הָרִאשׁוֹן מִמָּחֳרַת הַפֶּסַח יָצְאוּ בְנֵי־יִשְׂרָאֵל בְּיָד רָמָה
לְעֵינֵי כָּל ילי ־מִצְרָיִם מצר׃ 4 וּמִצְרַיִם מצר מְקַבְּרִים אֵת אֲשֶׁר
הִכָּה יְהֹוָה יאהדונהי בָּהֶם כָּל ילי ־בְּכוֹר וּבֵאלֹהֵיהֶם ילה עָשָׂה
יְהֹוָה יאהדונהי שְׁפָטִים׃ 5 וַיִּסְעוּ בְנֵי־יִשְׂרָאֵל מֵרַעְמְסֵס וַיַּחֲנוּ
בְּסֻכֹּת׃ 6 וַיִּסְעוּ מִסֻּכֹּת וַיַּחֲנוּ בְאֵתָם אֲשֶׁר בִּקְצֵה הַמִּדְבָּר׃
7 וַיִּסְעוּ מֵאֵתָם וַיָּשָׁב עַל־פִּי הַחִירֹת אֲשֶׁר עַל־פְּנֵי חכמה, בינה

מַסְעֵי - This portion summarizes the Israelites' journeys in the desert, but why is this discussion here? It doesn't make sense. In the Zohar, walking is a metaphor for elevating consciousness. If we travel to a place, we elevate sparks there, especially if negativity is present. When we travel, we have to think of why we are going and what we can accomplish. Sometimes, a journey can be an important purpose of a lifetime. We should always think of the reason we are going somewhere and realize we can elevate sparks.

וַיִּסְעוּ - This portion enumerates the places they visited on their journey. There were 42 stops. The number 42 represents *Ana Beko'ach*, so we can use this for protection. The 42 stops protect us when we're traveling.

בַּעַל צְפוֹן וַיַּחֲנוּ לִפְנֵי וחכמה, בינה מִגְדֹּל׃ 8 וַיִּסְעוּ מִפְּנֵי וחכמה, בינה
הַחִירֹת וַיַּעַבְרוּ בְתוֹךְ־הַיָּם ילי הַמִּדְבָּרָה וַיֵּלְכוּ דֶּרֶךְ ב"פ יבק
שְׁלֹשֶׁת יָמִים נלך בְּמִדְבַּר אֵתָם וַיַּחֲנוּ בְּמָרָה׃ 9 וַיִּסְעוּ מִמָּרָה
וַיָּבֹאוּ אֵילִמָה וּבְאֵילִם שְׁתֵּים עֶשְׂרֵה עֵינֹת מַיִם וְשִׁבְעִים
תְּמָרִים וַיַּחֲנוּ־שָׁם׃ 10 וַיִּסְעוּ מֵאֵילִם וַיַּחֲנוּ עַל־יַם ילי ־סוּף׃

Second Reading - Isaac - Gvurah

11 וַיִּסְעוּ מִיַּם־סוּף וַיַּחֲנוּ בְּמִדְבַּר־סִין׃ 12 וַיִּסְעוּ מִמִּדְבַּר־סִין
וַיַּחֲנוּ בְּדָפְקָה׃ 13 וַיִּסְעוּ מִדָּפְקָה וַיַּחֲנוּ בְּאָלוּשׁ׃ 14 וַיִּסְעוּ
מֵאָלוּשׁ וַיַּחֲנוּ בִּרְפִידִם וְלֹא־הָיָה יהה שָׁם מַיִם לָעָם עלם
לִשְׁתּוֹת׃ 15 וַיִּסְעוּ מֵרְפִידִם וַיַּחֲנוּ בְּמִדְבַּר סִינָי נמם׃ 16 וַיִּסְעוּ
מִמִּדְבַּר סִינָי נמם וַיַּחֲנוּ בְּקִבְרֹת הַתַּאֲוָה׃ 17 וַיִּסְעוּ מִקִּבְרֹת
הַתַּאֲוָה וַיַּחֲנוּ בַּחֲצֵרֹת׃ 18 וַיִּסְעוּ מֵחֲצֵרֹת וַיַּחֲנוּ בְּרִתְמָה׃
19 וַיִּסְעוּ מֵרִתְמָה וַיַּחֲנוּ בְּרִמֹּן פָּרֶץ׃ 20 וַיִּסְעוּ מֵרִמֹּן פָּרֶץ
וַיַּחֲנוּ בְּלִבְנָה׃ 21 וַיִּסְעוּ מִלִּבְנָה וַיַּחֲנוּ בְּרִסָּה׃ 22 וַיִּסְעוּ
מֵרִסָּה וַיַּחֲנוּ בִּקְהֵלָתָה׃ 23 וַיִּסְעוּ מִקְּהֵלָתָה וַיַּחֲנוּ בְּהַר־
שָׁפֶר׃ 24 וַיִּסְעוּ מֵהַר־שָׁפֶר וַיַּחֲנוּ בַּחֲרָדָה׃ 25 וַיִּסְעוּ מֵחֲרָדָה
וַיַּחֲנוּ בְּמַקְהֵלֹת׃ 26 וַיִּסְעוּ מִמַּקְהֵלֹת וַיַּחֲנוּ בְּתָחַת׃ 27 וַיִּסְעוּ
מִתָּחַת וַיַּחֲנוּ בְּתָרַח׃ 28 וַיִּסְעוּ מִתָּרַח וַיַּחֲנוּ בְּמִתְקָה׃
29 וַיִּסְעוּ מִמִּתְקָה וַיַּחֲנוּ בְּחַשְׁמֹנָה׃ 30 וַיִּסְעוּ מֵחַשְׁמֹנָה וַיַּחֲנוּ

בְּמֹסֵרוֹת׃ 31 וַיִּסְעוּ מִמֹּסֵרוֹת וַיַּחֲנוּ בִּבְנֵי יַעֲקָן׃ 32 וַיִּסְעוּ
מִבְּנֵי יַעֲקָן וַיַּחֲנוּ בְּחֹר הַגִּדְגָּד׃ 33 וַיִּסְעוּ מֵחֹר הַגִּדְגָּד וַיַּחֲנוּ
בְּיָטְבָתָה׃ 34 וַיִּסְעוּ מִיָּטְבָתָה וַיַּחֲנוּ בְּעַבְרֹנָה׃ 35 וַיִּסְעוּ
מֵעַבְרֹנָה וַיַּחֲנוּ בְּעֶצְיֹן גָּבֶר׃ 36 וַיִּסְעוּ מֵעֶצְיֹן גָּבֶר וַיַּחֲנוּ
בְמִדְבַּר־צִן הִוא קָדֵשׁ׃ 37 וַיִּסְעוּ מִקָּדֵשׁ וַיַּחֲנוּ בְּהֹר הָהָר
בִּקְצֵה אֶרֶץ אֱדוֹם׃ 38 וַיַּעַל אַהֲרֹן הַכֹּהֵן מלה אֶל־הֹר הָהָר
עַל־פִּי יְהֹוָהאדניאהדונהי וַיָּמָת שָׁם בִּשְׁנַת הָאַרְבָּעִים לְצֵאת
בְּנֵי־יִשְׂרָאֵל מֵאֶרֶץ מִצְרַיִם מצר בַּחֹדֶשׁ י״ב הוויות הַחֲמִישִׁי
בְּאֶחָד אהבה, דאגה לַחֹדֶשׁ י״ב הוויות׃ 39 וְאַהֲרֹן בֶּן־שָׁלֹשׁ וְעֶשְׂרִים
וּמְאַת שָׁנָה בְּמֹתוֹ בְּהֹר הָהָר׃ 40 וַיִּשְׁמַע הַכְּנַעֲנִי מֶלֶךְ
עֲרָד וְהוּא־יֹשֵׁב בַּנֶּגֶב בְּאֶרֶץ כְּנָעַן בְּבֹא בְּנֵי יִשְׂרָאֵל׃
41 וַיִּסְעוּ מֵהֹר הָהָר וַיַּחֲנוּ בְּצַלְמֹנָה׃ 42 וַיִּסְעוּ מִצַּלְמֹנָה וַיַּחֲנוּ
בְּפוּנֹן׃ 43 וַיִּסְעוּ מִפּוּנֹן וַיַּחֲנוּ בְּאֹבֹת׃ 44 וַיִּסְעוּ מֵאֹבֹת וַיַּחֲנוּ
בְּעִיֵּי הָעֲבָרִים בִּגְבוּל מוֹאָב׃ 45 וַיִּסְעוּ מֵעִיִּים וַיַּחֲנוּ בְּדִיבֹן
גָּד׃ 46 וַיִּסְעוּ מִדִּיבֹן גָּד וַיַּחֲנוּ בְּעַלְמֹן דִּבְלָתָיְמָה׃ 47 וַיִּסְעוּ
מֵעַלְמֹן דִּבְלָתָיְמָה וַיַּחֲנוּ בְּהָרֵי הָעֲבָרִים לִפְנֵי וחכמה, בינה נְבוֹ׃
48 וַיִּסְעוּ מֵהָרֵי הָעֲבָרִים וַיַּחֲנוּ בְּעַרְבֹת מוֹאָב עַל יַרְדֵּן
יְרֵחוֹ׃ 49 וַיַּחֲנוּ עַל־הַיַּרְדֵּן מִבֵּית ב״פ ראה הַיְשִׁמֹת עַד אָבֵל
הַשִּׁטִּים בְּעַרְבֹת מוֹאָב׃

Third Reading - Jacob - Tiferet

(when connected: Fifth Reading - Aaron - Hod)

50 וַיְדַבֵּר יְהוָהאדניאהדונהי אֶל־מֹשֶׁה מהש בְּעַרְבֹת מוֹאָב עַל־יַרְדֵּן
יְרֵחוֹ לֵאמֹר׃ 51 דַּבֵּר ראה אֶל־בְּנֵי יִשְׂרָאֵל וְאָמַרְתָּ אֲלֵהֶם
כִּי אַתֶּם עֹבְרִים אֶת־הַיַּרְדֵּן אֶל־אֶרֶץ כְּנָעַן׃ 52 וְהוֹרַשְׁתֶּם
אֶת־כָּל ילי ־יֹשְׁבֵי הָאָרֶץ אלף למד הה יוד מם מִפְּנֵיכֶם וְאִבַּדְתֶּם
אֵת כָּל ילי ־מַשְׂכִּיֹּתָם וְאֵת כָּל ילי ־צַלְמֵי מַסֵּכֹתָם תְּאַבֵּדוּ
וְאֵת כָּל ילי ־בָּמוֹתָם תַּשְׁמִידוּ׃ 53 וְהוֹרַשְׁתֶּם אֶת־הָאָרֶץ אלף
למד הה יוד מם וִישַׁבְתֶּם־בָּהּ כִּי לָכֶם נָתַתִּי אֶת־הָאָרֶץ אלף למד
הה יוד מם לָרֶשֶׁת אֹתָהּ׃ 54 וְהִתְנַחַלְתֶּם אֶת־הָאָרֶץ אלף למד הה יוד
מם בְּגוֹרָל לְמִשְׁפְּחֹתֵיכֶם לָרַב תַּרְבּוּ אֶת־נַחֲלָתוֹ וְלַמְעַט
תַּמְעִיט אֶת־נַחֲלָתוֹ אֶל אֲשֶׁר־יֵצֵא לוֹ שָׁמָּה הַגּוֹרָל לוֹ
יִהְיֶה ייי לְמַטּוֹת אֲבֹתֵיכֶם תִּתְנֶחָלוּ׃ 55 וְאִם יוהך ־לֹא תוֹרִישׁוּ
אֶת־יֹשְׁבֵי הָאָרֶץ אלף למד הה יוד מם מִפְּנֵיכֶם וְהָיָה יהוה, יהה אֲשֶׁר
תּוֹתִירוּ מֵהֶם לְשִׂכִּים בְּעֵינֵיכֶם וְלִצְנִינִם בְּצִדֵּיכֶם וְצָרְרוּ

וְהוֹרַשְׁתֶּם - When the Israelites go into Israel, they have to start fresh—there's nothing there for them. Someone is destined to live in every land. In Israel, it was the Israelites, so whoever was there was required to move. It's because the Israelites were supposed to reveal Light, so if the other inhabitants wanted to stay, they had to transform themselves. If we take care of our own spiritual work, we don't have problems with other people. It's when we don't take care of ourselves and judge others that conflicts arise.

אֶתְכֶם עַל־הָאָרֶץ אלף למד הה יוד מם אֲשֶׁר אַתֶּם יֹשְׁבִים בָּהּ׃

56 וְהָיָה יהוה, יהה כַּאֲשֶׁר דִּמִּיתִי לַעֲשׂוֹת לָהֶם אֶעֱשֶׂה לָכֶם׃

34 1 וַיְדַבֵּר יְהֹוָה יאהדונהי אֶל־מֹשֶׁה מהש לֵּאמֹר׃ 2 **צַו** פוי אֶת־

בְּנֵי יִשְׂרָאֵל וְאָמַרְתָּ אֲלֵהֶם כִּי־אַתֶּם בָּאִים אֶל־הָאָרֶץ אלף

למד הה יוד מם כְּנָעַן זֹאת הָאָרֶץ אלף למד הה יוד מם אֲשֶׁר תִּפֹּל לָכֶם

בְּנַחֲלָה אֶרֶץ כְּנַעַן לִגְבֻלֹתֶיהָ׃ 3 וְהָיָה יהוה, יהה לָכֶם פְּאַת־

נֶגֶב מִמִּדְבַּר־צִן עַל־יְדֵי אֱדוֹם וְהָיָה יהוה, יהה לָכֶם גְּבוּל נֶגֶב

מִקְצֵה יָם ילי ־הַמֶּלַח ג״פ יהו״ה קֵדְמָה׃ 4 וְנָסַב לָכֶם הַגְּבוּל

מִנֶּגֶב לְמַעֲלֵה עַקְרַבִּים וְעָבַר צִנָה וְהָיוּ (כתיב: והיה) תּוֹצְאֹתָיו

מִנֶּגֶב לְקָדֵשׁ בַּרְנֵעַ וְיָצָא חֲצַר־אַדָּר וְעָבַר עַצְמֹנָה׃ 5 וְנָסַב

הַגְּבוּל מֵעַצְמוֹן נַחְלָה מִצְרָיִם מצר וְהָיוּ תוֹצְאֹתָיו הַיָּמָּה׃

6 וּגְבוּל יָם ילי וְהָיָה יהוה, יהה לָכֶם הַיָּם ילי הַגָּדוֹל להח, מבה וּגְבוּל

זֶה־יִהְיֶה ייי לָכֶם גְּבוּל יָם ילי׃ 7 וְזֶה־יִהְיֶה ייי לָכֶם גְּבוּל צָפוֹן

מִן־הַיָּם ילי הַגָּדֹל תְּתָאוּ לָכֶם הֹר הָהָר׃ 8 מֵהֹר הָהָר תְּתָאוּ

לְבֹא חֲמָת וְהָיוּ תּוֹצְאֹת הַגְּבֻל צְדָדָה׃ 9 וְיָצָא הַגְּבֻל

צַו - The actual boundaries of the land of Israel are important because we connect to the entire land of Israel, not just Jerusalem. There is enormous Light there. When we pray, we should connect to Israel. When the verse about the boundaries is read, we should meditate on absorbing as much Light as possible. When we ask for help from God, we should think of Israel, His resting place in the world, and let go of ego, realize we need help, and ask through the land of Israel.

זִפְרֹנָה וְהָיוּ תוֹצְאֹתָיו חֲצַר עֵינָן זֶה־יִהְיֶה ייי לָכֶם גְּבוּל צָפוֹן׃
10 וְהִתְאַוִּיתֶם לָכֶם לִגְבוּל קֵדְמָה מֵחֲצַר עֵינָן שְׁפָמָה׃
11 וְיָרַד רי״ו הַגְּבֻל מִשְּׁפָם הָרִבְלָה מִקֶּדֶם לָעָיִן יוד יוד הא יוד הא ואו
יוד הא ואו הא וְיָרַד רי״ו הַגְּבֻל וּמָחָה עַל־כֶּתֶף יָם ילי ־כִּנֶּרֶת קֵדְמָה׃
12 וְיָרַד רי״ו הַגְּבוּל הַיַּרְדֵּנָה וְהָיוּ תוֹצְאֹתָיו יָם ילי הַמֶּלַח ג״פ יהו״ה
זֹאת תִּהְיֶה לָכֶם הָאָרֶץ אלף למד הה יוד מם לִגְבֻלֹתֶיהָ סָבִיב׃
13 וַיְצַו מֹשֶׁה מהש אֶת־בְּנֵי יִשְׂרָאֵל לֵאמֹר זֹאת הָאָרֶץ אלף למד
הה יוד מם אֲשֶׁר תִּתְנַחֲלוּ אֹתָהּ בְּגוֹרָל אֲשֶׁר צִוָּה יְהֹוָהאדניאהדונהי
לָתֵת לְתִשְׁעַת הַמַּטּוֹת וַחֲצִי הַמַּטֶּה׃ 14 כִּי לָקְחוּ מַטֵּה בְנֵי
הָרְאוּבֵנִי לְבֵית ב״פ ראה אֲבֹתָם וּמַטֵּה בְנֵי־הַגָּדִי והו לְבֵית ב״פ
ראה אֲבֹתָם וַחֲצִי מַטֵּה מְנַשֶּׁה לָקְחוּ נַחֲלָתָם׃ 15 שְׁנֵי הַמַּטּוֹת
וַחֲצִי הַמַּטֶּה לָקְחוּ נַחֲלָתָם מֵעֵבֶר לְיַרְדֵּן יְרֵחוֹ קֵדְמָה
מִזְרָחָה׃

Fourth Reading - Moses - Netzach
(when connected: Sixth Reading - Joseph - Yesod)

16 וַיְדַבֵּר יְהֹוָהאדניאהדונהי אֶל־מֹשֶׁה מהש לֵּאמֹר׃ 17 אֵלֶּה שְׁמוֹת
הָאֲנָשִׁים אֲשֶׁר־יִנְחֲלוּ לָכֶם אֶת־הָאָרֶץ אלף למד הה יוד מם

יִנְחֲלוּ - There were 12 men who were to be leaders in Israel. Each of them represented a sign of the zodiac. But this does not mean that they were

אֶלְעָזָר הַכֹּהֵן מלה וִיהוֹשֻׁעַ בִּן־נוּן׃ 18 וְנָשִׂיא אֶחָד אהבה, דאגה
נָשִׂיא אֶחָד אהבה, דאגה מִמַּטֶּה תִּקְחוּ לִנְחֹל אֶת־הָאָרֶץ אלף למד
הה יוד מם׃ 19 וְאֵלֶּה שְׁמוֹת הָאֲנָשִׁים לְמַטֵּה יְהוּדָה כָּלֵב לכב בֶּן־
יְפֻנֶּה׃ 20 וּלְמַטֵּה בְּנֵי שִׁמְעוֹן שְׁמוּאֵל בֶּן־עַמִּיהוּד׃ 21 לְמַטֵּה
בִנְיָמִן אֱלִידָד בֶּן־כִּסְלוֹן׃ 22 וּלְמַטֵּה בְנֵי־דָן נָשִׂיא בֻּקִּי
בֶּן־יָגְלִי׃ 23 לִבְנֵי יוֹסֵף ציון לְמַטֵּה בְנֵי־מְנַשֶּׁה נָשִׂיא חַנִּיאֵל
בֶּן־אֵפֹד׃ 24 וּלְמַטֵּה בְנֵי־אֶפְרַיִם נָשִׂיא קְמוּאֵל בֶּן־שִׁפְטָן׃
25 וּלְמַטֵּה בְנֵי־זְבוּלֻן נָשִׂיא אֱלִיצָפָן בֶּן־פַּרְנָךְ׃ 26 וּלְמַטֵּה
בְנֵי־יִשָׂשכָר נָשִׂיא פַּלְטִיאֵל בֶּן־עַזָּן׃ 27 וּלְמַטֵּה בְנֵי־אָשֵׁר
נָשִׂיא אֲחִיהוּד בֶּן־שְׁלֹמִי ילי׃ 28 וּלְמַטֵּה בְנֵי־נַפְתָּלִי נָשִׂיא
פְּדַהְאֵל בֶּן־עַמִּיהוּד׃ 29 אֵלֶּה אֲשֶׁר צִוָּה יְהֹוָהאדניאהדונהי לְנַחֵל
אֶת־בְּנֵי־יִשְׂרָאֵל בְּאֶרֶץ כְּנָעַן׃

Fifth Reading - Aaron - Hod

35 1 וַיְדַבֵּר יְהֹוָהאדניאהדונהי אֶל־מֹשֶׁה מהש בְּעַרְבֹת מוֹאָב

limited by their individual signs. By understanding the needs of other people and by sharing with them, the leaders could truly represent everyone, not just their own individual points of view. We, too, can rise above the planets, their influences, and the negativity associated with them. What's essential is caring about other people and seeing life from their perspective. This is all that's needed for us to rise above the limitations imposed by our astrological signs.

עַל־יַרְדֵּן יְרֵחוֹ לֵאמֹר׃ 2 צַו פוי אֶת־בְּנֵי יִשְׂרָאֵל וְנָתְנוּ לַלְוִיִּם
מִנַּחֲלַת אֲחֻזָּתָם עָרִים לָשָׁבֶת וּמִגְרָשׁ לֶעָרִים סְבִיבֹתֵיהֶם
תִּתְּנוּ לַלְוִיִּם׃ 3 וְהָיוּ הֶעָרִים לָהֶם לָשָׁבֶת וּמִגְרְשֵׁיהֶם יִהְיוּ
לִבְהֶמְתָּם וְלִרְכֻשָׁם וּלְכֹל יה אדני, ילי חַיָּתָם׃ 4 וּמִגְרְשֵׁי הֶעָרִים
אֲשֶׁר תִּתְּנוּ לַלְוִיִּם מִקִּיר הָעִיר ערי, סוזחר, סנדלפון וָחוּצָה אֶלֶף
אַמָּה סָבִיב׃ 5 וּמַדֹּתֶם מִחוּץ לָעִיר ערי, סוזחר, סנדלפון אֶת־פְּאַת־
קֵדְמָה אַלְפַּיִם בָּאַמָּה וְאֶת־פְּאַת־נֶגֶב אַלְפַּיִם בָּאַמָּה
וְאֶת־פְּאַת־יָם ילי | אַלְפַּיִם בָּאַמָּה וְאֵת פְּאַת צָפוֹן אַלְפַּיִם
בָּאַמָּה וְהָעִיר ערי, סוזחר, סנדלפון בַּתָּוֶךְ זֶה יִהְיֶה יי לָהֶם מִגְרְשֵׁי
הֶעָרִים׃ 6 וְאֵת הֶעָרִים אֲשֶׁר תִּתְּנוּ לַלְוִיִּם אֵת שֵׁשׁ־עָרֵי
הַמִּקְלָט אֲשֶׁר תִּתְּנוּ לָנֻס יוד הא ואו הא - אדני שָׁמָּה הָרֹצֵחַ
וַעֲלֵיהֶם תִּתְּנוּ אַרְבָּעִים וּשְׁתַּיִם מ"ב עִיר ערי, סוזחר, סנדלפון׃ 7 כָּל ילי
־הֶעָרִים אֲשֶׁר תִּתְּנוּ לַלְוִיִּם אַרְבָּעִים וּשְׁמֹנֶה עִיר ערי, סוזחר,
סנדלפון אֶתְהֶן וְאֶת־מִגְרְשֵׁיהֶן׃ 8 וְהֶעָרִים אֲשֶׁר תִּתְּנוּ מֵאֲחֻזַּת
בְּנֵי־יִשְׂרָאֵל מֵאֵת הָרַב תַּרְבּוּ וּמֵאֵת הַמְעַט תַּמְעִיטוּ אִישׁ
כְּפִי נַחֲלָתוֹ אֲשֶׁר יִנְחָלוּ יִתֵּן מֵעָרָיו לַלְוִיִּם׃

וְנָתְנוּ - Each tribe had to give some of its land to the Levites. The tribes had to tithe not only their money but also their land. Everything we're given—time, money, intelligence—we have to tithe. We have to give so that we can keep these gifts.

Sixth Reading - Joseph - Yesod
(when connected: Seventh Reading - David - Malchut)

9 וַיְדַבֵּר יְהֹוָהאדניאהדונהי אֶל־מֹשֶׁה מהש לֵּאמֹר׃ 10 דַּבֵּר ראה אֶל־
בְּנֵי יִשְׂרָאֵל וְאָמַרְתָּ אֲלֵהֶם כִּי אַתֶּם עֹבְרִים אֶת־הַיַּרְדֵּן
אַרְצָה כְּנָעַן׃ 11 וְהִקְרִיתֶם לָכֶם עָרִים עָרֵי מִקְלָט תִּהְיֶינָה
לָכֶם וְנָס יוד הא ואו הא - אדני שָׁמָּה רֹצֵחַ מַכֵּה־נֶפֶשׁ בִּשְׁגָגָה׃
12 וְהָיוּ לָכֶם הֶעָרִים לְמִקְלָט מִגֹּאֵל א"ת ב"ש - כתר וְלֹא יָמוּת
הָרֹצֵחַ עַד־עָמְדוֹ לִפְנֵי חכמה, בינה הָעֵדָה סיט לַמִּשְׁפָּט ה"פ אלהים׃
13 וְהֶעָרִים אֲשֶׁר תִּתֵּנוּ שֵׁשׁ־עָרֵי מִקְלָט תִּהְיֶינָה לָכֶם׃
14 אֵת ׀ שְׁלֹשׁ הֶעָרִים תִּתְּנוּ מֵעֵבֶר לַיַּרְדֵּן וְאֵת שְׁלֹשׁ
הֶעָרִים תִּתְּנוּ בְּאֶרֶץ כְּנָעַן עָרֵי מִקְלָט תִּהְיֶינָה׃ 15 לִבְנֵי
יִשְׂרָאֵל וְלַגֵּר וְלַתּוֹשָׁב בְּתוֹכָם תִּהְיֶינָה שֵׁשׁ־הֶעָרִים
הָאֵלֶּה לְמִקְלָט לָנוּס שָׁמָּה כָּל ילי ־מַכֵּה־נֶפֶשׁ בִּשְׁגָגָה׃
16 וְאִם יוהך ־בִּכְלִי בַּרְזֶל ר"ת - בלהה רחל זלפה לאה ׀ הִכָּהוּ וַיָּמֹת

בִּשְׁגָגָה - This verse discusses unintentional murders. A person who is killed in this way may have killed in a prior lifetime. Although sometimes it seems there is no justice in this world, there really is. The people who do good have good at the end, and the ones who are bad are perhaps just being set up for a harder fall. As long as we are on a spiritual path, we will have a fulfilled life even if there are bumps along the way.

בִּכְלִי - An intentional murderer changes the way the universe is working. This person who has killed will have to come back again in another body. He won't be able to finish his spiritual work because he's gone against the

רֹצֵחַ הוּא מוֹת יוּמַת הָרֹצֵחַ׃ 17 וְאִם יוהך בְּאֶבֶן יָד אֲשֶׁר־
יָמוּת בָּהּ הִכָּהוּ וַיָּמֹת רֹצֵחַ הוּא מוֹת יוּמַת הָרֹצֵחַ׃ 18 אוֹ
בִּכְלִי עֵץ־יָד אֲשֶׁר־יָמוּת בּוֹ הִכָּהוּ וַיָּמֹת רֹצֵחַ הוּא מוֹת
יוּמַת הָרֹצֵחַ׃ 19 גֹּאֵל א"ת ב"ש - כתר הַדָּם הוּא יָמִית אֶת־הָרֹצֵחַ
בְּפִגְעוֹ־בוֹ הוּא יְמִתֶנּוּ׃ 20 וְאִם יוהך ־בְּשִׂנְאָה יֶהְדֳּפֶנּוּ אוֹ־
הִשְׁלִיךְ עָלָיו בִּצְדִיָּה וַיָּמֹת׃ 21 אוֹ בְאֵיבָה הִכָּהוּ בְיָדוֹ וַיָּמֹת
מוֹת־יוּמַת הַמַּכֶּה רֹצֵחַ הוּא גֹּאֵל א"ת ב"ש - כתר הַדָּם יָמִית אֶת־
הָרֹצֵחַ בְּפִגְעוֹ־בוֹ׃ 22 וְאִם יוהך ־בְּפֶתַע בְּלֹא־אֵיבָה הֲדָפוֹ
אוֹ־הִשְׁלִיךְ עָלָיו כָּל ילי ־כְּלִי בְּלֹא צְדִיָּה׃ 23 אוֹ בְכָל לכב
־אֶבֶן אֲשֶׁר־יָמוּת בָּהּ בְּלֹא רְאוֹת וַיַּפֵּל עָלָיו וַיָּמֹת וְהוּא
לֹא־אוֹיֵב לוֹ וְלֹא מְבַקֵּשׁ רָעָתוֹ׃ 24 וְשָׁפְטוּ הָעֵדָה סיט בֵּין
הַמַּכֶּה וּבֵין גֹּאֵל א"ת ב"ש - כתר הַדָּם עַל הַמִּשְׁפָּטִים הָאֵלֶּה׃
25 וְהִצִּילוּ הָעֵדָה סיט אֶת־הָרֹצֵחַ מִיַּד גֹּאֵל א"ת ב"ש - כתר הַדָּם
וְהֵשִׁיבוּ אֹתוֹ הָעֵדָה סיט אֶל־עִיר ער"י, סוזוך, סנדלפון מִקְלָטוֹ

laws of the universe. Sometimes, we do things that make our transformation impossible in a given lifetime, and this verse shows a clear example.

בְּפֶתַע - When someone caused a death unintentionally, he was exiled to a city of refuge until the high priest died. When negative things happened unintentionally, the high priest was held responsible: His spiritual energy ought to have prevented chaos from taking place. After the death of the high priest, the person who caused the accidental death was allowed to return from exile.

אֲשֶׁר־נָס יוד הא ואו הא - אדני שָׁמָּה וְיָשַׁב בָּהּ עַד־מוֹת הַכֹּהֵן מלה
הַגָּדֹל אֲשֶׁר־מָשַׁח אֹתוֹ בְּשֶׁמֶן הַקֹּדֶשׁ׃ 26 וְאִם יוהך ־יָצֹא
יֵצֵא הָרֹצֵחַ אֶת־גְּבוּל עִיר ערי, סנזפר, סנדלפון מִקְלָטוֹ אֲשֶׁר יָנוּס
שָׁמָּה׃ 27 וּמָצָא אֹתוֹ גֹּאֵל א״ת ב״ש - כתר הַדָּם מִחוּץ לִגְבוּל
עִיר ערי, סנזפר, סנדלפון מִקְלָטוֹ וְרָצַח גֹּאֵל א״ת ב״ש - כתר הַדָּם אֶת־
הָרֹצֵחַ אֵין לוֹ דָּם׃ 28 כִּי בְעִיר ערי, סנזפר, סנדלפון מִקְלָטוֹ יֵשֵׁב
עַד־מוֹת הַכֹּהֵן מלה הַגָּדֹל וְאַחֲרֵי מוֹת הַכֹּהֵן מלה הַגָּדֹל
יָשׁוּב הָרֹצֵחַ אֶל־אֶרֶץ אֲחֻזָּתוֹ׃ 29 וְהָיוּ אֵלֶּה לָכֶם לְחֻקַּת
מִשְׁפָּט ה״פ אלהים לְדֹרֹתֵיכֶם בְּכֹל לכב מוֹשְׁבֹתֵיכֶם׃ 30 כָּל ילי
־מַכֵּה־נֶפֶשׁ לְפִי עֵדִים יִרְצַח אֶת־הָרֹצֵחַ וְעֵד אֶחָד אהבה,
דאגה לֹא־יַעֲנֶה בְנֶפֶשׁ לָמוּת׃ 31 וְלֹא־תִקְחוּ כֹפֶר לְנֶפֶשׁ רֹצֵחַ
אֲשֶׁר־הוּא רָשָׁע לָמוּת כִּי־מוֹת יוּמָת׃ 32 וְלֹא־תִקְחוּ כֹפֶר
לָנוּס אֶל־עִיר ערי, סנזפר, סנדלפון מִקְלָטוֹ לָשׁוּב לָשֶׁבֶת בָּאָרֶץ
עַד־מוֹת הַכֹּהֵן מלה׃ 33 וְלֹא־תַחֲנִיפוּ אֶת־הָאָרֶץ אלף למד הה יוד מם
אֲשֶׁר אַתֶּם בָּהּ כִּי הַדָּם הוּא יַחֲנִיף אֶת־הָאָרֶץ אלף למד הה יוד

וְיָשַׁב - The unintentional murder: The murdered person could have died in an accident. If someone was able to enter his life and kill him, it means that the Satan is somehow involved. The high priest was in charge of the protection shield keeping the Satan out. In this world, we're all high priests, responsible for others. So if something happens to someone we know, we didn't do enough to protect that person.

מם וְלָאָרֶץ לֹא־יְכֻפַּר לַדָּם אֲשֶׁר שֻׁפַּךְ־בָּהּ כִּי־אִם יוהך בְּדַם
שֹׁפְכוֹ׃ 34 וְלֹא תְטַמֵּא אֶת־הָאָרֶץ אלף למד הה יוד מם אֲשֶׁר אַתֶּם
יֹשְׁבִים בָּהּ אֲשֶׁר אֲנִי אני שֹׁכֵן בְּתוֹכָהּ כִּי אֲנִי אני יְהֹוָאדהנויאהדונהי
שֹׁכֵן בְּתוֹךְ בְּנֵי יִשְׂרָאֵל׃

Seventh Reading - David - Malchut

36 1 וַיִּקְרְבוּ רָאשֵׁי הָאָבוֹת לְמִשְׁפַּחַת בְּנֵי־גִלְעָד בֶּן־
מָכִיר בֶּן־מְנַשֶּׁה מִמִּשְׁפְּחֹת בְּנֵי יוֹסֵף ציון וַיְדַבְּרוּ לִפְנֵי חכמה,
בינה מֹשֶׁה מהש וְלִפְנֵי חכמה, בינה הַנְּשִׂאִים רָאשֵׁי אָבוֹת לִבְנֵי
יִשְׂרָאֵל׃ 2 וַיֹּאמְרוּ אֶת־אֲדֹנִי צִוָּה יְהֹוָאדהנויאהדונהי לָתֵת אֶת־
הָאָרֶץ אלף למד הה יוד מם בְּנַחֲלָה בְּגוֹרָל לִבְנֵי יִשְׂרָאֵל וַאדֹנִי
צֻוָּה בַיהֹוָאדהנויאהדונהי לָתֵת אֶת־נַחֲלַת צְלָפְחָד אָחִינוּ לִבְנֹתָיו׃
3 וְהָיוּ לְאֶחָד אהבה, דאגה מִבְּנֵי שִׁבְטֵי בְנֵי־יִשְׂרָאֵל לְנָשִׁים
וְנִגְרְעָה נַחֲלָתָן מִנַּחֲלַת אֲבֹתֵינוּ וְנוֹסַף עַל נַחֲלַת הַמַּטֶּה
אֲשֶׁר תִּהְיֶינָה לָהֶם וּמִגֹּרַל נַחֲלָתֵנוּ יִגָּרֵעַ׃ 4 וְאִם יוהך ־יִהְיֶה ייי
הַיֹּבֵל לִבְנֵי יִשְׂרָאֵל וְנוֹסְפָה נַחֲלָתָן עַל נַחֲלַת הַמַּטֶּה
אֲשֶׁר תִּהְיֶינָה לָהֶם וּמִנַּחֲלַת מַטֵּה אֲבֹתֵינוּ יִגָּרַע נַחֲלָתָן׃

וַיִּקְרְבוּ - Tribal intermarriage is discussed. Moses decrees against it. There are places where our soulmates cannot be found. The Ari and the Zohar give us clues to where they are. We get assistance and clarity in understanding who is right for us. There are certain people we should not bring into our lives.

5 וַיְצַו מֹשֶׁה מהש אֶת־בְּנֵי יִשְׂרָאֵל עַל־פִּי יְהֹוָה יאהדונהי לֵאמֹר
כֵּן מַטֵּה בְנֵי־יוֹסֵף ציון דֹּבְרִים׃ 6 זֶה הַדָּבָר ראה אֲשֶׁר־צִוָּה
יְהֹוָה יאהדונהי לִבְנוֹת צְלָפְחָד לֵאמֹר לַטּוֹב והו בְּעֵינֵיהֶם
תִּהְיֶינָה לְנָשִׁים אַךְ אהיה לְמִשְׁפַּחַת מַטֵּה אֲבִיהֶם תִּהְיֶינָה
לְנָשִׁים׃ 7 וְלֹא־תִסֹּב נַחֲלָה לִבְנֵי יִשְׂרָאֵל מִמַּטֶּה אֶל־מַטֶּה
כִּי אִישׁ בְּנַחֲלַת מַטֵּה אֲבֹתָיו יִדְבְּקוּ בְּנֵי יִשְׂרָאֵל׃ 8 וְכָל ילי
־בַּת יֹרֶשֶׁת נַחֲלָה מִמַּטּוֹת בְּנֵי יִשְׂרָאֵל לְאֶחָד אהבה, דאגה
מִמִּשְׁפַּחַת מַטֵּה אָבִיהָ תִּהְיֶה לְאִשָּׁה לְמַעַן יִירְשׁוּ בְּנֵי
יִשְׂרָאֵל אִישׁ נַחֲלַת אֲבֹתָיו׃ 9 וְלֹא־תִסֹּב נַחֲלָה מִמַּטֶּה
לְמַטֶּה אַחֵר כִּי־אִישׁ בְּנַחֲלָתוֹ יִדְבְּקוּ מַטּוֹת בְּנֵי יִשְׂרָאֵל׃
10 כַּאֲשֶׁר צִוָּה יְהֹוָה יאהדונהי אֶת־מֹשֶׁה מהש כֵּן עָשׂוּ בְּנוֹת
צְלָפְחָד׃

Maftir

11 וַתִּהְיֶינָה מַחְלָה תִרְצָה וְחָגְלָה וּמִלְכָּה וְנֹעָה בְּנוֹת
צְלָפְחָד לִבְנֵי דֹדֵיהֶן לְנָשִׁים׃ 12 מִמִּשְׁפְּחֹת בְּנֵי־מְנַשֶּׁה בֶן־
יוֹסֵף ציון הָיוּ לְנָשִׁים וַתְּהִי נַחֲלָתָן עַל־מַטֵּה מִשְׁפַּחַת אֲבִיהֶן׃
13 אֵלֶּה הַמִּצְוֹת וְהַמִּשְׁפָּטִים אֲשֶׁר צִוָּה יְהֹוָה יאהדונהי בְּיַד־
מֹשֶׁה מהש אֶל־בְּנֵי יִשְׂרָאֵל בְּעַרְבֹת מוֹאָב עַל יַרְדֵּן יְרֵחוֹ׃

חזק חזק ונתחזק

Haftarah of Massey

God wonders why the people are so disconnected from Him. He wants to give us Light more than we want to take Light from Him. When negative things happen, it's because God really wants to share with us. He tries to alert us with reminders that get bigger and more drastic until we pay attention and change.

Jeremiah 2 | ירמיהו פרק 2

4 שִׁמְעוּ דְבַר ראה יְהֹוָאדנייאהדונהי בֵּית ב״פ ראה יַעֲקֹב יאהדונהי,
אידהנויה וְכָל ילי מִשְׁפְּחוֹת בֵּית ב״פ ראה יִשְׂרָאֵל: 5 כֹּה היי | אָמַר
יְהֹוָאדנייאהדונהי מַה יוד הא ואו הא מָּצְאוּ אֲבוֹתֵיכֶם בִּי עָוֶל כִּי
רָחֲקוּ מֵעָלָי וַיֵּלְכוּ אַחֲרֵי הַהֶבֶל וַיֶּהְבָּלוּ: 6 וְלֹא אָמְרוּ אַיֵּה
יְהֹוָאדנייאהדונהי הַמַּעֲלֶה אֹתָנוּ מֵאֶרֶץ מִצְרָיִם מצר הַמּוֹלִיךְ
אֹתָנוּ בַּמִּדְבָּר בְּאֶרֶץ עֲרָבָה זרע וְשׁוּחָה בְּאֶרֶץ צִיָּה וְצַלְמָוֶת
בְּאֶרֶץ לֹא־עָבַר בָּהּ אִישׁ וְלֹא־יָשַׁב אָדָם מ״ה, יוד הא ואו הא שָׁם:
7 וָאָבִיא אֶתְכֶם אֶל־אֶרֶץ הַכַּרְמֶל לֶאֱכֹל פִּרְיָהּ וְטוּבָהּ
וַתָּבֹאוּ וַתְּטַמְּאוּ אֶת־אַרְצִי וְנַחֲלָתִי שַׂמְתֶּם לְתוֹעֵבָה:
8 הַכֹּהֲנִים לֹא אָמְרוּ אַיֵּה יְהֹוָאדנייאהדונהי וְתֹפְשֵׂי הַתּוֹרָה
לֹא יְדָעוּנִי וְהָרֹעִים פָּשְׁעוּ בִי וְהַנְּבִאִים נִבְּאוּ בַבַּעַל
וְאַחֲרֵי לֹא־יוֹעִלוּ הָלָכוּ: 9 לָכֵן עֹד אָרִיב אִתְּכֶם נְאֻם־
יְהֹוָאדנייאהדונהי וְאֶת־בְּנֵי בְנֵיכֶם אָרִיב: 10 כִּי עִבְרוּ אִיֵּי כִתִּיִּים
וּרְאוּ וְקֵדָר שִׁלְחוּ וְהִתְבּוֹנְנוּ מְאֹד וּרְאוּ הֵן הָיְתָה כָּזֹאת:

11 הַהֵימִיר גּוֹי אֱלֹהִים מום, ילה וְהֵמָּה לֹא אֱלֹהִים מום, ילה וְעַמִּי
הֵמִיר כְּבוֹדוֹ בְּלוֹא יוֹעִיל: 12 שֹׁמּוּ שָׁמַיִם כוזו, י״פ טל ילי עַל־זֹאת
וְשַׂעֲרוּ חָרְבוּ מְאֹד נְאֻם־יְהֹוָהאדניאהדונהי: 13 כִּי־שְׁתַּיִם רָעוֹת
עָשָׂה עַמִּי אֹתִי עָזְבוּ מְקוֹר | מַיִם חַיִּים בינה לַחְצֹב לָהֶם
בֹּארוֹת בֹּארֹת נִשְׁבָּרִים אֲשֶׁר לֹא־יָכִלוּ הַמָּיִם: 14 הַעֶבֶד
יִשְׂרָאֵל אִם יוהך ־יְלִיד בַּיִת ב״פ ראה הוּא מַדּוּעַ הָיָה יהה לָבַז:
15 עָלָיו יִשְׁאֲגוּ כְפִרִים נָתְנוּ קוֹלָם וַיָּשִׁיתוּ אַרְצוֹ לְשַׁמָּה
עָרָיו נִצְּתוּ (כתיב: נצתה) מִבְּלִי יֹשֵׁב: 16 גַּם־בְּנֵי־נֹף וְתַחְפַּנְחֵס
(כתיב: ותחפנס) יִרְעוּךְ קָדְקֹד: 17 הֲלוֹא־זֹאת תַּעֲשֶׂה־לָּךְ עָזְבֵךְ
אֶת־יְהֹוָהאדניאהדונהי אֱלֹהַיִךְ ילה בְּעֵת מוֹלִכֵךְ בַּדָּרֶךְ ב״פ יבק:
18 וְעַתָּה מַה יוד הא ואו הא ־לָּךְ לְדֶרֶךְ ב״פ יבק מִצְרַיִם מצר לִשְׁתּוֹת
מֵי ילי שִׁחוֹר וּמַה יוד הא ואו הא ־לָּךְ לְדֶרֶךְ ב״פ יבק אַשּׁוּר לִשְׁתּוֹת
מֵי ילי נָהָר: 19 תְּיַסְּרֵךְ רָעָתֵךְ וּמְשֻׁבוֹתַיִךְ תּוֹכִחֻךְ וּדְעִי וּרְאִי
כִּי־רַע וָמָר עָזְבֵךְ אֶת־יְהֹוָהאדניאהדונהי אֱלֹהָיִךְ ילה וְלֹא פַחְדָּתִי
אֵלַיִךְ נְאֻם־אֲדֹנָי יֱהֹוִהאדניאהדונהי צְבָאוֹת: 20 כִּי מֵעוֹלָם
שָׁבַרְתִּי עֻלֵּךְ נִתַּקְתִּי מוֹסְרוֹתַיִךְ וַתֹּאמְרִי לֹא אֶעֱבוֹר (כתיב:
אעבוד) כִּי עַל־כָּל ילי ־גִּבְעָה גְּבֹהָה וְתַחַת כָּל ילי ־עֵץ רַעֲנָן אַתְּ
צֹעָה זֹנָה: 21 וְאָנֹכִי איע נְטַעְתִּיךְ שׂוֹרֵק כֻּלֹּה זֶרַע אֱמֶת ז״פ ס״ג
וְאֵיךְ נֶהְפַּכְתְּ לִי סוּרֵי הַגֶּפֶן נָכְרִיָּה: 22 כִּי אִם יוהך ־תְּכַבְּסִי

בַּנֶּתֶר וְתַרְבִּי־לָךְ בֹּרִית נִכְתָּם עֲוֺנֵךְ לְפָנַי חכמה, בינה נְאֻם אֲדֹנָי
יֱהֹוִהאדניאהדונהי: 23 אֵיךְ תֹּאמְרִי לֹא נִטְמֵאתִי אַחֲרֵי הַבְּעָלִים
לֹא הָלַכְתִּי רְאִי דַרְכֵּךְ בַּגַּיְא דְּעִי מֶה יוד הא ואו הא עָשִׂית
בִּכְרָה קַלָּה מְשָׂרֶכֶת דְּרָכֶיהָ: 24 פֶּרֶה | לִמֻּד מִדְבָּר ראה
בְּאַוַּת נַפְשָׁהּ (כתיב: נפשו) שָׁאֲפָה רוּחַ תַּאֲנָתָהּ מִי ילי יְשִׁיבֶנָּה
כָּל ילי ־מְבַקְשֶׁיהָ לֹא יִיעָפוּ בְּחָדְשָׁהּ יִמְצָאוּנְהָ: 25 מִנְעִי
רַגְלֵךְ מִיָּחֵף וּגְרוֹנֵךְ (כתיב: וגורנך) מִצִּמְאָה וַתֹּאמְרִי נוֹאָשׁ לוֹא
כִּי־אָהַבְתִּי זָרִים וְאַחֲרֵיהֶם אֵלֵךְ: 26 כְּבֹשֶׁת גַּנָּב כִּי יִמָּצֵא
כֵּן הֹבִישׁוּ בֵּית ב"פ ראה יִשְׂרָאֵל הֵמָּה מַלְכֵיהֶם שָׂרֵיהֶם
וְכֹהֲנֵיהֶם וּנְבִיאֵיהֶם: 27 אֹמְרִים לָעֵץ אָבִי אַתָּה וְלָאֶבֶן אַתְּ
יְלִדְתָּנוּ (כתיב: ילדתני) כִּי־פָנוּ אֵלַי עֹרֶף וְלֹא פָנִים וּבְעֵת רָעָתָם
יֹאמְרוּ קוּמָה קנא וְהוֹשִׁיעֵנוּ: 28 וְאַיֵּה אֱלֹהֶיךָ ילה אֲשֶׁר עָשִׂיתָ
לָּךְ יָקוּמוּ אִם יוהך ־יוֹשִׁיעוּךָ בְּעֵת רָעָתֶךָ כִּי מִסְפַּר עָרֶיךָ
הָיוּ אֱלֹהֶיךָ ילה יְהוּדָה: 4 1 אִם יוהך ־תָּשׁוּב יִשְׂרָאֵל | נְאֻם־
יְהֹוָהאדניאהדונהי אֵלַי תָּשׁוּב וְאִם יוהך ־תָּסִיר שִׁקּוּצֶיךָ מִפָּנַי חכמה,
בינה וְלֹא תָנוּד: 2 וְנִשְׁבַּעְתָּ חַי־יְהֹוָהאדניאהדונהי בֶּאֱמֶת ז"פ ס"ג
בְּמִשְׁפָּט ה"פ אלהים וּבִצְדָקָה א אל אלה אלהי אלהים וְהִתְבָּרְכוּ בוֹ גּוֹיִם
וּבוֹ יִתְהַלָּלוּ:

Haftarah for the Eve of Rosh Chodesh

On one level, this Haftarah concerns the eve of Rosh Chodesh. In a deeper sense, this Haftarah speaks of the love between David and Jonathan. Although he himself was heir to the throne, Jonathan knew that David might become king. Yet Jonathan loved David and felt no jealously. To truly feel love for another person, we must give up our own selfish desires. To have a successful relationship of any kind, we must be willing to sacrifice.

שמואל א, פרק ב׳

18 וַיֹּאמֶר־לוֹ יְהוֹנָתָן מָחָר חֹדֶשׁ י״ב הוויות וְנִפְקַדְתָּ כִּי יִפָּקֵד
מוֹשָׁבֶךָ׃ 19 וְשִׁלַּשְׁתָּ תֵּרֵד מְאֹד וּבָאתָ אֶל־הַמָּקוֹם אֲשֶׁר־
נִסְתַּרְתָּ שָּׁם בְּיוֹם נגד, מזבח, זן הַמַּעֲשֶׂה וְיָשַׁבְתָּ אֵצֶל הָאֶבֶן
הָאָזֶל׃ 20 וַאֲנִי אני שְׁלֹשֶׁת הַחִצִּים צִדָּה אוֹרֶה רז, אין סוף לְשַׁלַּח־
לִי לְמַטָּרָה׃ 21 וְהִנֵּה אֶשְׁלַח אֶת־הַנַּעַר לֵךְ מְצָא אֶת־
הַחִצִּים אִם־אָמֹר אֹמַר לַנַּעַר הִנֵּה הַחִצִּים | מִמְּךָ וָהֵנָּה
קָחֶנּוּ | וָבֹאָה כִּי־שָׁלוֹם לְךָ וְאֵין דָּבָר ראה חַי־יְהֹוָהאדניאהדונהי׃
22 וְאִם־כֹּה הי אֹמַר לָעֶלֶם הִנֵּה הַחִצִּים מִמְּךָ וָהָלְאָה לֵךְ
כִּי שִׁלַּחֲךָ יְהֹוָהאדניאהדונהי׃ 23 וְהַדָּבָר ראה אֲשֶׁר דִּבַּרְנוּ ראה אֲנִי אני
וָאָתָּה הִנֵּה יְהֹוָהאדניאהדונהי בֵּינִי וּבֵינְךָ עַד־עוֹלָם׃ 24 וַיִּסָּתֵר
דָּוִד בַּשָּׂדֶה וַיְהִי הַחֹדֶשׁ י״ב הוויות וַיֵּשֶׁב הַמֶּלֶךְ אֶל־ (כתיב: עַל)
הַלֶּחֶם ג״פ יהוה לֶאֱכוֹל׃ 25 וַיֵּשֶׁב הַמֶּלֶךְ עַל־מוֹשָׁבוֹ כְּפַעַם מנק |
בְּפַעַם מנק אֶל־מוֹשַׁב הַקִּיר וַיָּקָם יְהוֹנָתָן וַיֵּשֶׁב אַבְנֵר מִצַּד

שָׁאוּל וַיִּפָּקֵד מְקוֹם דָּוִד׃ 26 וְלֹא־דִבֶּר ראה שָׁאוּל מְאוּמָה
בַּיּוֹם נגד, מזבח, זן הַהוּא כִּי אָמַר מִקְרֶה הוּא בִּלְתִּי טָהוֹר י״פ אכא׃
הוּא כִּי־לֹא טָהוֹר י״פ אכא 27 וַיְהִי מִמָּחֳרַת הַחֹדֶשׁ י״ב הוויות הַשֵּׁנִי
וַיִּפָּקֵד מְקוֹם דָּוִד וַיֹּאמֶר שָׁאוּל אֶל־יְהוֹנָתָן בְּנוֹ מַדּוּעַ לֹא־
בָא בֶן־יִשַׁי גַּם־תְּמוֹל גַּם־הַיּוֹם נגד, מזבח, זן אֶל־הַלָּחֶם׃ 28 וַיַּעַן
יְהוֹנָתָן אֶת־שָׁאוּל נִשְׁאַל דָּוִד מֵעִמָּדִי עַד־בֵּית ב״פ ראה
לָחֶם׃ 29 וַיֹּאמֶר שַׁלְּחֵנִי נָא כִּי זֶבַח מִשְׁפָּחָה לָנוּ מום, אהיה־אדני
בָּעִיר ערי, מוזחף, סנדלפון וְהוּא צִוָּה־לִי אָחִי וְעַתָּה אִם־מָצָאתִי
חֵן מוזי בְּעֵינֶיךָ אִמָּלְטָה נָּא וְאֶרְאֶה ראה אֶת־אֶחָי עַל־כֵּן לֹא־
בָא אֶל־שֻׁלְחַן הַמֶּלֶךְ׃ 30 וַיִּחַר־אַף שָׁאוּל בִּיהוֹנָתָן וַיֹּאמֶר
לוֹ בֶּן־נַעֲוַת הַמַּרְדּוּת הֲלוֹא יָדַעְתִּי כִּי־בֹחֵר אַתָּה לְבֶן־
יִשַׁי לְבָשְׁתְּךָ וּלְבֹשֶׁת עֶרְוַת אִמֶּךָ׃ 31 כִּי כָל ילי ־הַיָּמִים נלך
אֲשֶׁר בֶּן־יִשַׁי חַי עַל־הָאֲדָמָה לֹא תִכּוֹן אַתָּה וּמַלְכוּתֶךָ
וְעַתָּה שְׁלַח וְקַח אֹתוֹ אֵלַי כִּי בֶן־מָוֶת הוּא׃ 32 וַיַּעַן יְהוֹנָתָן
אֶת־שָׁאוּל אָבִיו וַיֹּאמֶר אֵלָיו לָמָּה יוּמַת מֶה עָשָׂה׃ 33 וַיָּטֶל
שָׁאוּל אֶת־הַחֲנִית עָלָיו לְהַכֹּתוֹ וַיֵּדַע יְהוֹנָתָן כִּי־כָלָה הִיא
מֵעִם אָבִיו לְהָמִית אֶת־דָּוִד׃ 34 וַיָּקָם יְהוֹנָתָן מֵעִם הַשֻּׁלְחָן
בָּחֳרִי־אָף וְלֹא־אָכַל בְּיוֹם נגד, מזבח, זן ־הַחֹדֶשׁ י״ב הוויות הַשֵּׁנִי
לֶחֶם ג״פ יהוה כִּי נֶעְצַב אֶל־דָּוִד כִּי הִכְלִמוֹ אָבִיו׃ 35 וַיְהִי

בַבֹּקֶר וַיֵּצֵא יְהוֹנָתָן הַשָּׂדֶה לְמוֹעֵד דָּוִד וְנַעַר קָטֹן עִמּוֹ׃
36 וַיֹּאמֶר לְנַעֲרוֹ רֻץ מְצָא נָא אֶת־הַחִצִּים אֲשֶׁר אָנֹכִי איע
מוֹרֶה הַנַּעַר רָץ וְהוּא־יָרָה הַחֵצִי לְהַעֲבִרוֹ׃ 37 וַיָּבֹא הַנַּעַר
עַד־מְקוֹם הַחֵצִי אֲשֶׁר יָרָה יְהוֹנָתָן וַיִּקְרָא יְהוֹנָתָן אַחֲרֵי
הַנַּעַר וַיֹּאמֶר הֲלוֹא הַחֵצִי מִמְּךָ וָהָלְאָה׃ 38 וַיִּקְרָא יְהוֹנָתָן
אַחֲרֵי הַנַּעַר מְהֵרָה חוּשָׁה אַל־תַּעֲמֹד וַיְלַקֵּט נַעַר יְהוֹנָתָן
אֶת־הַחִצִּים (כתיב: ־החצי) וַיָּבֹא אֶל־אֲדֹנָיו׃ 39 וְהַנַּעַר לֹא־יָדַע
מְאוּמָה אַךְ אהיה יְהוֹנָתָן וְדָוִד יָדְעוּ אֶת־הַדָּבָר ראה׃ 40 וַיִּתֵּן
יְהוֹנָתָן אֶת־כֵּלָיו אֶל־הַנַּעַר אֲשֶׁר־לוֹ וַיֹּאמֶר לוֹ לֵךְ הָבֵיא
הָעִיר ערי, סנזפר, סנדלפון׃ 41 הַנַּעַר בָּא וְדָוִד קָם מֵאֵצֶל הַנֶּגֶב
וַיִּפֹּל לְאַפָּיו אַרְצָה וַיִּשְׁתַּחוּ שָׁלֹשׁ פְּעָמִים מנק וַיִּשְּׁקוּ ׀ אִישׁ
אֶת־רֵעֵהוּ רהע וַיִּבְכּוּ אִישׁ אֶת־רֵעֵהוּ רהע עַד־דָּוִד הִגְדִּיל׃
42 וַיֹּאמֶר יְהוֹנָתָן לְדָוִד לֵךְ לְשָׁלוֹם אֲשֶׁר נִשְׁבַּעְנוּ שְׁנֵינוּ
אֲנַחְנוּ בְּשֵׁם יְהוָה אדני אהדונהי לֵאמֹר יְהוָה אדני אהדונהי יִהְיֶה ייי ׀
בֵּינִי וּבֵינֶךָ וּבֵין זַרְעִי וּבֵין זַרְעֲךָ עַד־עוֹלָם׃

Maftir of Shabbat Rosh Chodesh

במדבר פרק כח

9 וּבְיוֹם נגד, מזבח, זן הַשַּׁבָּת שְׁנֵי־כְבָשִׂים בְּנֵי־שָׁנָה תְּמִימִם וּשְׁנֵי
עֶשְׂרֹנִים סֹלֶת מִנְחָה ב״פ ב״ן בְּלוּלָה בַשֶּׁמֶן וְנִסְכּוֹ׃ 10 עֹלַת
שַׁבַּת בְּשַׁבַּתּוֹ עַל־עֹלַת הַתָּמִיד נתה וְנִסְכָּהּ׃ 11 וּבְרָאשֵׁי
חָדְשֵׁיכֶם תַּקְרִיבוּ עֹלָה לַיהוָהאדנּיאהדונהי פָּרִים בְּנֵי־בָקָר
שְׁנַיִם וְאַיִל אֶחָד אהבה, דאגה כְּבָשִׂים בְּנֵי־שָׁנָה שִׁבְעָה
תְּמִימִם׃ 12 וּשְׁלֹשָׁה עֶשְׂרֹנִים סֹלֶת מִנְחָה ב״פ ב״ן בְּלוּלָה
בַשֶּׁמֶן לַפָּר הָאֶחָד אהבה, דאגה וּשְׁנֵי עֶשְׂרֹנִים סֹלֶת מִנְחָה ב״פ ב״ן
בְּלוּלָה בַשֶּׁמֶן לָאַיִל הָאֶחָד׃ אהבה, דאגה 13 וְעִשָּׂרֹן עִשָּׂרוֹן סֹלֶת
מִנְחָה ב״פ ב״ן בְּלוּלָה בַשֶּׁמֶן לַכֶּבֶשׂ הָאֶחָד אהבה, דאגה עֹלָה רֵיחַ
נִיחֹחַ אִשֶּׁה לַיהוָהאדנּיאהדונהי׃ 14 וְנִסְכֵּיהֶם חֲצִי הַהִין יִהְיֶה ייי
לַפָּר וּשְׁלִישִׁת הַהִין לָאַיִל וּרְבִיעִת הַהִין לַכֶּבֶשׂ יָיִן מ״כ, י״פ
האא זֹאת עֹלַת חֹדֶשׁ י״ב הוויות בְּחָדְשׁוֹ לְחָדְשֵׁי הַשָּׁנָה׃ 15 וּשְׂעִיר
עִזִּים אֶחָד אהבה, דאגה לְחַטָּאת לַיהוָהאדנּיאהדונהי עַל־עֹלַת
הַתָּמִיד נתה יֵעָשֶׂה וְנִסְכּוֹ׃

Haftarah of Rosh Chodesh

We often underestimate the power of Rosh Chodesh. Just as the fires of Hell are cooled on Shabbat, these very same fires are shut down on Rosh Chodesh as well. Through Rosh Chodesh, therefore, we can gain the power to deflect and avoid judgment.

ישעיהו, פרק סו

1 כֹּה ה״י אָמַר יְהֹוָה אהדונהי הַשָּׁמַיִם כוזו, י״פ טל כִּסְאִי וְהָאָרֶץ אלף
למד הה יוד מם הֲדֹם רַגְלָי אֵי־זֶה בַיִת ב״פ ראה אֲשֶׁר תִּבְנוּ־לִי וְאֵי־
זֶה מָקוֹם מְנוּחָתִי: 2 וְאֶת־כָּל־אֵלֶּה יָדִי עָשָׂתָה וַיִּהְיוּ כָל ילי
־אֵלֶּה יי״א מילוי דס״ג נְאֻם־יְהֹוָה אהדונהי וְאֶל־זֶה אַבִּיט אֶל־עָנִי
וּנְכֵה־רוּחַ וְחָרֵד עַל־דְּבָרִי: 3 שׁוֹחֵט הַשּׁוֹר ושר, אבג יתץ, אהבת
חנם מַכֵּה־אִישׁ זוֹבֵחַ הַשֶּׂה עֹרֵף כֶּלֶב מַעֲלֵה עלם מִנְחָה ב״פ
ב״ן דַּם־חֲזִיר מַזְכִּיר לְבֹנָה מְבָרֵךְ אָוֶן גַּם־הֵמָּה בָּחֲרוּ
בְּדַרְכֵיהֶם ב״פ יב״ק וּבְשִׁקּוּצֵיהֶם נַפְשָׁם חָפֵצָה: 4 גַּם־אֲנִי אני
אֶבְחַר בְּתַעֲלֻלֵיהֶם וּמְגוּרֹתָם אָבִיא לָהֶם יַעַן קָרָאתִי
וְאֵין עוֹנֶה דִּבַּרְתִּי ראה וְלֹא שָׁמֵעוּ וַיַּעֲשׂוּ הָרַע בְּעֵינַי
וּבַאֲשֶׁר לֹא־חָפַצְתִּי בָּחָרוּ: 5 שִׁמְעוּ דְּבַר ראה ־יְהֹוָה אהדונהי
הַחֲרֵדִים אֶל־דְּבָרוֹ ראה אִמְרוּ אֲחֵיכֶם שֹׂנְאֵיכֶם מְנַדֵּיכֶם
לְמַעַן שְׁמִי יִכְבַּד יְהֹוָה אהדונהי וְנִרְאֶה בְשִׂמְחַתְכֶם וְהֵם
יֵבֹשׁוּ: 6 קוֹל שָׁאוֹן מֵעִיר ערי, מנצפך, סנדלפון קוֹל מֵהֵיכָל אדני קוֹל

יְהוָה יאהדונהי מְשַׁלֵּם גְּמוּל לְאֹיְבָיו׃ 7 בְּטֶרֶם תָּחִיל יָלָדָה
בְּטֶרֶם יָבוֹא חֵבֶל לָהּ וְהִמְלִיטָה זָכָר׃ 8 מִי ילי ־שָׁמַע
כָּזֹאת מִי ילי רָאָה ראה כָּאֵלֶּה הֲיוּחַל אֶרֶץ בְּיוֹם נגד, מזבח, זן
אֶחָד אהבה, דאגה אִם יוהך ־יִוָּלֵד גּוֹי פַּעַם מנק אֶחָת כִּי־חָלָה להח
גַּם־יָלְדָה צִיּוֹן יוסף אֶת־בָּנֶיהָ׃ 9 הַאֲנִי אני אַשְׁבִּיר וְלֹא אוֹלִיד
יֹאמַר יְהוָה יאהדונהי אִם יוהך ־אֲנִי אני הַמּוֹלִיד וְעָצַרְתִּי אָמַר
אֱלֹהָיִךְ ילה׃ 10 שִׂמְחוּ אֶת־יְרוּשָׁלַםִ וְגִילוּ בָהּ כָּל ילי ־אֹהֲבֶיהָ
שִׂישׂוּ אִתָּהּ מָשׂוֹשׂ כָּל ילי ־הַמִּתְאַבְּלִים עָלֶיהָ פהל׃ 11 לְמַעַן
תִּינְקוּ וּשְׂבַעְתֶּם מִשֹּׁד תַּנְחֻמֶיהָ לְמַעַן תָּמֹצּוּ וְהִתְעַנַּגְתֶּם
מִזִּיז כְּבוֹדָהּ׃ 12 כִּי־כֹה היי | אָמַר יְהוָה יאהדונהי הִנְנִי נֹטֶה־
אֵלֶיהָ כְּנָהָר שָׁלוֹם וּכְנַחַל שׁוֹטֵף כְּבוֹד גּוֹיִם וִינַקְתֶּם
עַל־צַד תִּנָּשֵׂאוּ וְעַל־בִּרְכַּיִם תְּשָׁעֳשָׁעוּ׃ 13 כְּאִישׁ אֲשֶׁר
אִמּוֹ תְּנַחֲמֶנּוּ כֵּן אָנֹכִי איע אֲנַחֶמְכֶם וּבִירוּשָׁלַםִ תְּנֻחָמוּ׃
14 וּרְאִיתֶם וְשָׂשׂ לִבְּכֶם וְעַצְמוֹתֵיכֶם כַּדֶּשֶׁא תִפְרַחְנָה
וְנוֹדְעָה יַד־יְהוָה יאהדונהי אֶת־עֲבָדָיו וְזָעַם אֶת־אֹיְבָיו׃ 15 כִּי־
הִנֵּה יְהוָה יאהדונהי בָּאֵשׁ יָבוֹא וְכַסּוּפָה מַרְכְּבֹתָיו לְהָשִׁיב
בְּחֵמָה אַפּוֹ וְגַעֲרָתוֹ בְּלַהֲבֵי־אֵשׁ׃ 16 כִּי בָאֵשׁ יְהוָה יאהדונהי
נִשְׁפָּט וּבְחַרְבּוֹ רי"ו, גבורה אֶת־כָּל ילי ־בָּשָׂר וְרַבּוּ חַלְלֵי
יְהוָה יאהדונהי׃ 17 הַמִּתְקַדְּשִׁים וְהַמִּטַּהֲרִים אֶל־הַגַּנּוֹת אַחַר
אַחַת (כתיב: אחד) בַּתָּוֶךְ אֹכְלֵי בְּשַׂר הַחֲזִיר וְהַשֶּׁקֶץ וְהָעַכְבָּר

יַחְדָּו יָסֻפוּ נְאֻם־יְהֹוָהאדניאהדונהי: 18 וְאָנֹכִי איע מַעֲשֵׂיהֶם
וּמַחְשְׁבֹתֵיהֶם בָּאָה לְקַבֵּץ אֶת־כָּל־הַגּוֹיִם ילי וְהַלְּשֹׁנוֹת
וּבָאוּ וְרָאוּ אֶת־כְּבוֹדִי: 19 וְשַׂמְתִּי בָהֶם אוֹת וְשִׁלַּחְתִּי
מֵהֶם | פְּלֵיטִים אֶל־הַגּוֹיִם תַּרְשִׁישׁ פּוּל וְלוּד מֹשְׁכֵי קֶשֶׁת
תֻּבַל ב"פ רי"ו, ב"פ גבורה וְיָוָן הָאִיִּים הָרְחֹקִים אֲשֶׁר לֹא־שָׁמְעוּ
אֶת־שִׁמְעִי וְלֹא־רָאוּ אֶת־כְּבוֹדִי וְהִגִּידוּ אֶת־כְּבוֹדִי בַּגּוֹיִם:
20 וְהֵבִיאוּ אֶת־כָּל ילי־אֲחֵיכֶם מִכָּל ילי־הַגּוֹיִם | מִנְחָה ב"פ ב"ן |
לַיהֹוָהאדניאהדונהי בַּסּוּסִים כוק וּבָרֶכֶב וּבַצַּבִּים וּבַפְּרָדִים
וּבַכִּרְכָּרוֹת עַל הַר קָדְשִׁי יְרוּשָׁלִַם אָמַר יְהֹוָהאדניאהדונהי
כַּאֲשֶׁר יָבִיאוּ בְנֵי יִשְׂרָאֵל אֶת־הַמִּנְחָה ב"פ ב"ן בִּכְלִי טָהוֹר י"פ
אכא בֵּית ב"פ ראה יְהֹוָהאדניאהדונהי: 21 וְגַם־מֵהֶם אֶקַּח לַכֹּהֲנִים מלה
לַלְוִיִּם אָמַר יְהֹוָהאדניאהדונהי: 22 כִּי כַאֲשֶׁר הַשָּׁמַיִם כוזו, י"פ טל
הַחֲדָשִׁים וְהָאָרֶץ אלף למד הה יוד מם הַחֲדָשָׁה אֲשֶׁר אֲנִי אני עֹשֶׂה
עֹמְדִים לְפָנַי נְאֻם־יְהֹוָהאדניאהדונהי כֵּן יַעֲמֹד זַרְעֲכֶם וְשִׁמְכֶם:
23 וְהָיָה יהה מִדֵּי־חֹדֶשׁ י"ב הוויות בְּחָדְשׁוֹ וּמִדֵּי שַׁבָּת בְּשַׁבַּתּוֹ
יָבוֹא כָל־בָּשָׂר לְהִשְׁתַּחֲוֹת לְפָנַי אָמַר יְהֹוָהאדניאהדונהי:
24 וְיָצְאוּ וְרָאוּ בְּפִגְרֵי הָאֲנָשִׁים הַפֹּשְׁעִים בִּי כִּי תוֹלַעְתָּם
לֹא תָמוּת וְאִשָּׁם לֹא תִכְבֶּה וְהָיוּ דֵרָאוֹן לְכָל יה אדני־בָּשָׂר:
23 וְהָיָה יהה מִדֵּי־חֹדֶשׁ י"ב הוויות בְּחָדְשׁוֹ וּמִדֵּי שַׁבָּת בְּשַׁבַּתּוֹ
יָבוֹא כָל־בָּשָׂר לְהִשְׁתַּחֲוֹת לְפָנַי אָמַר יְהֹוָהאדניאהדונהי:

Portion of Bamidbar

1,1 And the LORD spoke unto Moses in the wilderness of Sinai, in the tent of meeting, on the first day of the second month, in the second year after the were come out of the land of Egypt, saying: 1,2 'Take ye the sum of all the congregation of the children of Israel, by their families, by their fathers' houses, according to the number of names, every male, by their polls; 1,3 from twenty years old and upward, all that are able to go forth to war in Israel: ye shall number them by their hosts, even thou and Aaron. 1,4 And with you there shall be a man of every tribe, every one head of his fathers' house. 1,5 And these are the names of the men that shall stand with you: of Reuben, Elizur the son of Shedeur. 1,6 Of Simeon, Shelumiel the son of Zurishaddai. 1,7 Of Judah, Nahshon the son of Amminadab. 1,8 Of Issachar, Nethanel the son of Zuar. 1,9 Of Zebulun, Eliab the son of Helon. 1,10 Of the children of Joseph: of Ephraim, Elishama the son of Ammihud; of Manasseh, Gamaliel the son of Pedahzur. 1,11 Of Benjamin, Abidan the son of Gideoni. 1,12 Of Dan, Ahiezer the son of Ammishaddai. 1,13 Of Asher, Pagiel the son of Ochran. 1,14 Of Gad, Eliasaph the son of Deuel. 1,15 Of Naphtali, Ahira the son of Enan.' 1,16 These were the elect of the congregation, the princes of the tribes of their fathers; they were the heads of the thousands of Israel. 1,17 And Moses and Aaron took these men that are pointed out by name. 1,18 And they assembled all the congregation together on the first day of the second month, and they declared their pedigrees after their families, by their fathers' houses, according to the number of names, from twenty years old and upward, by their polls. 1,19 As the LORD commanded Moses, so did he number them in the wilderness of Sinai. {S} 1,20 And the children of Reuben, Israel's first-born, their generations, by their families, by their fathers' houses, according to the number of names, by their polls, every male from twenty years old and upward, all that were able to go forth to war; 1,21 those that were numbered of them, of the tribe of Reuben, were forty and six thousand and five hundred. {P}

1,22 Of the children of Simeon, their generations, by their families, by their fathers' houses, those that were numbered thereof, according to the number of names, by their polls, every male from twenty years old and upward, all that were able to go forth to war; 1,23 those that were numbered of them, of the tribe of Simeon, were fifty and nine thousand and three hundred. {P}

1,24 Of the children of Gad, their generations, by their families, by their fathers' houses, according to the number of names, from twenty years old and upward, all that were able to go forth to war; 1,25 those that were numbered of them, of the tribe of Gad, were forty and five thousand six hundred and fifty. {P}

1,26 Of the children of Judah, their generations, by their families, by their fathers' houses, according to the number of names, from twenty years old and upward, all that were able to go forth to war; 1,27 those that were numbered of them, of the tribe of Judah, were threescore and fourteen thousand and six hundred. {P}

1,28 Of the children of Issachar, their generations, by their families, by their fathers' houses, according to the number of names, from twenty years old and upward, all that were able to go forth to war; 1,29 those that were numbered of them, of the tribe of Issachar, were fifty and four thousand and four hundred. {P}

1,30 Of the children of Zebulun, their generations, by their families, by their fathers' houses, according to the number of names, from twenty years old and upward, all that were able to go forth to war; 1,31 those that were numbered of them, of the tribe of Zebulun, were fifty and seven thousand and four hundred. {P}

1,32 Of the children of Joseph, namely, of the children of Ephraim, their generations, by their families, by their fathers' houses, according to the number of names, from twenty years old and upward, all that were able to go forth to war; 1,33 those that were numbered of them, of the tribe of Ephraim, were forty thousand and five hundred. {P}

1,34 Of the children of Manasseh, their generations, by their families, by their fathers' houses, according to the number of names, from twenty years old and upward, all that were able to go forth to war; 1,35 those that were numbered of them, of the tribe of Manasseh, were thirty and two thousand and two hundred. {P}

1,36 Of the children of Benjamin, their generations, by their families, by their fathers' houses, according to the number of names, from twenty years old and upward, all that were able to go forth to war; 1,37 those that were numbered of them, of the tribe of Benjamin, were thirty and five thousand and four hundred. {P}

1,38 Of the children of Dan, their generations, by their families, by their fathers' houses, according to the number of names, from twenty years old and upward, all that were able to go forth to war; 1,39 those that were numbered of them, of the tribe of Dan, were threescore and two thousand and seven hundred. {P}

1,40 Of the children of Asher, their generations, by their families, by their fathers' houses, according to the number of names, from twenty years old and upward, all that were able to go forth to war; 1,41 those that were numbered of them, of the tribe of Asher, were forty and one thousand and five hundred. {P}

1,42 Of the children of Naphtali, their generations, by their families, by their fathers' houses, according to the number of names, from twenty years old and upward, all that were able to go forth to war; 1,43 those that were numbered of them, of the tribe of Naphtali, were fifty and three thousand and four hundred. {P}

1,44 These are those that were numbered, which Moses and Aaron numbered, and the princes of Israel, being twelve men; they were each one for his fathers' house. 1,45 And all those that were numbered of the children of Israel by their fathers' houses, from twenty years old and upward, all that were able to go forth to war in Israel; 1,46 even all those that were numbered were six hundred thousand and three thousand and five hundred and fifty. 1,47 But the Levites after the tribe of their fathers were not numbered among them. {P}

1,48 And the LORD spoke unto Moses, saying: 1,49 'Howbeit the tribe of Levi thou shalt not number, neither shalt thou take the sum of them among the children of Israel; 1,50 but appoint thou the Levites over the tabernacle of the testimony, and over all the furniture thereof, and over all that belongeth to it; they shall bear the tabernacle, and all the furniture thereof; and they shall minister unto it, and shall encamp round about the tabernacle. 1,51 And when the tabernacle setteth forward, the Levites shall take it down; and when the tabernacle is to be pitched, the Levites shall set it up; and the common man that draweth nigh shall be put to death. 1,52 And the children of Israel shall pitch their tents, every man with his own camp, and every man with his own standard, according to their hosts. 1,53 But the Levites shall pitch round about the tabernacle of the testimony, that there be no wrath upon the congregation of the children of Israel; and the Levites shall keep the charge of the tabernacle of the testimony.' 1,54 Thus did the children of Israel; according to all that the LORD commanded Moses, so did they. {P}

2,1 And the LORD spoke unto Moses and unto Aaron, saying: 2,2 'The children of Israel shall pitch by their fathers' houses; every man with his own standard, according to the ensigns; a good way off shall they pitch round about the tent of meeting. 2,3 Now those that pitch on the east side toward the sunrising shall be they of the standard of the camp of Judah, according to their hosts; the prince of the children of Judah being Nahshon the son of Amminadab, 2,4 and his host, and those that were numbered of them, threescore and fourteen thousand and six hundred; 2,5 and those that pitch next unto him shall be the tribe of Issachar; the prince of the children of Issachar being Nethanel the son of

Zuar, 2,6 and his host, even those that were numbered thereof, fifty and four thousand and four hundred; 2,7 and the tribe of Zebulun; the prince of the children of Zebulun being Eliab the son of Helon, 2,8 and his host, and those that were numbered thereof, fifty and seven thousand and four hundred; 2,9 all that were numbered of the camp of Judah being a hundred thousand and fourscore thousand and six thousand and four hundred, according to their hosts; they shall set forth first. {S} 2,10 On the south side shall be the standard of the camp of Reuben according to their hosts; the prince of the children of Reuben being Elizur the son of Shedeur, 2,11 and his host, and those that were numbered thereof, forty and six thousand and five hundred; 2,12 and those that pitch next unto him shall be the tribe of Simeon; the prince of the children of Simeon being Shelumiel the son of Zurishaddai, 2,13 and his host, and those that were numbered of them, fifty and nine thousand and three hundred; 2,14 and the tribe of Gad; the prince of the children of Gad being Eliasaph the son of Reuel, 2,15 and his host, even those that were numbered of them, forty and five thousand and six hundred and fifty; 2,16 all that were numbered of the camp of Reuben being a hundred thousand and fifty and one thousand and four hundred and fifty, according to their hosts; and they shall set forth second. {S} 2,17 Then the tent of meeting, with the camp of the Levites, shall set forward in the midst of the camps; as they encamp, so shall they set forward, every man in his place, by their standards. {S} 2,18 On the west side shall be the standard of the camp of Ephraim according to their hosts; the prince of the children of Ephraim being Elishama the son of Ammihud, 2,19 and his host, and those that were numbered of them, forty thousand and five hundred; 2,20 and next unto him shall be the tribe of Manasseh; the prince of the children of Manasseh being Gamaliel the son of Pedahzur, 2,21 and his host, and those that were numbered of them, thirty and two thousand and two hundred; 2,22 and the tribe of Benjamin; the prince of the children of Benjamin being Abidan the son of Gideoni, 2,23 and his host, and those that were numbered of them, thirty and five thousand and four hundred; 2,24 all that were numbered of the camp of Ephraim being a hundred thousand and eight thousand and a hundred, according to their hosts; and they shall set forth third. {S} 2,25 On the north side shall be the standard of the camp of Dan according to their hosts; the prince of the children of Dan being Ahiezer the son of Ammishaddai, 2,26 and his host, and those that were numbered of them, threescore and two thousand and seven hundred; 2,27 and those that pitch next unto him shall be the tribe of Asher; the prince of the children of Asher being Pagiel the son of Ochran, 2,28 and his host, and those that were numbered of them, forty and one thousand and five hundred; 2,29 and the tribe of Naphtali; the prince of the children of Naphtali being Ahira the son of Enan, 2,30 and his host, and those that were numbered of them, fifty and three thousand and four hundred; 2,31 all that were numbered of the camp of Dan being a hundred thousand and fifty and seven thousand and six hundred; they shall set forth hindmost by their standards.' {P}

2,32 These are they that were numbered of the children of Israel by their fathers' houses; all that were numbered of the camps according to their hosts were six hundred thousand and three thousand and five hundred and fifty. 2,33 But the Levites were not numbered among the children of Israel; as the LORD commanded Moses. 2,34 Thus did the children of Israel: according to all that the LORD commanded Moses, so they pitched by their standards, and so they set forward, each one according to its families, and according to its fathers' houses. {P}

3,1 Now these are the generations of Aaron and Moses in the day that the LORD spoke with Moses in mount Sinai. 3,2 And these are the names of the sons of Aaron: Nadab the first-born, and Abihu, Eleazar, and Ithamar. 3,3 These are the names of the sons of Aaron, the priests that were anointed, whom he consecrated to minister in the priest's office. 3,4 And Nadab and Abihu died before the LORD, when they offered strange fire before the LORD, in the wilderness of Sinai, and they had no children; and Eleazar and Ithamar ministered in the priest's office in the presence of Aaron their father. {P}

3,5 And the LORD spoke unto Moses, saying: 3,6 'Bring the tribe of Levi near, and set them before Aaron the priest, that they may minister unto him. 3,7 And they shall keep his charge, and the charge of the whole congregation before the tent of meeting, to do the service of the tabernacle. 3,8 And they shall keep all the furniture of the tent of meeting, and the charge of the children of Israel, to do the service of the tabernacle. 3,9 And thou shalt give the Levites unto Aaron and to his sons; they are wholly given unto him from the children of Israel. 3,10 And thou shalt appoint Aaron and his sons, that they may keep their priesthood; and the common man that draweth nigh shall be put to death.' {P}

3,11 And the LORD spoke unto Moses, saying: 3,12 'And I, behold, I have taken the Levites from among the children of Israel instead of every first-born that openeth the womb among the children of Israel; and the Levites shall be Mine; 3,13 for all the first-born are Mine: on the day that I smote all the first-born in the land of Egypt I hallowed unto Me all the first-born in Israel, both man and beast, Mine they shall be: I am the LORD.' {P}

3,14 And the LORD spoke unto Moses in the wilderness of Sinai, saying: 3,15 'Number the children of Levi by their fathers' houses, by their families; every male from a month old and upward shalt thou number them.' 3,16 And Moses numbered them according to the word of the LORD, as he was commanded. 3,17 And these were the sons of Levi by their names: Gershon, and Kohath, and Merari. 3,18 And these are the names of the sons of Gershon by their families: Libni and Shimei. 3,19 And the sons of Kohath by their families: Amram and Izhar, Hebron and Uzziel. 3,20 And the sons of Merari by their families: Mahli and Mushi. These are the families of the Levites according to their fathers' houses. 3,21 Of Gershon was the family of the Libnites, and the family of the Shimeites; these are the families of the Gershonites. 3,22 Those that were numbered of them, according to the number of all the males, from a month old and upward, even those that were numbered of them were seven thousand and five hundred. 3,23 The families of the Gershonites were to pitch behind the tabernacle westward; 3,24 the prince of the fathers' house of the Gershonites being Eliasaph the son of Lael, 3,25 and the charge of the sons of Gershon in the tent of meeting the tabernacle, and the Tent, the covering thereof, and the screen for the door of the tent of meeting, 3,26 and the hangings of the court, and the screen for the door of the court--which is by the tabernacle, and by the altar, round about--and the cords of it, even whatsoever pertaineth to the service thereof. {S} 3,27 And of Kohath was the family of the Amramites, and the family of the Izharites, and the family of the Hebronites, and the family of the Uzzielites; these are the families of the Kohathites: 3,28 according to the number of all the males, from a month old and upward, eight thousand and six hundred, keepers of the charge of the sanctuary. 3,29 The families of the sons of Kohath were to pitch on the side of the tabernacle southward; 3,30 the prince of the fathers' house of the families of the Kohathites being Elizaphan the son of Uzziel, 3,31 and their charge the ark, and the table, and the candlestick, and the altars, and the vessels of the sanctuary wherewith the priests minister, and the screen, and all that pertaineth to the service thereof; 3,32 Eleazar the son of Aaron the priest being prince of the princes of the Levites, and having the oversight of them that keep the charge of the sanctuary. 3,33 Of Merari was the family of the Mahlites, and the family of the Mushites; these are the families of Merari. 3,34 And those that were numbered of them, according to the number of all the males, from a month old and upward, were six thousand and two hundred; 3,35 the prince of the fathers' house of the families of Merari being Zuriel the son of Abihail; they were to pitch on the side of the tabernacle northward; 3,36 the appointed charge of the sons of Merari being the boards of the tabernacle, and the bars thereof, and the pillars thereof, and the sockets thereof, and all the instruments thereof, and all that pertaineth to the service thereof; 3,37 and the pillars of the court round about, and their sockets, and their pins, and their cords. 3,38 And those that were to pitch before the tabernacle eastward, before the tent of meeting toward the sunrising, were Moses, and Aaron and his sons, keeping the charge of the sanctuary, even the charge for the children of Israel; and the common man that drew nigh was to be put to death. 3,39 All that were numbered of the Levites, whom Moses and Aaron numbered at the commandment of the LORD, by their families, all the males from a month old and upward, were twenty and two thousand. {S} 3,40 And the LORD said unto Moses: 'Number all the first-born males of the children of Israel from a month old and upward, and take the number of their names. 3,41 And thou shalt take the Levites for Me, even the LORD, instead of all the first-born among the children of Israel; and the cattle of the Levites instead of all the firstlings among the cattle of the children of Israel.' 3,42 And Moses numbered, as the LORD commanded him, all the first-born among the children of Israel. 3,43 And all the first-born males according to the number of names, from a month old and upward, of those that were numbered of them, were twenty and two thousand two hundred and threescore and thirteen. {P}

3,44 And the LORD spoke unto Moses, saying: 3,45 'Take the Levites instead of all the first-born among the children of Israel, and the cattle of the Levites instead of their cattle; and the Levites shall be Mine, even the LORD'S. 3,46 And as for the redemption of the two hundred and three score and thirteen of the first-born of the children of Israel, that are over and above the number of the Levites, 3,47 thou shalt take five shekels apiece by the poll; after the shekel of the sanctuary shalt thou take them--the shekel is twenty gerahs. 3,48 And thou shalt give the money wherewith they that remain over of them are redeemed unto Aaron and to his sons.' 3,49 And Moses took the redemption-money from them that were over and above them that were redeemed by the Levites; 3,50 from the first-born of the children of Israel took he the money: a thousand three hundred and threescore and five shekels, after the shekel of the sanctuary. 3,51 And Moses gave the redemption-money unto Aaron and to his sons, according to the word of the LORD, as the LORD commanded Moses. {P}

4,1 And the LORD spoke unto Moses and unto Aaron, saying: 4,2 'Take the sum of the sons of Kohath from among the sons of Levi, by their families, by their fathers' houses, 4,3 from thirty years old and upward even until fifty years old, all that enter upon the service, to do work in the tent of meeting. 4,4 This is the service of the sons of Kohath in the tent of meeting, about the most holy things: 4,5 when the camp setteth forward, Aaron shall go in, and his sons, and they shall take down the veil of the screen, and cover the ark of the testimony with it; 4,6 and shall put thereon a covering of sealskin, and shall spread over it a cloth all of blue, and shall set the staves thereof. 4,7 And upon the table of showbread they shall spread a cloth of blue, and put thereon the dishes, and the pans, and the bowls, and the jars wherewith to pour out; and the continual bread shall remain thereon. 4,8 And they shall spread upon them a cloth of scarlet, and cover the same with a covering of sealskin, and shall set the staves thereof. 4,9 And they shall take a cloth of blue, and cover the candlestick of the light, and its lamps, and its tongs, and its snuffdishes, and all the oil vessels thereof, wherewith they minister unto it. 4,10 And they shall put it and all the vessels thereof within a covering of sealskin, and shall put it upon a bar. 4,11 And upon the golden altar they shall spread a cloth of blue, and cover it with a covering of sealskin, and shall set the staves thereof. 4,12 And they shall take all the vessels of ministry, wherewith they minister in the sanctuary, and put them in a cloth of blue, and cover them with a covering of sealskin, and shall put them on a bar. 4,13 And they shall take away the ashes from the altar, and spread a purple cloth thereon. 4,14 And they shall put upon it all the vessels thereof, wherewith they minister about it, the fire-pans, the flesh-hooks, and the shovels, and the basins, all the vessels of the altar; and they shall spread upon it a covering of sealskin, and set the staves thereof. 4,15 And when Aaron and his sons have made an end of covering the holy furniture, and all the holy vessels, as the camp is to set forward--after that, the sons of Kohath shall come to bear them; but they shall not touch the holy things, lest they die. These things are the burden of the sons of Kohath in the tent of meeting. 4,16 And the charge of

Eleazar the son of Aaron the priest shall be the oil for the light, and the sweet incense, and the continual meal-offering, and the anointing oil: he shall have the charge of all the tabernacle, and of all that therein is, whether it be the sanctuary, or the furniture thereof.' {P}

4,17 And the LORD spoke unto Moses and unto Aaron, saying: 4,18 'Cut ye not off the tribe of the families of the Kohathites from among the Levites; 4,19 but thus do unto them, that they may live, and not die, when they approach unto the most holy things: Aaron and his sons shall go in, and appoint them every one to his service and to his burden; 4,20 but they shall not go in to see the holy things as they are being covered, lest they die.' {P}

Portion of Naso

4,21 And the LORD spoke unto Moses saying: 4,22 'Take the sum of the sons of Gershon also, by their fathers' houses, by their families; 4,23 from thirty years old and upward until fifty years old shalt thou number them: all that enter in to wait upon the service, to do service in the tent of meeting. 4,24 This is the service of the families of the Gershonites, in serving and in bearing burdens: 4,25 they shall bear the curtains of the tabernacle, and the tent of meeting, its covering, and the covering of sealskin that is above upon it, and the screen for the door of the tent of meeting; 4,26 and the hangings of the court, and the screen for the door of the gate of the court, which is by the tabernacle and by the altar round about, and their cords, and all the instruments of their service, and whatsoever there may be to do with them, therein shall they serve. 4,27 At the commandment of Aaron and his sons shall be all the service of the sons of the Gershonites, in all their burden, and in all their service; and ye shall appoint unto them in charge all their burden. 4,28 This is the service of the families of the sons of the Gershonites in the tent of meeting; and their charge shall be under the hand of Ithamar the son of Aaron the priest. {S} 4,29 As for the sons of Merari, thou shalt number them by their families, by their fathers' houses; 4,30 from thirty years old and upward even unto fifty years old shalt thou number them, every one that entereth upon the service, to do the work of the tent of meeting. 4,31 And this is the charge of their burden, according to all their service in the tent of meeting: the boards of the tabernacle, and the bars thereof, and the pillars thereof, and the sockets thereof; 4,32 and the pillars of the court round about, and their sockets, and their pins, and their cords, even all their appurtenance, and all that pertaineth to their service; and by name ye shall appoint the instruments of the charge of their burden. 4,33 This is the service of the families of the sons of Merari, according to all their service, in the tent of meeting, under the hand of Ithamar the son of Aaron the priest.' 4,34 And Moses and Aaron and the princes of the congregation numbered the sons of the Kohathites by their families, and by their fathers' houses, 4,35 from thirty years old and upward even unto fifty years old, every one that entered upon the service, for service in the tent of meeting. 4,36 And those that were numbered of them by their families were two thousand seven hundred and fifty. 4,37 These are they that were numbered of the families of the Kohathites, of all that did serve in the tent of meeting, whom Moses and Aaron numbered according to the commandment of the LORD by the hand of Moses. {S} 4,38 And those that were numbered of the sons of Gershon, by their families, and by their fathers' houses, 4,39 from thirty years old and upward even unto fifty years old, every one that entered upon the service, for service in the tent of meeting, 4,40 even those that were numbered of them, by their families, by their fathers' houses, were two thousand and six hundred and thirty. 4,41 These are they that were numbered of the families of the sons of Gershon, of all that did serve in the tent of meeting, whom Moses and Aaron numbered according to the commandment of the LORD. 4,42 And those that were numbered of the families of the sons of Merari, by their families, by their fathers' houses, 4,43 from thirty years old and upward even unto fifty years old, every one that entered upon the service, for service in the tent of meeting,

4,44 even those that were numbered of them by their families, were three thousand and two hundred. 4,45 These are they that were numbered of the families of the sons of Merari, whom Moses and Aaron numbered according to the commandment of the LORD by the hand of Moses. 4,46 All those that were numbered of the Levites, whom Moses and Aaron and the princes of Israel numbered, by their families, and by their fathers' houses, 4,47 from thirty years old and upward even unto fifty years old, every one that entered in to do the work of service, and the work of bearing burdens in the tent of meeting, 4,48 even those that were numbered of them, were eight thousand and five hundred and fourscore. 4,49 According to the commandment of the LORD they were appointed by the hand of Moses, every one to his service, and to his burden; they were also numbered, as the LORD commanded Moses. {P}

5,1 And the LORD spoke unto Moses, saying: 5,2 'Command the children of Israel, that they put out of the camp every leper, and every one that hath an issue, and whosoever is unclean by the dead; 5,3 both male and female shall ye put out, without the camp shall ye put them; that they defile not their camp, in the midst whereof I dwell.' 5,4 And the children of Israel did so, and put them out without the camp; as the LORD spoke unto Moses, so did the children of Israel. {P}

5,5 And the LORD spoke unto Moses, saying: 5,6 Speak unto the children of Israel: When a man or woman shall commit any sin that men commit, to commit a trespass against the LORD, and that soul be guilty; 5,7 then they shall confess their sin which they have done; and he shall make restitution for his guilt in full, and add unto it the fifth part thereof, and give it unto him in respect of whom he hath been guilty. 5,8 But if the man have no kinsman to whom restitution may be made for the guilt, the restitution for guilt which is made shall be the LORD'S, even the priest's; besides the ram of the atonement, whereby atonement shall be made for him. 5,9 And every heave-offering of all the holy things of the children of Israel, which they present unto the

priest, shall be his. 5,10 And every man's hallowed things shall
be his: whatsoever any man giveth the priest, it shall be his. {P}

5,11 and the LORD spoke unto Moses, saying: 5,12 Speak unto
the children of Israel, and say unto them: If any man's wife go
aside, and act unfaithfully against him, 5,13 and a man lie with
her carnally, and it be hid from the eyes of her husband, she being
defiled secretly, and there be no witness against her, neither she
be taken in the act; 5,14 and the spirit of jealousy come upon
him, and he be jealous of his wife, and she be defiled; or if the
spirit of jealousy come upon him, and he be jealous of his wife,
and she be not defiled; 5,15 then shall the man bring his wife
unto the priest, and shall bring her offering for her, the tenth part
of an ephah of barley meal; he shall pour no oil upon it, nor put
frankincense thereon; for it is a meal-offering of jealousy, a meal-
offering of memorial, bringing iniquity to remembrance. 5,16 And
the priest shall bring her near, and set her before the LORD. 5,17
And the priest shall take holy water in an earthen vessel; and of
the dust that is on the floor of the tabernacle the priest shall
take, and put it into the water. 5,18 And the priest shall set the
woman before the LORD, and let the hair of the woman's head go
loose, and put the meal-offering of memorial in her hands, which
is the meal-offering of jealousy; and the priest shall have in his
hand the water of bitterness that causeth the curse. 5,19 And
the priest shall cause her to swear, and shall say unto the woman:
'If no man have lain with thee, and if thou hast not gone aside
to uncleanness, being under thy husband, be thou free from this
water of bitterness that causeth the curse; 5,20 but if thou hast
gone aside, being under thy husband, and if thou be defiled,
and some man have lain with thee besides thy husband-- 5,21
then the priest shall cause the woman to swear with the oath of
cursing, and the priest shall say unto the woman--the LORD make
thee a curse and an oath among thy people, when the LORD doth
make thy thigh to fall away, and thy belly to swell; 5,22 and this
water that causeth the curse shall go into thy bowels, and make
thy belly to swell, and thy thigh to fall away'; and the woman
shall say: 'Amen, Amen.' 5,23 And the priest shall write these

curses in a scroll, and he shall blot them out into the water of bitterness. 5,24 And he shall make the woman drink the water of bitterness that causeth the curse; and the water that causeth the curse shall enter into her and become bitter. 5,25 And the priest shall take the meal-offering of jealousy out of the woman's hand, and shall wave the meal-offering before the LORD, and bring it unto the altar. 5,26 And the priest shall take a handful of the meal-offering, as the memorial-part thereof, and make it smoke upon the altar, and afterward shall make the woman drink the water. 5,27 And when he hath made her drink the water, then it shall come to pass, if she be defiled, and have acted unfaithfully against her husband, that the water that causeth the curse shall enter into her and become bitter, and her belly shall swell, and her thigh shall fall away; and the woman shall be a curse among her people. 5,28 And if the woman be not defiled, but be clean; then she shall be cleared, and shall conceive seed. 5,29 This is the law of jealousy, when a wife, being under her husband, goeth aside, and is defiled; 5,30 or when the spirit of jealousy cometh upon a man, and he be jealous over his wife; then shall he set the woman before the LORD, and the priest shall execute upon her all this law. 5,31 And the man shall be clear from iniquity, and that woman shall bear her iniquity. {P}

6,1 And the LORD spoke unto Moses, saying: 6,2 Speak unto the children of Israel, and say unto them: When either man or woman shall clearly utter a vow, the vow of a Nazirite, to consecrate himself unto the LORD, 6,3 he shall abstain from wine and strong drink: he shall drink no vinegar of wine, or vinegar of strong drink, neither shall he drink any liquor of grapes, nor eat fresh grapes or dried. 6,4 All the days of his Naziriteship shall he eat nothing that is made of the grape-vine, from the pressed grapes even to the grapestone. 6,5 All the days of his vow of Naziriteship there shall no razor come upon his head; until the days be fulfilled, in which he consecrateth himself unto the LORD, he shall be holy, he shall let the locks of the hair of his head grow long. 6,6 All the days that he consecrateth himself unto the LORD he shall not come near to a dead body. 6,7 He shall not make himself unclean for his father, or for his mother, for his brother, or for his sister, when they die; because his consecration unto God is upon his head. 6,8 All the days of his Naziriteship he is holy unto the LORD. 6,9 And if any man die very suddenly beside him, and he defile his consecrated head, then he shall shave his head in the day of his cleansing, on the seventh day shall he shave it. 6,10 And on the eighth day he shall bring two turtledoves, or two young pigeons, to the priest, to the door of the tent of meeting. 6,11 And the priest shall prepare one for a sin-offering, and the other for a burnt-offering, and make atonement for him, for that he sinned by reason of the dead; and he shall hallow his head that same day. 6,12 And he shall consecrate unto the LORD the days of his Naziriteship, and shall bring a he-lamb of the first year for a guilt-offering; but the former days shall be void, because his consecration was defiled. 6,13 And this is the law of the Nazirite, when the days of his consecration are fulfilled: he shall bring it unto the door of the tent of meeting; 6,14 and he shall present his offering unto the LORD, one he-lamb of the first year without blemish for a burnt-offering, and one ewe-lamb of the first year without blemish for a sin-offering, and one ram without blemish for peace-offerings, 6,15 and a basket of unleavened bread, cakes of fine flour mingled with oil, and unleavened wafers spread with oil, and their meal-offering, and their drink-offerings. 6,16 And the priest shall bring them before the LORD, and shall offer his sin-offering, and his burnt-offering. 6,17 And he shall offer the ram for a sacrifice of peace-offerings unto the LORD, with the basket of unleavened bread; the priest shall offer also the meal-offering thereof, and the drink-offering thereof. 6,18 And the Nazirite shall shave his consecrated head at the door of the tent of meeting, and shall take the hair of his consecrated head, and put it on the fire which is under the sacrifice of peace-offerings. 6,19 And the priest shall take the shoulder of the ram when it is sodden, and one unleavened cake out of the basket, and one unleavened wafer, and shall put them upon the hands of the Nazirite, after he hath shaven his consecrated head. 6,20 And the priest shall wave them for a wave-offering before the LORD; this is holy for the priest, together with the breast of waving and the thigh of heaving; and after that the Nazirite may drink wine. 6,21 This is the law of the Nazirite who voweth, and of his offering unto the LORD for his Naziriteship, beside that for which his means suffice; according to his vow which he voweth, so he must do after the law of his Naziriteship. {P}

6,22 And the LORD spoke unto Moses, saying: 6,23 'Speak unto Aaron and unto his sons, saying: On this wise ye shall bless the children of Israel; ye shall say unto them: {S} 6,24 The LORD bless thee, and keep thee; {S} 6,25 The LORD make His face to shine upon thee, and be gracious unto thee; {S} 6,26 The LORD lift up His countenance upon thee, and give thee peace. {S} 6,27 So shall they put My name upon the children of Israel, and I will bless them.' {S} 7,1 And it came to pass on the day that Moses had made an end of setting up the tabernacle, and had anointed it and sanctified it, and all the furniture thereof, and the altar and all the vessels thereof, and had anointed them and sanctified them; 7,2 that the princes of Israel, the heads of their fathers' houses, offered--these were the princes of the tribes, these are they that were over them that were numbered. 7,3 And they brought their offering before the LORD, six covered wagons, and twelve oxen: a wagon for every two of the princes, and for each one an ox; and they presented them before the tabernacle. 7,4 And the LORD spoke unto Moses, saying: 7,5 'Take it of them, that they may be to do the service of the tent of meeting; and thou shalt give them unto the Levites, to every man according to his service.' 7,6 And Moses took the wagons and the oxen, and gave them unto the Levites. 7,7 Two wagons and four oxen he gave unto the sons of Gershon, according to their service. 7,8 And four wagons and eight oxen he gave unto the sons of Merari, according unto their service, under the hand of Ithamar the son of Aaron the priest. 7,9 But unto the sons of Kohath he gave none, because the service of the holy things belonged unto them: they bore them upon their shoulders. 7,10 And the princes brought the dedication-offering of the altar in the day that it was anointed, even the princes brought their offering before the altar. 7,11 And the LORD said unto Moses: 'They shall present their

offering each prince on his day, for the dedication of the altar.'
{S} 7,12 And he that presented his offering the first day was
Nahshon the son of Amminadab, of the tribe of Judah; 7,13 and
his offering was one silver dish, the weight thereof was a hundred
and thirty shekels, one silver basin of seventy shekels, after the
shekel of the sanctuary; both of them full of fine flour mingled
with oil for a meal-offering; 7,14 one golden pan of ten shekels,
full of incense; 7,15 one young bullock, one ram, one he-lamb of
the first year, for a burnt-offering; 7,16 one male of the goats for
a sin-offering; 7,17 and for the sacrifice of peace-offerings, two
oxen, five rams, five he-goats, five he-lambs of the first year. This
was the offering of Nahshon the son of Amminadab. {P}

7,18 On the second day Nethanel the son of Zuar, prince of
Issachar, did offer: 7,19 he presented for his offering one silver
dish, the weight thereof was a hundred and thirty shekels, one
silver basin of seventy shekels, after the shekel of the sanctuary;
both of them full of fine flour mingled with oil for a meal-offering;
7,20 one golden pan of ten shekels, full of incense; 7,21 one
young bullock, one ram, one he-lamb of the first year, for a burnt-
offering; 7,22 one male of the goats for a sin-offering; 7,23 and
for the sacrifice of peace-offerings, two oxen, five rams, five he-
goats, five he-lambs of the first year. This was the offering of
Nethanel the son of Zuar. {P}

7,24 On the third day Eliab the son of Helon, prince of the
children of Zebulun: 7,25 his offering was one silver dish, the
weight thereof was a hundred and thirty shekels, one silver basin
of seventy shekels, after the shekel of the sanctuary; both of
them full of fine flour mingled with oil for a meal-offering; 7,26
one golden pan of ten shekels, full of incense; 7,27 one young
bullock, one ram, one he-lamb of the first year, for a burnt-
offering; 7,28 one male of the goats for a sin-offering; 7,29
and for the sacrifice of peace-offerings, two oxen, five rams, five
he-goats, five he-lambs of the first year. This was the offering of
Eliab the son of Helon. {P}

7,30 On the fourth day Elizur the son of Shedeur, prince of the children of Reuben: 7,31 his offering was one silver dish, the weight thereof was a hundred and thirty shekels, one silver basin of seventy shekels, after the shekel of the sanctuary; both of them full of fine flour mingled with oil for a meal-offering; 7,32 one golden pan of ten shekels, full of incense; 7,33 one young bullock, one ram, one he-lamb of the first year, for a burnt-offering; 7,34 one male of the goats for a sin-offering; 7,35 and for the sacrifice of peace-offerings, two oxen, five rams, five he-goats, five he-lambs of the first year. This was the offering of Elizur the son of Shedeur. {P}

7,36 On the fifth day Shelumiel the son of Zurishaddai, prince of the children of Simeon: 7,37 his offering was one silver dish, the weight thereof was a hundred and thirty shekels, one silver basin of seventy shekels, after the shekel of the sanctuary; both of them full of fine flour mingled with oil for a meal-offering; 7,38 one golden pan of ten shekels, full of incense; 7,39 one young bullock, one ram, one he-lamb of the first year, for a burnt-offering; 7,40 one male of the goats for a sin-offering; 7,41 and for the sacrifice of peace-offerings, two oxen, five rams, five he-goats, five he-lambs of the first year. This was the offering of Shelumiel the son of Zurishaddai. {P}

7,42 On the sixth day Eliasaph the son of Deuel, prince of the children of Gad: 7,43 his offering was one silver dish, the weight thereof was a hundred and thirty shekels, one silver basin of seventy shekels, after the shekel of the sanctuary; both of them full of fine flour mingled with oil for a meal-offering; 7,44 one golden pan of ten shekels, full of incense; 7,45 one young bullock, one ram, one he-lamb of the first year, for a burnt-offering; 7,46 one male of the goats for a sin-offering; 7,47 and for the sacrifice of peace-offerings, two oxen, five rams, five he-goats, five he-lambs of the first year. This was the offering of Eliasaph the son of Deuel. {P}

7,48 On the seventh day Elishama the son of Ammihud, prince

of the children of Ephraim: 7,49 his offering was one silver dish, the weight thereof was a hundred and thirty shekels, one silver basin of seventy shekels, after the shekel of the sanctuary; both of them full of fine flour mingled with oil for a meal-offering; 7,50 one golden pan of ten shekels, full of incense; 7,51 one young bullock, one ram, one he-lamb of the first year, for a burnt-offering; 7,52 one male of the goats for a sin-offering; 7,53 and for the sacrifice of peace-offerings, two oxen, five rams, five he-goats, five he-lambs of the first year. This was the offering of Elishama the son of Ammihud. {P}

7,54 On the eighth day Gamaliel the son of Pedahzur, prince of the children of Manasseh: 7,55 his offering was one silver dish, the weight thereof was a hundred and thirty shekels, one silver basin of seventy shekels, after the shekel of the sanctuary; both of them full of fine flour mingled with oil for a meal-offering; 7,56 one golden pan of ten shekels, full of incense; 7,57 one young bullock, one ram, one he-lamb of the first year, for a burnt-offering; 7,58 one male of the goats for a sin-offering; 7,59 and for the sacrifice of peace-offerings, two oxen, five rams, five he-goats, five he-lamb of the first year. This was the offering of Gamaliel the son of Pedahzur. {P}

7,60 On the ninth day Abidan the son of Gideoni, prince of the children of Benjamin: 7,61 his offering was one silver dish, the weight thereof was a hundred and thirty shekels, one silver basin of seventy shekels, after the shekel of the sanctuary; both of them full of fine flour mingled with oil for a meal-offering; 7,62 one golden pan of ten shekels, full of incense; 7,63 one young bullock, one ram, one he-lamb of the first year, for a burnt-offering; 7,64 one male of the goats for a sin-offering; 7,65 and for the sacrifice of peace-offerings, two oxen, five rams, five he-goats, five he-lambs of the first year. This was the offering of Abidan the son of Gideoni. {P}

7,66 On the tenth day Ahiezer the son of Ammishaddai, prince of the children of Dan: 7,67 his offering was one silver dish, the weight thereof was a hundred and thirty shekels, one silver basin of seventy shekels, after the shekel of the sanctuary; both of them full of fine flour mingled with oil for a meal-offering; 7,68 one golden pan of ten shekels, full of incense; 7,69 one young bullock, one ram, one he-lamb of the first year, for a burnt-offering; 7,70 one male of the goats for a sin-offering; 7,71 and for the sacrifice of peace-offerings, two oxen, five rams, five he-goats, five he-lambs of the first year. This was the offering of Ahiezer the son of Ammishaddai. {P}

7,72 On the eleventh day Pagiel the son of Ochran, prince of the children of Asher: 7,73 his offering was one silver dish, the weight thereof was a hundred and thirty shekels, one silver basin of seventy shekels, after the shekel of the sanctuary; both of them full of fine flour mingled with oil for a meal-offering; 7,74 one golden pan of ten shekels, full of incense; 7,75 one young bullock, one ram, one he-lamb of the first year, for a burnt-offering; 7,76 one male of the goats for a sin-offering; 7,77 and for the sacrifice of peace-offerings, two oxen, five rams, five he-goats, five he-lambs of the first year. This was the offering of Pagiel the son of Ochran. {P}

7,78 On the twelfth day Ahira the son of Enan, prince of the children of Naphtali: 7,79 his offering was one silver dish, the weight thereof was a hundred and thirty shekels, one silver basin of seventy shekels, after the shekel of the sanctuary; both of them full of fine flour mingled with oil for a meal-offering; 7,80 one golden pan of ten shekels, full of incense; 7,81 one young bullock, one ram, one he-lamb of the first year, for a burnt-offering; 7,82 one male of the goats for a sin-offering; 7,83 and for the sacrifice of peace-offerings, two oxen, five rams, five he-goats, five he-lambs of the first year. This was the offering of Ahira the son of Enan. {P}

7,84 This was the dedication-offering of the altar, in the day when it was anointed, at the hands of the princes of Israel: twelve silver dishes, twelve silver basins, twelve golden pans; 7,85 each silver dish weighing a hundred and thirty shekels, and each basin seventy; all the silver of the vessels two thousand and four hundred shekels, after the shekel of the sanctuary; 7,86 twelve golden pans, full of incense, weighing ten shekels apiece, after the shekel of the sanctuary; all the gold of the pans a hundred and twenty shekels; 7,87 all the oxen for the burnt-offering twelve bullocks, the rams twelve, the he-lambs of the first year twelve, and their meal-offering; and the males of the goats for a sin-offering twelve; 7,88 and all the oxen for the sacrifice of peace-offerings twenty and four bullocks, the rams sixty, the he-goats sixty, the he-lambs of the first year sixty. This was the dedication-offering of the altar, after that it was anointed. 7,89 And when Moses went into the tent of meeting that He might speak with him, then he heard the Voice speaking unto him from above the ark-cover that was upon the ark of the testimony, from between the two cherubim; and He spoke unto him. {P}

Portion of Beha'alotcha

8,1 And the LORD spoke unto Moses, saying: 8,2 'Speak unto Aaron, and say unto him: When thou lightest the lamps, the seven lamps shall give light in front of the candlestick.' 8,3 And Aaron did so: he lighted the lamps thereof so as to give light in front of the candlestick, as the LORD commanded Moses. 8,4 And this was the work of the candlestick, beaten work of gold; unto the base thereof, and unto the flowers thereof, it was beaten work; according unto the pattern which the LORD had shown Moses, so he made the candlestick. {P}

8,5 And the LORD spoke unto Moses, saying: 8,6 'Take the Levites from among the children of Israel, and cleanse them. 8,7 And thus shalt thou do unto them, to cleanse them: sprinkle the water of purification upon them, and let them cause a razor to pass over all their flesh, and let them wash their clothes, and cleanse themselves. 8,8 Then let them take a young bullock, and its meal-offering, fine flour mingled with oil, and another young bullock shalt thou take for a sin-offering. 8,9 And thou shalt present the Levites before the tent of meeting; and thou shalt assemble the whole congregation of the children of Israel. 8,10 And thou shalt present the Levites before the LORD; and the children of Israel shall lay their hands upon the Levites. 8,11 And Aaron shall offer the Levites before the LORD for a wave-offering from the children of Israel, that they may be to do the service of the LORD. 8,12 And the Levites shall lay their hands upon the heads of the bullocks; and offer thou the one for a sin-offering, and the other for a burnt-offering, unto the LORD, to make atonement for the Levites. 8,13 And thou shalt set the Levites before Aaron, and before his sons, and offer them for a wave-offering unto the LORD. 8,14 Thus shalt thou separate the Levites from among the children of Israel; and the Levites shall be Mine. 8,15 And after that shall the Levites go in to do the service of the tent of meeting; and thou shalt cleanse them, and offer them for a wave-offering. 8,16 For they are wholly given unto Me from among the children of Israel; instead of all that openeth the womb, even the first-born of all the children of Israel, have I taken them unto Me. 8,17 For all the first-born among the children of Israel are Mine, both man and beast; on the day that I smote all the first-born in the land of Egypt I sanctified them for Myself. 8,18 And I have taken the Levites instead of all the first-born among the children of Israel. 8,19 And I have given the Levites--they are given to Aaron and to his sons from among the children of Israel, to do the service of the children of Israel in the tent of meeting, and to make atonement for the children of Israel, that there be no plague among the children of Israel, through the children of Israel coming nigh unto the sanctuary.' 8,20 Thus did Moses, and Aaron, and all the congregation of the children of Israel, unto the Levites; according unto all that the LORD commanded Moses touching the Levites, so did the children of Israel unto them. 8,21 And the Levites purified themselves, and they washed their clothes; and Aaron offered them for a sacred gift before the LORD; and Aaron made atonement for them to cleanse them. 8,22 And after that went the Levites in to do their service in the tent of meeting before

Aaron, and before his sons; as the LORD had commanded Moses concerning the Levites, so did they unto them. {S} 8,23 And the LORD spoke unto Moses, saying: 8,24 'This is that which pertaineth unto the Levites: from twenty and five years old and upward they shall go in to perform the service in the work of the tent of meeting; 8,25 and from the age of fifty years they shall return from the service of the work, and shall serve no more; 8,26 but shall minister with their brethren in the tent of meeting, to keep the charge, but they shall do no manner of service. Thus shalt thou do unto the Levites touching their charges.' {P}

9,1 And the LORD spoke unto Moses in the wilderness of Sinai, in the first month of the second year after they were come out of the land of Egypt, saying: 9,2 'Let the children of Israel keep the passover in its appointed season. 9,3 In the fourteenth day of this month, at dusk, ye shall keep it in its appointed season; according to all the statutes of it, and according to all the ordinances thereof, shall ye keep it.' 9,4 And Moses spoke unto the children of Israel, that they should keep the passover. 9,5 And they kept the passover in the first month, on the fourteenth day of the month, at dusk, in the wilderness of Sinai; according to all that the LORD commanded Moses, so did the children of Israel. 9,6 But there were certain men, who were unclean by the dead body of a man, so that they could not keep the passover on that day; and they came before Moses and before Aaron on that day. 9,7 And those men said unto him: 'We are unclean by the dead body of a man; wherefore are we to be kept back, so as not to bring the offering of the LORD in its appointed season among the children of Israel?' 9,8 And Moses said unto them: 'Stay ye, that I may hear what the LORD will command concerning you.' {P}

9,9 And the LORD spoke unto Moses, saying: 9,10 'Speak unto the children of Israel, saying: If any man of you or of your generations shall be unclean by reason of a dead body, or be in a journey afar off, yet he shall keep the passover unto the LORD; 9,11 in the second month on the fourteenth day at dusk they shall keep it; they shall eat it with unleavened bread and bitter herbs; 9,12 they shall leave none of it unto the morning, nor break a bone thereof; according to all the statute of the passover they shall keep it. 9,13 But the man that is clean, and is not on a journey, and forbeareth to keep the passover, that soul shall be cut off from his people; because he brought not the offering of the LORD in its appointed season, that man shall bear his sin. 9,14 And if a stranger shall sojourn among you, and will keep the passover unto the LORD: according to the statute of the passover, and according to the ordinance thereof, so shall he do; ye shall have one statute, both for the stranger, and for him that is born in the land.' {S} 9,15 And on the day that the tabernacle was reared up the cloud covered the tabernacle, even the tent of the testimony; and at even there was upon the tabernacle as it were the appearance of fire, until morning. 9,16 So it was alway: the cloud covered it, and the appearance of fire by night. 9,17 And whenever the cloud was taken up from over the Tent, then after that the children of Israel journeyed; and in the place where the cloud abode, there the children of Israel encamped. 9,18 At the commandment of the LORD the children of Israel journeyed, and at the commandment of the LORD they encamped: as long as the cloud abode upon the tabernacle they remained encamped. 9,19 And when the cloud tarried upon the tabernacle many days, then the children of Israel kept the charge of the LORD, and journeyed not. 9,20 And sometimes the cloud was a few days upon the tabernacle; according to the commandment of the LORD they remained encamped, and according to the commandment of the LORD they journeyed. 9,21 And sometimes the cloud was from evening until morning; and when the cloud was taken up in the morning, they journeyed; or if it continued by day and by night, when the cloud was taken up, they journeyed. 9,22 Whether it were two days, or a month, or a year, that the cloud tarried upon the tabernacle, abiding thereon, the children of Israel remained encamped, and journeyed not; but when it was taken up, they journeyed. 9,23 At the commandment of the LORD they encamped, and at the commandment of the LORD they journeyed; they kept the charge of the LORD, at the commandment of the

LORD by the hand of Moses. {P}

10,1 And the LORD spoke unto Moses, saying: 10,2 'Make thee two trumpets of silver; of beaten work shalt thou make them; and they shall be unto thee for the calling of the congregation, and for causing the camps to set forward. 10,3 And when they shall blow with them, all the congregation shall gather themselves unto thee at the door of the tent of meeting. 10,4 And if they blow but with one, then the princes, the heads of the thousands of Israel, shall gather themselves unto thee. 10,5 And when ye blow an alarm, the camps that lie on the east side shall take their journey. 10,6 And when ye blow an alarm the second time, the camps that lie on the south side shall set forward; they shall blow an alarm for their journeys. 10,7 But when the assembly is to be gathered together, ye shall blow, but ye shall not sound an alarm. 10,8 And the sons of Aaron, the priests, shall blow with the trumpets; and they shall be to you for a statute for ever throughout your generations. 10,9 And when ye go to war in your land against the adversary that oppresseth you, then ye shall sound an alarm with the trumpets; and ye shall be remembered before the LORD your God, and ye shall be saved from your enemies. 10,10 Also in the day of your gladness, and in your appointed seasons, and in your new moons, ye shall blow with the trumpets over your burnt-offerings, and over the sacrifices of your peace-offerings; and they shall be to you for a memorial before your God: I am the LORD your God.' {P}

10,11 And it came to pass in the second year, in the second month, on the twentieth day of the month, that the cloud was taken up from over the tabernacle of the testimony. 10,12 And the children of Israel set forward by their stages out of the wilderness of Sinai; and the cloud abode in the wilderness of Paran.-- 10,13 And they took their first journey, according to the commandment of the LORD by the hand of Moses. 10,14 And in the first place the standard of the camp of the children of Judah set forward according to their hosts; and over his host was Nahshon the son of Amminadab. 10,15 And over the host of the tribe of the children of Issachar was Nethanel the son of Zuar. 10,16 And over the host of the tribe of the children of Zebulun was Eliab the son of Helon. 10,17 And the tabernacle was taken down; and the sons of Gershon and the sons of Merari, who bore the tabernacle, set forward. 10,18 And the standard of the camp of Reuben set forward according to their hosts; and over his host was Elizur the son of Shedeur. 10,19 And over the host of the tribe of the children of Simeon was Shelumiel the son of Zurishaddai. 10,20 And over the host of the tribe of the children of Gad was Eliasaph the son of Deuel. 10,21 And the Kohathites the bearers of the sanctuary set forward, that the tabernacle might be set up against their coming. 10,22 And the standard of the camp of the children of Ephraim set forward according to their hosts; and over his host was Elishama the son of Ammihud. 10,23 And over the host of the tribe of the children of Manasseh was Gamaliel the son of Pedahzur. 10,24 And over the host of the tribe of the children of Benjamin was Abidan the son of Gideoni. 10,25 And the standard of the camp of the children of Dan, which was the rearward of all the camps, set forward according to their hosts; and over his host was Ahiezer the son of Ammishaddai. 10,26 And over the host of the tribe of the children of Asher was Pagiel the son of Ochran. 10,27 And over the host of the tribe of the children of Naphtali was Ahira the son of Enan. 10,28 Thus were the journeyings of the children of Israel according to their hosts.--And they set forward. {S} 10,29 And Moses said unto Hobab, the son of Reuel the Midianite, Moses' father-in-law: 'We are journeying unto the place of which the LORD said: I will give it you; come thou with us, and we will do thee good; for the LORD hath spoken good concerning Israel.' 10,30 And he said unto him: 'I will not go; but I will depart to mine own land, and to my kindred.' 10,31 And he said: 'Leave us not, I pray thee; forasmuch as thou knowest how we are to encamp in the wilderness, and thou shalt be to us instead of eyes. 10,32 And it shall be, if thou go with us, yea, it shall be, that what good soever the LORD shall do unto us, the same will we do unto thee.' 10,33 And they set forward from the mount of the LORD three days' journey; and the ark of the covenant of the

LORD went before them three days' journey, to seek out a resting-place for them. 10,34 And the cloud of the LORD was over them by day, when they set forward from the camp. {S} 10,35 And it came to pass, when the ark set forward, that Moses said: 'Rise up, O LORD, and let Thine enemies be scattered; and let them that hate Thee flee before Thee.' 10,36 And when it rested, he said: 'Return, O LORD, unto the ten thousands of the families of Israel.' {P}

11,1 And the people were as murmurers, speaking evil in the ears of the LORD; and when the LORD heard it, His anger was kindled; and the fire of the LORD burnt among them, and devoured in the uttermost part of the camp. 11,2 And the people cried unto Moses; and Moses prayed unto the LORD, and the fire abated. 11,3 And the name of that place was called Taberah, because the fire of the LORD burnt among them. 11,4 And the mixed multitude that was among them fell a lusting; and the children of Israel also wept on their part, and said: 'Would that we were given flesh to eat! 11,5 We remember the fish, which we were wont to eat in Egypt for nought; the cucumbers, and the melons, and the leeks, and the onions, and the garlic; 11,6 but now our soul is dried away; there is nothing at all; we have nought save this manna to look to.'-- 11,7 Now the manna was like coriander seed, and the appearance thereof as the appearance of bdellium. 11,8 The people went about, and gathered it, and ground it in mills, or beat it in mortars, and seethed it in pots, and made cakes of it; and the taste of it was as the taste of a cake baked with oil. 11,9 And when the dew fell upon the camp in the night, the manna fell upon it.-- 11,10 And Moses heard the people weeping, family by family, every man at the door of his tent; and the anger of the LORD was kindled greatly; and Moses was displeased. 11,11 And Moses said unto the LORD: 'Wherefore hast Thou dealt ill with Thy servant? and wherefore have I not found favour in Thy sight, that Thou layest the burden of all this people upon me? 11,12 Have I conceived all this people? have I brought them forth, that Thou shouldest say unto me: Carry them in thy bosom, as a nursing-father carrieth the sucking child, unto the land which Thou didst swear unto their fathers? 11,13 Whence should I have flesh to give unto all this people? for they trouble me with their weeping, saying: Give us flesh, that we may eat. 11,14 I am not able to bear all this people myself alone, because it is too heavy for me. 11,15 And if Thou deal thus with me, kill me, I pray Thee, out of hand, if I have found favour in Thy sight; and let me not look upon my wretchedness.' {P}

11,16 And the LORD said unto Moses: 'Gather unto Me seventy men of the elders of Israel, whom thou knowest to be the elders of the people, and officers over them; and bring them unto the tent of meeting, that they may stand there with thee. 11,17 And I will come down and speak with thee there; and I will take of the spirit which is upon thee, and will put it upon them; and they shall bear the burden of the people with thee, that thou bear it not thyself alone. 11,18 And say thou unto the people: Sanctify yourselves against to-morrow, and ye shall eat flesh; for ye have wept in the ears of the LORD, saying: Would that we were given flesh to eat! for it was well with us in Egypt; therefore the LORD will give you flesh, and ye shall eat. 11,19 Ye shall not eat one day, nor two days, nor five days, neither ten days, nor twenty days; 11,20 but a whole month, until it come out at your nostrils, and it be loathsome unto you; because that ye have rejected the LORD who is among you, and have troubled Him with weeping, saying: Why, now, came we forth out of Egypt?' 11,21 And Moses said: 'The people, among whom I am, are six hundred thousand men on foot; and yet Thou hast said: I will give them flesh, that they may eat a whole month! 11,22 If flocks and herds be slain for them, will they suffice them? or if all the fish of the sea be gathered together for them, will they suffice them?' {P}

11,23 And the LORD said unto Moses: 'Is the LORD'S hand waxed short? now shalt thou see whether My word shall come to pass unto thee or not.' 11,24 And Moses went out, and told the people the words of the LORD; and he gathered seventy men of the elders of the people, and set them round about the Tent. 11,25 And the LORD came down in the cloud, and spoke unto him, and took of the spirit that was upon him, and put it upon the seventy elders; and it came to pass, that, when the spirit rested upon them, they prophesied, but they did so no more. 11,26 But there remained two men in the camp, the name of the one was Eldad, and the name of the other Medad; and the spirit rested upon them; and they were of them that were recorded, but had not gone out unto the Tent; and they prophesied in the camp. 11,27 And there ran a young man, and told Moses, and said: 'Eldad and Medad are prophesying in the camp.' 11,28 And Joshua the son of Nun, the minister of Moses from his youth up, answered and said: 'My lord Moses, shut them in.' 11,29 And Moses said unto him: 'Art thou jealous for my sake? would that all the LORD'S people were prophets, that the LORD would put His spirit upon them!' 11,30 And Moses withdrew into the camp, he and the elders of Israel. 11,31 And there went forth a wind from the LORD, and brought across quails from the sea, and let them fall by the camp, about a day's journey on this side, and a day's journey on the other side, round about the camp, and about two cubits above the face of the earth. 11,32 And the people rose up all that day, and all the night, and all the next day, and gathered the quails; he that gathered least gathered ten heaps; and they spread them all abroad for themselves round about the camp. 11,33 While the flesh was yet between their teeth, ere it was chewed, the anger of the LORD was kindled against the people, and the LORD smote the people with a very great plague. 11,34 And the name of that place was called Kibroth-hattaavah, because there they buried the people that lusted. 11,35 From Kibroth-hattaavah the people journeyed unto Hazeroth; and they abode at Hazeroth. {P}

12,1 And Miriam and Aaron spoke against Moses because of the Cushite woman whom he had married; for he had married a Cushite woman. 12,2 And they said: 'Hath the LORD indeed spoken only with Moses? hath He not spoken also with us?' And the LORD heard it.-- 12,3 Now the man Moses was very meek, above all the men that were upon the face of the earth.-- {S} 12,4 And the LORD spoke suddenly unto Moses, and unto Aaron, and unto Miriam: 'Come out ye three unto the tent of meeting.' And they three came out. 12,5 And the LORD came down in a pillar of cloud, and stood at the door of the Tent, and called Aaron and Miriam; and they both came forth. 12,6 And He said: 'Hear now My words: if there be a prophet among you, I the LORD do make Myself known unto him in a vision, I do speak with him in a dream. 12,7 My servant Moses is not so; he is trusted in all My house; 12,8 with him do I speak mouth to mouth, even manifestly, and not in dark speeches; and the similitude of the LORD doth he behold; wherefore then were ye not afraid to speak against My servant, against Moses?' 12,9 And the anger of the LORD was kindled against them; and He departed. 12,10 And when the cloud was removed from over the Tent, behold, Miriam was leprous, as white as snow; and Aaron looked upon Miriam; and, behold, she was leprous. 12,11 And Aaron said unto Moses: 'Oh my lord, lay not, I pray thee, sin upon us, for that we have done foolishly, and for that we have sinned. 12,12 Let her not, I pray, be as one dead, of whom the flesh is half consumed when he cometh out of his mother's womb.' 12,13 And Moses cried unto the LORD, saying: 'Heal her now, O God, I beseech Thee.' {P}

12,14 And the LORD said unto Moses: 'If her father had but spit in her face, should she not hide in shame seven days? let her be shut up without the camp seven days, and after that she shall be brought in again.' 12,15 And Miriam was shut up without the camp seven days; and the people journeyed not till Miriam was brought in again. 12,16 And afterward the people journeyed from Hazeroth, and pitched in the wilderness of Paran. {P}

Portion of Shelach-Lecha

13,1 And the LORD spoke unto Moses, saying: 13,2 'Send thou men, that they may spy out the land of Canaan, which I give unto the children of Israel; of every tribe of their fathers shall ye send a man, every one a prince among them.' 13,3 And

Moses sent them from the wilderness of Paran according to the commandment of the LORD; all of them men who were heads of the children of Israel. 13,4 And these were their names: of the tribe of Reuben, Shammua the son of Zaccur. 13,5 Of the tribe of Simeon, Shaphat the son of Hori. 13,6 Of the tribe of Judah, Caleb the son of Jephunneh. 13,7 Of the tribe of Issachar, Igal the son of Joseph. 13,8 Of the tribe of Ephraim, Hoshea the son of Nun. 13,9 Of the tribe of Benjamin, Palti the son of Raphu. 13,10 Of the tribe of Zebulun, Gaddiel the son of Sodi. 13,11 Of the tribe of Joseph, namely, of the tribe of Manasseh, Gaddi the son of Susi. 13,12 Of the tribe of Dan, Ammiel the son of Gemalli. 13,13 Of the tribe of Asher, Sethur the son of Michael. 13,14 Of the tribe of Naphtali, Nahbi the son of Vophsi. 13,15 Of the tribe of Gad, Geuel the son of Machi. 13,16 These are the names of the men that Moses sent to spy out the land. And Moses called Hoshea the son of Nun Joshua. 13,17 And Moses sent them to spy out the land of Canaan, and said unto them: 'Get you up here into the South, and go up into the mountains; 13,18 and see the land, what it is; and the people that dwelleth therein, whether they are strong or weak, whether they are few or many; 13,19 and what the land is that they dwell in, whether it is good or bad; and what cities they are that they dwell in, whether in camps, or in strongholds; 13,20 and what the land is, whether it is fat or lean, whether there is wood therein, or not. And be ye of good courage, and bring of the fruit of the land.'--Now the time was the time of the first-ripe grapes.-- 13,21 So they went up, and spied out the land from the wilderness of Zin unto Rehob, at the entrance to Hamath. 13,22 And they went up into the South, and came unto Hebron; and Ahiman, Sheshai, and Talmai, the children of Anak, were there.--Now Hebron was built seven years before Zoan in Egypt.-- 13,23 And they came unto the valley of Eshcol, and cut down from thence a branch with one cluster of grapes, and they bore it upon a pole between two; they took also of the pomegranates, and of the figs.-- 13,24 That place was called the valley of Eshcol, because of the cluster which the children of Israel cut down from thence.-- 13,25 And they returned from spying out the land at the end of forty days.

13,26 And they went and came to Moses, and to Aaron, and to all the congregation of the children of Israel, unto the wilderness of Paran, to Kadesh; and brought back word unto them, and unto all the congregation, and showed them the fruit of the land. 13,27 And they told him, and said: 'We came unto the land whither thou sentest us, and surely it floweth with milk and honey; and this is the fruit of it. 13,28 Howbeit the people that dwell in the land are fierce, and the cities are fortified, and very great; and moreover we saw the children of Anak there. 13,29 Amalek dwelleth in the land of the South; and the Hittite, and the Jebusite, and the Amorite, dwell in the mountains; and the Canaanite dwelleth by the sea, and along by the side of the Jordan.' 13,30 And Caleb stilled the people toward Moses, and said: 'We should go up at once, and possess it; for we are well able to overcome it.' 13,31 But the men that went up with him said: 'We are not able to go up against the people; for they are stronger than we.' 13,32 And they spread an evil report of the land which they had spied out unto the children of Israel, saying: 'The land, through which we have passed to spy it out, is a land that eateth up the inhabitants thereof; and all the people that we saw in it are men of great stature. 13,33 And there we saw the Nephilim, the sons of Anak, who come of the Nephilim; and we were in our own sight as grasshoppers, and so we were in their sight.' 14,1 And all the congregation lifted up their voice, and cried; and the people wept that night. 14,2 And all the children of Israel murmured against Moses and against Aaron; and the whole congregation said unto them: 'Would that we had died in the land of Egypt! or would we had died in this wilderness! 14,3 And wherefore doth the LORD bring us unto this land, to fall by the sword? Our wives and our little ones will be a prey; were it not better for us to return into Egypt?' 14,4 And they said one to another: 'Let us make a captain, and let us return into Egypt.' 14,5 Then Moses and Aaron fell on their faces before all the assembly of the congregation of the children of Israel. 14,6 And Joshua the son of Nun and Caleb the son of Jephunneh, who were of them that spied out the land, rent their clothes. 14,7 And they spoke unto all the congregation of the children of

Israel, saying: 'The land, which we passed through to spy it out, is an exceeding good land. 14,8 If the LORD delight in us, then He will bring us into this land, and give it unto us--a land which floweth with milk and honey. 14,9 Only rebel not against the LORD, neither fear ye the people of the land; for they are bread for us; their defence is removed from over them, and the LORD is with us; fear them not.' 14,10 But all the congregation bade stone them with stones, when the glory of the LORD appeared in the tent of meeting unto all the children of Israel. {P}

14,11 And the LORD said unto Moses: 'How long will this people despise Me? and how long will they not believe in Me, for all the signs which I have wrought among them? 14,12 I will smite them with the pestilence, and destroy them, and will make of thee a nation greater and mightier than they.' 14,13 And Moses said unto the LORD: 'When the Egyptians shall hear--for Thou broughtest up this people in Thy might from among them-- 14,14 they will say to the inhabitants of this land, who have heard that Thou LORD art in the midst of this people; inasmuch as Thou LORD art seen face to face, and Thy cloud standeth over them, and Thou goest before them, in a pillar of cloud by day, and in a pillar of fire by night; 14,15 now if Thou shalt kill this people as one man, then the nations which have heard the fame of Thee will speak, saying: 14,16 Because the LORD was not able to bring this people into the land which He swore unto them, therefore He hath slain them in the wilderness. 14,17 And now, I pray Thee, let the power of the LORD be great, according as Thou hast spoken, saying: 14,18 The LORD is slow to anger, and plenteous in lovingkindness, forgiving iniquity and transgression, and that will by no means clear the guilty; visiting the iniquity of the fathers upon the children, upon the third and upon the fourth generation. 14,19 Pardon, I pray Thee, the iniquity of this people according unto the greatness of Thy lovingkindness, and according as Thou hast forgiven this people, from Egypt even until now.' 14,20 And the LORD said: 'I have pardoned according to thy word. 14,21 But in very deed, as I live--and all the earth shall be filled with the glory of the LORD-- 14,22 surely all those men that have seen My glory, and My signs, which I wrought in Egypt and in the wilderness, yet have put Me to proof these ten times, and have not hearkened to My voice; 14,23 surely they shall not see the land which I swore unto their fathers, neither shall any of them that despised Me see it. 14,24 But My servant Caleb, because he had another spirit with him, and hath followed Me fully, him will I bring into the land whereinto he went; and his seed shall possess it. 14,25 Now the Amalekite and the Canaanite dwell in the Vale; tomorrow turn ye, and get you into the wilderness by the way to the Red Sea.' {P}

14,26 And the LORD spoke unto Moses and unto Aaron, saying: 14,27 'How long shall I bear with this evil congregation, that keep murmuring against Me? I have heard the murmurings of the children of Israel, which they keep murmuring against Me. 14,28 Say unto them: As I live, saith the LORD, surely as ye have spoken in Mine ears, so will I do to you: 14,29 your carcasses shall fall in this wilderness, and all that were numbered of you, according to your whole number, from twenty years old and upward, ye that have murmured against Me; 14,30 surely ye shall not come into the land, concerning which I lifted up My hand that I would make you dwell therein, save Caleb the son of Jephunneh, and Joshua the son of Nun. 14,31 But your little ones, that ye said would be a prey, them will I bring in, and they shall know the land which ye have rejected. 14,32 But as for you, your carcasses shall fall in this wilderness. 14,33 And your children shall be wanderers in the wilderness forty years, and shall bear your strayings, until your carcasses be consumed in the wilderness. 14,34 After the number of the days in which ye spied out the land, even forty days, for every day a year, shall ye bear your iniquities, even forty years, and ye shall know My displeasure. 14,35 I the LORD have spoken, surely this will I do unto all this evil congregation, that are gathered together against Me; in this wilderness they shall be consumed, and there they shall die.' 14,36 And the men, whom Moses sent to spy out the land, and who, when they returned, made all the congregation to murmur against him, by bringing up an evil report against the land, 14,37 even those men that did bring up an evil report of the land, died by the plague before the LORD. 14,38 But Joshua the son of Nun, and Caleb the son of Jephunneh, remained alive of those men that went to spy out the land. 14,39 And Moses told these words unto all the children of Israel; and the people mourned greatly. 14,40 And they rose up early in the morning, and got them up to the top of the mountain, saying: 'Lo, we are here, and will go up unto the place which the LORD hath promised; for we have sinned.' 14,41 And Moses said: 'Wherefore now do ye transgress the commandment of the LORD, seeing it shall not prosper? 14,42 Go not up, for the LORD is not among you; that ye be not smitten down before your enemies. 14,43 For there the Amalekite and the Canaanite are before you, and ye shall fall by the sword; forasmuch as ye are turned back from following the LORD, and the LORD will not be with you.' 14,44 But they presumed to go up to the top of the mountain; nevertheless the ark of the covenant of the LORD, and Moses, departed not out of the camp. 14,45 Then the Amalekite and the Canaanite, who dwelt in that hill-country, came down, and smote them and beat them down, even unto Hormah. {P}

15,1 And the LORD spoke unto Moses, saying: 15,2 Speak unto the children of Israel, and say unto them: When ye are come into the land of your habitations, which I give unto you, 15,3 and will make an offering by fire unto the LORD, a burnt-offering, or a sacrifice, in fulfilment of a vow clearly uttered, or as a freewill-offering, or in your appointed seasons, to make a sweet savour unto the LORD, of the herd, or of the flock; 15,4 then shall he that bringeth his offering present unto the LORD a meal-offering of a tenth part of an ephah of fine flour mingled with the fourth part of a hin of oil; 15,5 and wine for the drink-offering, the fourth part of a hin, shalt thou prepare with the burnt-offering or for the sacrifice, for each lamb. 15,6 Or for a ram, thou shalt prepare for a meal-offering two tenth parts of an ephah of fine flour mingled with the third part of a hin of oil; 15,7 and for the drink-offering thou shalt present the third part of a hin of wine, of a sweet savour unto the LORD. 15,8 And when thou preparest a bullock for a burnt-offering, or for a sacrifice, in fulfilment of a vow clearly uttered, or for peace-offerings unto the LORD; 15,9 then shall there be presented with the bullock a meal-offering of three tenth parts of an ephah of fine flour mingled with half a hin of oil. 15,10 And thou shalt present for the drink-offering half a hin of wine, for an offering made by fire, of a sweet savour unto the LORD. 15,11 Thus shall it be done for each bullock, or for each ram, or for each of the he-lambs, or of the kids. 15,12 According to the number that ye may prepare, so shall ye do for every one according to their number. 15,13 All that are home-born shall do these things after this manner, in presenting an offering made by fire, of a sweet savour unto the LORD. 15,14 And if a stranger sojourn with you, or whosoever may be among you, throughout your generations, and will offer an offering made by fire, of a sweet savour unto the LORD; as ye do, so he shall do. 15,15 As for the congregation, there shall be one statute both for you, and for the stranger that sojourneth with you, a statute for ever throughout your generations; as ye are, so shall the stranger be before the LORD. 15,16 One law and one ordinance shall be both for you, and for the stranger that sojourneth with you. {P}

15,17 And the LORD spoke unto Moses, saying: 15,18 Speak unto the children of Israel, and say unto them: When ye come into the land whither I bring you, 15,19 then it shall be, that, when ye eat of the bread of the land, ye shall set apart a portion for a gift unto the LORD. 15,20 Of the first of your dough ye shall set apart a cake for a gift; as that which is set apart of the threshing-floor, so shall ye set it apart. 15,21 Of the first of your dough ye shall give unto the LORD a portion for a gift throughout your generations. {S} 15,22 And when ye shall err, and not observe all these commandments, which the LORD hath spoken unto Moses, 15,23 even all that the LORD hath commanded you by the hand of Moses, from the day that the LORD gave commandment, and onward throughout your generations; 15,24 then it shall be, if it be done in error by the congregation, it being hid from their eyes, that all the congregation shall offer one young bullock for a burnt-offering, for a sweet savour unto the LORD--with the meal-offering thereof, and the drink-offering thereof, according to the ordinance--and one he-goat for a sin-offering. 15,25 And the priest shall make atonement for all the congregation of the children of Israel, and they shall be forgiven; for it was an error, and they have brought their offering, an offering made by fire unto the LORD, and their sin-offering before the LORD, for their error. 15,26 And all the congregation of the children of Israel shall be forgiven, and the stranger that sojourneth among them; for in respect of all the people it was done in error. {S} 15,27 And if one person sin through error, then he shall offer a she-goat of the first year for a sin-offering. 15,28 And the priest shall make atonement for the soul that erreth, when he sinneth through error, before the LORD, to make atonement for him; and he shall be forgiven, 15,29 both he that is home-born among the children of Israel, and the stranger that sojourneth among them: ye shall have one law for him that doeth aught in error. 15,30 But the soul that doeth aught with a high hand, whether he be home-born or a stranger, the same blasphemeth the LORD; and that soul shall be cut off from among his people. 15,31 Because he hath despised the word of the LORD, and hath broken His commandment; that soul shall utterly be cut off, his iniquity shall be upon him. {P}

15,32 And while the children of Israel were in the wilderness, they found a man gathering sticks upon the sabbath day. 15,33 And they that found him gathering sticks brought him unto Moses and Aaron, and unto all the congregation. 15,34 And they put him in ward, because it had not been declared what should be done to him. {S} 15,35 And the LORD said unto Moses: 'The man shall surely be put to death; all the congregation shall stone him with stones without the camp.' 15,36 And all the congregation brought him without the camp, and stoned him with stones, and he died, as the LORD commanded Moses. {P}

15,37 And the LORD spoke unto Moses, saying: 15,38 'Speak unto the children of Israel, and bid them that they make them throughout their generations fringes in the corners of their garments, and that they put with the fringe of each corner a thread of blue. 15,39 And it shall be unto you for a fringe, that ye may look upon it, and remember all the commandments of the LORD, and do them; and that ye go not about after your own heart and your own eyes, after which ye use to go astray; 15,40 that ye may remember and do all My commandments, and be holy unto your God. 15,41 I am the LORD your God, who brought you out of the land of Egypt, to be your God: I am the LORD your God.' {P}

Portion of Korach

16,1 Now Korah, the son of Izhar, the son of Kohath, the son of Levi, with Dathan and Abiram, the sons of Eliab, and On, the son of Peleth, sons of Reuben, took men; 16,2 and they rose up in face of Moses, with certain of the children of Israel, two hundred and fifty men; they were princes of the congregation, the elect men of the assembly, men of renown; 16,3 and they assembled themselves together against Moses and against Aaron, and said unto them: 'Ye take too much upon you, seeing all the congregation are holy, every one of them, and the LORD is among them; wherefore then lift ye up yourselves above the assembly of the LORD?' 16,4 And when Moses heard it, he fell upon his face. 16,5 And he spoke unto Korah and unto all his company, saying: 'In the morning the LORD will show who are His, and who is holy, and will cause him to come near unto Him; even him whom He may choose will He cause to come near unto Him. 16,6 This do: take you censors, Korah, and all his company; 16,7 and put fire therein, and put incense upon them before the LORD to-morrow; and it shall be that the man whom the LORD doth choose, he shall be holy; ye take too much upon you, ye sons of Levi.' 16,8 And Moses said unto Korah: 'Hear now, ye sons of Levi: 16,9 is it but a small thing unto you, that the God of Israel hath separated you from the congregation of Israel, to bring you near to Himself, to do the service of the tabernacle of the LORD, and to stand before the congregation to minister unto them; 16,10 and that He hath brought thee near, and all thy brethren the sons of Levi with thee? and will ye seek the priesthood also? 16,11 Therefore thou and all thy company that are gathered together against the LORD--; and as to Aaron, what is he that ye murmur against him?' 16,12 And Moses sent to call Dathan and Abiram, the sons of Eliab; and they said: 'We will not come up; 16,13 is it a small thing that thou hast brought us up out of a land flowing with milk and honey, to kill us in the wilderness, but thou must needs make thyself also a prince over us? 16,14 Moreover thou hast not brought us into a land flowing with milk and honey, nor given us inheritance of fields and vineyards; wilt thou put out the eyes of these men? we will not come up.' 16,15 And Moses was very wroth, and said unto the LORD: 'Respect not Thou their offering; I have not taken one ass from them, neither have I hurt one of them.' 16,16 And Moses said unto Korah: 'Be thou and all thy congregation before the LORD, thou, and they, and Aaron, to-morrow; 16,17 and take ye every man his fire-pan, and put incense upon them, and bring ye before the LORD every man his fire-pan, two hundred and fifty fire-pans; thou also, and Aaron, each his fire-pan.' 16,18 And they took every man his fire-pan, and put fire in them, and laid incense thereon, and stood at the door of the tent of meeting with Moses and Aaron. 16,19 And Korah assembled all the congregation against them unto the door of the tent of meeting; and the glory of the LORD appeared unto all the congregation. {S} 16,20 And the LORD spoke unto Moses and unto Aaron, saying: 16,21 'Separate yourselves from among this congregation, that I may consume them in a moment.' 16,22 And they fell upon their faces, and said: 'O God, the God of the spirits of all flesh, shall one man sin, and wilt Thou be wroth with all the congregation?' {S} 16,23 And the LORD spoke unto Moses, saying: 16,24 'Speak unto the congregation, saying: Get you up from about the dwelling of Korah, Dathan, and Abiram.' 16,25 And Moses rose up and went unto Dathan and Abiram; and the elders of Israel followed him. 16,26 And he spoke unto the congregation, saying: 'Depart, I pray you, from the tents of these wicked men, and touch nothing of theirs, lest ye be swept away in all their sins.' 16,27 So they got them up from the dwelling of Korah, Dathan, and Abiram, on every side;

and Dathan and Abiram came out, and stood at the door of their tents, with their wives, and their sons, and their little ones. 16,28 And Moses said: 'Hereby ye shall know that the LORD hath sent me to do all these works, and that I have not done them of mine own mind. 16,29 If these men die the common death of all men, and be visited after the visitation of all men, then the LORD hath not sent Me. 16,30 But if the LORD make a new thing, and the ground open her mouth, and swallow them up, with all that appertain unto them, and they go down alive into the pit, then ye shall understand that these men have despised the LORD.' 16,31 And it came to pass, as he made an end of speaking all these words, that the ground did cleave asunder that was under them. 16,32 And the earth opened her mouth and swallowed them up, and their households, and all the men that appertained unto Korah, and all their goods. 16,33 So they, and all that appertained to them, went down alive into the pit; and the earth closed upon them, and they perished from among the assembly. 16,34 And all Israel that were round about them fled at the cry of them; for they said: 'Lest the earth swallow us up.' 16,35 And fire came forth from the LORD, and devoured the two hundred and fifty men that offered the incense. {S} 17,1 And the LORD spoke unto Moses, saying: 17,2 'Speak unto Eleazar the son of Aaron the priest, that he take up the fire-pans out of the burning, and scatter thou the fire yonder; for they are become holy; 17,3 even the fire-pans of these men who have sinned at the cost of their lives, and let them be made beaten plates for a covering of the altar--for they are become holy, because they were offered before the LORD--that they may be a sign unto the children of Israel.' 17,4 And Eleazar the priest took the brazen fire-pans, which they that were burnt had offered; and they beat them out for a covering of the altar, 17,5 to be a memorial unto the children of Israel, to the end that no common man, that is not of the seed of Aaron, draw near to burn incense before the LORD; that he fare not as Korah, and as his company; as the LORD spoke unto him by the hand of Moses. {P}

17,6 But on the morrow all the congregation of the children of

Israel murmured against Moses and against Aaron, saying: 'Ye have killed the people of the LORD.' 17,7 And it came to pass, when the congregation was assembled against Moses and against Aaron, that they looked toward the tent of meeting; and, behold, the cloud covered it, and the glory of the LORD appeared. 17,8 And Moses and Aaron came to the front of the tent of meeting. {S} 17,9 And the LORD spoke unto Moses, saying: 17,10 'Get you up from among this congregation, that I may consume them in a moment.' And they fell upon their faces. 17,11 And Moses said unto Aaron: 'Take thy fire-pan, and put fire therein from off the altar, and lay incense thereon, and carry it quickly unto the congregation, and make atonement for them; for there is wrath gone out from the LORD: the plague is begun.' 17,12 And Aaron took as Moses spoke, and ran into the midst of the assembly; and, behold, the plague was begun among the people; and he put on the incense, and made atonement for the people. 17,13 And he stood between the dead and the living; and the plague was stayed. 17,14 Now they that died by the plague were fourteen thousand and seven hundred, besides them that died about the matter of Korah. 17,15 And Aaron returned unto Moses unto the door of the tent of meeting, and the plague was stayed. {P}

17,16 And the LORD spoke unto Moses, saying: 17,17 'Speak unto the children of Israel, and take of them rods, one for each fathers' house, of all their princes according to their fathers' houses, twelve rods; thou shalt write every man's name upon his rod. 17,18 And thou shalt write Aaron's name upon the rod of Levi, for there shall be one rod for the head of their fathers' houses. 17,19 And thou shalt lay them up in the tent of meeting before the testimony, where I meet with you. 17,20 And it shall come to pass, that the man whom I shall choose, his rod shall bud; and I will make to cease from Me the murmurings of the children of Israel, which they murmur against you.' 17,21 And Moses spoke unto the children of Israel; and all their princes gave him rods, for each prince one, according to their fathers' houses, even twelve rods; and the rod of Aaron was among their rods. 17,22 And Moses laid up the rods before the LORD in the tent of the testimony. 17,23 And it came to pass on the morrow, that Moses went into the tent of the testimony; and, behold, the rod of Aaron for the house of Levi was budded, and put forth buds, and bloomed blossoms, and bore ripe almonds. 17,24 And Moses brought out all the rods from before the LORD unto all the children of Israel; and they looked, and took every man his rod. {P}

17,25 And the LORD said unto Moses: 'Put back the rod of Aaron before the testimony, to be kept there, for a token against the rebellious children; that there may be made an end of their murmurings against Me, that they die not.' 17,26 Thus did Moses; as the LORD commanded him, so did he. {P}

17,27 And the children of Israel spoke unto Moses, saying: 'Behold, we perish, we are undone, we are all undone. 17,28 Every one that cometh near, that cometh near unto the tabernacle of the LORD, is to die; shall we wholly perish?' {S} 18,1 And the LORD said unto Aaron: 'Thou and thy sons and thy fathers' house with thee shall bear the iniquity of the sanctuary; and thou and thy sons with thee shall bear the iniquity of your priesthood. 18,2 And thy brethren also, the tribe of Levi, the tribe of thy father, bring thou near with thee, that they may be joined unto thee, and minister unto thee, thou and thy sons with thee being before the tent of the testimony. 18,3 And they shall keep thy charge, and the charge of all the Tent; only they shall not come nigh unto the holy furniture and unto the altar, that they die not, neither they, nor ye. 18,4 And they shall be joined unto thee, and keep the charge of the tent of meeting, whatsoever the service of the Tent may be; but a common man shall not draw nigh unto you. 18,5 And ye shall keep the charge of the holy things, and the charge of the altar, that there be wrath no more upon the children of Israel. 18,6 And I, behold, I have taken your brethren the Levites from among the children of Israel; for you they are given as a gift unto the LORD, to do the service of the tent of meeting. 18,7 And thou and thy sons with thee shall keep your priesthood in everything that pertaineth to the altar, and to that within the veil;

and ye shall serve; I give you the priesthood as a service of gift; and the common man that draweth nigh shall be put to death.' {P}

18,8 And the LORD spoke unto Aaron: 'And I, behold, I have given thee the charge of My heave-offerings; even of all the hallowed things of the children of Israel unto thee have I given them for a consecrated portion, and to thy sons, as a due for ever. 18,9 This shall be thine of the most holy things, reserved from the fire: every offering of theirs, even every meal-offering of theirs, and every sin-offering of theirs, and every guilt-offering of theirs, which they may render unto Me, shall be most holy for thee and for thy sons. 18,10 In a most holy place shalt thou eat thereof; every male may eat thereof; it shall be holy unto thee. 18,11 And this is thine: the heave-offering of their gift, even all the wave-offerings of the children of Israel; I have given them unto thee, and to thy sons and to thy daughters with thee, as a due for ever; every one that is clean in thy house may eat thereof. 18,12 All the best of the oil, and all the best of the wine, and of the corn, the first part of them which they give unto the LORD, to thee have I given them. 18,13 The first-ripe fruits of all that is in their land, which they bring unto the LORD, shall be thine; every one that is clean in thy house may eat thereof. 18,14 Every thing devoted in Israel shall be thine. 18,15 Every thing that openeth the womb, of all flesh which they offer unto the LORD, both of man and beast, shall be thine; howbeit the first-born of man shalt thou surely redeem, and the firstling of unclean beasts shalt thou redeem. 18,16 And their redemption-money--from a month old shalt thou redeem them--shall be, according to thy valuation, five shekels of silver, after the shekel of the sanctuary--the same is twenty gerahs. 18,17 But the firstling of an ox, or the firstling of a sheep, or the firstling of a goat, thou shalt not redeem; they are holy: thou shalt dash their blood against the altar, and shalt make their fat smoke for an offering made by fire, for a sweet savour unto the LORD. 18,18 And the flesh of them shall be thine, as the wave-breast and as the right thigh, it shall be thine. 18,19 All the heave-offerings of the holy things, which the children of Israel offer unto the LORD, have I given thee, and thy sons and thy daughters with thee, as a due for ever; it is an everlasting covenant of salt before the LORD unto thee and to thy seed with thee.' 18,20 And the LORD said unto Aaron: 'Thou shalt have no inheritance in their land, neither shalt thou have any portion among them; I am thy portion and thine inheritance among the children of Israel. {S} 18,21 And unto the children of Levi, behold, I have given all the tithe in Israel for an inheritance, in return for their service which they serve, even the service of the tent of meeting. 18,22 And henceforth the children of Israel shall not come nigh the tent of meeting, lest they bear sin, and die. 18,23 But the Levites alone shall do the service of the tent of meeting, and they shall bear their iniquity; it shall be a statute for ever throughout your generations, and among the children of Israel they shall have no inheritance. 18,24 For the tithe of the children of Israel, which they set apart as a gift unto the LORD, I have given to the Levites for an inheritance; therefore I have said unto them: Among the children of Israel they shall have no inheritance.' {P}

18,25 And the LORD spoke unto Moses, saying: 18,26 'Moreover thou shalt speak unto the Levites, and say unto them: When ye take of the children of Israel the tithe which I have given you from them for your inheritance, then ye shall set apart of it a gift for the LORD, even a tithe of the tithe. 18,27 And the gift which ye set apart shall be reckoned unto you, as though it were the corn of the threshing-floor, and as the fulness of the wine-press. 18,28 Thus ye also shall set apart a gift unto the LORD of all your tithes, which ye receive of the children of Israel; and thereof ye shall give the gift which is set apart unto the LORD to Aaron the priest. 18,29 Out of all that is given you ye shall set apart all of that which is due unto the LORD, of all the best thereof, even the hallowed part thereof out of it. 18,30 Therefore thou shalt say unto them: When ye set apart the best thereof from it, then it shall be counted unto the Levites as the increase of the threshing-floor, and as the increase of the wine-press. 18,31 And ye may eat it in every place, ye and your households; for it is your reward in return for your service in the tent of meeting. 18,32 And ye shall bear no sin by reason of it, seeing that ye have set apart from it the best thereof; and ye shall not profane the holy things of the children of Israel, that ye die not.' {P}

Portion of Chukat

19,1 And the LORD spoke unto Moses and unto Aaron, saying: 19,2 This is the statute of the law which the LORD hath commanded, saying: Speak unto the children of Israel, that they bring thee a red heifer, faultless, wherein is no blemish, and upon which never came yoke. 19,3 And ye shall give her unto Eleazar the priest, and she shall be brought forth without the camp, and she shall be slain before his face. 19,4 And Eleazar the priest shall take of her blood with his finger, and sprinkle of her blood toward the front of the tent of meeting seven times. 19,5 And the heifer shall be burnt in his sight; her skin, and her flesh, and her blood, with her dung, shall be burnt. 19,6 And the priest shall take cedar-wood, and hyssop, and scarlet, and cast it into the midst of the burning of the heifer. 19,7 Then the priest shall wash his clothes, and he shall bathe his flesh in water, and afterward he may come into the camp, and the priest shall be unclean until the even. 19,8 And he that burneth her shall wash his clothes in water, and bathe his flesh in water, and shall be unclean until the even. 19,9 And a man that is clean shall gather up the ashes of the heifer, and lay them up without the camp in a clean place, and it shall be kept for the congregation of the children of Israel for a water of sprinkling; it is a purification from sin. 19,10 And he that gathereth the ashes of the heifer shall wash his clothes, and be unclean until the even; and it shall be unto the children of Israel, and unto the stranger that sojourneth among them, for a statute for ever. 19,11 He that toucheth the dead, even any man's dead body, shall be unclean seven days; 19,12 the same shall purify himself therewith on the third day and on the seventh day, and he shall be clean; but if he purify not himself the third day and the seventh day, he shall not be clean. 19,13 Whosoever toucheth the dead, even the body of any man that is dead, and purifieth not himself--he hath defiled the tabernacle of the LORD--that soul shall be cut off from Israel; because the water of sprinkling was not dashed against him, he shall be unclean; his uncleanness is yet upon him. 19,14 This is the law: when a man dieth in a tent, every one that cometh into the tent, and every thing that is in the tent, shall be unclean seven days. 19,15 And every open vessel, which hath no covering close-bound upon it, is unclean. 19,16 And whosoever in the open field toucheth one that is slain with a sword, or one that dieth of himself, or a bone of a man, or a grave, shall be unclean seven days. 19,17 And for the unclean they shall take of the ashes of the burning of the purification from sin, and running water shall be put thereto in a vessel. 19,18 And a clean person shall take hyssop, and dip it in the water, and sprinkle it upon the tent, and upon all the vessels, and upon the persons that were there, and upon him that touched the bone, or the slain, or the dead, or the grave. 19,19 And the clean person shall sprinkle upon the unclean on the third day, and on the seventh day; and on the seventh day he shall purify him; and he shall wash his clothes, and bathe himself in water, and shall be clean at even. 19,20 But the man that shall be unclean, and shall not purify himself, that soul shall be cut off from the midst of the assembly, because he hath defiled the sanctuary of the LORD; the water of sprinkling hath not been dashed against him: he is unclean. 19,21 And it shall be a perpetual statute unto them; and he that sprinkleth the water of sprinkling shall wash his clothes; and he that toucheth the water of sprinkling shall be unclean until even. 19,22 And whatsoever the unclean person toucheth shall be unclean; and the soul that toucheth him shall be unclean until even. {P}

20,1 And the children of Israel, even the whole congregation, came into the wilderness of Zin in the first month; and the people abode in Kadesh; and Miriam died there, and was buried there. 20,2 And there was no water for the congregation; and they assembled themselves together against Moses and against Aaron. 20,3 And the people strove with Moses, and spoke, saying: 'Would that we had perished when our brethren perished before the LORD! 20,4 And why have ye brought the assembly of the LORD into this wilderness, to die there, we and our cattle? 20,5 And wherefore have ye made us to come up out of Egypt, to bring us in unto this evil place? it is no place of seed, or of figs, or of vines, or of pomegranates; neither is there any water to drink.' 20,6 And Moses and Aaron went from the presence of the assembly unto the door of the tent of meeting, and fell upon their faces; and the glory of the LORD appeared unto them. {P}

20,7 And the LORD spoke unto Moses, saying: 20,8 'Take the rod, and assemble the congregation, thou, and Aaron thy brother, and speak ye unto the rock before their eyes, that it give forth its water; and thou shalt bring forth to them water out of the rock; so thou shalt give the congregation and their cattle drink.' 20,9 And Moses took the rod from before the LORD, as He commanded him. 20,10 And Moses and Aaron gathered the assembly together before the rock, and he said unto them: 'Hear now, ye rebels; are we to bring you forth water out of this rock?' 20,11 And Moses lifted up his hand, and smote the rock with his rod twice; and water came forth abundantly, and the congregation drank, and their cattle. {S} 20,12 And the LORD said unto Moses and Aaron: 'Because ye believed not in Me, to sanctify Me in the eyes of the children of Israel, therefore ye shall not bring this assembly into the land which I have given them.' 20,13 These are the waters of Meribah, where the children of Israel strove with the LORD, and He was sanctified in them. {S} 20,14 And Moses sent messengers from Kadesh unto the king of Edom: 'Thus saith thy brother Israel: Thou knowest all the travail that hath befallen us; 20,15 how our fathers went down into Egypt, and we dwelt in Egypt a long time; and the Egyptians dealt ill with us, and our fathers; 20,16 and when we cried unto the LORD, He heard our voice, and sent an angel, and brought us forth out of Egypt; and, behold, we are in Kadesh, a city in the uttermost of thy border. 20,17 Let us pass, I pray thee, through thy land; we will not pass through field or through vineyard, neither will we drink of the water of the wells; we will go along the king's highway, we will not turn aside to the right hand nor to the left, until we have passed thy border.' 20,18 And Edom said unto him: 'Thou shalt not pass through me, lest I come out with the sword against thee.' 20,19 And the children of Israel said unto him: 'We will go up by the highway; and if we drink of thy water, I and my cattle, then will I give the price thereof; let me only pass through on my feet; there is no hurt.' 20,20 And he said: 'Thou shalt not pass through.' And Edom came out against him with much people, and with a strong hand. 20,21 Thus Edom refused to give Israel passage through his border; wherefore Israel turned away from him. {P}

20,22 And they journeyed from Kadesh; and the children of Israel, even the whole congregation, came unto mount Hor. 20,23 And the LORD spoke unto Moses and Aaron in mount Hor, by the border of the land of Edom, saying: 20,24 'Aaron shall be gathered unto his people; for he shall not enter into the land which I have given unto the children of Israel, because ye rebelled against My word at the waters of Meribah. 20,25 Take Aaron and Eleazar his son, and bring them up unto mount Hor. 20,26 And strip Aaron of his garments, and put them upon Eleazar his son; and Aaron shall be gathered unto his people, and shall die there.' 20,27 And Moses did as the LORD commanded; and they went up into mount Hor in the sight of all the congregation. 20,28 And Moses stripped Aaron of his garments, and put them upon Eleazar his son; and Aaron died there in the top of the mount; and Moses and Eleazar came down from the mount. 20,29 And when all the congregation saw that Aaron was dead, they wept for Aaron thirty days, even all the house of Israel. {S} 21,1 And the Canaanite, the king of Arad, who dwelt in the South, heard tell that Israel came by the way of Atharim; and he fought against Israel, and took some of them captive. 21,2 And Israel vowed a vow unto the LORD, and said: 'If Thou wilt indeed deliver this people into my hand, then I will utterly destroy their cities.' 21,3 And the LORD hearkened to the voice of Israel, and delivered up the Canaanites; and they utterly destroyed them and their cities;

and the name of the place was called Hormah. {P}

21,4 And they journeyed from mount Hor by the way to the Red Sea, to compass the land of Edom; and the soul of the people became impatient because of the way. 21,5 And the people spoke against God, and against Moses: 'Wherefore have ye brought us up out of Egypt to die in the wilderness? for there is no bread, and there is no water; and our soul loatheth this light bread.' 21,6 And the LORD sent fiery serpents among the people, and they bit the people; and much people of Israel died. 21,7 And the people came to Moses, and said: 'We have sinned, because we have spoken against the LORD, and against thee; pray unto the LORD, that He take away the serpents from us.' And Moses prayed for the people. 21,8 And the LORD said unto Moses: 'Make thee a fiery serpent, and set it upon a pole; and it shall come to pass, that every one that is bitten, when he seeth it, shall live.' 21,9 And Moses made a serpent of brass, and set it upon the pole; and it came to pass, that if a serpent had bitten any man, when he looked unto the serpent of brass, he lived. 21,10 And the children of Israel journeyed, and pitched in Oboth. 21,11 And they journeyed from Oboth, and pitched at Ije-abarim, in the wilderness which is in front of Moab, toward the sun-rising. 21,12 From thence they journeyed, and pitched in the valley of Zered. 21,13 From thence they journeyed, and pitched on the other side of the Arnon, which is in the wilderness, that cometh out of the border of the Amorites.--For Arnon is the border of Moab, between Moab and the Amorites; 21,14 wherefore it is said in the book of the Wars of the LORD: Vaheb in Suphah, and the valleys of Arnon, 21,15 And the slope of the valleys that inclineth toward the seat of Ar, and leaneth upon the border of Moab.-- 21,16 And from thence to Beer; that is the well whereof the LORD said unto Moses: 'Gather the people together, and I will give them water.' {S} 21,17 Then sang Israel this song: Spring up, O well--sing ye unto it-- 21,18 The well, which the princes digged, which the nobles of the people delved, with the sceptre, and with their staves. And from the wilderness to Mattanah; 21,19 and from Mattanah to Nahaliel; and from

Nahaliel to Bamoth; 21,20 and from Bamoth to the valley that is in the field of Moab, by the top of Pisgah, which looketh down upon the desert. {P}

21,21 And Israel sent messengers unto Sihon king of the Amorites, saying: 21,22 'Let me pass through thy land; we will not turn aside into field, or into vineyard; we will not drink of the water of the wells; we will go by the king's highway, until we have passed thy border.' 21,23 And Sihon would not suffer Israel to pass through his border; but Sihon gathered all his people together, and went out against Israel into the wilderness, and came to Jahaz; and he fought against Israel. 21,24 And Israel smote him with the edge of the sword, and possessed his land from the Arnon unto the Jabbok, even unto the children of Ammon; for the border of the children of Ammon was strong. 21,25 And Israel took all these cities; and Israel dwelt in all the cities of the Amorites, in Heshbon, and in all the towns thereof. 21,26 For Heshbon was the city of Sihon the king of the Amorites, who had fought against the former king of Moab, and taken all his land out of his hand, even unto the Arnon. 21,27 Wherefore they that speak in parables say: Come ye to Heshbon! let the city of Sihon be built and established! 21,28 For a fire is gone out of Heshbon, a flame from the city of Sihon; it hath devoured Ar of Moab, the lords of the high places of Arnon. 21,29 Woe to thee, Moab! thou art undone, O people of Chemosh; he hath given his sons as fugitives, and his daughters into captivity, unto Sihon king of the Amorites. 21,30 We have shot at them--Heshbon is perished--even unto Dibon, and we have laid waste even unto Nophah, which reacheth unto Medeba. 21,31 Thus Israel dwelt in the land of the Amorites. 21,32 And Moses sent to spy out Jazer, and they took the towns thereof, and drove out the Amorites that were there. 21,33 And they turned and went up by the way of Bashan; and Og the king of Bashan went out against them, he and all his people, to battle at Edrei. 21,34 And the LORD said unto Moses: 'Fear him not; for I have delivered him into thy hand, and all his people, and his land; and thou shalt do to him as thou didst unto Sihon king of the Amorites, who dwelt at Heshbon.'

21,35 So they smote him, and his sons, and all his people, until there was none left him remaining; and they possessed his land. 22,1 And the children of Israel journeyed, and pitched in the plains of Moab beyond the Jordan at Jericho. {S}

Portion of Balak

22,2 And Balak the son of Zippor saw all that Israel had done to the Amorites. 22,3 And Moab was sore afraid of the people, because they were many; and Moab was overcome with dread because of the children of Israel. 22,4 And Moab said unto the elders of Midian: 'Now will this multitude lick up all that is round about us, as the ox licketh up the grass of the field.'--And Balak the son of Zippor was king of Moab at that time.-- 22,5 And he sent messengers unto Balaam the son of Beor, to Pethor, which is by the River, to the land of the children of his people, to call him, saying: 'Behold, there is a people come out from Egypt; behold, they cover the face of the earth, and they abide over against me. 22,6 Come now therefore, I pray thee, curse me this people; for they are too mighty for me; peradventure I shall prevail, that we may smite them, and that I may drive them out of the land; for I know that he whom thou blessest is blessed, and he whom thou cursest is cursed.' 22,7 And the elders of Moab and the elders of Midian departed with the rewards of divination in their hand; and they came unto Balaam, and spoke unto him the words of Balak. 22,8 And he said unto them: 'Lodge here this night, and I will bring you back word, as the LORD may speak unto me'; and the princes of Moab abode with Balaam. 22,9 And God came unto Balaam, and said: 'What men are these with thee?' 22,10 And Balaam said unto God: 'Balak the son of Zippor, king of Moab, hath sent unto me [saying]: 22,11 Behold the people that is come out of Egypt, it covereth the face of the earth; now, come curse me them; peradventure I shall be able to fight against them, and shall drive them out.' 22,12 And God said unto Balaam: 'Thou shalt not go with them; thou shalt not curse the people; for they are blessed.' 22,13 And Balaam rose up in the morning, and said unto the princes of Balak: 'Get you into your land; for the LORD refuseth to give me leave to go with you.' 22,14 And the princes of Moab rose up, and they went unto Balak, and said: 'Balaam refuseth to come with us.' 22,15 And Balak sent yet again princes, more, and more honourable than they. 22,16 And they came to Balaam, and said to him: 'Thus saith Balak the son of Zippor: Let nothing, I pray thee, hinder thee from coming unto me; 22,17 for I will promote thee unto very great honour, and whatsoever thou sayest unto me I will do; come therefore, I pray thee, curse me this people.' 22,18 And Balaam answered and said unto the servants of Balak: 'If Balak would give me his house full of silver and gold, I cannot go beyond the word of the LORD my God, to do any thing, small or great. 22,19 Now therefore, I pray you, tarry ye also here this night, that I may know what the LORD will speak unto me more.' 22,20 And God came unto Balaam at night, and said unto him: 'If the men are come to call thee, rise up, go with them; but only the word which I speak unto thee, that shalt thou do.' 22,21 And Balaam rose up in the morning, and saddled his ass, and went with the princes of Moab. 22,22 And God's anger was kindled because he went; and the angel of the LORD placed himself in the way for an adversary against him.--Now he was riding upon his ass, and his two servants were with him.-- 22,23 And the ass saw the angel of the LORD standing in the way, with his sword drawn in his hand; and the ass turned aside out of the way, and went into the field; and Balaam smote the ass, to turn her into the way. 22,24 Then the angel of the LORD stood in a hollow way between the vineyards, a fence being on this side, and a fence on that side. 22,25 And the ass saw the angel of the LORD, and she thrust herself unto the wall, and crushed Balaam's foot against the wall; and he smote her again. 22,26 And the angel of the LORD went further, and stood in a narrow place, where was no way to turn either to the right hand or to the left. 22,27 And the ass saw the angel of the LORD, and she lay down under Balaam; and Balaam's anger was kindled, and he smote the ass with his staff. 22,28 And the LORD opened the mouth of the ass, and she said unto Balaam: 'What have I done unto thee, that thou hast smitten me these three times?' 22,29 And Balaam said unto the ass: 'Because thou hast mocked me; I would there were a sword in my hand, for now I had killed thee.' 22,30 And the ass said unto Balaam: 'Am not I thine ass, upon which thou hast ridden all thy life long unto this day? was I ever wont to do so unto thee?' And he said: 'Nay.' 22,31 Then the LORD opened the eyes of Balaam, and he saw the angel of the LORD standing in the way, with his sword drawn in his hand; and he bowed his head, and fell on his face. 22,32 And the angel of the LORD said unto him: 'Wherefore hast thou smitten thine ass these three times? behold, I am come forth for an adversary, because thy way is contrary unto me; 22,33 and the ass saw me, and turned aside before me these three times; unless she had turned aside from me, surely now I had even slain thee, and saved her alive.' 22,34 And Balaam said unto the angel of the LORD: 'I have sinned; for I knew not that thou stoodest in the way against me; now therefore, if it displease thee, I will get me back.' 22,35 And the angel of the LORD said unto Balaam: 'Go with the men; but only the word that I shall speak unto thee, that thou shalt speak.' So Balaam went with the princes of Balak. 22,36 And when Balak heard that Balaam was come, he went out to meet him unto Ir-moab, which is on the border of Arnon, which is in the utmost part of the border. 22,37 And Balak said unto Balaam: 'Did I not earnestly send unto thee to call thee? wherefore camest thou not unto me? am I not able indeed to promote thee to honour?' 22,38 And Balaam said unto Balak: 'Lo, I am come unto thee; have I now any power at all to speak any thing? the word that God putteth in my mouth, that shall I speak.' 22,39 And Balaam went with Balak, and they came unto Kiriath-huzoth. 22,40 And Balak sacrificed oxen and sheep, and sent to Balaam, and to the princes that were with him. 22,41 And it came to pass in the morning that Balak took Balaam, and brought him up into Bamoth-baal, and he saw from thence the utmost part of the people. 23,1 And Balaam said unto Balak: 'Build me here seven altars, and prepare me here seven bullocks and seven rams.' 23,2 And Balak did as Balaam had spoken; and Balak and Balaam offered on every altar a bullock and a ram. 23,3 And

Balaam said unto Balak: 'Stand by thy burnt-offering, and I will go; peradventure the LORD will come to meet me; and whatsoever He showeth me I will tell thee.' And he went to a bare height. 23,4 And God met Balaam; and he said unto Him: 'I have prepared the seven altars, and I have offered up a bullock and a ram on every altar.' 23,5 And the LORD put a word in Balaam's mouth, and said: 'Return unto Balak, and thus thou shalt speak.' 23,6 And he returned unto him, and, lo, he stood by his burnt-offering, he, and all the princes of Moab. 23,7 And he took up his parable, and said: From Aram Balak bringeth me, the king of Moab from the mountains of the East: 'Come, curse me Jacob, and come, execrate Israel.' 23,8 How shall I curse, whom God hath not cursed? And how shall I execrate, whom the LORD hath not execrated? 23,9 For from the top of the rocks I see him, and from the hills I behold him: lo, it is a people that shall dwell alone, and shall not be reckoned among the nations. 23,10 Who hath counted the dust of Jacob, or numbered the stock of Israel? Let me die the death of the righteous, and let mine end be like his! 23,11 And Balak said unto Balaam: 'What hast thou done unto me? I took thee to curse mine enemies, and, behold, thou hast blessed them altogether.' 23,12 And he answered and said: 'Must I not take heed to speak that which the LORD putteth in my mouth?' 23,13 And Balak said unto him: 'Come, I pray thee, with me unto another place, from whence thou mayest see them; thou shalt see but the utmost part of them, and shalt not see them all; and curse me them from thence.' 23,14 And he took him into the field of Zophim, to the top of Pisgah, and built seven altars, and offered up a bullock and a ram on every altar. 23,15 And he said unto Balak: 'Stand here by thy burnt-offering, while I go toward a meeting yonder.' 23,16 And the LORD met Balaam, and put a word in his mouth, and said: 'Return unto Balak, and thus shalt thou speak.' 23,17 And he came to him, and, lo, he stood by his burnt-offering, and the princes of Moab with him. And Balak said unto him: 'What hath the LORD spoken?' 23,18 And he took up his parable, and said: Arise, Balak, and hear; give ear unto me, thou son of Zippor: 23,19 God is not a man, that He should lie; neither the son of man, that He should repent:

when He hath said, will He not do it? or when He hath spoken, will He not make it good? 23,20 Behold, I am bidden to bless; and when He hath blessed, I cannot call it back. 23,21 None hath beheld iniquity in Jacob, neither hath one seen perverseness in Israel; the LORD his God is with him, and the shouting for the King is among them. 23,22 God who brought them forth out of Egypt is for them like the lofty horns of the wild-ox. 23,23 For there is no enchantment with Jacob, neither is there any divination with Israel; now is it said of Jacob and of Israel: 'What hath God wrought!' 23,24 Behold a people that riseth up as a lioness, and as a lion doth he lift himself up; he shall not lie down until he eat of the prey, and drink the blood of the slain. 23,25 And Balak said unto Balaam: 'Neither curse them at all, nor bless them at all.' 23,26 But Balaam answered and said unto Balak: 'Told not I thee, saying: All that the LORD speaketh, that I must do?' 23,27 And Balak said unto Balaam: 'Come now, I will take thee unto another place; peradventure it will please God that thou mayest curse me them from thence.' 23,28 And Balak took Balaam unto the top of Peor, that looketh down upon the desert. 23,29 And Balaam said unto Balak: 'Build me here seven altars, and prepare me here seven bullocks and seven rams.' 23,30 And Balak did as Balaam had said, and offered up a bullock and a ram on every altar. 24,1 And when Balaam saw that it pleased the LORD to bless Israel, he went not, as at the other times, to meet with enchantments, but he set his face toward the wilderness. 24,2 And Balaam lifted up his eyes, and he saw Israel dwelling tribe by tribe; and the spirit of God came upon him. 24,3 And he took up his parable, and said: The saying of Balaam the son of Beor, and the saying of the man whose eye is opened; 24,4 The saying of him who heareth the words of God, who seeth the vision of the Almighty, fallen down, yet with opened eyes: 24,5 How goodly are thy tents, O Jacob, thy dwellings, O Israel! 24,6 As valleys stretched out, as gardens by the river-side; as aloes planted of the LORD, as cedars beside the waters; 24,7 Water shall flow from his branches, and his seed shall be in many waters; and his king shall be higher than Agag, and his kingdom shall be exalted. 24,8 God who brought him forth out of Egypt is for him like the lofty horns of the wild-ox; he shall eat up the nations that are his adversaries, and shall break their bones in pieces, and pierce them through with his arrows. 24,9 He couched, he lay down as a lion, and as a lioness; who shall rouse him up? Blessed be every one that blesseth thee, and cursed be every one that curseth thee. 24,10 And Balak's anger was kindled against Balaam, and he smote his hands together; and Balak said unto Balaam: 'I called thee to curse mine enemies, and, behold, thou hast altogether blessed them these three times. 24,11 Therefore now flee thou to thy place; I thought to promote thee unto great honour; but, lo, the LORD hath kept thee back from honour.' 24,12 And Balaam said unto Balak: 'Spoke I not also to thy messengers that thou didst send unto me, saying: 24,13 If Balak would give me his house full of silver and gold, I cannot go beyond the word of the LORD, to do either good or bad of mine own mind; what the LORD speaketh, that will I speak? 24,14 And now, behold, I go unto my people; come, and I will announce to thee what this people shall do to thy people in the end of days.' 24,15 And he took up his parable, and said: The saying of Balaam the son of Beor, and the saying of the man whose eye is opened; 24,16 The saying of him who heareth the words of God, and knoweth the knowledge of the Most High, who seeth the vision of the Almighty, fallen down, yet with opened eyes: 24,17 I see him, but not now; I behold him, but not nigh; there shall step forth a star out of Jacob, and a scepter shall rise out of Israel, and shall smite through the corners of Moab, and break down all the sons of Seth. 24,18 And Edom shall be a possession, Seir also, even his enemies, shall be a possession; while Israel doeth valiantly. 24,19 And out of Jacob shall one have dominion, and shall destroy the remnant from the city. 24,20 And he looked on Amalek, and took up his parable, and said: Amalek was the first of the nations; but his end shall come to destruction. 24,21 And he looked on the Kenite, and took up his parable, and said: Though firm be thy dwelling-place, and though thy nest be set in the rock; 24,22 Nevertheless Kain shall be wasted; How long? Asshur shall carry thee away captive. 24,23 And he took up his parable, and said: Alas, who shall live after God hath appointed him? 24,24 But ships shall come from the coast of Kittim, and they shall afflict Asshur, and shall afflict Eber, and he also shall come to destruction. 24,25 And Balaam rose up, and went and returned to his place; and Balak also went his way. {P}

25,1 And Israel abode in Shittim, and the people began to commit harlotry with the daughters of Moab. 25,2 And they called the people unto the sacrifices of their gods; and the people did eat, and bowed down to their gods. 25,3 And Israel joined himself unto the Baal of Peor; and the anger of the LORD was kindled against Israel. 25,4 And the LORD said unto Moses: 'Take all the chiefs of the people, and hang them up unto the LORD in face of the sun, that the fierce anger of the LORD may turn away from Israel.' 25,5 And Moses said unto the judges of Israel: 'Slay ye every one his men that have joined themselves unto the Baal of Peor.' 25,6 And, behold, one of the children of Israel came and brought unto his brethren a Midianitish woman in the sight of Moses, and in the sight of all the congregation of the children of Israel, while they were weeping at the door of the tent of meeting. 25,7 And when Phinehas, the son of Eleazar, the son of Aaron the priest, saw it, he rose up from the midst of the congregation, and took a spear in his hand. 25,8 And he went after the man of Israel into the chamber, and thrust both of them through, the man of Israel, and the woman through her belly. So the plague was stayed from the children of Israel. 25,9 And those that died by the plague were twenty and four thousand. {P}

Portion of Pinchas

25,10 And the LORD spoke unto Moses, saying: 25,11 'Phinehas, the son of Eleazar, the son of Aaron the priest, hath turned My wrath away from the children of Israel, in that he was very jealous for My sake among them, so that I consumed not the children of Israel in My jealousy. 25,12 Wherefore say: Behold, I give unto him My covenant of peace; 25,13 and it shall be unto him, and to his seed after him, the covenant of an everlasting priesthood; because he was jealous for his God, and made atonement for the children of Israel.' 25,14 Now the name of the man of Israel that was slain, who was slain with the Midianitish woman, was Zimri, the son of Salu, a prince of a fathers' house among the Simeonites. 25,15 And the name of the Midianitish woman that was slain was Cozbi, the daughter of Zur; he was head of the people of a fathers' house in Midian. {P}

25,16 And the LORD spoke unto Moses, saying: 25,17 'Harass the Midianites, and smite them; 25,18 for they harass you, by their wiles wherewith they have beguiled you in the matter of Peor, and in the matter of Cozbi, the daughter of the prince of Midian, their sister, who was slain on the day of the plague in the matter of Peor.' 26,1 And it came to pass after the plague, {P}

that the LORD spoke unto Moses and unto Eleazar the son of Aaron the priest, saying: 26,2 'Take the sum of all the congregation of the children of Israel, from twenty years old and upward, by their fathers' houses, all that are able to go forth to war in Israel.' 26,3 And Moses and Eleazar the priest spoke with them in the plains of Moab by the Jordan at Jericho, saying: 26,4 '[Take the sum of the people,] from twenty years old and upward, as the LORD commanded Moses and the children of Israel, that came forth out of the land of Egypt.' 26,5 Reuben, the first-born of Israel: the sons of Reuben: of Hanoch, the family of the Hanochites; of Pallu, the family of the Palluites; 26,6 of Hezron, the family of the Hezronites; of Carmi, the family of the Carmites. 26,7 These are the families of the Reubenites; and they that were numbered of them were forty and three thousand and seven hundred and thirty. 26,8 And the sons of Pallu: Eliab. 26,9 And the sons of Eliab: Nemuel, and Dathan, and Abiram. These are that Dathan and Abiram, the elect of the congregation, who strove against Moses and against Aaron in the company of Korah, when they strove against the LORD; 26,10 and the earth opened her mouth, and swallowed them up together with Korah, when that company died; what time the fire devoured two hundred and fifty men, and they became a sign. 26,11 Notwithstanding the sons of Korah died not. {S} 26,12 The sons of Simeon after their families: of Nemuel, the family of the Nemuelites; of Jamin, the family of the Jaminites; of Jachin, the family of the Jachinites; 26,13 of Zerah, the family of the Zerahites; of Shaul, the family of the Shaulites. 26,14 These are the families of the Simeonites, twenty and two thousand and two hundred. {S} 26,15 The sons of Gad after their families: of Zephon, the family of the Zephonites; of Haggi, the family of the Haggites; of Shuni, the family of the Shunites; 26,16 of Ozni, the family of the Oznites; of Eri, the family of the Erites; 26,17 of Arod, the family of the Arodites; of Areli, the family of the Arelites. 26,18 These are the families of the sons of Gad according to those that were numbered of them, forty thousand and five hundred. {S} 26,19 The sons of Judah: Er and Onan; and Er and Onan died in the land of Canaan. 26,20 And the sons of Judah after their families were: of Shelah, the family of the Shelanites; of Perez, the family of the Perezites; of Zerah, the family of the Zerahites. 26,21 And the sons of Perez were: of Hezron, the family of the Hezronites; of Hamul, the family of the Hamulites. 26,22 These are the families of Judah according to those that were numbered of them, threescore and sixteen thousand and five hundred. {S} 26,23 The sons of Issachar after their families: of Tola, the family of the Tolaites; of Puvah, the family of the Punites; 26,24 of Jashub, the family of the Jashubites; of Shimron, the family of the Shimronites. 26,25 These are the families of Issachar according to those that were numbered of them, threescore and four thousand and three hundred. {S} 26,26 The sons of Zebulun after their families: of Sered, the family of the Seredites; of Elon, the family of the Elonites; of Jahleel, the family of the Jahleelites. 26,27 These are the families of the Zebulunites according to those that were numbered of them, threescore thousand and five hundred. {S} 26,28 The sons of Joseph after their families: Manasseh and Ephraim. 26,29 The sons of Manasseh: of Machir, the family of the Machirites--and Machir begot Gilead; of Gilead, the family of the Gileadites. 26,30 These are the sons of Gilead: of Iezer, the family of the Iezerites; of Helek, the family of the Helekites;

26,31 and of Asriel, the family of the Asrielites; and of Shechem, the family of the Shechemites; 26,32 and of Shemida, the family of the Shemidaites; and of Hepher, the family of the Hepherites. 26,33 And Zelophehad the son of Hepher had no sons, but daughters; and the names of the daughters of Zelophehad were Mahlah, and Noah, Hoglah, Milcah, and Tirzah. 26,34 These are the families of Manasseh; and they that were numbered of them were fifty and two thousand and seven hundred. {S} 26,35 These are the sons of Ephraim after their families: of Shuthelah, the family of the Shuthelahites; of Becher, the family of the Becherites; of Tahan, the family of the Tahanites. 26,36 And these are the sons of Shuthelah: of Eran, the family of the Eranites. 26,37 These are the families of the sons of Ephraim according to those that were numbered of them, thirty and two thousand and five hundred. These are the sons of Joseph after their families. {S} 26,38 The sons of Benjamin after their families: of Bela, the family of the Belaites; of Ashbel, the family of the Ashbelites; of Ahiram, the family of the Ahiramites; 26,39 of Shephupham, the family of the Shuphamites; of Hupham, the family of the Huphamites. 26,40 And the sons of Bela were Ard and Naaman; [of Ard,] the family of the Ardites; of Naaman, the family of the Naamites. 26,41 These are the sons of Benjamin after their families; and they that were numbered of them were forty and five thousand and six hundred. {S} 26,42 These are the sons of Dan after their families: of Shuham, the family of the Shuhamites. These are the families of Dan after their families. 26,43 All the families of the Shuhamites, according to those that were numbered of them, were threescore and four thousand and four hundred. {S} 26,44 The sons of Asher after their families: of Imnah, the family of the Imnites; of Ishvi, the family of the Ishvites; of Beriah, the family of the Beriites. 26,45 Of the sons of Beriah: of Heber, the family of the Heberites; of Malchiel, the family of the Malchielites. 26,46 And the name of the daughter of Asher was Serah. 26,47 These are the families of the sons of Asher according to those that were numbered of them, fifty and three thousand and four hundred. {S} 26,48 The sons of Naphtali after their families: of Jahzeel, the family of the Jahzeelites; of

Guni, the family of the Gunites; 26,49 of Jezer, the family of the Jezerites; of Shillem, the family of the Shillemites. 26,50 These are the families of Naphtali according to their families; and they that were numbered of them were forty and five thousand and four hundred. 26,51 These are they that were numbered of the children of Israel, six hundred thousand and a thousand and seven hundred and thirty. {P}

26,52 And the LORD spoke unto Moses, saying: 26,53 'Unto these the land shall be divided for an inheritance according to the number of names. 26,54 To the more thou shalt give the more inheritance, and to the fewer thou shalt give the less inheritance; to each one according to those that were numbered of it shall its inheritance be given. 26,55 Notwithstanding the land shall be divided by lot; according to the names of the tribes of their fathers they shall inherit. 26,56 According to the lot shall their inheritance be divided between the more and the fewer.' {S} 26,57 And these are they that were numbered of the Levites after their families: of Gershon, the family of the Gershonites; of Kohath, the family of the Kohathites; of Merari, the family of the Merarites. 26,58 These are the families of Levi: the family of the Libnites, the family of the Hebronites, the family of the Mahlites, the family of the Mushites, the family of the Korahites. And Kohath begot Amram. 26,59 And the name of Amram's wife was Jochebed, the daughter of Levi, who was born to Levi in Egypt; and she bore unto Amram Aaron and Moses, and Miriam their sister. 26,60 And unto Aaron were born Nadab and Abihu, Eleazar and Ithamar. 26,61 And Nadab and Abihu died, when they offered strange fire before the LORD. 26,62 And they that were numbered of them were twenty and three thousand, every male from a month old and upward; for they were not numbered among the children of Israel, because there was no inheritance given them among the children of Israel. 26,63 These are they that were numbered by Moses and Eleazar the priest, who numbered the children of Israel in the plains of Moab by the Jordan at Jericho. 26,64 But among these there was not a man of them that were numbered by Moses and Aaron the priest, who numbered the children of Israel in the wilderness of Sinai. 26,65 For the LORD had said of them: 'They shall surely die in the wilderness.' And there was not left a man of them, save Caleb the son of Jephunneh, and Joshua the son of Nun. {S} 27,1 Then drew near the daughters of Zelophehad, the son of Hepher, the son of Gilead, the son of Machir, the son of Manasseh, of the families of Manasseh the son of Joseph; and these are the names of his daughters: Mahlah, Noah, and Hoglah, and Milcah, and Tirzah. 27,2 And they stood before Moses, and before Eleazar the priest, and before the princes and all the congregation, at the door of the tent of meeting, saying: 27,3 'Our father died in the wilderness, and he was not among the company of them that gathered themselves together against the LORD in the company of Korah, but he died in his own sin; and he had no sons. 27,4 Why should the name of our father be done away from among his family, because he had no son? Give unto us a possession among the brethren of our father.' 27,5 And Moses brought their cause before the LORD. {P}

27,6 And the LORD spoke unto Moses, saying: 27,7 'The daughters of Zelophehad speak right: thou shalt surely give them a possession of an inheritance among their father's brethren; and thou shalt cause the inheritance of their father to pass unto them. 27,8 And thou shalt speak unto the children of Israel, saying: If a man die, and have no son, then ye shall cause his inheritance to pass unto his daughter. 27,9 And if he have no daughter, then ye shall give his inheritance unto his brethren. 27,10 And if he have no brethren, then ye shall give his inheritance unto his father's brethren. 27,11 And if his father have no brethren, then ye shall give his inheritance unto his kinsman that is next to him of his family, and he shall possess it. And it shall be unto the children of Israel a statute of judgment, as the LORD commanded Moses.' {P}

27,12 And the LORD said unto Moses: 'Get thee up into this mountain of Abarim, and behold the land which I have given unto the children of Israel. 27,13 And when thou hast seen it, thou also shalt be gathered unto thy people, as Aaron thy brother was gathered; 27,14 because ye rebelled against My commandment in the wilderness of Zin, in the strife of the congregation, to sanctify Me at the waters before their eyes.'--These are the waters of Meribath-kadesh in the wilderness of Zin.-- {S} 27,15 And Moses spoke unto the LORD, saying: 27,16 'Let the LORD, the God of the spirits of all flesh, set a man over the congregation, 27,17 who may go out before them, and who may come in before them, and who may lead them out, and who may bring them in; that the congregation of the LORD be not as sheep which have no shepherd.' 27,18 And the LORD said unto Moses: 'Take thee Joshua the son of Nun, a man in whom is spirit, and lay thy hand upon him; 27,19 and set him before Eleazar the priest, and before all the congregation; and give him a charge in their sight. 27,20 And thou shalt put of thy honour upon him, that all the congregation of the children of Israel may hearken. 27,21 And he shall stand before Eleazar the priest, who shall inquire for him by the judgment of the Urim before the LORD; at his word shall they go out, and at his word they shall come in, both he, and all the children of Israel with him, even all the congregation.' 27,22 And Moses did as the LORD commanded him; and he took Joshua, and set him before Eleazar the priest, and before all the congregation. 27,23 And he laid his hands upon him, and gave him a charge, as the LORD spoke by the hand of Moses. {P}

28,1 And the LORD spoke unto Moses, saying: 28,2 Command the children of Israel, and say unto them: My food which is presented unto Me for offerings made by fire, of a sweet savour unto Me, shall ye observe to offer unto Me in its due season. 28,3 And thou shalt say unto them: This is the offering made by fire which ye shall bring unto the LORD: he-lambs of the first year without blemish, two day by day, for a continual burnt-offering. 28,4 The one lamb shalt thou offer in the morning, and the other lamb shalt thou offer at dusk; 28,5 and the tenth part of an ephah of fine flour for a meal-offering, mingled with the fourth part of a hin of beaten oil. 28,6 It is a continual burnt-offering, which was offered in mount Sinai, for a sweet savour, an offering made by fire unto the LORD. 28,7 And the drink-offering thereof shall be the fourth part of a hin for the one lamb; in the holy place shalt thou pour out a drink-offering of strong drink unto the LORD. 28,8 And the other lamb shalt thou present at dusk; as the meal-offering of the morning, and as the drink-offering thereof, thou shalt present it, an offering made by fire, of a sweet savour unto the LORD. {P}

28,9 And on the sabbath day two he-lambs of the first year without blemish, and two tenth parts of an ephah of fine flour for a meal-offering, mingled with oil, and the drink-offering thereof. 28,10 This is the burnt-offering of every sabbath, beside the continual burnt-offering, and the drink-offering thereof. {P}

28,11 And in your new moons ye shall present a burnt-offering unto the LORD: two young bullocks, and one ram, seven he-lambs of the first year without blemish; 28,12 and three tenth parts of an ephah of fine flour for a meal-offering, mingled with oil, for each bullock; and two tenth parts of fine flour for a meal-offering, mingled with oil, for the one ram; 28,13 and a several tenth part of fine flour mingled with oil for a meal-offering unto every lamb; for a burnt-offering of a sweet savour, an offering made by fire unto the LORD. 28,14 And their drink-offerings shall be half a hin of wine for a bullock, and the third part of a hin for the ram, and the fourth part of a hin for a lamb. This is the burnt-offering of every new moon throughout the months of the year. 28,15 And one he-goat for a sin-offering unto the LORD; it shall be offered beside the continual burnt-offering, and the drink-offering thereof. {S} 28,16 And in the first month, on the fourteenth day of the month, is the LORD'S passover. 28,17 And on the fifteenth day of this month shall be a feast; seven days shall unleavened bread be eaten. 28,18 In the first day shall be a holy convocation; ye shall do no manner of servile work; 28,19 but ye shall present an offering made by fire, a burnt-offering unto the LORD: two young bullocks, and one ram, and seven he-lambs of the first year; they shall be unto you without blemish; 28,20 and their meal-offering, fine flour mingled with oil; three tenth parts shall ye offer for a bullock, and two tenth parts for the ram; 28,21 a several tenth part shalt thou offer for every lamb of the seven lambs; 28,22 and one he-goat for a sin-offering, to make atonement for you. 28,23 Ye shall offer these beside the burnt-offering of the morning, which is for a continual burnt-offering. 28,24 After this manner ye shall offer daily, for seven days, the food of the offering made by fire, of a sweet savour unto the LORD; it shall be offered beside the continual burnt-offering, and the drink-offering thereof. 28,25 And on the seventh day ye shall have a holy convocation; ye shall do no manner of servile work. {S} 28,26 Also in the day of the first-fruits, when ye bring a new meal-offering unto the LORD in your feast of weeks, ye shall have a holy convocation: ye shall do no manner of servile work; 28,27 but ye shall present a burnt-offering for a sweet savour unto the LORD: two young bullocks, one ram, seven he-lambs of the first year; 28,28 and their meal-offering, fine flour mingled with oil, three tenth parts for each bullock, two tenth parts for the one ram, 28,29 a several tenth part for every lamb of the seven lambs; 28,30 one he-goat, to make atonement for you. 28,31 Beside the continual burnt-offering, and the meal-offering thereof, ye shall offer them--they shall be unto you without blemish--and their drink-offerings. {P}

29,1 And in the seventh month, on the first day of the month, ye shall have a holy convocation: ye shall do no manner of servile work; it is a day of blowing the horn unto you. 29,2 And ye shall prepare a burnt-offering for a sweet savour unto the LORD: one young bullock, one ram, seven he-lambs of the first year without blemish; 29,3 and their meal-offering, fine flour mingled with oil, three tenth parts for the bullock, two tenth part for the ram, 29,4 and one tenth part for every lamb of the seven lambs; 29,5 and one he-goat for a sin-offering, to make atonement for you; 29,6 beside the burnt-offering of the new moon, and the meal-offering thereof, and the continual burnt-offering and the meal-offering thereof, and their drink-offerings, according unto their ordinance, for a sweet savour, an offering made by fire unto the LORD. {S} 29,7 And on the tenth day of this seventh month ye shall have a holy convocation; and ye shall afflict your souls; ye shall do no manner of work; 29,8 but ye shall present a burnt-offering unto the LORD for a sweet savour: one young bullock, one ram, seven he-lambs of the first year; they shall be unto you without blemish; 29,9 and their meal-offering, fine flour mingled with oil, three tenth parts for the bullock, two tenth parts for the one ram, 29,10 a several tenth part for every lamb of the seven lambs; 29,11 one he-goat for a sin-offering; beside the sin-offering of atonement, and the continual burnt-offering, and the meal-offering thereof, and their drink-offerings. {S} 29,12 And on the fifteenth day of the seventh month ye shall have a holy convocation: ye shall do no manner of servile work, and ye shall keep a feast unto the LORD seven days; 29,13 and ye shall present a burnt-offering, an offering made by fire, of a sweet savour unto the LORD: thirteen young bullocks, two rams, fourteen he-lambs of the first year; they shall be without blemish; 29,14 and their meal-offering, fine flour mingled with oil, three tenth parts for every bullock of the thirteen bullocks, two tenth parts for each ram of the two rams, 29,15 and a several tenth part for every lamb of the fourteen lambs; 29,16 and one he-goat for a sin-offering beside the continual burnt-offering, the meal-offering thereof, and the drink-offering thereof. {S} 29,17 And on the second day ye shall present twelve young bullocks, two rams, fourteen he-lambs of the first year without blemish; 29,18 and their meal-offering and their drink-offerings for the bullocks, for the rams, and for the lambs, according to their number, after the ordinance; 29,19 and one he-goat for a sin-offering; beside the continual burnt-offering, and the meal-offering thereof, and their drink-offerings. {S} 29,20 And on the third day eleven bullocks, two rams, fourteen he-lambs of the first year without blemish; 29,21 and their meal-offering and their drink-offerings for the bullocks, for the rams, and for the lambs, according to their number, after the ordinance; 29,22 and one he-goat for a sin-offering; beside the continual burnt-offering, and the meal-offering thereof, and the drink-offering thereof. {S} 29,23 And on the fourth day ten bullocks, two rams, fourteen he-lambs of the first year without blemish; 29,24 their meal-offering and their drink-offerings for the bullocks, for the rams, and for the lambs, according to their number, after the ordinance; 29,25 and one he-goat for a sin-offering; beside the continual burnt-offering, the meal-offering thereof, and the drink-offering thereof. {S} 29,26 And on the fifth day nine bullocks, two rams, fourteen he-lambs of the first year without blemish; 29,27 and their meal-offering and their drink-offerings for the bullocks, for the rams, and for the lambs, according to their number, after the ordinance; 29,28 and one he-goat for a sin-offering; beside the continual burnt-offering, and the meal-offering thereof, and the drink-offering thereof. {S} 29,29 And on the sixth day eight bullocks, two rams, fourteen he-lambs of the first year without blemish; 29,30 and their meal-offering and their drink-offerings for the bullocks, for the rams, and for the lambs, according to their number, after the ordinance; 29,31 and one he-goat for a sin-offering; beside the continual burnt-offering, the meal-offering thereof, and the drink-offerings thereof. {S} 29,32 And on the seventh day seven bullocks, two rams, fourteen he-lambs of the first year without blemish; 29,33 and their meal-offering and their drink-offerings for the bullocks, for the rams, and for the lambs, according to their number, after the ordinance; 29,34 and one he-goat for a sin-offering; beside the continual burnt-offering, the meal-offering thereof, and the drink-offering thereof. {S} 29,35 On the eighth day ye shall have a solemn assembly: ye shall do no manner of servile work; 29,36 but ye shall present a burnt-offering, an offering made by fire, of a sweet savour unto the LORD: one bullock, one ram, seven he-lambs of the first year without blemish; 29,37 their meal-offering and their drink-offerings for the bullock, for the ram, and for the lambs, shall be according to their number, after the ordinance; 29,38 and one he-goat for a sin-offering; beside the continual burnt-offering, and the meal-offering thereof, and the drink-offering thereof. 29,39 These ye shall offer unto the LORD in your appointed seasons, beside your vows, and your freewill-offerings, whether they be your burnt-offerings, or your meal-offerings, or your drink-offerings, or your peace-offerings. 30,1 And Moses told the children of Israel according to all that the LORD commanded Moses. {P}

Portion of Matot

30,2 And Moses spoke unto the heads of the tribes of the children of Israel, saying: This is the thing which the LORD hath commanded. 30,3 When a man voweth a vow unto the LORD, or sweareth an oath to bind his soul with a bond, he shall not break his word; he shall do according to all that proceedeth out of his mouth. 30,4 Also when a woman voweth a vow unto the LORD, and bindeth herself by a bond, being in her father's house, in her youth, 30,5 and her father heareth her vow, or her bond wherewith she hath bound her soul, and her father holdeth his peace at her, then all her vows shall stand, and every bond wherewith she hath bound her soul shall stand. 30,6 But if her father disallow her in the day that he heareth, none of her vows, or of her bonds wherewith she hath bound her soul, shall stand; and the LORD will forgive her, because her father disallowed her. 30,7 And if she be married to a husband, while her vows are upon her, or the clear utterance of her lips, wherewith she hath bound her soul; 30,8 and her husband hear it, whatsoever day it be that he heareth it, and hold his peace at her; then her vows shall stand, and her bonds wherewith she hath bound her soul shall stand. 30,9 But if her husband disallow her in the day that he heareth it, then he shall make void her vow which is upon her, and the clear utterance of her lips, wherewith she hath bound her soul; and the LORD will forgive her. 30,10 But the vow of a widow, or of her that is divorced, even every thing wherewith she hath bound her soul, shall stand against her. 30,11 And if a woman vowed in her husband's house, or bound her soul by a bond with an oath, 30,12 and her husband heard it, and held his peace at her, and disallowed her not, then all her vows shall stand, and every bond wherewith she bound her soul shall stand. 30,13 But if her husband make them null and void in the day that he heareth them, then whatsoever proceeded out of her lips, whether it were her vows, or the bond of her soul, shall not stand: her husband hath made them void; and the LORD will forgive her. 30,14 Every vow, and every binding oath to afflict the soul, her husband may let it stand, or her husband may make it void. 30,15 But if her husband altogether hold his peace at her from day to day, then he causeth all her vows to stand, or all her bonds, which are upon her; he hath let them stand, because he held his peace at her in the day that he heard them. 30,16 But if he shall make them null and void after that he hath heard them, then he shall bear her iniquity. 30,17 These are the statutes, which the LORD commanded Moses, between a man and his wife, between a father and his daughter, being in her youth, in her father's house. {P}

31,1 And the LORD spoke unto Moses, saying: 31,2 'Avenge the children of Israel of the Midianites; afterward shalt thou be gathered unto thy people.' 31,3 And Moses spoke unto the people, saying: 'Arm ye men from among you for the war, that they may go against Midian, to execute the LORD'S vengeance on Midian. 31,4 Of every tribe a thousand, throughout all the tribes of Israel, shall ye send to the war.' 31,5 So there were delivered, out of the thousands of Israel, a thousand of every tribe, twelve thousand armed for war. 31,6 And Moses sent them, a thousand of every tribe, to the war, them and Phinehas the son of Eleazar the priest, to the war, with the holy vessels and the trumpets for the alarm in his hand. 31,7 And they warred against Midian, as the LORD commanded Moses; and they slew every male. 31,8 And they slew the kings of Midian with the rest of their slain: Evi, and Rekem, and Zur, and Hur, and Reba, the five kings of Midian; Balaam also the son of Beor they slew with the sword. 31,9 And the children of Israel took captive the women of Midian and their little ones; and all their cattle, and all their flocks, and all their goods, they took for a prey. 31,10 And all their cities in the places wherein they dwelt, and all their encampments, they burnt with fire. 31,11 And they took all the spoil, and all the prey, both of man and of beast. 31,12 And they brought the captives, and the prey, and the spoil, unto Moses, and unto Eleazar the priest, and unto the congregation of the children of Israel, unto the camp, unto the plains of Moab, which are by the Jordan at Jericho. {S} 31,13 And Moses, and Eleazar the priest, and all the princes of the congregation, went forth to meet them without the camp. 31,14 And Moses was wroth with the officers of the host, the captains of thousands and the captains of hundreds, who came from the service of the war. 31,15 And Moses said unto them: 'Have ye saved all the women alive? 31,16 Behold, these caused the children of Israel, through the counsel of Balaam, to revolt so as to break faith with the LORD in the matter of Peor, and so the plague was among the congregation of the LORD. 31,17 Now therefore kill every male among the little ones, and kill every woman that hath known man by lying with him. 31,18 But all the women children, that have not known man by lying with him, keep alive for yourselves. 31,19 And encamp ye without the camp seven days; whosoever hath killed any person, and whosoever hath touched any slain, purify yourselves on the third day and on the seventh day, ye and your captives. 31,20 And as to every garment, and all that is made of skin, and all work of goats' hair, and all things made of wood, ye shall purify.' {S} 31,21 And Eleazar the priest said unto the men of war that went to the battle: 'This is the statute of the law which the LORD hath commanded Moses: 31,22 Howbeit the gold, and the silver, the brass, the iron, the tin, and the lead, 31,23 every thing that may abide the fire, ye shall make to go through the fire, and it shall be clean; nevertheless it shall be purified with the water of sprinkling; and all that abideth not the fire ye shall make to go through the water. 31,24 And ye shall wash your clothes on the seventh day, and ye shall be clean, and afterward ye may come into the camp.' {S} 31,25 And the LORD spoke unto Moses, saying: 31,26 'Take the sum of the prey that was taken, both of man and of beast, thou, and Eleazar the priest, and the heads of the fathers' houses of the congregation; 31,27 and divide the prey into two parts: between the men skilled in war, that went out to battle, and all the congregation; 31,28 and levy a tribute unto the LORD of the men of war that went out to battle: one soul of five hundred, both of the persons, and of the beeves, and of the asses, and of the flocks; 31,29 take it of their half, and give it unto Eleazar the priest, as a portion set apart for the LORD. 31,30 And of the children of Israel's half, thou shalt take one drawn out of every fifty, of the persons, of the beeves, of the asses, and of the flocks, even of all the cattle, and give them unto the Levites, that keep the charge of the tabernacle of the LORD.' 31,31 And Moses and Eleazar the priest did as the LORD commanded Moses. 31,32 Now the prey, over and above the booty which the men of war took, was six hundred thousand and seventy thousand and five thousand sheep, 31,33 and threescore and twelve thousand beeves, 31,34 and threescore and one thousand asses, 31,35 and thirty and two thousand persons in all, of the women that had not known man by lying with him. 31,36 And the half, which was the portion of them that went out to war, was in number three hundred thousand and thirty thousand and seven thousand and five hundred sheep. 31,37 And the LORD'S tribute of the sheep was six hundred and threescore and fifteen. 31,38 And the beeves were thirty and six thousand, of which the LORD'S tribute was threescore and twelve. 31,39 And the asses were thirty thousand and five hundred, of which the LORD'S tribute was threescore and one. 31,40 And the persons were sixteen thousand, of whom the LORD'S tribute was thirty and two persons. 31,41 And Moses gave the tribute, which was set apart for the LORD, unto Eleazar the priest, as the LORD commanded Moses. 31,42 And of the children of Israel's half, which Moses divided off from the men that warred-- 31,43 now the congregation's half was three hundred thousand and thirty thousand and seven thousand and five hundred sheep, 31,44 and thirty and six thousand beeves, 31,45 and thirty thousand and five hundred asses, 31,46 and sixteen thousand persons-- 31,47 even of the children of Israel's half, Moses took one drawn out of every fifty, both of man and of beast, and gave them unto the Levites, that kept the charge of the tabernacle of the LORD; as the LORD commanded Moses. 31,48 And the officers that were over the thousands of the host, the captains of thousands, and the captains of hundreds, came near unto Moses; 31,49 and they said unto Moses: 'Thy servants have taken the sum of the men of war that are under our charge, and there lacketh not one man of us. 31,50 And we have brought the LORD'S offering, what every man hath gotten, of jewels of gold, armlets, and bracelets, signet-rings, ear-rings, and girdles, to make atonement for our souls before the LORD.' 31,51 And Moses and Eleazar the priest took the gold of them, even all wrought jewels. 31,52 And all the gold of the gift that they set apart for the LORD, of the captains of thousands, and of the captains of hundreds, was sixteen thousand seven hundred and fifty shekels.-- 31,53 For the men of war had taken booty, every man for himself.-- 31,54 And Moses and Eleazar the priest took the gold of the captains of thousands and of hundreds, and brought it into the tent of meeting, for a memorial for the children of Israel before the LORD. {P}

32,1 Now the children of Reuben and the children of Gad had a very great multitude of cattle; and when they saw the land of Jazer, and the land of Gilead, that, behold, the place was a place for cattle, 32,2 the children of Gad and the children of Reuben came and spoke unto Moses, and to Eleazar the priest, and unto the princes of the congregation, saying: 32,3 'Ataroth, and Dibon, and Jazer, and Nimrah, and Heshbon, and Elealeh, and Sebam, and Nebo, and Beon, 32,4 the land which the LORD smote before the congregation of Israel, is a land for cattle, and thy servants have cattle.' {S} 32,5 And they said: 'If we have found favour in thy sight, let this land be given unto thy servants for a possession; bring us not over the Jordan.' 32,6 And Moses said unto the children of Gad and to the children of Reuben: 'Shall your brethren go to the war, and shall ye sit here? 32,7 And wherefore will ye turn away the heart of the children of Israel from going over into the land which the LORD hath given them? 32,8 Thus did your fathers, when I sent them from Kadesh-barnea to see the land. 32,9 For when they went up unto the valley of Eshcol, and saw the land, they turned away the heart of the children of Israel, that they should not go into the land which the LORD had given them. 32,10 And the LORD'S anger was kindled in that day, and He swore, saying: 32,11 Surely none of the men that came up out of Egypt, from twenty years old and upward, shall see the land which I swore unto Abraham, unto

Isaac, and unto Jacob; because they have not wholly followed Me; 32,12 save Caleb the son of Jephunneh the Kenizzite, and Joshua the son of Nun; because they have wholly followed the LORD. 32,13 And the LORD'S anger was kindled against Israel, and He made them wander to and fro in the wilderness forty years, until all the generation, that had done evil in the sight of the LORD, was consumed. 32,14 And, behold, ye are risen up in your fathers' stead, a brood of sinful men, to augment yet the fierce anger of the LORD toward Israel. 32,15 For if ye turn away from after Him, He will yet again leave them in the wilderness; and so ye will destroy all this people.' {S} 32,16 And they came near unto him, and said: 'We will build sheepfolds here for our cattle, and cities for our little ones; 32,17 but we ourselves will be ready armed to go before the children of Israel, until we have brought them unto their place; and our little ones shall dwell in the fortified cities because of the inhabitants of the land. 32,18 We will not return unto our houses, until the children of Israel have inherited every man his inheritance. 32,19 For we will not inherit with them on the other side of the Jordan, and forward, because our inheritance is fallen to us on this side of the Jordan eastward.' {P}

32,20 And Moses said unto them: 'If ye will do this thing: if ye will arm yourselves to go before the LORD to the war, 32,21 and every armed man of you will pass over the Jordan before the LORD, until He hath driven out His enemies from before Him, 32,22 and the land be subdued before the LORD, and ye return afterward; then ye shall be clear before the LORD, and before Israel, and this land shall be unto you for a possession before the LORD. 32,23 But if ye will not do so, behold, ye have sinned against the LORD; and know ye your sin which will find you. 32,24 Build you cities for your little ones, and folds for your sheep; and do that which hath proceeded out of your mouth.' 32,25 And the children of Gad and the children of Reuben spoke unto Moses, saying: 'Thy servants will do as my lord commandeth. 32,26 Our little ones, our wives, our flocks, and all our cattle, shall be there in the cities of Gilead; 32,27 but thy servants will pass over, every man that is armed for war, before the LORD to battle, as my lord saith.' 32,28 So Moses gave charge concerning them to Eleazar the priest, and to Joshua the son of Nun, and to the heads of the fathers' houses of the tribes of the children of Israel. 32,29 And Moses said unto them: 'If the children of Gad and the children of Reuben will pass with you over the Jordan, every man that is armed to battle, before the LORD, and the land shall be subdued before you, then ye shall give them the land of Gilead for a possession; 32,30 but if they will not pass over with you armed, they shall have possessions among you in the land of Canaan.' 32,31 And the children of Gad and the children of Reuben answered, saying: 'As the LORD hath said unto thy servants, so will we do. 32,32 We will pass over armed before the LORD into the land of Canaan, and the possession of our inheritance shall remain with us beyond the Jordan.' 32,33 And Moses gave unto them, even to the children of Gad, and to the children of Reuben, and unto the half-tribe of Manasseh the son of Joseph, the kingdom of Sihon king of the Amorites, and the kingdom of Og king of Bashan, the land, according to the cities thereof with their borders, even the cities of the land round about. 32,34 And the children of Gad built Dibon, and Ataroth, and Aroer; 32,35 and Atroth-shophan, and Jazer, and Jogbehah; 32,36 and Beth-nimrah, and Beth-haran; fortified cities, and folds for sheep. 32,37 And the children of Reuben built Heshbon, and Elealeh, and Kiriathaim; 32,38 and Nebo, and Baal-meon--their names being changed--and Sibmah; and gave their names unto the cities which they builded. 32,39 And the children of Machir the son of Manasseh went to Gilead, and took it, and dispossessed the Amorites that were therein. 32,40 And Moses gave Gilead unto Machir the son of Manasseh; and he dwelt therein. 32,41 And Jair the son of Manasseh went and took the villages thereof, and called them Havvoth-jair. 32,42 And Nobah went and took Kenath, and the villages thereof, and called it Nobah, after his own name. {P}

Portion of Massey

33,1 These are the stages of the children of Israel, by which they went forth out of the land of Egypt by their hosts under the hand of Moses and Aaron. 33,2 And Moses wrote their goings forth, stage by stage, by the commandment of the LORD; and these are their stages at their goings forth. 33,3 And they journeyed from Rameses in the first month, on the fifteenth day of the first month; on the morrow after the passover the children of Israel went out with a high hand in the sight of all the Egyptians, 33,4 while the Egyptians were burying them that the LORD had smitten among them, even all their first-born; upon their gods also the LORD executed judgments. 33,5 And the children of Israel journeyed from Rameses, and pitched in Succoth. 33,6 And they journeyed from Succoth, and pitched in Etham, which is in the edge of the wilderness. 33,7 And they journeyed from Etham, and turned back unto Pihahiroth, which is before Baal-zephon; and they pitched before Migdol. 33,8 And they journeyed from Penehahiroth, and passed through the midst of the sea into the wilderness; and they went three days' journey in the wilderness of Etham, and pitched in Marah. 33,9 And they journeyed from Marah, and came unto Elim; and in Elim were twelve springs of water, and threescore and ten palm-trees; and they pitched there. 33,10 And they journeyed from Elim, and pitched by the Red Sea. 33,11 And they journeyed from the Red Sea, and pitched in the wilderness of Sin. 33,12 And they journeyed from the wilderness of Sin, and pitched in Dophkah. 33,13 And they journeyed from Dophkah, and pitched in Alush. 33,14 And they journeyed from Alush, and pitched in Rephidim, where was no water for the people to drink. 33,15 And they journeyed from Rephidim, and pitched in the wilderness of Sinai. 33,16 And they journeyed from the wilderness of Sinai, and pitched in Kibroth-hattaavah. 33,17 And they journeyed from Kibroth-hattaavah, and pitched in Hazeroth. 33,18 And they journeyed from Hazeroth, and pitched in Rithmah. 33,19 And they journeyed from Rithmah, and pitched in Rimmon-perez. 33,20 And they journeyed from Rimmon-perez, and pitched in Libnah. 33,21

And they journeyed from Libnah, and pitched in Rissah. 33,22 And they journeyed from Rissah, and pitched in Kehelah. 33,23 And they journeyed from Kehelah, and pitched in mount Shepher. 33,24 And they journeyed from mount Shepher, and pitched in Haradah. 33,25 And they journeyed from Haradah, and pitched in Makheloth. 33,26 And they journeyed from Makheloth, and pitched in Tahath. 33,27 And they journeyed from Tahath, and pitched in Terah. 33,28 And they journeyed from Terah, and pitched in Mithkah. 33,29 And they journeyed from Mithkah, and pitched in Hashmonah. 33,30 And they journeyed from Hashmonah, and pitched in Moseroth. 33,31 And they journeyed from Moseroth, and pitched in Bene-jaakan. 33,32 And they journeyed from Bene-jaakan, and pitched in Hor-haggidgad. 33,33 And they journeyed from Hor-haggidgad, and pitched in Jotbah. 33,34 And they journeyed from Jotbah, and pitched in Abronah. 33,35 And they journeyed from Abronah, and pitched in Ezion-geber. 33,36 And they journeyed from Ezion-geber, and pitched in the wilderness of Zin--the same is Kadesh. 33,37 And they journeyed from Kadesh, and pitched in mount Hor, in the edge of the land of Edom.-- 33,38 And Aaron the priest went up into mount Hor at the commandment of the LORD, and died there, in the fortieth year after the children of Israel were come out of the land of Egypt, in the fifth month, on the first day of the month. 33,39 And Aaron was a hundred and twenty and three years old when he died in mount Hor. {S} 33,40 And the Canaanite, the king of Arad, who dwelt in the South in the land of Canaan, heard of the coming of the children of Israel.-- 33,41 And they journeyed from mount Hor, and pitched in Zalmonah. 33,42 And they journeyed from Zalmonah, and pitched in Punon. 33,43 And they journeyed from Punon, and pitched in Oboth. 33,44 And they journeyed from Oboth, and pitched in Ije-abarim, in the border of Moab. 33,45 And they journeyed from Ijim, and pitched in Dibon-gad. 33,46 And they journeyed from Dibon-gad, and pitched in Almon-diblathaim. 33,47 And they journeyed from Almon-diblathaim, and pitched in the mountains of Abarim, in front of Nebo. 33,48 And they journeyed from the mountains of Abarim, and pitched in the plains of Moab by the

Jordan at Jericho. 33,49 And they pitched by the Jordan, from Beth-jeshimoth even unto Abel-shittim in the plains of Moab. {S} 33,50 And the LORD spoke unto Moses in the plains of Moab by the Jordan at Jericho, saying: 33,51 'Speak unto the children of Israel, and say unto them: When ye pass over the Jordan into the land of Canaan, 33,52 then ye shall drive out all the inhabitants of the land from before you, and destroy all their figured stones, and destroy all their molten images, and demolish all their high places. 33,53 And ye shall drive out the inhabitants of the land, and dwell therein; for unto you have I given the land to possess it. 33,54 And ye shall inherit the land by lot according to your families--to the more ye shall give the more inheritance, and to the fewer thou shalt give the less inheritance; wheresoever the lot falleth to any man, that shall be his; according to the tribes of your fathers shall ye inherit. 33,55 But if ye will not drive out the inhabitants of the land from before you, then shall those that ye let remain of them be as thorns in your eyes, and as pricks in your sides, and they shall harass you in the land wherein ye dwell. 33,56 And it shall come to pass, that as I thought to do unto them, so will I do unto you. {P}

34,1 And the LORD spoke unto Moses, saying: 34,2 'Command the children of Israel, and say unto them: When ye come into the land of Canaan, this shall be the land that shall fall unto you for an inheritance, even the land of Canaan according to the borders thereof. 34,3 Thus your south side shall be from the wilderness of Zin close by the side of Edom, and your south border shall begin at the end of the Salt Sea eastward; 34,4 and your border shall turn about southward of the ascent of Akrabbim, and pass along to Zin; and the goings out thereof shall be southward of Kadesh-barnea; and it shall go forth to Hazar-addar, and pass along to Azmon; 34,5 and the border shall turn about from Azmon unto the Brook of Egypt, and the goings out thereof shall be at the Sea. 34,6 And for the western border, ye shall have the Great Sea for a border; this shall be your west border. 34,7 And this shall be your north border: from the Great Sea ye shall mark out your line unto mount Hor; 34,8 from mount Hor ye shall mark out a line unto the entrance to Hamath; and the goings out of the border shall be at Zedad; 34,9 and the border shall go forth to Ziphron, and the goings out thereof shall be at Hazar-enan; this shall be your north border. 34,10 And ye shall mark out your line for the east border from Hazar-enan to Shepham; 34,11 and the border shall go down from Shepham to Riblah, on the east side of Ain; and the border shall go down, and shall strike upon the slope of the sea of Chinnereth eastward; 34,12 and the border shall go down to the Jordan, and the goings out thereof shall be at the Salt Sea; this shall be your land according to the borders thereof round about.' 34,13 And Moses commanded the children of Israel, saying: 'This is the land wherein ye shall receive inheritance by lot, which the LORD hath commanded to give unto the nine tribes, and to the half-tribe; 34,14 for the tribe of the children of Reuben according to their fathers' houses, and the tribe of the children of Gad according to their fathers' houses, have received, and the half-tribe of Manasseh have received, their inheritance; 34,15 the two tribes and the half-tribe have received their inheritance beyond the Jordan at Jericho eastward, toward the sun-rising.' {P}

34,16 And the LORD spoke unto Moses, saying: 34,17 'These are the names of the men that shall take possession of the land for you: Eleazar the priest, and Joshua the son of Nun. 34,18 And ye shall take one prince of every tribe, to take possession of the land. 34,19 And these are the names of the men: of the tribe of Judah, Caleb the son of Jephunneh. 34,20 And of the tribe of the children of Simeon, Shemuel the son of Ammihud. 34,21 Of the tribe of Benjamin, Elidad the son of Chislon. 34,22 And of the tribe of the children of Dan a prince, Bukki the son of Jogli. 34,23 Of the children of Joseph: of the tribe of the children of Manasseh a prince, Hanniel the son of Ephod; 34,24 and of the tribe of the children of Ephraim a prince, Kemuel the son of Shiphtan. 34,25 And of the tribe of the children of Zebulun a prince, Eli-zaphan the son of Parnach. 34,26 And of the tribe of the children of Issachar a prince, Paltiel the son of Azzan. 34,27 And of the tribe of the children of Asher a prince, Ahihud the son

of Shelomi. 34,28 And of the tribe of the children of Naphtali
a prince, Pedahel the son of Ammihud. 34,29 These are they
whom the LORD commanded to divide the inheritance unto the
children of Israel in the land of Canaan.' {P}

35,1 And the LORD spoke unto Moses in the plains of Moab by
the Jordan at Jericho, saying: 35,2 'Command the children of
Israel, that they give unto the Levites of the inheritance of their
possession cities to dwell in; and open land round about the
cities shall ye give unto the Levites. 35,3 And the cities shall
they have to dwell in; and their open land shall be for their cattle,
and for their substance, and for all their beasts. 35,4 And the
open land about the cities, which ye shall give unto the Levites,
shall be from the wall of the city and outward a thousand cubits
round about. 35,5 And ye shall measure without the city for
the east side two thousand cubits, and for the south side two
thousand cubits, and for the west side two thousand cubits, and
for the north side two thousand cubits, the city being in the
midst. This shall be to them the open land about the cities. 35,6
And the cities which ye shall give unto the Levites, they shall be
the six cities of refuge, which ye shall give for the manslayer to
flee thither; and beside them ye shall give forty and two cities.
35,7 All the cities which ye shall give to the Levites shall be forty
and eight cities: them shall ye give with the open land about
them. 35,8 And concerning the cities which ye shall give of the
possession of the children of Israel, from the many ye shall take
many, and from the few ye shall take few; each tribe according
to its inheritance which it inheriteth shall give of its cities unto
the Levites.' {P}

35,9 And the LORD spoke unto Moses, saying: 35,10 'Speak
unto the children of Israel, and say unto them: When ye pass over
the Jordan into the land of Canaan, 35,11 then ye shall appoint
you cities to be cities of refuge for you, that the manslayer that
killeth any person through error may flee thither. 35,12 And the
cities shall be unto you for refuge from the avenger, that the
manslayer die not, until he stand before the congregation for

judgment. 35,13 And as to the cities which ye shall give, there shall be for you six cities of refuge. 35,14 Ye shall give three cities beyond the Jordan, and three cities shall ye give in the land of Canaan; they shall be cities of refuge. 35,15 For the children of Israel, and for the stranger and for the settler among them, shall these six cities be for refuge, that every one that killeth any person through error may flee thither. 35,16 But if he smote him with an instrument of iron, so that he died, he is a murderer; the murderer shall surely be put to death. 35,17 And if he smote him with a stone in the hand, whereby a man may die, and he died, he is a murderer; the murderer shall surely be put to death. 35,18 Or if he smote him with a weapon of wood in the hand, whereby a man may die, and he died, he is a murderer; the murderer shall surely be put to death. 35,19 The avenger of blood shall himself put the murderer to death; when he meeteth him, he shall put him to death. 35,20 And if he thrust him of hatred, or hurled at him any thing, lying in wait, so that he died; 35,21 or in enmity smote him with his hand, that he died; he that smote him shall surely be put to death: he is a murderer; the avenger of blood shall put the murderer to death when he meeteth him. 35,22 But if he thrust him suddenly without enmity, or hurled upon him any thing without lying in wait, 35,23 or with any stone, whereby a man may die, seeing him not, and cast it upon him, so that he died, and he was not his enemy, neither sought his harm; 35,24 then the congregation shall judge between the smiter and the avenger of blood according to these ordinances; 35,25 and the congregation shall deliver the manslayer out of the hand of the avenger of blood, and the congregation shall restore him to his city of refuge, whither he was fled; and he shall dwell therein until the death of the high priest, who was anointed with the holy oil. 35,26 But if the manslayer shall at any time go beyond the border of his city of refuge, whither he fleeth; 35,27 and the avenger of blood find him without the border of his city of refuge, and the avenger of blood slay the manslayer; there shall be no bloodguiltiness for him; 35,28 because he must remain in his city of refuge until the death of the high priest; but after the death of the high priest the manslayer may return into the land of his possession. 35,29 And these things shall be for a statute of judgment unto you throughout your generations in all your dwellings. 35,30 Whoso killeth any person, the murderer shall be slain at the mouth of witnesses; but one witness shall not testify against any person that he die. 35,31 Moreover ye shall take no ransom for the life of a murderer, that is guilty of death; but he shall surely be put to death. 35,32 And ye shall take no ransom for him that is fled to his city of refuge, that he should come again to dwell in the land, until the death of the priest. 35,33 So ye shall not pollute the land wherein ye are; for blood, it polluteth the land; and no expiation can be made for the land for the blood that is shed therein, but by the blood of him that shed it. 35,34 And thou shalt not defile the land which ye inhabit, in the midst of which I dwell; for I the LORD dwell in the midst of the children of Israel.' {P}

36,1 And the heads of the fathers' houses of the family of the children of Gilead, the son of Machir, the son of Manasseh, of the families of the sons of Joseph, came near, and spoke before Moses, and before the princes, the heads of the fathers' houses of the children of Israel; 36,2 and they said: 'The LORD commanded my lord to give the land for inheritance by lot to the children of Israel; and my lord was commanded by the LORD to give the inheritance of Zelophehad our brother unto his daughters. 36,3 And if they be married to any of the sons of the other tribes of the children of Israel, then will their inheritance be taken away from the inheritance of our fathers, and will be added to the inheritance of the tribe whereunto they shall belong; so will it be taken away from the lot of our inheritance. 36,4 And when the jubilee of the children of Israel shall be, then will their inheritance be added unto the inheritance of the tribe whereunto they shall belong; so will their inheritance be taken away from the inheritance of the tribe of our fathers.' 36,5 And Moses commanded the children of Israel according to the word of the LORD, saying: 'The tribe of the sons of Joseph speaketh right. 36,6 This is the thing which the LORD hath commanded concerning the daughters of Zelophehad, saying: Let them be married to whom they think best; only into the family of the tribe of their father shall they be married. 36,7 So shall no inheritance of the children of Israel remove from tribe to tribe; for the children of Israel shall cleave every one to the inheritance of the tribe of his fathers. 36,8 And every daughter, that possesseth an inheritance in any tribe of the children of Israel, shall be wife unto one of the family of the tribe of her father, that the children of Israel may possess every man the inheritance of his fathers. 36,9 So shall no inheritance remove from one tribe to another tribe; for the tribes of the children of Israel shall cleave each one to its own inheritance.' 36,10 Even as the LORD commanded Moses, so did the daughters of Zelophehad. 36,11 For Mahlah, Tirzah, and Hoglah, and Milcah, and Noah, the daughters of Zelophehad, were married unto their father's brothers' sons. 36,12 They were married into the families of the sons of Manasseh the son of Joseph, and their inheritance remained in the tribe of the family of their father. 36,13 These are the commandments and the ordinances, which the LORD commanded by the hand of Moses unto the children of Israel in the plains of Moab by the Jordan at Jericho. {P}